国家自然科学基金资助项目
文化名家暨“四个一批”人才资助项目

基于增长期权的企业估值与资产定价

——企业生命周期的视角

曾 勇 李 强 刘 浩 陈 佳 李 准 著

科 学 出 版 社
北 京

内容简介

本书从增长期权和企业生命周期动态关系的视角，通过研究增长期权执行、创造及二者力量对比对企业市场估值与资产风险溢价的影响机理，揭示企业价值实现和价值创造的本质原因。全书分为基础框架篇、企业估值篇、增长期权定价篇、增长期权创造篇和扩展篇共五篇、十四章。主要内容包括：研究背景与研究综述；增长期权视角下企业估值随生命周期的变化趋势；增长期权视角下资产风险溢价随生命周期的变化趋势；增长期权对CAPM有效性和对Fama-French三因素模型定价能力的影响；并购重组、资产剥离、交叉持股的增长期权创造作用及其对资产风险溢价的影响；在位资产运营杠杆与收缩灵活性对资产风险溢价的影响；增长期权执行和在位资产收缩对资本结构的动态影响。

本书适合从事实物期权、公司金融和资产定价等领域研究的学者、研究生以及业界人士使用。

图书在版编目(CIP)数据

基于增长期权的企业估值与资产定价：企业生命周期的视角 / 曾勇等著. — 北京：科学出版社, 2021.4

ISBN 978-7-03-067129-5

Ⅰ. ①基… Ⅱ. ①曾… Ⅲ. ①股份公司–资产管理–风险管理–研究–中国 Ⅳ. ①F279.24

中国版本图书馆CIP数据核字 (2020) 第244359号

责任编辑：张 展 莫永国 / 责任校对：彭 映
责任印制：罗 科 / 封面设计：义和文创

科学出版社 出版
北京东黄城根北街16号
邮政编码：100717
http://www.sciencep.com

四川煤田地质制图印刷厂印刷
科学出版社发行 各地新华书店经销

*

2021年4月第 一 版 开本：787×1092 1/16
2021年4月第一次印刷 印张：17
字数：320 000

定价：149.00元

（如有印装质量问题，我社负责调换）

前　言

企业是现代市场经济的主体，企业价值的实现与创造既与管理者的科学决策有关，也与资本市场的合理估值和风险定价有关。现实中，无论是曾经风光无限的芬兰诺基亚，还是当下如日中天的中国华为，多数企业的发展历程都呈现出典型但又不同的生命周期特征，而如何及时把握、合理利用和适时创造增长机会，是企业不断衰落、持续增长或再焕新生的本质所在。

从企业价值的构成来看，总资产可以分解为能够带来即期现金流的在位资产和有待未来投资的增长期权两个部分。增长期权不断执行、在位资产逐渐累积，进而二者相对构成动态变化的过程即是企业价值实现的过程。通常而言，从成长到成熟的生命周期进程中，企业面临的增长机会将逐渐减少，增长期权在企业价值构成和资产定价中的作用或影响也相应逐渐减弱，由此导致企业的（相对）市场估值随生命周期总体上呈现出衰减趋势。但是，并非所有企业都只是“被动顺应”增长机会的衰减甚至消失。相反，一些企业可以通过R&D 投资、技术或战略并购、资产剥离等决策活动“主动创造”新的增长期权，进而企业估值和资产风险-收益特征随生命周期呈现可预期的新的变化规律。

当前，我国正实施创新驱动发展战略和深化推进供给侧结构性改革，这为企业发展提供了绝佳的外部环境，但也对企业立足把握增长机遇和创造增长机会来进行科学决策提出了更高的要求，而增长期权与在位资产相对构成的动态变化和增长期权执行与创造的力量对比，不仅共同推动着企业生命周期的演进过程，还是企业价值实现与价值创造的本质原因。

本书是曾勇同志主持的国家自然科学基金面上项目“生命周期视角下增长期权对企业估值和资产风险收益特征影响的研究（项目编号：71472025）”和中宣部文化名家暨“四个一批”人才资助项目（项目编号：中宣办发[2015]49 号）的相关成果的总结与提炼。本书致力于从增长期权和企业生命周期动态关系的视角，综合运用实物期权、随机优化和计量分析等方法与工具，理论与实证并重，对企业估值随生命周期的变化规律、增长期权与资产定价的动态关系、增长期权创造手段选择及影响、在位资产运营与收缩及影响等前沿问题进行了研究，一方面丰富和发展了公司金融和资本市场交叉领域的相关研究，另一方面为企业提升创新能力、国家实施创新驱动发展战略和深化供给侧结构性改革提供了重要参考。

本书分为五篇、十四章，作者分工如下：曾勇全面负责、李强协助全书的统稿和校对工作，并负责完成第 1、第 2 和第 11 章的写作；李强与刘浩负责完成第 3、第 4、第 6 和第 7 章的写作；李强与陈佳负责完成第 8 到第 10 章的写作；李强与李准负责完成第 5、第 12 到第 14 章的写作。另外，项目组成员朱妙颖、纪佳君、杨飞、沙浩伟、乔国荣分别参与了第 3、第 5、第 8、第 11、第 12 章的相关实证研究工作。

作者向多年来支持和关心我们工作的家人、领导、同事、学生和朋友，以及电子科技大学经济与管理学院和资助我们研究工作的基金项目表示衷心的感谢。

尽管书稿经过多次修改，但由于研究本身的探索性和复杂性，加之水平所限，书稿难免存在疏漏之处，望广大读者朋友批评指正。

2020 年 10 月于电子科技大学

目　录

第一篇

基础框架篇

第1章 绪　论

19 世纪 60 年代，采矿工程师 Fredich Idestam 在芬兰坦佩雷镇的一条河边先后建立了自己的木浆工厂和橡胶工厂。后来，在朋友 Leo Mechelin 的帮助下，两家工厂被合并为一家股份有限公司，并正式取名“诺基亚(Nokia)”。20 世纪 60 年代，这家靠伐木和造纸起家的公司已经成为芬兰国内跨产业的大型公司。1960 年开始，诺基亚开始专注电信行业，并于 20 世纪 90 年代先后打败摩托罗拉、爱立信等竞争对手，成为当时全球最大的手机制造商。2007 年末，诺基亚手机的全球市场占有率首次达到 40%，营业收入和利润也分别超过 510 亿欧元和 70 亿欧元。

然而，自美国苹果公司 2007 年推出第一代触摸屏式手机 iPhone 起，诺基亚的手机霸主地位渐被颠覆。2009 年一季度～2013 年一季度期间，诺基亚手机的市场占有率由 36.4%直线下降到 14.8%，并被韩国三星超越。2013 年 9 月，微软以 71.7 亿美元的价格收购诺基亚手机业务及专利，而这一价格尚不足诺基亚巅峰市值 2,500 亿美元的 5%。

回顾诺基亚的发展历程，从伐木造纸向胶鞋轮胎，再向电信行业的扩展，直至手机霸主地位的确立，及时把握和合理利用各种增长机会是诺基亚成功的根本所在。然而，进入发展的后期，当苹果的 iOS 和 Google 的 Android 手机系统以及触摸式智能手机快速普及之际[①]，坐拥多项手机基础技术与专利的诺基亚不仅未能适时变技术为市场，错失执行增长机会的最佳时机[②]，也未能主动进行产业转型、资产收缩和创造新的增长机会，固守塞班系统、主打功能机且内部官僚主义日趋严重的诺基亚陷入“成功陷进”，诺基亚手机也因此成为一个时代的记忆。

在中国，全球通信设备供应商——华为技术有限公司，1987 年于深圳注册成立，经过 30 余年的发展，成为全球最大的终端路由器和交换机制造商，产品和服务分布于全球 170 多个国家，服务于世界三分之一的人口(李济航, 2018)。更为重要的是，在巩固通信设备业务的同时，华为还先后致力于手机市场的开拓和对 5G 网络技术进行战略布局。2003 年，华为成立手机业务部，并投入大量的研发费用进军移动终端市场。2010 年以来，华为以手机业务为主的消费者业务收入持续增长，从 2013 年第 1 季度的 2.6%上升到 2017 年第四季度的 10.8%。截至 2018 年，华为的研发费用投入为 1,015 亿元，占营业收入的 14.1%；消费性营业收入达 3,489 亿元，占主营业务总收入的 48.4%[③]，手机业务也因此被

① 当然，2011 年诺基亚也曾联合微软的 Windows Phone 系统推出智能手机，但竞争力远不如苹果的 iOS 系统和 Google 开发的安卓(Android)系统，诺基亚与竞争对手的差距越拉越大，最终未能避免失败的命运(赵浩雪和叶松勤, 2013; 殷丽萍, 2013)。

② 2009 年诺基亚和苹果的专利侵权案，2011 年以苹果公司一次性向诺基亚支付 4 亿多欧元的赔偿金而和解，并在随后的 5 年里向诺基亚累积赔付了高达 20 亿美元的专利费用。随后的多年里，包括 HTC、三星、LG、黑莓等在内的近 40 家公司都向诺基亚支付高额的专利授权费。

③ 数据摘自华为 2018 年的年度报告。

人们称为“第二个华为”。除了手机和移动终端市场，华为于 2009 年前后正式启动了 5G 项目，并在 2012 年推出了关键技术的验证样机，2015 年推出系统测试原型机，2015～2017 年参与 3GPPR15 标准的制定，2019 年正式推出第一款 5G 手机①。

无论是芬兰诺基亚，还是中国华为，二者成功的共同启示在于：顺应时势及时把握和合理利用各种增长机会，并能通过持续的内部研发和外部并购等手段主动创造新的增长机会，是企业长盛不衰和价值增长的本质所在。与此同时，发展后期逐渐陨落的诺基亚也告诉人们另一个重要事实，除适时选择最佳时机执行增长机会外，围绕核心业务领域，适度进行资产收缩或剥离，不仅能使企业通过提升资产运营能力而免遭外部环境的负向冲击，还有利于企业集中力量创造新的增长机会。

当下，中国经济增长进入“新常态”，创新驱动发展战略和“三去一降一补”的供给侧深化改革，是我国经济高质量发展和持续增长的重要国家战略。就微观意义而言，无论是创新驱动，还是“补短板”的供给侧改革要求，都在强调企业创造增长机会的能力，而“去产能”“去库存”“去杠杆”“降成本”可以理解为企业对已有资产的运营优化②。

在一个功能良好的资本市场上，无论是增长机会的消耗还是创造，也无论是已有资产的收缩还是运营优化，都将最终体现为企业的市场估值和股票的风险定价。基于此，本书将致力于探讨资产构成及决策灵活性对企业估值和资产定价的影响机理，特别是从企业生命周期的视角，揭示企业估值和资产定价的规律性变化趋势，理论上丰富和发展公司金融、资产定价及二者交叉领域的研究，并为企业把握增长机遇、创造增长机会和提高运营价值等提供决策参考。

1.1　基本概念与方法

1.1.1　增长期权与在位资产

Myers（1977）将企业总资产的构成分解为两个部分，最早提出了增长期权（growth options）的概念，用于刻画尚未产生即期现金流，但未来可以带来增量现金流的增长机会（或待投资的项目），其本质为以待投项目为标的资产的一系列看涨期权。

资产构成的另一个部分是企业已经投资且即期产生现金流的在位资产（assets-in-place），其价值等于已投项目未来净现金流的现值之和。在位资产的价值高低可以反映企业产能的大小或资本水平等，资产形态通常体现为厂房、设备和存货等形态。随着企业不断执行增长期权，增长机会或待投项目逐渐转化为已投项目，在位资产逐渐累积，进而总资产价值中增长期权和在位资产的相对比例将动态变化。

---

① 据华为全球产业展望 GIV 2025（Global Industry Vision 2025，GIV2025）预测，2025 年个人智能终端数将达 400 亿，个人智能助理普及率达 90%，智能服务机器人将步入家庭，个人潜能将在终端感知，双向交流主动服务支持下大幅释放。可以预期，5G 的成功商用还将进一步给华为带来巨大的市场和发展空间。

② 具体而言，“去产能”和“去库存”可以理解为对企业资产负债表左端已有资产的结构调整；“去杠杆”则可理解为对资产负债表右端资本结构的优化。“三去”的最终效果将体现为运营成本和财务成本的降低，可以理解为实现“降成本”的手段。

1.1.2　运营杠杆与收缩期权

与在位资产相关的一个重要概念是运营杠杆或经营杠杆(operating leverage)。企业运营过程中，如果存在固定运营成本，则增加销量(或产量)可以提高单位产品的利润，进而企业的利润增长率大于销量(或产量)增长率；反之，降低销量(或产量)会使得分摊至单位产品的固定成本增加，进而利润下降率会大于产销量的下降率。固定成本放大利润变动对销量(或产量)变动敏感性的作用，被称为运营杠杆。

现实中，如果外部市场环境恶化，由于固定运营成本的存在，企业为了避免持续运营所遭受的损失，往往会通过出售、剥离和暂停等方式来收缩部分的在位资产，这种决策灵活性可被描述为收缩期权(contraction options)①，其本质为以拟收的资产为标的资产的看跌期权。

1.1.3　企业估值

关于企业(或资产)价值，包括账面价值(book value)和市场价值(market value)两种说法。账面价值是会计核算或计量的术语，通常指资产负债表上按照历史成本计价的总资产，往往无法准确反映资产投资(包括固定资产和研发项目等)所创造的价值增量。市场价值则是资产在自由竞争的市场上交易的公允价值，取决于资产投资所能带来的未来增量现金流的大小及风险水平，可以利用折现现金流的方法予以估计。

对于企业市场估值(market valuation)，通常是指相对估值，即企业市场价值与账面价值之比，可以利用(权益或资产)市值账面比(简称市账比)和托宾 Q 等财务指标测度。

1.1.4　风险溢价与定价核技术

风险溢价(risk premium)是与资产定价相关的一个重要概念，指风险资产预期收益率超过无风险收益率的部分，用以反映资产因承担系统风险而获得的合理风险补偿。

在局部均衡框架下，对于市场上的任意风险资产 V_t，可以利用定价核技术确定其风险溢价。假设定价核和风险资产价值分别服从外生的过程：

$$\mathrm{d}\Lambda_t = -r\Lambda_t\mathrm{d}t + \theta\Lambda_t\mathrm{d}w \tag{1-1}$$

$$\mathrm{d}V_t = \mu V_t\mathrm{d}t + \sigma V_t\mathrm{d}z \tag{1-2}$$

其中，r 为无风险利率；θ 表示市场收益率的波动；μ 和 σ 分别为风险资产价值的瞬时增长率和波动率；$\mathrm{d}w$ 和 $\mathrm{d}z$ 为标准维纳过程增量，且 $\mathrm{d}w$ 和 $\mathrm{d}z$ 的相关系数为 ρ。

任意时刻 t，假设风险资产未来的股利(或即期收益)为 D_{t+s}，根据 Cochrane(2001)，风险资产价值可以表示为 t 时刻及 t 时刻之后一系列股利的现值之和：

$$\begin{aligned}\Lambda_t V_t &= \mathrm{E}_t\left[\int_{s=0}^{\infty}\Lambda_{t+s}D_{t+s}\mathrm{d}s\right]\\ &= \mathrm{E}_t\left[\int_{s=0}^{\Delta}\Lambda_{t+s}D_{t+s}^{\Delta}\mathrm{d}s\right] + \mathrm{E}_t\left[\Lambda_{t+\Delta}V_{t+\Delta}\right]^{②}\end{aligned} \tag{1-3}$$

---

① 当然，外部市场环境一旦向好，企业也可以扩大或重启在位资产，相当于本质为看涨期权和类似于增长期权的一种扩张期权。

② 本书中，E[·]或 E(·)表示对括号中的变量或表达式求数学期望。

其中，第二行将资产价值分解为时间间隔 Δ 内的股利折现值和 $t+\Delta$ 时刻预期资产价值的折现值两个部分。

由于时间间隔 Δ 很小，$\mathrm{E}_t\left[\int_{s=0}^{\Delta}\Lambda_{t+s}D_{t+s}\mathrm{d}s\right]$ 近似于 $\Lambda_t D_t \Delta$；进一步令时间间隔 $\Delta\to 0$，将式(1-3)两边同时减去 $\Lambda_t V_t$，并省略时间下标有

$$0=\Lambda D\mathrm{d}t+\mathrm{E}\left[\mathrm{d}\left(\Lambda V\right)\right] \tag{1-4}$$

运用伊藤引理，将 $\mathrm{d}\left(\Lambda V\right)$ 展开为

$$\begin{aligned}\mathrm{d}\left(\Lambda V\right)&=\frac{\partial\left(\Lambda V\right)}{\partial\Lambda}\mathrm{d}\Lambda+\frac{\partial\left(\Lambda V\right)}{\partial V}\mathrm{d}V+\frac{\partial\left(\Lambda V\right)}{\partial\Lambda\partial V}\mathrm{d}V\mathrm{d}\Lambda\\&=V\mathrm{d}\Lambda+\Lambda\mathrm{d}V+\mathrm{d}V\mathrm{d}\Lambda\end{aligned} \tag{1-5}$$

将式(1-5)代入式(1-4)，且等式两边同时除以 ΛV 有

$$\begin{aligned}0&=\frac{D}{V}\mathrm{d}t+\mathrm{E}\left[\frac{\mathrm{d}\Lambda}{\Lambda}+\frac{\mathrm{d}V}{V}+\frac{\mathrm{d}V}{V}\frac{\mathrm{d}\Lambda}{\Lambda}\right]\\&=\frac{D}{V}\mathrm{d}t-r\mathrm{d}t+\mathrm{E}\left[\frac{\mathrm{d}V}{V}\right]+\mathrm{E}\left[\frac{\mathrm{d}V}{V}\frac{\mathrm{d}\Lambda}{\Lambda}\right]\end{aligned} \tag{1-6}$$

因此，根据式(1-6)，$\mathrm{d}t$ 时间段内由资本利得和股利收益率两部分构成的资产预期收益率可以表示为

$$\mathrm{E}\left(\frac{\mathrm{d}V}{V}\right)+\frac{D}{V}\mathrm{d}t=r\mathrm{d}t-\mathrm{E}\left[\frac{\mathrm{d}\Lambda}{\Lambda}\frac{\mathrm{d}V}{V}\right] \tag{1-7}$$

其中，右端第一项为 $\mathrm{d}t$ 时间段内的无风险收益率，第二项则为资产的风险溢价，具体表示为

$$\begin{aligned}\varphi&\equiv-\mathrm{E}\left[\frac{\mathrm{d}\Lambda}{\Lambda}\frac{\mathrm{d}V}{V}\right]\\&=-\mathrm{E}\left[\left(-r\mathrm{d}t+\theta\mathrm{d}w\right)\left(\mu\mathrm{d}t+\sigma\mathrm{d}z\right)\right]\\&=-\mathrm{E}\left[-r\mu\left(\mathrm{d}t\right)^2-r\sigma\mathrm{d}t\mathrm{d}z+\theta\mu\mathrm{d}w\mathrm{d}t+\theta\sigma\mathrm{d}w\mathrm{d}z\right]\\&=-\sigma\theta\rho\end{aligned} \tag{1-8}$$

即资产风险溢价由风险资产的波动、定价核波动及二者相关程度决定①。

1.2 相关研究简述

1.2.1 企业市场估值的变化规律

正常情况下，企业的市场价值高于其账面价值，且二者之比(简称“市账比”)测度的企业(相对)市场估值——市值账面比，会随企业生命周期的推进呈现规律性的变化。例如，1963～2015 年，美国纽约证券交易所(NYSE)、美国证券交易所(AMEX)和纳斯达克(NASDAQ)三大市场 18,544 家上市企业的统计数据显示，企业市账比的中位数从刚上市时的 2.881 逐渐下降到 30 年后的 1.375。又如，1998～2015 年，中国沪深两市 2,354 家 A

① 式(1-8)最后一个等式的推导，省去了 $\mathrm{d}t$ 的高阶无穷小项。

股上市企业的统计数据显示，企业市账比的中位数从刚上市时的 2.851 逐渐下降到 20 年后的 1.896[①]。

针对企业估值随年龄增加整体呈现的下降趋势，学者从平均盈利不确定性(Pástor and Veronesi, 2003)、IPO 择时(Chay et al., 2015)和组织僵化(Loderer et al., 2016)等多个角度给出了可能的理论解释，但都未从增长期权进而资产构成随企业生命周期动态变化的角度展开讨论，更无法解释企业估值随生命周期可能呈现的上升趋势。

事实上，诺基亚和华为的发展历程，美国和中国企业市账比随企业年龄的变化趋势，以及 Fama 和 French(2001)、DeAngelo 等(2006)关于增长机会随企业日趋衰老而逐渐递减的相关证据一致表明：增长期权本身随企业生命周期的动态变化特征，尤其是增长期权执行和创造两种力量的对比，也是决定企业估值变化规律的重要因素。平均而言，在从年轻成长到成熟的生命周期进程中，企业面临的增长期权通常会日趋减少，在位资产则伴随增长期权的执行而逐渐累积，进而增长期权和在位资产两类资产的相对比例逐渐下降，最终会导致企业估值随生命周期呈现衰减趋势。但是，现实中，企业并非都被动顺应增长机会的减少，甚至消失，大部分企业会通过 R&D 投资、并购重组等，主动创造新的增长期权来避免“衰老”，甚至帮助企业“起死回生”进入新一轮的生命周期，其结果是企业估值随年龄增长反而可能呈现上升趋势。

1.2.2 增长期权对资产定价的影响

Berk 等(1999)将企业资产分解为在位资产和增长机会，并将增长机会描述为一系列投资决策的增长期权，在位资产描述为随增长期权的执行而累积，开创性地建立了增长期权执行(投资决策)和资产风险-收益时变特征的理论联系，并据此给出资产预期收益率与可测度的市值规模、账面市值比的关系，赋予 Fama 和 French(1992, 1993)的三因子模型一种新的理论解释。Gomes 等(2003)随后将 Berk 等(1999)的模型扩展至一般均衡的情形，同样发现，市值规模因子体现了增长期权相对重要性对资产定价的影响；账面市值比因子则反映了在位资产的相关风险。

直观来讲，伴随增长期权的执行，未来增长机会的资产形态将由行权前的期权形态转化为行权后的标的资产形态(即新增在位资产)，即执行增长期权会降低总资产价值中增长期权的相对比例；进一步，在期权系统风险高于标的资产系统风险的条件下(Galai and Masulis, 1976; Bernardo et al., 2007)，企业总资产的系统风险升高进而风险溢价会伴随增长期权执行而下降。针对该理论，学者从资本支出(Anderson and Garcia-Feijóo, 2006)、资产增长(Cooper et al., 2008; Cooper and Priestley, 2011)、股票增发(Carlson et al., 2006; 2010)等多个角度，提供了投资相关的行为对股票预期收益率具有负向影响的实证证据。

需要注意的是，增长期权执行之所以会降低资产风险溢价，其中隐含一个重要假设——增长期权的系统风险大于在位资产的系统风险。然而，另有研究从非对称调整成本和逆周期风险价格(Zhang, 2005)、增长期权执行成本的顺周期效应(Ai and Kiku, 2013)等角度给出了相反的看法，并引发学者们开始关注在位资产及其运营灵活性对资产定价的影响。

---

① 作者利用美国 COMPUSTAT 数据库和中国 CSMAR 数据库分别进行统计。

Carlson 等(2004)较早注意到在位资产运营过程中固定成本导致的运营杠杆，理论上指出账面市值比因子的定价能力与运营杠杆有关。现实中，持续 R&D 投入(Resutek, 2016)、不可撤销的租赁费用(Dogan, 2016)、具有黏性的用工成本(Taussig, 2017; Donangelo et al., 2018)等，都是固定运营成本进而成为运营杠杆的重要来源，从而都对股票预期收益率具有显著的正向影响。

除了嵌入于在位资产的运营杠杆，固定运营成本的存在客观上要求企业通过资产剥离、出售或收缩等降低固定成本，进而赋予企业各种运营决策灵活性。Novy-Marx(2011)和 Guthrie(2014)等少数理论文献研究发现，运营灵活性不仅会影响运营杠杆和资产风险溢价的关系，有限运营灵活性和运营杠杆还共同可以解释“价值溢价”现象。实证方面，Cooper 和 Priestley(2011)关于资产剥离、Chen H J 等(2011)关于工会限制企业裁员、Gu 等(2018)直接测度运营灵活性等的研究，提供了降低运营灵活性会增大股票预期收益率的实证证据。

总结来看，无论是增长期权及其投资决策灵活性，还是在位资产及其运营灵活性，都是通过改变企业总资产价值的相对构成而动态影响资产定价，且都和 Fama-French 三因子模型中的市值规模和账面市值比两个定价因子具有理论联系，这很好地建立了公司金融领域企业决策行为和资本市场领域资产均衡定价的理论联系。

然而，如前所述，对于一家典型的企业而言，其拥有的增长期权本身随生命周期推进通常会逐渐衰减，而已有研究忽略了企业面对的未来增长期权会随生命周期推进而动态变化。更为重要的是，并非所有企业都只是“被动顺应”增长机会的衰减甚至消失，一些企业会通过 R&D 投资、战略性并购、资产剥离等活动“主动创造”新的增长期权，而现有研究尚缺乏对增长期权创造作用的关注。因此，将增长期权本身的动态变化，特别是企业生命周期推进过程中增长期权执行和创造的力量对比，纳入一个统一的理论框架展开系统研究，将极大地有助于丰富和发展增长期权和资产定价动态关系的研究。此外，尽管近年以实证为主的研究开始关注在位资产相关的资产定价问题，但忽略了运营杠杆和运营灵活性共同嵌入在位资产的事实，进而缺乏对二者的内在关联关系和二者共同影响资产定价的深入关注。

1.3　企业生命周期视角的分析框架

企业由初创到成长、再由成长到成熟或衰退的生命周期过程中，增长期权不断执行进而在位资产逐渐累积正是企业价值实现的过程；新增长期权的不断创造则是价值创造进而企业价值持续增长的本质。因此，增长期权执行和创造力量对比的动态过程，不仅决定了企业生命周期的演进特征，还决定了与之相伴的企业市场估值和资产风险-收益特征的规律性变化。

1.3.1　企业市场估值

根据折现现金流的思想，企业(绝对)的市场估值可以表示为未来一系列现金流入和现金流出的折现值之差：

$$
\begin{aligned}
V_0 &= \sum_{t=1}^{\infty}\frac{D_t}{(1+k)^t} = \sum_{t=1}^{\infty}\frac{E_t}{(1+k)^t} - \sum_{t=1}^{\infty}\frac{I_t}{(1+k)^t} \\
&= \left[\frac{E_1}{1+k} + \frac{E_1}{(1+k)^2} + \cdots\right] + \left[\left(\frac{E_2-E_1}{(1+k)^2} - \frac{I_1}{1+k}\right) + \left(\frac{E_3-E_1}{(1+k)^3} - \frac{I_2}{(1+k)^2}\right) + \cdots\right] \\
&= \frac{E_1}{k} + \left[\left(\frac{E_2-E_1}{(1+k)^2} - \frac{I_1}{1+k}\right) + \left(\frac{E_3-E_2}{(1+k)^3} + \frac{E_2-E_1}{(1+k)^3} - \frac{I_2}{(1+k)^2}\right) + \cdots\right] \\
&= \frac{E_1}{k} + \left(\sum_{i=1}^{\infty}\frac{E_2-E_1}{(1+k)^{1+i}} - \frac{I_1}{1+k}\right) + \left(\sum_{i=1}^{\infty}\frac{E_3-E_2}{(1+k)^{2+i}} - \frac{I_2}{1+k}\right) + \cdots \\
&= \frac{E_1}{k} + \sum_{s=1}^{\infty}\left(\sum_{i=1}^{\infty}\frac{E_{s+1}-E_s}{(1+k)^{s+i}} - \frac{I_s}{(1+k)^s}\right)
\end{aligned} \tag{1-9}
$$

其中，下标 t 表示期限 1, 2, …；D_t、E_t、I_t 分别表示 t 时刻的预期股利水平、预期盈利水平和投资额；折现率 k 为由资本市场均衡确定的市场资本化率。

由式(1-9)可以看出，0 时刻的企业价值可分解为以下两部分：

$$V_0^A = \frac{E_1}{k} \tag{1-10}$$

$$V_0^G = \sum_{s=1}^{\infty} V_0^G(s) = \sum_{s=1}^{\infty}\left(\sum_{i=1}^{\infty}\frac{E_{s+1}-E_s}{(1+k)^{s+i}} - \frac{I_s}{(1+k)^s}\right) \tag{1-11}$$

其中，V_0^A 表示 0 时刻沉没投资从时刻 1 开始所产生的永续现金流入的现值；V_0^G 为时刻 1 及以后所有投资项目净现金流的现值之和，其中 $V_0^G(s)$ 是时刻 s 投资 I_s 所产生的永续性现金流入 $E_{s+1} - E_s$ 的现值之和，即第 s 个投资机会的净现值。

进一步，在不确定性的决策环境下，面对未来的每个投资机会，企业拥有是否投资的决策灵活性，式(1-11)的投资机会价值可重新表示为

$$V_0^G = \sum_{s=1}^{\infty} V_0^G(s) = \sum_{s=1}^{\infty}\max\left(\sum_{i=1}^{\infty}\frac{E_{s+1}-E_s}{(1+k)^{s+i}} - \frac{I_s}{(1+k)^s},\ 0\right) \tag{1-12}$$

在任意时刻 t，如果将在位资产和增长期权作为总资产的基本构成，则任意时刻 t，在位资产价值为 t 时刻及之前所有已投项目所产生的现金流的现值之和；增长期权价值为 t+1 时刻及之后所有待投项目的现值之和，具体分别表示为

$$V_t^A = \sum_{s=1}^{t}\frac{E_s}{k} = \frac{E_1}{k} + \frac{E_2}{k} + \cdots + \frac{E_t}{k} \tag{1-13}$$

$$V_t^G = \sum_{s=t+1}^{\infty} V_{t+1}^G(s) = \sum_{s=t+1}^{\infty}\max\left(\sum_{i=1}^{\infty}\frac{E_{s+1}-E_s}{(1+k)^{s+i}} - \frac{I_s}{(1+k)^s},\ 0\right) \tag{1-14}$$

从资产的账面价值来看，t 时刻及之前企业累计的沉没投资为

$$B_t = \sum_{s=0}^{t} I_t \tag{1-15}$$

从而企业相对估值市账比可以表示为

$$MB_t = \frac{V_t^A + V_t^G}{B_t} = \frac{\sum_{s=1}^{t} \frac{E_s}{k} + \sum_{s=t+1}^{\infty} \max\left(\sum_{i=1}^{\infty} \frac{E_{s+1} - E_s}{(1+k)^{s+i}} - \frac{I_s}{(1+k)^s},\ 0 \right)}{\sum_{s=0}^{t} I_t} \tag{1-16}$$

由式(1-16)可以看出，随着时间的推移，企业的一系列决策活动会通过影响增长期权和在位资产价值而最终决定企业估值的动态变化：一方面，伴随投资活动，企业不断执行增长期权，意味着在位资产和总资产账面价值逐渐累积，进而企业估值会动态变化；另一方面，在位资产扩张或剥离等决策不仅会直接影响在位资产的价值，还可能在资源约束条件下通过影响增长期权的执行决策而动态影响企业估值。

更为重要的是，现实中，受外部政策环境、市场竞争及企业捕捉机会能力等的影响，企业在每个时刻是否拥有和拥有的增长期权数量实际上是不确定的，而增长期权随企业生命周期的动态变化最终会导致企业估值呈现出规律性的变化趋势：进入生命周期的衰退期，企业拥有的增长期权通常开始衰减，那么企业估值也将呈现逐渐下降的趋势；反之，如果企业能够创造新的增长期权，企业估值未必会衰减，甚至还可通过持续创造新的增长期权而使得企业估值还可能呈现上升趋势。因此，无论是增长期权的执行与创造，还是在位资产的扩张与剥离，伴随企业生命周期的一系列动态决策活动，既有助于理解企业价值实现和价值创造的过程，还能够解释企业逐渐衰落、持续增长或再焕新生的本质原因。

1.3.2　资产风险-收益特征

在任意时刻 t，给定在位资产和增长期权两部分资产的价值分别为 V_t^A 和 V_t^G，相应的资产预期收益率分别为 $\mathrm{E}(r_t^A)$ 和 $\mathrm{E}(r_t^G)$，则总资产预期收益率可以表示为

$$\mathrm{E}(r_t) = \frac{V_t^A}{V_t^A + V_t^G}\mathrm{E}(r_t^A) + \frac{V_t^G}{V_t^A + V_t^G}\mathrm{E}(r_t^G) \tag{1-17}$$

简单变形有

$$\mathrm{E}(r_t) = \mathrm{E}(r_t^A) + \frac{V_t^G}{V_t^A + V_t^G}\left[\mathrm{E}(r_t^G) - \mathrm{E}(r_t^A)\right] \tag{1-18}$$

由式(1-18)可以看出资产相对构成和资产风险溢价动态关系的直观道理：给定两类资产的风险溢价，总资产构成中增长期权相对价值的占比决定了总资产风险溢价的高低，而增长期权执行或创造决策正是通过改变资产相对构成而导致资产风险溢价动态变化。特别地，如果增长期权预期收益率高于在位资产预期收益率，即 $\mathrm{E}(r_t^G) - \mathrm{E}(r_t^A) > 0$，则可以预期：伴随企业的资本支出或投资活动，增长期权不断消耗或执行将使得总资产预期收益率降低；反之，如果企业能够通过 R&D 投资、战略并购、资产重组等活动创造新的增长期权，则总资产预期收益率将提高。与此同时，增长期权转化为在位资产之后，企业对部分或全部在位资产的收缩与剥离等决策，也会通过改变两类资产在总资产价值中的相对构成而动态影响资产风险溢价。

1.4 本书内容与结构安排

本书从增长期权和企业生命周期动态关系的角度，综合运用实物期权方法、定价核技术及计量经济分析工具等，系统地研究增长期权执行、创造及二者力量对比对企业市场估值和资产风险-收益特征两个方面的动态影响，致力于通过考察企业估值和资产风险溢价随企业生命周期的变化规律，揭示企业持续增长抑或逐渐衰落的本质原因，并从资产构成和资本结构两个方面进行扩展研究，丰富和发展公司金融与资本市场交叉领域的相关研究。全书分为 5 篇，包括 14 章内容，研究内容与结构安排如图 1-1 所示。

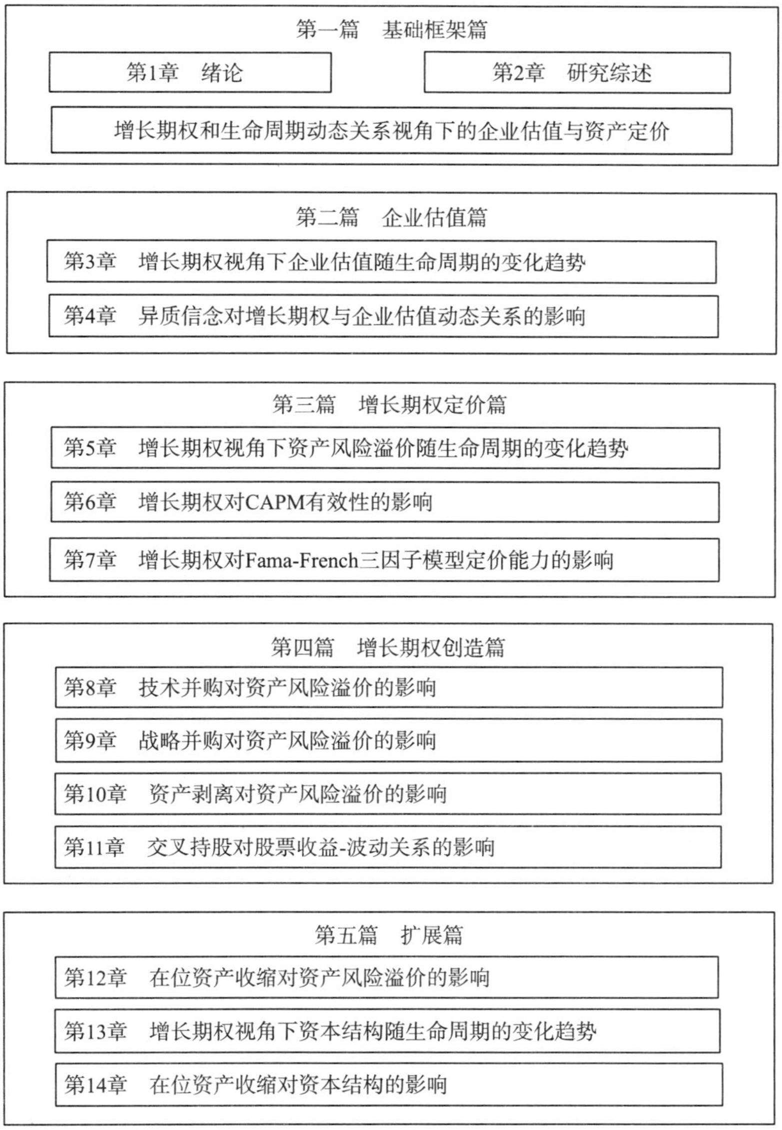

图 1-1 研究内容与结构安排

第一篇是基础框架篇，包括第 1 章和第 2 章。第 1 章重点介绍研究背景、基本概念与方法，简要评述企业估值和资产定价两个领域的相关研究，并在此基础上介绍本书的分析框架、内容结构和篇章安排。第 2 章对与本书有关的已有研究进行全面梳理与综述。

第二篇是企业估值篇，包括第 3 章和第 4 章。第 3 章同时考虑企业不断执行已有增长期权和依概率创造新增长期权两种行为，揭示增长期权执行和创造共同作用下企业估值随生命周期可能的变化规律。第 4 章进一步考虑投资者关于增长期权价值的异质信念，研究异质信念对增长期权和企业估值动态关系的影响。

第三篇是增长期权定价篇，包括第 5 章、第 6 章和第 7 章。第 5 章重点比较增长期权执行和创造对资产风险溢价的不同影响，以及分析二者力量对比作用下资产风险溢价随企业生命周期的变化规律。第 6 章和第 7 章分别以 CAPM 和 Fama-French 三因子模型为基准，从 CAPM 有效性、市值规模与账面市值比因子定价解释力的角度，分析增长期权随生命周期动态变化对资产定价的影响。

第四篇是增长期权创造篇，包括第 8 章、第 9 章、第 10 章和第 11 章。第 8 章和第 9 章分别以直接购买新技术和战略并购为背景，分析并购通过增长期权创造而对资产风险溢价产生的影响，以及讨论现金持有对并购创造增长作用的影响。第 10 章以企业剥离非核心资产而聚焦核心资产为背景，研究资产剥离通过增长期权创造而对资产风险溢价产生的影响。第 11 章研究企业交叉持股网络的增长期权创造作用，考察交叉持股网络中企业所处网络位置特征对股票收益率和波动率关系的影响。

第五篇为扩展篇，包括第 12 章、第 13 章和第 14 章。第 12 章为资产端的扩展，重点考虑共同嵌入于在位资产的运营杠杆和收缩灵活性，分析二者对资产风险溢价的影响机理，以及二者的共同影响如何解释“价值溢价”现象。第 13 章和第 14 章为杠杆企业资本结构的扩展研究，分别针对增长期权的执行决策和在位资产的收缩决策，考虑股东-债权人之间的代理冲突，扩展分析增长期权执行如何导致资本结构随生命周期的规律性变化，以及分析运营杠杆和收缩灵活性对最优资本结构的影响。

第2章 研究综述

企业估值、资产定价和资本结构是现代金融学重要的三个研究领域，每个领域的相关研究成果都极为丰富。从企业资产负债表的结构与关系来看，左端总资产中在位资产和增长期权两类资产的价值与风险-收益特征，不仅是右端资本市场估值、股票均衡定价、最优资本结构的根本决定因素，而且在位资产运营和增长期权执行过程中两类资产相对比例的变化，还会导致估值、定价和资本结构的动态变化。

在企业估值的相关研究方面，少数文献一致发现，企业估值随生命周期整体上呈现逐渐下降的趋势，但给出的理论解释各不相同，尚缺乏从资产负债表左端增长期权和在位资产的相对构成、增长期权执行和创造的力量对比等角度展开讨论，更是无法解释现实中一些企业的市场估值可能随生命周期推进呈现先降后升、持续上升等趋势。

在资产定价的相关研究方面，在 CAPM 和 Fama-French 多因子模型等经典研究的基础上，相关研究沿着两个方向发展。一类研究从理性投资和风险定价的角度，指出增长期权对于资产定价的重要作用。但是，无论是均衡框架下理性投资影响风险定价的理论模型，还是相应的实证研究，都主要集中讨论增长期权执行的影响，尚少关注增长期权创造的作用，尤其是执行和创造二者力量对比下资产风险-收益特征的动态变化规律。另一类研究则从关于在位资产和增长期权系统风险大小的争议出发，进一步延伸讨论嵌入于在位资产的运营杠杆和运营灵活性如何影响资产定价。但是，相关文献同样更多的是分别单独研究运营杠杆和运营灵活性对资产风险溢价的影响，近年的极少数文献开始关注二者的相互作用及对资产定价的共同影响。

在资本结构的相关研究方面，实物期权框架下投融资交互关系的研究成果颇多，但大都考虑的是一次性投资对资本结构的影响，鲜少从企业生命周期的视角关注增长期权动态执行对最优资本结构变化规律的影响。同时，学者虽然得到了运营杠杆和财务杠杆具有替代关系、运营灵活性有助于提升财务杠杆的实证证据，但相关的理论研究整体上还较为缺乏。

本章对现有的相关研究进行了系统的梳理和全面的综述，包括企业估值及其变化规律、经典资产定价理论的发展脉络、增长期权对资产定价的影响、在位资产对资产定价的影响、增长期权执行对资本结构的影响、运营杠杆与运营灵活性对资本结构的影响 6 个部分。

2.1 企业估值随生命周期变化规律的相关研究

2.1.1 企业生命周期的概念及测度

Haire 在 1959 年出版的专著《生物模型和组织成长的经验历史：现代组织理论》中最

早指出，企业的发展过程与生物有机体的成长曲线具有极大的相似性，因此可以用生物学中“生命周期”的观点来看待企业的发展。Greiner(1972)在《组织成长的演变和变革》一文中则进一步阐述了企业相对于生物有机体生命周期的3个独特性：第一，企业的生命周期很难预期，不同企业生命周期的时间长短不一；第二，企业在其生命周期的发展过程中可能经历一个停滞阶段；第三，企业可以通过技术创新再生或开创新的领域而避免生命周期最后的死亡阶段。而后，经典专著《企业生命周期》(Adizes, 1989)和《企业成长理论》(Penrose and Penrose, 2009)对企业生命周期的阶段划分、各个阶段的典型特征、相关研究及发展脉络等进行了系统和全面的阐述。

对于企业生命周期的指标测度与阶段划分，不同学科细分领域的做法或标准并不一致，王炳成(2011)和朱兆珍(2016)较为详细地总结了学者关于生命周期阶段的划分及依据，见表2-1。可以看出：无论是生命周期的阶段数目，还是用以划分阶段的指标依据，现有研究存在较大的差异。

表2-1　企业生命周期的阶段划分及依据

作者	年份	阶段数	阶段划分的关键依据
McGuire	1963	5	经济增长阶段模型
Downs	1967	3	组织结构复杂程度
Lippitt 和 Schmidt	1967	3	组织结构复杂程度
Steinmetz	1969	4	所有者对企业的控制方式
Scott	1971	3	组织结构复杂程度
Greiner	1972	5	管理风格
Tobert	1974	8	成员的心理状态
Galbraith	1982	5	针对高技术企业
Quinn 和 Cameron	1983	4	管理制度
Churchill 和 Lewis	1983	5	管理风格、组织结构、运营系统、战略、业主涉入企业程度
Smith 等	1985	3	企业规模
Kazanjian	1988	4	产品或技术的生命周期
Adizes	1989	10	实现企业目标、行政、创新精神、整合
Flamholt	1990	7	企业规模(以销售额计)
Timmons	1990	4	销售收入、企业年龄
Rowe 等	1994	5	组织规模、管理风格
陈佳贵	1998	5	企业规模
李业	2000	4	销售额
周三多和邹统钎	2002	3	经营战略
单文和韩福荣	2002	10	可控性、灵活性、企业规模
熊义杰	2002	4	时间
孙建强等	2003	4	收入增长率、市场占有增长率
陈旭东	2007	2	现金流组合

续表

作者	年份	阶段数	阶段划分的关键依据
吴琛越	2008	—	销售额、利润额
孙正林等	2009	6	企业规模
佟岩和陈莎莎	2010	2	现金流组合
曹裕等	2010	4	现金流组合
宋常和刘司慧	2011	3	财务综合指标法、现金流分类组合法和销售与资本支出曲线趋势变化法
李云鹤和李湛	2012	3	主营业务收入增长率、留存收益率、资本支出率和企业年龄

企业生命周期的测度指标大致可以分为三类。第一类是企业经营表现或经营决策的相关指标，包括资产增长率、销售增长率等反映经营绩效的结果性指标(Hanks et al., 1993; Olson and Terpstra, 1992; 刘秀玲, 2009)，以及资本支出率、销货成长率、股利支付或留存收益率、雇员增长率等与企业经营决策有关的指标(Evans, 1986; Evans, 1987; Anthony and Ramesh, 1992; Farinas and Moreno, 2000; Yasuda, 2005; DeAngelo et al., 2006)。第二类是根据企业融资、投资和经营活动现金流状况而构造的综合指标(Livnat and Zarowin, 1990; Black, 1998; Stickney and Brown, 1999; Cao and Chen, 2012; Kimmel et al., 2009; Kieso et al., 2010; Dickinson, 2011; 于团叶等, 2012)。第三类是最为直观和易于测度的企业年龄(Pástor and Veronesi, 2003; Chay et al., 2015; Loderer et al., 2016)。

在企业生命周期的众多测度指标中，公司金融领域最常用的是留存收益率(或股利支付率)和企业年龄两个指标。经典研究 DeAngelo 等(2006)指出，企业会在留存收益用于再投资和股利发放之间做出权衡，当企业在年轻阶段时，NPV 为正的投资机会较多，企业倾向于将留存收益用于再投资，而随着企业日趋成熟，NPV 为正的投资机会越来越少，从而企业愈发趋向于进行股利分配。中国市场的证据方面，宋福铁和梁新颖(2010)、宋福铁和屈文洲(2010)、罗琦和李辉(2015)等也分别利用留存收益权益比和留存收益资产比衡量企业生命周期，得到是否支付现金股利、股利发放率、投资效率等随企业生命周期呈现规律性变化的证据。针对企业年龄指标，尽管随着时间推移，企业整体或平均而言将趋于成熟，但该指标用于特定企业生命周期的度量指标仍存在一定缺陷：一方面，年龄是企业相对于自身的概念，若进行跨企业的横向比较，则由于所处行业、市场环境等因素，年龄大(成立时间长)的企业并不一定比年龄小(成立时间短)的企业更成熟；另一方面，若企业通过技术创新和转型新领域得以“重生”，则年龄将无法很好地反映企业的生命周期过程。

2.1.2　企业估值规律性变化的经验证据

利用企业年龄作为生命周期的测度指标，市账比或托宾 Q 作为企业相对估值的测度指标，已有研究相对一致的证据是，企业估值随生命周期推进整体上呈现逐渐递减的变化趋势。对此学者主要从以下三个角度给出了相应的理论解释和实证检验。

第一种理论解释与投资者对企业盈利不确定性的认识或信念有关。Pástor 和 Veronesi(2003)理论上证明，当投资者对企业平均盈利不确定性的认识存在不确定性时，企业估值过程中复利计算固有的凸性作用，使得企业估值和盈利不确定性之间天然具有正向关系，而随着时间的推移，企业平均盈利的不确定性不断揭示，投资者对不确定性的认识也逐渐清晰，其结果是复利计算凸性作用下的企业估值呈现下降趋势。第二种理论解释与企业的IPO择时有关。针对韩国市场企业估值随上市年龄的下降趋势，Chay 等(2015)认为，企业通常会选择其盈利能力达到峰值之时进行首次公开募股(initial public offering, IPO)，此时市场对企业的估值水平将会最高，而 IPO 后企业盈利能力不断下降，将导致企业估值随上市年龄开始呈现下降趋势。第三种解释与组织僵化和机会创造有关。Loderer 等(2016)认为，在企业逐渐壮大和成熟的过程中，管理者会愈来愈多地关注已有资产的管理，而疲于新增长机会的创造，其结果是，企业组织随企业年龄的增加越来越僵化，并因此导致市场估值呈下降趋势。

2.2 经典资产定价理论的发展脉络

作为现代金融学的三大支柱之一，资产定价的相关研究致力于探究资产风险与收益之间的均衡关系及其决定因素。这一问题自 Markowitz(1952)提出组合投资理论以来，经过 Sharpe(1964)的资本资产定价模型、Merton(1973)的跨期连续时间资产定价模型、Black 和 Scholes(1973)及 Merton(1973, 1976)的期权定价理论模型、Ross(1976)的套利定价理论模型，以及以 Fama 和 French(1992, 1993, 2015)为代表的多因子模型的发展和完善，目前已经形成了一个较为全面和系统的金融学研究分支。

2.2.1 CAPM 和单因素模型

资本资产定价模型(capital asset pricing model,CAPM)是由 Sharpe(1964)、Lintner(1965)和 Mossin(1966)等共同提出的，其主要思想包括两点：一是市场风险(系统风险)是资产预期收益率的唯一决定因素；二是市场贝塔系数对资产预期收益率的影响是线性的。由于 CAPM 不仅提出系统风险的概念，还给出系统风险度量及其与资产收益率的均衡关系，加之模型简洁，无论是大学课程学习(Welch, 2008)，还是业界项目评估(Graham and Harvey, 2001)，都得到了广泛的应用。

与 CAPM 的相关研究沿着两个方向发展：一是检验 CAPM 的有效性；二是扩展和改进 CAPM。针对 CAPM 的有效性检验，无论是横截面的证据(Jensen et al., 1972; Black, et al., 1973; Fama and MacBeth, 1973)，还是组合时间序列的证据(Jensen, 1986; Douglas, 1968; Miller and Scholes, 1972; Blume and Friend, 1973)，都无法很好或完全地支持 CAPM。Fama 和 French(2004)对相关的研究进行了全面的总结，并认为大多数基于 CAPM 的模型应用都是无效的。Reinganum(1981)、Lakonishok 和 Shapiro(1986)等的研究甚至表明，股票预期收益率和贝塔系数之间并不存在稳定可靠的关系。Da 等(2012)也明确指出，CAPM 失效的主要原因是无法对资产中所包括的实物期权类资产进行合理定价。

CAPM 有效性检验实证证据的不尽如人意，催生了学者对 CAPM 的不断改进。包括跨期资本资产定价模型(Merton, 1969, 1971, 1973)、基于消费的资本资产定价模型(Lucas, 1978; Breeden, 1979; Campbell and Cochrane, 2000)、考虑投资者行为的资本资产定价模型

(Tversky and Kahneman, 1992; Shefrin and Statman, 1994; Bakshi and Chen, 1996) 和基于生产的资本资产定价模型 (Cochrane, 1991) 等。

2.2.2　多因素定价模型

在检验 CAPM 有效性的过程中，大量实证证据证实，股票收益率与市场贝塔系数无关，但与盈利市值比 (Basu, 1977)、市值规模 (Banz, 1981)、(市场) 财务杠杆 (Bhandari, 1988)、权益账面市值比 (Stattman, 1980; Rosenberg et al., 1985) 等“企业特征”，以及长期反转 (DeBondt and Thaler, 1985; 1987)、短期动量 (Jegadeesh and Titman, 1993) 等股价表现有关。

针对这些与企业特征或股价表现有关的“收益异象”，Fama 和 French (1992) 较为全面地考察了股票预期收益率的决定因素，结果发现市值规模和权益账面市值比是解释横截面上股票收益率的两个重要因素。进一步，在市场因子的基础上，Fama 和 French (1993) 构造了市值规模和账面市值比两个定价因子，提出了著名的 Fama-French 三因子模型，该模型成为实证资产定价的经典基准模型。

Fama-French 三因子模型提出以后，学者从参数估计与分组方法 (Kothari et al., 1995)、样本选择与样本区间 (Breen and Korajczyk, 1995; Black, 1993; Mackinlay, 1995) 等多个角度提出质疑，以 Lakonishok 等 (1994) 为代表的研究甚至认为，价值溢价是非理性行为而非风险定价所致：投资者会低 (高) 估账面市值比高 (低) 的企业，而一段时间后企业价值的回归是导致高 (低) 账面市值比具有高 (低) 预期收益率的原因。对于这些质疑，以 Fama 和 French (1995, 1996, 1998) 为代表的系列文献进行了较为综合的回应。例如，Fama 和 French (1998) 分析全球 13 个国家股票市场的证据，一致发现各个市场都存在价值溢价现象，有力地回击了数据挖掘导致价值溢价的质疑。又如，Davis (1994) 和 Davis 等 (2000) 分别将研究样本追溯至 1941 年和 1927 年，结果发现价值溢价现象依然存在。再如，针对非理性行为视角的质疑，Fama 和 French (1996) 认为，非理性行为的解释潜在假设投资者从来不了解、学习或反思自己之前的投资行为，事实上，投资者的学习效应会使得价值溢价随时间推移而消失。

针对 Fama-French 三因子模型，多年以来争议与回应不断交替的同时，应计异象 (Sloan, 1996; Fairfield et al., 2003)、投资异象 (Titman et al., 2004)、盈利异象 (Haugen and Baker, 1996; Cohen et al., 2002) 等新的异象依然对三因子模型提出了挑战，这引发了学者发掘新的定价因子，并据此构造包括其他因子或更多因子的多因子模型。Carhart (1997) 提出了包括短期动量因子和 Fama-French 三因子的四因子模型，并广泛用于估计资本成本和评价组合投资业绩 (Fama and French; 2010; Kosowski, 2011)。Chen L 等 (2011) 构造了包括市场因子、投资因子和盈利因子的新三因子模型。Novy-Marx (2013) 构造了包括盈利因子、市场因子、规模因子和账面市值比因子的四因子模型。Hou 等 (2015) 提出了包括市场因子、规模因子、投资因子和盈利因子的四因子模型。Fama 和 French (2015) 则在 Fama-French 三因子模型的基础上，进一步引入投资因子和盈利因子，提出了五因子模型。

需要指出的是，尽管多因子模型的相关研究成果相当丰富，也被作为资产定价的基准模型而得到了广泛的应用 (Bessembinder and Zhang, 2013，2019; Jensen-Vinstrup et al., 2018; Dutta et al., 2018; Bessembinder et al., 2019)，但多因子模型主要是基于数据证据构造而来的，相关因子到底捕捉了什么样的系统风险？每个因子为何能够作为定价因子？相对于已有实证研究，目前关于这些问题的理论回答总体上还较为缺乏。

2.3　增长期权对资产定价的影响研究

2.3.1　增长期权的测度

尽管直观上比较容易理解增长期权的概念及其价值，但现实中增长期权很难被直接观测，如何测度增长期权是相关实证研究的一个重要问题。表 2-2 总结了现有文献中常用的增长期权代理变量，包括托宾 Q、权益账面市值比、市盈率、资本支出、固定资产账面净值之比、R&D 强度。Collins 和 Kothari（1989）、Gul（1999）指出，权益账面市值比取决于未来投资的预期回报率超过股权所要求的必要报酬率的程度，超过程度越高，账面市值比越低，进而增长机会越多。Smith 和 Watts（1992）认为，资产市账比是衡量增长机会的比较好的变量，资产市账比越高，反映企业增长期权的价值占比越高。Lindenberg 和 Ross（1981）、Skinner（1993）认为，企业市场价值与重置成本的比值越大，代表企业的无形资产越多增长机会越多。

表 2-2　常用的增长期权测度指标

分类	代理变量	代表性文献
基于价格的代理变量	托宾 Q	Smith 和 Watts（1992）
		Skinner（1993）
		Chung 和 Pruitt（1994）
		Perfect 和 Wiles（1994）
		Yermack（1995）
		Erickson 和 Whited（2006）
		Peters 和 Taylor（2017）
	账面市值比	Lewellen 等（1987）
		Collins 和 Kothari（1989）
		Graham 和 Rogers（2002）
	市盈率	Chung 和 Charoenwong（1991）
		Goyal 等（2002）
基于投资的代理变量	资本支出	Lewis 等（2003）
		Roll 等（2009）
		Stowe 和 Xing（2011）
	R&D 强度	Gaver 和 Gaver（1995）
		Connolly 和 Hirschey（2005）
		Denis（1994）
		Shin 和 Stulz（2000）
		Newton 和 Pearson（1994）
		Mitchell 和 Hamilton（1988）

针对增长期权的诸多测度指标，Kallapur 和 Trombley(1999)将其总结为以投资为基础的代理变量和以价格为基础的代理变量两大类。其中，以投资为基础的代理变量通常包括 R&D/总资产、R&D/销售额、R&D/企业市值等，其基本思想源于 R&D 投资强度高的企业未来将产生更多的增长机会。此外，由于增长机会多的企业当前及未来资本支出也相对较多，因此资本支出/企业市值、资本支出增长率等指标也可用于衡量增长机会的多少。以价格为基础的代理变量通常包括权益或资产账面市值比、托宾 Q、市盈率等，其基本思想是，股票价格通过影响企业市场估值，进而充分反映出企业未来增长机会的价值。Adam 和 Goyal(2008)利用采矿业的企业数据[①]，首先运用实物期权方法直接测算了增长期权的理论价值，然后通过比较该理论价值和增长期权代理变量的相关性，进一步指出：托宾 Q 是增长期权最好的代理变量，包含了最多关于增长期权的信息，而资本支出的表现最差。

2.3.2 增长期权的系统风险特征

企业拥有的未来投资机会可被描述为一系列的增长期权。Myers 和 Turnbull(1977)针对投资项目期限、预期现金流增长率等与企业系统风险相关的决定因素，研究指出增长机会是成长型企业的重要系统风险来源。Galai 和 Masulis(1976)在期权定价模型(Black and Scholes, 1973; Merton, 1973)的基础上，最早从理论上证明，由于期权本身是一种带杠杆的衍生品，因而增长期权的系统风险大于其标的资产的系统风险。

经验证据方面，Chung 和 Charoenwong(1991)利用过去十年平均的市盈率和市账比两个指标作为增长期权的代理变量，实证发现增长期权多的企业具有高的系统风险。Bernardo 等(2007)针对 1977～2004 年纳斯达克市场 37 个行业，实证发现 37 个行业中有 35 个行业增长期权的系统风险显著高于在位资产的系统风险；而且，同一行业中期权(高市账比)增长的企业具有高的系统风险。朱宏泉等(2012)对中国市场 20 个细分行业的研究也表明，其中 14 个行业的增长期权贝塔系数要大于在位资产贝塔系数。

不同于直接测度和比较系统风险大小的做法，Cornell(1999)针对高科技企业资产定价的研究指出，尽管高科技企业的增长期权与市场的相关性较小，但由于技术创新项目的现金流久期通常较长，高科技企业的增长期权价值对折现率的变化更为敏感，进而具有较高的系统风险，且久期越长，系统风险越大。Dechow 等(2004)也指出：相对于在位资产，增长期权未来现金流的久期更长，即利率上升导致市场组合价值下降时，增长期权价值的下降幅度要远大于在位资产的下降幅度，从而增长期权较之在位资产具有更高的系统风险。Jacquier 等(2010)认为，相对于在位资产，增长期权对市场波动更为敏感，当市场整体收益率下跌时，增长期权价值通常下降得更多，是股票收益率下降的主要原因。

针对增长期权相对于在位资产系统风险更大这一结论，也有少数学者持有不同看法。Zhang(2005)认为，一旦经济不景气或变差，厂房、设备等在位资产的调整成本反而更大，因此在位资产的系统风险更大。Ai 和 Kiku(2013)注意到增长期权执行成本的顺周期效应：经济形势好的时候，企业为了获得在位资产，倾向于执行更多的增长期权，这将推高

① 之所以选择采矿业，是因为根据美国证券交易委员会的要求，采矿企业需披露矿藏性质、质量和数量等可以反映增长期权的详细信息。

增长期权的执行成本；相反，经济形势差的时候，企业执行的增长期权较少，从而导致执行成本下降。因此，增长期权执行成本的顺周期效应最终会抵消在位资产随经济形势的变化，进而反过来降低经济环境对增长期权的影响，从而使得增长期权的系统风险反而低于在位资产的系统风险。类似地，Koussis 和 Makrominas(2015)指出了增长期权对资产系统风险相反的两个方面的影响：一方面通过提高增长期权在总资产中的价值占比而提升总资产的系统风险；另一方面增长期权执行价值的提高反而可能降低增长期权本身的系统风险，因此，增长期权对总资产系统风险的影响很难判断。

2.3.3 增长期权对资产风险溢价的动态影响

2.3.3.1 增长期权执行的影响

在局部均衡框架下，Berk 等(1999)开创性地研究了增长期权执行对企业资产相对构成和在位资产风险特征的动态影响，从而揭示了资产动态(时变)风险特征的微观机理，并进一步推导给出资产预期收益率与可测度的市值规模、账面市值比的关系，这不仅赋予Fama-French 三因子模型新的理论解释，还建立了公司金融层面的企业投资决策和资本市场层面的股票收益率的理论关联。该经典文献提供了增长期权执行动态影响资产风险-收益特征的重要理论预示，具体包括两条影响途径。其一，增长期权的执行意味着增长机会的资产形态由行权前的期权形态转化为行权后的标的资产状态(即新增在位资产)，而期权的系统风险高于标的资产的系统风险，从而增长期权的执行会降低增长机会的系统风险。其二，增长期权的执行会降低其在总资产中相对于在位资产的价值占比，从而降低资产平均的系统风险。

随后学者结合影响增长期权及其相对重要性的企业微观因素和产业竞争环境等，扩展Berk 等(1999)的模型，进一步揭示了资产风险-收益的时变特征，并为市值规模和账面市值比反映系统风险和作为定价因子的合理性提供了重要的理论解释。Gomes 等(2003)构建的一般均衡模型认为，资产收益率完全由条件 CAPM 确定，而市值规模和账面市值比与条件市场风险相关，从而可以预测资产收益率。Carlson 等(2004)扩展考虑运营杠杆和增长期权有限的情形，研究发现高账面市值比高预期收益率的价值溢价现象与运营杠杆有关，而规模效应正是体现了资产构成中增长期权相对重要性对定价的影响。Zhang(2005)则考虑资产调整成本非对称和逆周期风险价格的情形，指出在位资产难以调整进而系统风险相对于增长期权更高，对价值溢价现象给出了一种理论解释。类似地，Cooper(2006)也认为在位资产规模相对更难调整，从而拥有较多闲置在位资产的价值型企业的账面市值比通常更高；与此同时，一旦经济环境转好，价值型企业更易扩张来及时享受经济环境变化带来的好处，因此高账面市值比会导致高的股票预期收益率。

由于增长期权的执行通常体现为可观测的投资活动或由此引起的资产增长等，Anderson 和 Garcia-Feijóo(2006)利用投资增长率作为增长期权执行的代理变量，对 Berk 等(1999)的理论预示直接进行了检验，结果发现：投资增长率高(增长期权消耗多)的企业，其下一年度的股票月收益率要低；而且，即便控制 Fama-French 三因子，投资增长率依然对个股预期收益率具有显著的负向影响。Cooper 和 Priestley(2011)通过构造增长期权执行前和执行后的股票组合，研究发现，增长期权执行后组合的系统风险与预期收益率都会显著降低。Zeidler 等(2012)通过直接测度市场贝塔系数的时变特征，以及针对中国市场的证据(李准等, 2018; 李强等, 2018)，都一致地支持或印证了增长期权执行导致的系统风险降低。

针对投资和股票预期收益率的负向关系①，虽然另一些学者提供了行为金融角度的解释和证据②，但 Li(2011)关于融资约束视角的检验、Yao 等(2011)和 Watanabe 等(2013)关于国际比较的证据，以及 Xing(2008)和 Lyandres 等(2008)在 Fama-French 三因子模型的基础上进一步构造投资因子的证据，都一致支持增长期权执行对资产定价具有动态影响。

2.3.3.2 增长期权创造的影响

现实中，并非所有企业都只是“被动顺应”增长期权的不断消耗。相反，一些企业会通过技术创新、战略投资、并购重组等手段来“主动创造”增长期权，甚至由此而避免企业逐渐走向衰落的命运。严格来讲，尽管增长期权的“创造”和“消耗”都是期权的执行，但二者对企业总资产的相对构成，进而风险-收益特征可能具有相反的影响。事实上，资本市场上创新能力强的企业正是通过各种创新投资来创造增长期权进而实现持续增长。

作为创造增长期权的一种主要手段，R&D 投资对资产风险-收益特征的影响受到学者较多的关注。Berk 等(2004)在多阶段研发的框架下深入研究了研发投资的实物期权特征对初创企业价值和预期收益率产生动态影响的机理。Li(2011)在简化 Berk 等(2004)模型的基础上，进一步讨论了融资约束对企业研发投资期权的制约作用，并实证发现融资约束会加强 R&D 投资和股票预期收益率之间的正向关系。针对美国市场、中国市场和全球市场，Ho 等(2004)、李强等(2018)和 Hsu(2009)一致发现，R&D 强度和系统风险或股票预期收益率存在正向关系。Gu(2016)从产品市场竞争加强 R&D 投资和股票预期收益率正向关系的角度，为 R&D 投资影响资产风险溢价的机理提供了一种新的解释：激烈的产品市场竞争会提高企业执行 R&D 投资期权的临界值，而高的临界值意味着 R&D 投资处于未行权的高风险期权状态，从而投资者对 R&D 投资多的企业要求的风险补偿也高。

针对 R&D 投资和股票预期收益率的正向关系③，Kumar 和 Li(2016)明确指出 R&D 投资具有创造增长期权的作用，在理性投资影响资产构成进而影响风险溢价的框架下，他们从理论上证明了增长期权创造提升资产风险溢价的作用，并提供了 R&D 投资对股票预期收益率具有正向影响的证据，以及提供了未来资本支出和盈利能力伴随 R&D 投资而提高的证据。Lin 和 Wang(2016)将 R&D 投资和股票预期收益率的正向关系归因于企业被

---

① 基于 Q 理论，Hou 等(2015)对此关系给出了理性决策但非均衡定价视角的经济解释：企业会一直投资直到边际成本等于边际收益，高的贴现率(高预期收益率)意味着低的 NPV(净现值)，进而企业会降低投资；而低的贴现率(低预期收益率)意味着高的 NPV，进而企业会增加投资，因此，投资和股票预期收益率之间具有负向关系。

② 相关研究包括 Titman 等(2004)、Lam 和 Wei(2011)、Cooper 等(2008)、Gray 和 Johnson(2011)、尚尔霄和赵世媛(2013)、周铭山等(2013)、叶建华和周铭山(2013)等。

③ 除了理性投资和风险定价的视角，还有文献从行为金融错误定价的视角对 R&D 投资和股票预期收益率的关系给出了不同的解释，代表性文献包括 Lev 和 Sougiannis(1996)、Chan 等(2001)、Chambers 等(2002)、Eberhart 等(2004)、Branch 和 Chichirau(2010)、Hirshleifer(2013)和 Cohen 等(2013)。罗婷等(2009)和张信东等(2010)也提供了企业 R&D 投入与股票收益率正向关系的国内证据。

并购的风险，因为加大 R&D 投资会增加企业被并购的概率。针对 Serfling(2016)发现的 CEO 年龄和股票预期收益率的负向关系，Chowdhury 和 Fink(2017)认为是年老的 CEO 进行更少的 R&D 投资，且决策往往并非最优所致。陈国进等(2017)在厂商资本资产定价模型(PCAPM)框架下，构建了一个包含实物资本投资和 R&D 投资的理论模型，同样从理论和实证上证明了 R&D 投资和股票收益率的正向关系，且 R&D 投资对股票预期收益率的影响程度与 R&D 投资的产出弹性正相关。

除了 R&D 投资，战略性并购重组也是企业进行增长期权创造的一种手段，进而也会导致并购前后企业风险特征的动态变化(Hackbarth and Morellec, 2008)。严格来讲，并购到底是促进还是抑制企业创新，现有研究尚存在较大争议[①]，但 Zhao(2009)、Sevilir 和 Tian(2012)、Bena 和 Li(2014)等给出了并购能够显著提高企业专利产出的证据。Shepherd(2018)也发现，不少制药行业的大公司已经很少通过自主研发进行创新，而是将研发项目外包给专门的研究机构或小企业。Phillips 和 Zhdanov(2013)从理论上证明，小公司更倾向于自主研发进而被大公司以高溢价收购，大公司则可通过并购小公司直接获得创新成果，该结论不仅很好地解释了并购和研发两种创新投资之间的替代关系，还从并购市场的角度解释了活跃的行业并购有助于促进企业的研发活动，并得到 Atanassov(2013)关于敌意收购的实证证据的支持。

关于并购对股票预期收益率的影响，现有证据主要来自对并购后股票长期表现的考察，但不仅不同市场的实证结论并不一致，而且还缺乏资产定价视角的相关证据。例如，在美国市场，Agrawal 等(1992)针对 1955～1987 年纽交所上市公司 1,164 起并购交易的证据显示，并购方的市场价值在并购后的 5 年内平均下降了 10%[②]。Sudarsanam 和 Mahate(2003)、Petmezas(2009)分别针对 1983～1995 年和 1984～2003 年英国市场的证据也得到类似的结论。相反，Dutta 和 Jog(2009)针对加拿大市场的证据表明，并购并未对股票长期表现产生显著的负向影响；Soongswang(2014)针对泰国市场的证据更是发现，并购对股票长期表现具有显著的正向影响。在中国市场，张学勇等(2017)利用我国 1998～2015 年上市公司的 7,086 起股权并购事件，实证发现目标方创新能力对并购方股票表现具有重要影响：当目标企业具有创新能力时，并购将对并购方股票的长期表现具有正向影响；而当并购方同样具有创新能力时，该正向影响将更大。关于连续并购(吴超鹏等, 2008)、外资并购(张学平, 2008)、产业周期(刘笑萍等, 2009)、融资方式(翟进步等, 2011)、社会信任(王艳和李善民, 2017)等不同角度的扩展证据，也发现了并购后并购方股票超额收益率为正的证据。

除了兼并收购，资产剥离也具有创造增长机会的作用。Comment 和 Jarrell(1995)认为，资产剥离能够使管理层精力集中于核心资产和提高企业运营效率，从而剥离对股票收益率具有正向影响。Schlingemann 等(2002)也给出了企业倾向于剥离与主营业务无关、盈利性较差、规模较小的部门的经验证据。John 和 Ofek(1995)则给出了资产剥离导致未来

---

① 关于并购抑制创新的代表性研究可参见 Cloodt 等(2006)、Seru(2014)、Ferrett 和 Poyago-Theotoky(2016)、Comanor 和 Scherer(2013)、Shepherd(2018)。

② 另有大量经典文献进一步考察了支付方式(Travlos, 1987; Loughran and Vijh, 1997)、并购方式(Rau and Vermaelen, 1998)和并购领域(Giannopoulos et al., 2017)等因素对并购方股票长期表现的影响。

3 年企业运营表现提高的证据。Mulherin 和 Boone (2000) 针对 20 世纪 90 年代的并购与剥离、Maksimovic 和 Phillips (2001) 针对 1974～1992 年美国工厂级数据的实证研究，以及史习民和戴娟萍 (2014) 针对 2011 年宝钢剥离特种钢资产的案例分析均一致表明：与并购类似，资产剥离也可为股东创造价值和促进资源的有效配置。Lee 和 Madhavan (2010) 通过分析 94 篇文献荟萃发现，资产剥离对企业后续财务和股票表现均具有正向影响。Nguyen (2016) 则在得到资产剥离提升企业股票长期表现证据的基础上，进一步发现进行剥离前的资产利用效率越低，剥离对股票表现的正向影响越大。Cooper (2011) 从风险定价的角度明确指出，由于与资本支出或一般性投资的方向相反，资产处置与剥离对股票预期收益率具有显著的正向影响。

2.4　在位资产对资产定价的影响研究

如前所述，与 Galai 和 Masulis (1976)、Berk 等 (1999) 及 Gomes 等 (2003) 的观点相反，Ai 和 Kiku (2013)、Carlson 等 (2004) 及 Zhang (2005) 分别从增长期权执行成本的顺周期效应、在位资产运营杠杆、非对称调整成本的角度指出，在位资产的系统风险高于增长期权的系统风险。两种相反观点的争论，引发了学者对在位资产定价问题的关注。

现实中，企业运营在位资产过程中承担的固定成本，不仅会导致运营杠杆，还会影响企业拥有运营决策的灵活性。如果考虑嵌入于在位资产的运营杠杆和运营灵活性对资产风险溢价的影响，不仅能够更好地理解在位资产的风险-收益特征，还能揭示在位资产运营决策对资产风险溢价的动态影响，同时考虑运营杠杆和运营灵活性对资产定价的影响，更是能够从理论上解释价值溢价现象。

2.4.1　运营杠杆的指标测度

现实中，固定成本和变动成本属于企业管理会计范畴的概念，企业披露的财务报表中无法直接观测到固定成本或变动成本。具体而言，虽然固定成本中的折旧和摊销等可在现金流量表中找到，但诸如管理费用、租赁费用、固定工资等其他的固定成本构成，通常是和变动成本一起体现于损益表，很难予以分割。基于此，目前关于运营杠杆如何测度在学术界尚存争议，不同文献使用的测度方式也不尽相同。结合文献中的各种做法，运营杠杆主要的测度方式可以概括为如下两种。

2.4.1.1　时间序列回归估计法

由于固定成本的存在，企业利润的波动会大于销售量的波动[①]，从而利润波动对营业收入波动的敏感程度可用来测度运营杠杆（或运营杠杆系数）。据此概念的直观含义，Mandelker 和 Rhee (1984) 提出利用息税前利润 (EBIT) 和营业收入的时间序列数据，进行如下单变量回归，回归系数 b_t 即为运营杠杆：

$$\ln \mathrm{EBIT}_t = a_t + b_t \ln \mathrm{Sales}_t + \mu_t \tag{2-1}$$

O' Brien 和 Vanderheiden (1987) 进一步指出，EBIT 和营业收入两个变量本身具有时

① 如果没有固定成本，变动成本和营业收入的同比例变动使得 EBIT 和营业收入的比例是一个不变的常数。

间趋势，二者变动关系的估计需首先剔除时间趋势的影响，具体估计可通过两阶段滚动时间序列回归进行①。

第一阶段：对两个变量本身进行如下的时间序列回归，以去除时间趋势，得到残差项 μ_t^{EBIT} 和 μ_t^{Sales} 。

$$\ln\text{EBIT}_t = \ln\text{EBIT}_0 + tg_{\text{EBIT}} + \mu_t^{\text{EBIT}} \tag{2-2}$$

$$\ln\text{Sales}_t = \ln\text{Sale}_0 + tg_{\text{Sales}} + \mu_t^{\text{Sales}} \tag{2-3}$$

其中： EBIT_0 和 Sales_0 分别为估计期初的 EBIT 和营业收入。

针对 EBIT 可能为负的样本，Garcia-Feijóo 和 Jorgensen (2010) 提出使用下式进行转换：

$$\begin{aligned} \ln(\text{EBIT}_t) &= \ln(1+\text{EBIT}_t),\ \text{if EBIT}_t \geqslant 0 \\ \ln(\text{EBIT}_t) &= -\ln(1-\text{EBIT}_t),\ \text{if EBIT}_t < 0 \end{aligned} \tag{2-4}$$

第二阶段：将 μ_t^{EBIT} 和 μ_t^{Sales} 分别作为被解释变量和解释变量，进行下式回归，得到的回归系数 (DOL) 即为运营杠杆。

$$\mu_t^{\text{EBIT}} = \text{DOL}\mu_t^{\text{Sales}} + \varepsilon_t \tag{2-5}$$

其中，回归系数 DOL 的估计值可能为负，Reily 和 Brown (2003) 提出使用其绝对值作为运营杠杆的最终测度指标。

2.4.1.2　代理变量法

Gulen 等 (2011) 提出了采用营业利润相对于营业收入变化率指标来估计运营杠杆的做法：首先，在每个年度，计算 EBIT 变化率与营业收入变化率的比值；然后，对过去 3 个年度的该比值进行移动平均，作为运营杠杆的最终测度②，具体如下：

$$\text{DOL}_{i,t} = \frac{1}{3}\left(\frac{\dfrac{\Delta\text{EBIT}_{i,t}}{\text{EBIT}_{i,t-1}}}{\dfrac{\Delta\text{Sales}_{i,t}}{\text{Sales}_{i,t-1}}} + \frac{\dfrac{\Delta\text{EBIT}_{i,t-1}}{\text{EBIT}_{i,t-2}}}{\dfrac{\Delta\text{Sales}_{i,t-1}}{\text{Sales}_{i,t-2}}} + \frac{\dfrac{\Delta\text{EBIT}_{i,t-2}}{\text{EBIT}_{i,t-3}}}{\dfrac{\Delta\text{Sales}_{i,t-2}}{\text{Sales}_{i,t-3}}} \right) \tag{2-6}$$

直接利用代理变量测度运营杠杆的难点在于固定运营成本的估计。Gu 等 (2018) 提出了利用滞后期财务数据估计固定运营成本进而评估运营杠杆的做法。该做法包括两个步骤。第一步，根据回归方程 (2-7)，利用季度数据，将滞后一期的运营成本、当期和滞后一期的营业收入对运营成本进行窗口期为 5 年的滚动普通最小二乘法 (OLS) 回归：

$$\text{Cost}_{i,q} = a_i + b_i\text{Cost}_{i,q-1} + c_i\text{Sales}_{i,q} + d_i\text{Sales}_{i,q-1} + \varepsilon_{i,q} \tag{2-7}$$

其中，运营成本 $\text{Cost}_{i,q}$ 为企业 i 在第 q 个季度的销售成本和销售及一般管理费用之和；$\text{Sales}_{i,q}$ 为企业 i 在第 q 个季度的营业收入，$\text{Cost}_{i,q-1}$ 和 $\text{Sales}_{i,q-1}$ 分别为滞后季度的运营成本和营业收入。

第二步，利用式 (2-7) 估计得到回归系数 a_i 、 b_i 和 d_i ，以及滞后一年的运营成本和营业收入的季度平均值，即可估算得考察年度的固定运营成本，将其除以滞后一年的营业收入进行标准化处理，运营杠杆最终可以被测度为

① 利用该做法测度运营杠杆的相关研究可参见 Garcia-Feijóo 和 Jorgensen (2010)、Cao (2015) 等。

② 如果某个年度过去 3 年的该比值均为负，则将该年度的观测值作为缺失值处理。

$$\mathrm{DOL}_{i,t}=\frac{a_i+b_i\mathrm{Costmean}_{i,t-1}+d_i\mathrm{Salesmean}_{i,t-1}}{\mathrm{Salesmean}_{i,t-1}} \tag{2-8}$$

其中，$\mathrm{Costmean}_{i,t-1}$ 和 $\mathrm{Salesmean}_{i,t-1}$ 分别为企业 i 在 t-1 年 4 个季度的平均运营成本和营业收入。

2.4.2 运营杠杆对资产风险溢价的影响

Lev（1974）最早从理论上指出了运营杠杆和资产系统风险之间的正向关系。Gahlon（1981）、Gahlon 和 Gentry（1982）、McDaniel（1984）等也从理论上证明了运营杠杆对资产风险溢价具有正向影响。Mandelker 和 Rhee（1984）、Houmes 等（2012）针对美国市场，吴武清等（2012）针对中国市场的实证检验，都得到支持 Lev（1974）理论预示的证据①。Taussig 和 Akron（2017）从理论上指出，规模报酬会增大运营利润对市场变化的敏感性，因而运营杠杆和系统风险间的正向关系只有当规模报酬较高时才会出现，并得到来自 1963～2011 年美国制造业企业的实证证据支持。

针对运营杠杆对资产风险溢价的影响，相关的扩展研究进一步结合特定运营场景或者固定运营成本的具体来源来展开讨论。针对美国企业大量采用运营租赁的现象（Cornaggia et al., 2013），Dogan（2016）指出，企业与租赁人签订的不可撤销或更改的租赁合同存在固定的租赁费用，这也会导致运营杠杆，因此采用更多此类租赁合同的企业的股票预期收益率更高。Resutek（2016）则指出，持续 R&D 投入也会产生固定成本进而导致运营杠杆，而运营杠杆对系统风险的放大作用可以解释 R&D 投资和股票预期收益率的正向关系。

形成企业固定成本进而导致运营杠杆的相关因素中，雇工费用或人工工资是最为重要的构成部分（Gollin, 2002）。Danthine 和 Donaldson（2002）在一般均衡模型框架下，从理论上证明了人工成本导致的运营杠杆对资产系统风险具有重要影响。Pontuch（2011）以 1975～2009 年美国上市公司为样本，实证发现劳动密集型企业的运营杠杆和股票预期收益率都比较高。Palacios（2013）也发现，相对于资金密集型企业，劳动密集型企业的账面市值比和股票预期收益率都更高。Taussig（2017）利用 1963～2013 年美国上市公司的数据，也同样实证发现人工成本占总资产的比例越高，股票预期收益率越高。Gourio（2007）借鉴运营杠杆的定义方式，将劳动用工成本导致的运营杠杆正式定义为“劳动杠杆（labor leverage）”，而后学者从劳动力流动性（Donangelo, 2014）、劳动分配率（Favilukis and Lin, 2016）、工资黏性（Donangelo et al., 2018）等角度解读和测度劳动杠杆，一致得到劳动杠杆会放大股票预期收益率的证据。

2.4.3 运营灵活性对资产风险溢价的影响

固定运营成本的存在，不仅会导致运营杠杆，还可赋予企业择机进行资产收缩的运营决策灵活性。直观而言，在外部经济或市场变差的情况下，择机收缩部分资产可以减少企业的固定运营固定成本，进而在一定程度上降低运营损失。从实物期权的特征来看，资产收缩本质上是一种看跌期权（后续简称“收缩期权”）：如果经济环境较好，则企业进行收缩的可能

① Huffman（1989）利用 1966～1985 年美国制造业企业样本，对 Mandelker 和 Rhee（1984）的研究进行了再检验，但得到运营杠杆和系统风险存在负向关系的相反结论。

性较低，进而收缩灵活性的价值较小；反之，一旦经济环境变差，企业收缩资产的可能性提高，进而收缩灵活性的价值较大。从这个意义上来讲，收缩期权具有某种“逆经济周期”的特征，因此收缩期权的贝塔系数为负，而收缩期权的执行会提高资产风险溢价[①]。

Trigerois 和 Lambertides(2014)将扩张期权、收缩期权和未来增长机会等各种实物期权统称为增长期权，由于忽略了收缩期权贝塔系数为负的特征，实证得到增长期权价值占比和股票预期收益率之间存在负向关系的证据。Cooper 和 Priestley(2011)实证发现资产剥离对股票预期收益率具有显著的正向影响，而资产剥离的本质正是收缩期权的执行。Chen H J 等(2011)从用工灵活性的角度指出，工会为了维护员工权益而对企业随意裁减员工进行的限制，会通过增加用工调整成本而降低运营灵活性，并最终增大股票预期收益率。Aretz 和 Pope(2018)利用企业实际产能和最优产能之差衡量产能积压，理论与实证结论共同发现，如果企业对已有产能的运营灵活性较好，则产能积压和股票预期收益率之间将存在负向关系。

需要特别指出的是，由于收缩期权和运营杠杆都是由固定运营成本导致的，收缩期权的执行会通过降低固定运营成本而影响运营杠杆高低，进而影响运营杠杆与资产风险溢价之间的关系。针对市场需求变化对股票预期收益率的影响，Hackbarth 和 Johnson(2015)研究发现，企业拥有的增长期权与收缩期权及运营杠杆的共同作用，会使得股票预期收益率和市场需求之间可能存在非单调关系。Guthrie(2011)从理论上发现，如果考虑收缩期权的影响，则运营杠杆和资产风险溢价之间的关系不再单调：当收缩期权的价值较低时，二者之间的正向关系依然存在；但是，当收缩期权的价值较大时，二者将存在负向关系。Gu 等(2018)实证发现，对于运营灵活性低的企业而言，运营杠杆的提高会增大股票预期收益率，但对运营灵活性较高的企业而言，运营杠杆的提高反而会降低股票预期收益率。

2.4.4　运营杠杆和运营灵活性对价值溢价的解释

Graham 和 Dodd(1934)最早将价值型股票较之成长型股票收益率更高的现象称为价值溢价(value premium)。随后，无论是个股横截面(Rosenberg et al., 1985; Fama and French, 1992)、组合时间序列(Lewellen, 1999)的美国市场证据，还是进一步针对跨国市场(Fama and French, 1998)和中国市场的检验(王晋斌, 2004; 黄芬红和王志强, 2014)，学者一致发现存在价值溢价现象。

针对源自经验证据的价值溢价现象[②]，除了财务杠杆(Ozdagli, 2012; Choi, 2013; Cao, 2015)、非理性的错误定价(Piotroski and So, 2012; Hwang and Rubesam, 2013)、数据偏差(Conrad et al., 2003)等角度外，运营杠杆与运营灵活性影响资产定价的相关研究给出了很好的一种理论解释。Carlson 等(2004)从理论上指出，Fama-French 三因子模型中的账面市值比因子的定价解释力，体现了运营杠杆对资产风险溢价的影响。Garcia-Feijóo 和

---

① Huang 和 Kang(2018)从非对称信息的角度对运营灵活性对资产风险溢价的影响给出了另外一种解释：如果投资不可逆，则非知情投资者因承担更多的信息风险而要求高的风险补偿；但是，如果企业可以适时调整投资，则不仅可以提高生产率，还能向非知情投资者传递信号，信息知情与非知情投资者之间的信息不对称降低使得股票预期收益率降低。

② 相关的综述性研究可参见 Ling 和 Koo(2012a, 2012b)、Pätäri 和 Leivo(2017)。

Jorgensen(2010)的实证证据也表明，运营杠杆与账面市值比和股票预期收益率都存在正向关系。Obreja(2013)进一步明确指出：高账面市值比的价值型企业通常拥有更多的在位资产，而嵌入于在位资产的运营杠杆对风险溢价具有放大作用，这将导致账面市值比和股票预期收益率之间呈现正向关系。Sylvain(2014)和 Marfè(2016)指出，源自人力资本的运营杠杆也会导致价值溢价，Donangelo(2016, 2018)的实证证据更是发现，劳动杠杆可以解释大约一半的价值溢价。

除了运营杠杆，有限运营灵活性也被学者用于解释价值溢价现象。Guthrie(2013)从理论上指出，即便不考虑运营杠杆，产能过剩(高账面市值比)企业的利润对市场需求的变化也更敏感，从而此类企业的资产风险溢价更高。Li 等(2009)和 Gulen 等(2011)则提供了有限运营灵活性可以解释价值溢价的实证证据。综合运营杠杆和运营灵活性两个角度对价值溢价的解释，少数文献注意到运营杠杆和运营灵活性共同嵌入于在位资产、共同源于固定运营成本的事实，进一步考虑二者在影响资产风险溢价过程中的相互作用，对价值溢价现象给出了相对更为严谨的理论解释。Guthrie(2014)发现：如果企业缺乏停止运营的决策灵活性，则运营杠杆会导致价值溢价现象；相反，如果企业的停止运营灵活性价值较高，则价值溢价现象不复存在。Novy-Marx(2011)更是从理论上严格证明，高运营杠杆和有限灵活性是价值溢价的两个充分条件。

2.5　增长期权对资本结构的影响研究

自 Modigliani 和 Miller(1958)提出著名的 MM 定理以来，资本结构也一直是金融领域的研究重点。Bradley 等(1984)、Lang 等(1996)、Barclay 等(1995)、Charalambakis 和 Psychoyios(2012)等的诸多且持续的证据一致表明，增长期权和财务杠杆之间存在显著的负向关系。赵山和黄运成(2006)针对中国市场及 Rajan 和 Zingales(1995)针对跨国市场的证据，也得到相同的结论。

除了横截面上直接考察增长期权和财务杠杆的关系外，以 Tserlukevich(2008)、Gomes 和 Schmid(2010)等为代表的国外研究，从增长期权执行动态影响财务杠杆的视角，得到了类似的证据。赵蒲和孙爱英(2005)针对中国市场的实证证据也表明，处于成长阶段的企业拥有更多的增长期权、更低的财务杠杆；相反，处于衰退阶段的公司的债务水平更高。

在增长期权执行的过程中，代理问题会导致投资不足(Myers, 1977)或过度投资(Jensen and Meckling, 1976)，而随之产生的代理成本也会影响企业的最优资本结构。经典文献 Mello 和 Parsons(1992)、Leland(1998)、Mauer 和 Ott(2000)，以及以李强和曾勇(2009)、彭程等(2011)等为代表的国内研究，通过构建投资决策的实物期权模型，理论上揭示了两种非效率投资行为的形成机理。但是，这些研究关注的重点是资本结构如何影响投资行为，且大都是在给定增长机会集的前提下展开讨论，尚少回答增长期权及其执行如何导致资本结构随生命周期的动态变化。Sundaresan 等(2015)利用实物期权方法，理论上指出，增长期权执行过程中存在过度投资行为，最优财务杠杆则会随企业生命周期呈现递增趋势。Barclay 等(2006)进一步同时考虑股东-债权人和管理者-股东两种代理冲突，研究指出：企业的增长期权越多，不仅股东-债权人代理冲突导致的投资不足越严重，而且，债务融资缓解管理者滥用自由现金流引起的过度投资的好处也会越少，其结果是，增长期权会降低企业的债务融资能力，因此增长期权与财务杠杆间存在负向关系。

2.6 运营杠杆和运营灵活性对资本结构的影响研究

运营杠杆和财务杠杆是企业常见的两种杠杆。Van Horne(1977)较早指出了两种杠杆之间的替代关系：企业为了维持一定水平的总杠杆或总风险，高运营杠杆的企业通常会选择低的财务杠杆。Ferri 和 Jones(1979)利用 EBIT 变化率与营业收入变化率之比测度运营杠杆、Mandelker 和 Rhee(1984)利用动态时间序列回归方法估计运营杠杆，一致实证发现运营杠杆和财务杠杆具有负向关系，提供了支持两种杠杆具有替代关系的证据。Serfling(2016)和 Simintzi 等(2015)分别利用美国和多个发达国家加强劳动保护的自然实验事件，一致实证发现：加强劳动保护会通过增加用工成本而提高企业的运营杠杆，企业为了防止破产风险或财务危机，通常会选择降低财务杠杆。Kahl 等(2014)也实证发现，固定成本高的企业的财务杠杆更低。Kumar 和 Yerramilli(2018)进一步从理论上指出，最优运营杠杆和最优财务杠杆之间存在替代关系。

鉴于运营杠杆和财务杠杆之间的替代关系，现实中的企业可通过多种方式主动构造运营灵活性，而灵活的运营决策对企业的最优资本结构也具有重要影响。Sarkar(2014)、Chod 和 Zhou(2014)从理论上指出，通过降低可能的运营损失，提高生产灵活性有助于提升财务杠杆，并得到 Reinartz 和 Schmid(2016)的实证证据支持。除了生产灵活性，MacKay(2003)和 Kuzmina(2018)针对劳动者雇佣决策灵活性、D' Acunto 等(2018)针对定价灵活性的类似证据，也一致发现运营灵活性对财务杠杆具有正向影响。

2.7 小结

本章首先对企业生命周期及其指标测度的相关文献进行检验回顾，据此重点综述企业估值随生命周期规律性变化的相关文献。其次，沿着资产定价理论与模型的发展脉络，重点回顾了 CAPM 和 Fama-French 三因子模型等经典资产定价模型的背景、争议及扩展。再者，综述了增长期权的相关研究，包括指标测度、系统风险特征，以及增长期权执行和创造两种行为对资产风险溢价的动态影响。接着，针对嵌入于在位资产的运营杠杆和运营灵活性，总结了运营杠杆的测度方法，综述了二者分别如何影响资产定价，以及二者相互作用如何共同解释价值溢价现象的相关研究。最后，简要总结了增长期权执行、运营杠杆和运营灵活性影响杠杆企业资本结构的相关研究。

第二篇

企业估值篇

第3章　增长期权视角下企业估值随生命周期的变化趋势

随着从年轻到成熟的生命周期的推进，企业(相对)估值整体上呈现逐渐衰减的趋势。对NYSE、AMEX和NASDAQ三大股票市场1963～2015年上市的18,544家企业的统计数据显示，美国企业市账比的中位数从刚上市时的2.881逐渐下降到上市30年后的1.375。类似地，对中国沪深两市1998～2015年上市的2,354家A股企业的统计数据显示，中国企业市账比的中位数从刚上市时的2.851逐渐下降到上市20年后的1.896①。

针对企业估值随企业年龄的下降趋势，学者主要从如下5个角度给出了可能的理论解释。第一种解释与平均盈利的不确定性和投资者对不确定性的学习效应有关。Pástor和Veronesi(2003)从理论上证明，投资者对平均盈利水平的认知或信念存在不确定性，而在复利(或折现)计算固有的凸性作用下，企业估值将是关于平均盈利水平的凸函数，因而投资者对平均盈利水平的异质信念会对企业估值产生正向影响。然而，随着时间的推移，投资者关于平均盈利水平的异质信念逐渐下降，最终将导致企业估值呈现下降趋势。

第二种解释与企业首次公开募股(IPO)的择时有关。针对韩国市场企业估值随企业年龄的下降趋势，Chay等(2015)认为，企业通常会在企业盈利能力和企业估值达到峰值时进行IPO，而IPO之后企业盈利能力的大幅下降，将使得企业估值呈现下降趋势。

第三种解释与组织僵化导致增长机会创造乏力有关。针对美国市场企业的托宾Q随企业年龄的下降趋势，Loderer等(2016)认为，组织僵化会使得管理层更加关注已有(在位)资产的管理，而疲于新增长机会的创造，因此组织随企业上市年龄的增加越来越僵化将导致企业估值逐渐下降。

第四种解释与融资约束有关。Cooley和Quadrini(2001)指出，对于存在融资约束的企业而言，管理者会优先投资最有价值的项目，而后待融资约束放松时才投资价值较低的项目。因此，对于融资约束严重的企业而言，企业估值一开始较高，随着融资约束的逐渐放松，企业估值将呈现下降趋势。

第五种解释与代理问题有关。Bertrand和Mullainathan(2003)则指出，管理层通常越来越喜欢享受生活，而不喜欢冒险承担风险较高的项目(如R&D项目)。随着时间的推移，管理层和股东之间代理冲突日趋严重将导致企业估值呈现下降趋势。

需要指出的是，尽管上述文献一致给出了企业估值随生命周期呈衰减趋势的证据，但相关解释不仅未从企业资产构成及增长期权动态变化的角度展开讨论，而且无法揭示企业估值随生命周期可能的上升趋势。事实上，在企业从年轻到成熟的生命周期进程中，企业面临的增长期整体而言会日趋减少，在位资产则伴随增长期权的执行而逐渐累积，进而增

① 数据由作者自行统计。其中，美国数据来自COMPUSTAT数据库，中国数据来自CSMAR数据库。

长期权和在位资产的相对比例逐渐下降，最终也会导致企业估值随生命周期呈现衰减趋势。与此同时，现实中的企业并非都会被动顺应增长期权的减少甚至消失，大部分企业会主动通过技术创新和战略并购等创造新的增长期权，以避免企业的“衰老”，甚至可能让企业“起死回生”进入新的生命周期，进而企业估值反而出现上升趋势。因此，增长期权执行和创造的力量对比，可以为企业估值随生命周期可能呈现的不同变化趋势给出一种新的理解解释。

基于此，本章将在离散时间框架下，从理论上构建同时考虑企业不断执行已有增长期权和依概率创造新增长期权的企业估值模型，分析增长期权的执行和创造如何影响企业估值随生命周期的变化趋势，结果表明：增长期权的不断执行会导致企业估值随生命周期整体上呈现下降趋势，而增长期权的创造可以缓解这种下降趋势，持续的增长期权创造更是会导致企业估值呈现上升趋势。实证方面，针对 1998～2015 年的 2,354 家中国 A 股上市公司的证据表明：资本支出和 R&D 投资分别会加强和减弱企业估值与上市年龄间的负向关系，很好地支持理论预示；而且，在持续进行 R&D 投资的子样本中，即便控制融资约束、代理成本等已有文献的相关因素，企业估值和上市年龄之间依然具有显著的正向关系，即持续的增长期权创造可以提升企业估值。

3.1　基本假设

借鉴并简化 Berk 等(1999)的模型框架，考虑一家在一系列离散时间点 $t=\{1, 2, \cdots\}$ 上持续运营的代表性企业。假设企业的整个生命周期先经历一个成长阶段，而后进入稳定运营的成熟阶段，定义时刻 N 为成长阶段与成熟阶段的分界点[①]。在成长阶段的每个时刻($t\leqslant N$)，企业都会面临一个增长期权(或增长机会)，假设每个增长机会都是一份欧式看涨期权(不能推迟投资)，在增长机会到达时刻(到期日)企业依据增长机会标的项目的 NPV 决定是否投资，一旦决定投资，所需的一次性投资成本为 I，投资之后的每期产生一笔不确定的现金流。假设时刻 k 被投资的项目在 $t+i$ 时刻的现金流为

$$C_k(t+i)=I\exp\left[\mu-\frac{1}{2}\sigma_k^2+\sigma_k\varepsilon_k(t+i)\right] \tag{3-1}$$

其中，t 表示当前时刻，$i=1,2,3,\cdots$；μ 表示投资项目的预期现金流水平；σ_k 表示投资项目现金流的标准差；$\{\varepsilon_k(t+i),t>k\}_{i=1}^{\infty}$ 是序列独立的标准正态分布。

在时刻 t，除了执行已有增长期权，企业还可以同时进行一次 R&D 投资，并在随后某个随机时刻以 λ 的概率创造出一个新的增长期权(简称“新创期权”)。t 时刻后的任一时刻，给定新创机会当前时刻未到达，下一时刻到达的概率参数 λ 满足 $\lambda(0)=0$、$\lambda'(X)>0$，其中 X 为 R&D 投资额。一旦新创期权到达，管理者同样根据新标的项目的 NPV 决定是否进行商业化投资，投资成本为 I_X，投资所带来的现金流满足：

$$C^{\text{New}}(T+i)=I_X\exp\left[\mu_{\text{New}}-\frac{1}{2}\sigma^2+\sigma\hat{\varepsilon}(T+i)\right] \tag{3-2}$$

其中，T 表示新创机会到达的随机时刻；$i=1,2,3,\cdots$；μ_{New} 和 σ 分别表示标的项目的预期现

① 换个角度来看，企业相当于拥有 N 个增长机会，依次分布在 N 个有限的时刻点上。

金流水平和标准差；$\{\hat{\varepsilon}(T+i), T>t\}_{i=1}^{\infty}$ 是序列独立的标准正态分布。

假设外生的定价核 $\{z_t\}_{t=1}^{\infty}$ 服从如下过程：

$$z(t+1)=z(t)\exp\left[-r-\frac{1}{2}\sigma_z^2-\sigma_z\zeta(t+1)\right] \tag{3-3}$$

其中，初始时刻 $z(0)=1$；r 代表无风险利率；σ_z 表示定价核的标准差；$\{\zeta(t)\}_{t=1}^{\infty}$ 是序列独立的标准正态分布。

对于每个已有增长期权和新创增长期权，二者的现金流贝塔系数可以分别定义为

$$\beta_k \equiv \sigma_k\sigma_z \operatorname{cov}(\varepsilon_k(t),\zeta(t)) \tag{3-4}$$

$$\beta_{\text{New}} \equiv \sigma\sigma_z \operatorname{cov}(\hat{\varepsilon}(t),\zeta(t)) \tag{3-5}$$

可以看出：每个已有和新创增长期权标的项目的贝塔系数都取决于各自现金流的波动特征。考虑到每个机会均是随机到达且相互独立的，简化起见，假设已有和新创增长期权标的项目现金流贝塔系数的期望相同，即 $\mathrm{E}(e^{\beta_{\text{New}}})=\mathrm{E}(e^{\beta_k})=e^{\beta}$ [①]。

3.2　理论模型

3.2.1　已投项目和增长期权的价值

对于 k 时刻到达且被投资的特定项目而言，其 t 时刻的价值为该项目于 t+1 时刻及以后所有时刻产生的现金流的现值之和[②]，即：

$$V_k(t)=\mathrm{E}_t\left[\sum_{s=t+1}^{\infty}\frac{z(s)}{z(t)}C(s)\right]=\frac{Ie^{\mu-\beta}}{e^r-1} \tag{3-6}$$

其中，$1/(e^r-1)$ 可以看成是永续现金流为 1 的无风险债券在 t 时刻的价值，具体推导过程详见本章附录 3A.1。

可以看出：项目价值取决于平均盈利能力 (μ) 和系统风险 (β)，项目平均盈利能力越强、系统风险或贴现率越低，项目价值越大。

对于时刻 **s** ($t<s\leqslant N$)，贝塔系数为 β_s 的已有增长期权，其在 t 时刻的条件期望价值可以表示为

$$\mathrm{E}_t\left\{\frac{z(s)}{z(t)}\max[V_s(s)-I,0]\middle|\beta_s\right\} \tag{3-7}$$

进一步，由于所有已有增长期权标的项目的贝塔系数均来自分布 $F(\widetilde{\beta})$，式 (3-7) 对 β_s 求期望，可得到 s 时刻到达的增长期权在 t 时刻的价值为

$$G_t(s)=\mathrm{E}_{\beta_s}\left[\mathrm{E}_t\left\{\frac{z(s)}{z(t)}\max[V_s(s)-I,0]\middle|\beta_s\right\}\right]=e^{-r(s-t)}K \tag{3-8}$$

---

① 换个角度，每个时刻增长期权的现金流贝塔系数都是取自一个相同的分布 $F(\widetilde{\beta})$，从而均值意义上的贝塔系数是相同的。对于新创增长期权，我们假设其贝塔系数取自另一个分布 $F(\widetilde{\beta}^N)$。

② 现实中，每个已投项目的现金流可能由于市场竞争或技术更新等原因而中断，我们可以扩展模型引入一个项目死亡的概率来刻画这一特征，但如此扩展并不影响本章的结论。

其中，$K \equiv \int_{\beta_s} \mathrm{E}_t\left[\max\left(\frac{Ie^{(\mu-\beta)}}{e^r-1}-I,0\right)\middle|\beta_s\right]\mathrm{d}F(\widetilde{\beta})$，表示该增长期权在 s 时刻的价值。

可以看出：增长期权的当前价值取决于其到达时间 s，到达时间越晚，增长期权价值越小。

将 t 时刻之后的 $N-t$ 个增长期权的价值加总，即可得到 t 时刻企业所有的已有增长期权价值：

$$V^G(t)=\sum_{s=t+1}^{N}G_t(s)=\frac{1-e^{-r(N-t)}}{e^r-1}K \tag{3-9}$$

显然，由于 $e^{-r(N-t)}$ 是关于时间 t 的增函数，$V^G(t)$ 将随 t 的增加而单调递减，即增长期权价值随时间推进而逐渐下降；同时，一旦企业进入成熟阶段(即 $t>N$)，已有增长期权价值为 0。

类似地，t 时刻新创期权的价值可以表示为

$$V^{\text{New}}(t)=\frac{\lambda}{e^r+\lambda-1}K^{\text{New}} \tag{3-10}$$

其中，$K^{\text{New}} \equiv \int_{\beta} \mathrm{E}_t\left[\max\left(\frac{I_X e^{(\mu_{\text{New}}-\beta_{\text{New}})}}{e^r-1}-I_X,0\right)\middle|\beta_{\text{New}}\right]\mathrm{d}F\left(\widetilde{\beta}^N\right)$，推导过程详见本章附录 3A.2。

可以看出：t 时刻的新创期权价值与到达概率 λ 有关，λ 越大，新创期权的价值越大；而且，由于到达概率 λ 随 R&D 投资额单调递增，因此 R&D 投资越多，新创期权的价值也越大。

3.2.2　企业估值随生命周期的变化

本小节分别针对成长和成熟两个生命周期阶段，进一步求解各阶段企业的(相对)估值，并重点分析 R&D 投资如何影响企业估值随生命周期的变化。

在成长阶段(即 $t\leqslant N$)，企业价值可以表达为：

$$\begin{aligned}V(t)&\equiv V^A(t)+V^G(t)+V^{\text{New}}(t)\\&=V_k(t)n(t)+V^G(t)+V^{\text{New}}(t)\\&=\frac{Ie^{\mu-\beta}}{e^r-1}n(t)+\frac{1-e^{-r(N-t)}}{e^r-1}K+\frac{\lambda}{e^r+\lambda-1}K^{\text{New}}\end{aligned} \tag{3-11}$$

式中，第一部分为已投项目构成的在位资产价值，其中 $n(t)$ 为 t 时刻为止累计的已投资项目个数，是关于时间 t 的一个单调不减的函数；第二部分为尚未到达的已有增长期权的价值；第三部分为新创增长期权的价值。

同时，已投项目的累积投资额即为企业总资产的账面价值，即 $B(t)=n(t)I$，进而总资产的市账比(企业估值)可以表示为

$$Q(t)=\frac{V(t)}{B(t)}=\frac{e^{\mu-\beta}}{e^r-1}+\frac{1-e^{-r(N-t)}}{e^r-1}\frac{K}{n(t)I}+\frac{\lambda}{e^r+\lambda-1}\frac{K^{\text{New}}}{n(t)I} \tag{3-12}$$

特别地，若不考虑增长期权的创造(即 $\lambda=0$)，则企业估值只由式(3-12)的第一和第二项构成，容易看出：企业估值 $Q(t)$ 随着时间 t 呈单调下降的趋势，即已有增长期权的不断执行和在位资产的逐渐累积将共同导致企业估值逐渐下降。换个角度来看，t 时刻增长期

权执行前后的企业估值变化可以表示为

$$\begin{aligned}\Delta Q(t)=Q(t)-Q(t-1)&=\frac{K}{I}\frac{1}{e^r-1}\left[\frac{1-e^{-r(N-t)}}{n(t)}-\frac{1-e^{-r(N-t+1)}}{n(t-1)}\right]\\&=\frac{e^{\mu-\beta}}{e^r-1}\left[\frac{\frac{1-e^{-r(N-t)}}{e^r-1}K}{\frac{e^{\mu-\beta}}{e^r-1}n(t)I}-\frac{\frac{1-e^{-r(N-t+1)}}{e^r-1}K}{\frac{e^{\mu-\beta}}{e^r-1}n(t-1)I}\right]\\&=\frac{e^{\mu-\beta}}{e^r-1}\left[\frac{V^G(t)}{V^A(t)}-\frac{V^G(t-1)}{V^A(t-1)}\right]\end{aligned}\tag{3-13}$$

显然，由$1-e^{-r(N-t)}<1-e^{-r(N-t+1)}$和 $n(t)\geqslant n(t-1)$，容易证明$\Delta Q(t)<0$。进一步，从式(3-13)可以看出：t 时刻增长期权与在位资产价值之比$V^G(t)/V^A(t)$要小于 t-1 时刻增长期权与在位资产价值之比$V^G(t-1)/V^A(t-1)$，因此$\Delta Q(t)$小于 0。因此，企业估值之所以随生命周期推进而呈现下降趋势，正是由于增长期权不断执行导致增长期权在总资产中的价值占比不断下降所致。

若考虑企业创造增长期权的情形下($\lambda\neq0$)，则企业估值的变化可以表示为

$$\Delta Q(t)=\frac{K}{I}\frac{1}{e^r-1}\left[\frac{1-e^{-r(N-t)}}{n(t)}-\frac{1-e^{-r(N-t+1)}}{n(t-1)}\right]+\frac{\lambda}{e^r+\lambda-1}\frac{K^{\text{New}}}{n(t)I}\tag{3-14}$$

由于式(3-14)中等式右边第二项为正，因而式(3-14)的符号并不确定，但我们可以认为，第二项代表的增长期权创造对原本企业估值的下降趋势具有减缓作用。附录 3A.3 证明了存在一个临界值μ^*和β^*：当$\mu>\mu^*$或$\beta<\beta^*$时，$\Delta Q(t)>0$，因此，如果增长期权对应标的项目的平均盈利水平较高或系统风险较低，进而新创增长期权价值较高时，企业估值的下降趋势可能被扭转。

随着企业不断地执行已有增长期权，直到执行完最后一个增长期权后进入成熟阶段，从而 N 时刻企业账面价值为 $B(t)=NI$。进入成熟阶段的任一时刻(即 $t>N$)，如果企业进行 R&D 投资，企业价值由已投资项目构成的在位资产价值和新创期权价值两个部分组成，即

$$\hat{Q}(t)=\frac{V(t)}{B(t)}=\frac{e^{\mu-\beta}}{e^r-1}+\frac{\lambda}{e^r+\lambda-1}\frac{K^{\text{New}}}{NI}\tag{3-15}$$

相应的企业估值的变化可以表示为

$$\begin{aligned}\Delta\hat{Q}(t)&\equiv\hat{Q}(t)-\hat{Q}(t-1)\\&=\frac{e^{\mu-\beta}}{e^r-1}+\frac{\lambda}{e^r+\lambda-1}\frac{K^{\text{New}}}{NI}-\frac{e^{\mu-\beta}}{e^r-1}\\&=\frac{\lambda}{e^r+\lambda-1}\frac{K^{\text{New}}}{n(t)I}\frac{1}{N}>0\end{aligned}\tag{3-16}$$

从式(3-16)可以看出：当企业处在成熟阶段时，由于已有增长期权全部被执行，企业估值不再下降，此时的增长期权创造将会提升企业估值。值得注意的是，在我们的模型中，由于整个企业生命周期进程中只考虑了一次 R&D 投资创造增长期权的情形，企业估值只能在 R&D 投资的时间点上有一个向上的跳跃，不会出现增长期权创造导致企业估值随生

命周期推进而持续地上升的情况。事实上，在整个生命周期进程中，如果企业持续地进行R&D投资(Berk et al., 2004; 谷晓燕等, 2011)，并由此抵消增长期权执行而导致的估值下降，那么企业估值整体上可能出现不断上升的变化趋势①。

结合执行已有增长期权和新创增长期权对企业估值变化的相反作用，可以直观推断：企业估值随生命周期的变化趋势由这两种力量的对比决定，特别是持续的增长期权创造可能导致企业估值随生命周期呈现上升的趋势。

3.3　实证设计

3.3.1　数据与样本

本章选取1998～2015年中国沪深两市A股上市企业为研究对象，对初始样本进行如下处理：①由于控制权发生变更后企业因主营业务或行业变化而可能进入新的生命周期，因此剔除控制权发生变更当年及变更后的观测值；②股票被ST或*ST后，企业当年的盈利数据以及市场数据异常，因此也予以剔除；③考虑到IPO效应②，剔除上市年龄小于1岁的企业数据；④为避免极端值影响结果，我们对权益市账比指标的异常值进行首尾1%缩尾处理，同时剔除所有变量数据有缺失的样本。最终的实证样本包括18年、2,354家企业共16,966个企业-年度观测值。R&D数据来自WIND数据库，其他数据均来自国泰安CSMAR数据库。

在全样本的基础上，我们进一步考虑3组子样本："从不R&D投资""间断R&D投资""持续R&D投资"。若企业在当年及之前所有年份都未进行R&D投资，则被定义为"从不R&D投资"的子样本，这类企业可以体现增长期权纯"执行"的特征；若当年及其之前所有年份都有R&D投资，则被定义为"持续R&D投资"的子样本，这类企业可以体现增长期权持续"创造"的特征③；其余样本定义为"间断R&D投资"的子样本。表3-1给出了各年度总样本和3类子样本的观测值分布情况，可以看出：从不进行R&D投资的企业最多，占总样本的50%，这与我们将2006年之前的样本都定义为从不R&D投资有关；间断R&D投资和"持续R&D"投资的观测值相差不大，各占总样本的25%左右④。

---

① 附录3A.4给出了企业持续R&D投资导致企业估值随企业生命周期呈上升趋势的理论模型。

② 已有研究表明，企业上市当年的经营业绩显著低于上市前一年(Jain and Kini, 1994)。为了避免上市后业绩过低导致企业估值下降而对R&D投资的影响，我们剔除上市当年的样本。

③ Wind数据库自2006年起才收录企业R&D数据，因此此类样本仅从2006年以后上市的企业中识别。

④ 样本期间之所以从1998年开始，是为了保证增长期权纯"执行"子样本的数据充足。当然，如果样本期间从2006年开始，除增长期权执行相关的结果受影响外，其余结论并不改变。

表 3-1　样本的年度分布情况

年份	全样本	从不 R&D 投资	间断 R&D 投资	持续 R&D 投资
1998	570	570	—	—
1999	588	588	—	—
2000	621	621	—	—
2001	690	690	—	—
2002	690	690	—	—
2003	688	688	—	—
2004	711	711	—	—
2005	763	763	—	—
2006	716	599	117	0
2007	728	460	243	25
2008	824	438	284	102
2009	862	377	339	146
2010	930	286	424	220
2011	1,246	285	447	514
2012	1,508	202	528	778
2013	1,648	194	544	910
2014	1,617	187	549	881
2015	1,566	153	561	852
总计	16,966	8,502	4,036	4,428
占比/%	100	50.1	23.8	26.1

3.3.2　变量与指标

关于被解释变量企业的（相对）估值，参照文献的通常做法（Pástor and Veronesi, 2003），利用股东权益的市场价值除以账面价值予以测度。关于解释变量企业生命周期的测度，利用企业上市年龄度量，定义为考察年份与企业 IPO 年份之间的年数差异。增长期权的执行和创造分别用资本支出强度（Purnanandam and Rajan, 2016; 李强等, 2018）和 R&D 强度测度（Kumar and Li, 2016）。为了比较不同类型企业的估值随生命周期变化的差异，我们定义两个虚拟变量 NRD 和 CRD：若企业在 t 年及之前所有年份从不进行 R&D 投资，NRD 为 1，否则为 0；若企业在 t 年及之前所有年份持续进行 R&D 投资，CRD 为 1，否则为 0。控制变量包括资产规模、财务杠杆、当前及下年的净资产收益率及其盈利波动、下年的股票收益率和是否支付股利的 0/1 变量。所有变量的具体定义和指标测度详见表 3-2。

表 3-2　变量定义与指标测度

类型	变量名	符号	定义及说明
被解释变量	市账比	MB	t 年末股票总市值除以 t 年末股东权益。其中，股票总市值中非流通市值按照流通股年末股价计算

续表

类型	变量名	符号	定义及说明
解释变量	企业上市年龄	AGE	考察年份与企业 IPO 年份之间的年数之差
	资本支出强度	CAP	t-1 年末资本支出除以 t-1 年末总资产，其中资本支出为购建固定资产、无形资产以及其他长期资产所支付的现金
	R&D 强度	RDTA	t-1 年末 R&D 费用除以 t-1 年末总资产
	从不 R&D 虚拟变量	NRD	企业在 t 年及之前所有年份从不进行 R&D 投资，则取值为 1；否则为 0
	持续 R&D 虚拟变量	CRD	企业在 t 年及之前所有年份持续进行 R&D 投资，则取值为 1；否则为 0
控制变量	资产规模	SIZE	t 年末账面总资产取自然对数
	财务杠杆	LEV	t 年末总负债与总资产之比
	净资产收益率	ROE	t 年净利润与 t 年末所有者权益之比
	未来盈利水平	ROE1	t+1 年的净资产收益率
	盈利波动	VOLP	样本期内各年度 ROE 的标准差
	股票预期收益率	RET1	t+1 年股票的年收益率
	是否支付股利	DIV	t 年末若企业支付现金或股票股利，则记为 1；否则记为 0
竞争性解释的相关变量	组织僵化	RIGID	借鉴 Loderer 等（2016）测度组织僵化程度的做法，定义虚拟变量 RIGID：若某年销售增长率下降 1%的同时销售费用增长率（Overhead Expenses）下降小于 0.5%，则定义为 1；否则定义为 0。RIGID 等于 1 说明组织僵化的企业的收入下降，但相关费用不容易削减
	平均盈利不确定性	RETVOLFF	借鉴 Pástor 和 Veronesi（2003）的做法，利用个股异质波动率度量平均盈利能力的不确定性，其中异质波动率根据 Fama 和 French（1993）三因子模型回归估计得到，具体的回归方法参见附录 3A.5
	代理成本	AY_COST	借鉴李小荣和张瑞君（2014）的做法，采用总资产周转率作为代理成本的代理变量，该指标越大，代理成本越高
	融资约束	KZ	参照 Kaplan 和 Zingales（1997）、谭跃和夏芳（2011）对融资约束的构造方法，利用现金持有水平、经营活动净现金流量水平、股利支付、资产负债率和托宾 Q 等财务指标，采用序次 Logit 回归估计（ordered logit regression）得到 KZ 指数：KZ=−0.74×现金÷总资产−9.93×经营现金流÷总资产−2.75×股利支付率＋0.36×总负债＋0.21×托宾 Q，然后利用本章样本期内数据估计出融资约束程度的 KZ 指数

3.3.3　回归模型与方法

为考察企业估值随生命周期的变化趋势，分别将市账比的对数和企业上市年龄的对数作为被解释变量和解释变量，进行如下控制行业效应和年份效应的 OLS 回归[①]：

$$\ln(MB_{i,t}) = \alpha_0 + \alpha_1 \ln(\mathrm{AGE}_{i,t}) + \alpha_2 \mathrm{CAP}_{i,t-1} + \vec{\gamma}\mathrm{Control}_{i,t} + \sum \mathrm{Ind}_j + \sum \mathrm{Year}_t + \varepsilon_{i,t} \tag{3-17}$$

其中，ln(·)是自然对数变换；$MB_{i,t}$ 是企业 i 在 t 时刻的企业估值，用市账比度量；$\mathrm{AGE}_{i,t}$ 是企业 i 在 t 时刻的上市年龄；$\mathrm{CAP}_{i,t\text{-}1}$ 是企业 i 在 t-1 时刻的资本支出强度；$\mathrm{Control}_{i,t}$ 是一系列控制变量，包括企业规模、财务杠杆、当前及下一年度的净资产收益率、盈利波动、下一年度的股票收益率和是否支付股利的 0/1 变量；Ind_j 和 Year_t 分别为行业和时间虚拟变

① 此处没有加入个体固定效应是因为：企业上市年龄、日历年份和个体固定效应之间存在多重共线性。例如，每过一个日历年度，企业上市年龄将增加一岁。

量，用来控制行业差异与年度差异；$\varepsilon_{i,t}$ 为回归残差项。

标准误差采用企业聚类进行调整(Petersen, 2009)。对于全样本，回归系数 α_1 和 α_2 的符号预期为负。

为了考察增长期权执行和创造对企业估值随生命周期变化趋势的影响，我们利用全样本进行如下回归：

$$\begin{aligned}\ln(\mathrm{MB}_{i,t}) = {} & \alpha_0 + \alpha_1 \ln(\mathrm{AGE}_{i,t}) + \alpha_2 \mathrm{CAP}_{i,t-1} + \alpha_3 \ln(\mathrm{AGE}_{i,t}) \times \mathrm{CAP}_{i,t-1} + \alpha_4 \mathrm{NRD}_{i,t} \\ & + \alpha_5 \ln(\mathrm{AGE}_{i,t}) \times \mathrm{NRD}_{i,t} + \alpha_6 \mathrm{CRD}_{i,t} + \alpha_7 \ln(\mathrm{AGE}_{i,t}) \times \mathrm{CRD}_{i,t} \\ & + \vec{\gamma}\mathrm{Control}_{i,t} + \sum \mathrm{Ind}_j + \sum \mathrm{Year}_t + \varepsilon_{i,t}\end{aligned} \tag{3-18}$$

其中，NRD 代表从不进行 R&D 投资的虚拟变量，反映增长期权纯执行，因此预期 α_4 的符号为负；CRD 代表持续地进行 R&D 投资的虚拟变量，反映增长期权持续创造，因此预期 α_6 的符号为正。

为了考察企业估值随企业上市年龄的下降趋势是否在增长期权执行越多的企业中越明显，在模型中加入 $\mathrm{CAP}_{i,t-1}$ 和 $\ln(\mathrm{AGE}_{i,t})$ 的交互项 $\mathrm{CAP}_{i,t-1}\times\ln(\mathrm{AGE}_{i,t})$，以及 $\mathrm{NRD}_{i,t}$ 和 $\ln(\mathrm{AGE}_{i,t})$ 的交互项 $\mathrm{NRD}_{i,t}\times\ln(\mathrm{AGE}_{i,t})$，预期 α_3 和 α_5 的符号都为负。为了考察增长期权的创造是否可以抑制企业估值随企业上市年龄的下降趋势，我们在模型中加入 $\mathrm{CRD}_{i,t}$ 与 $\ln(\mathrm{AGE}_{i,t})$ 的交互项，预期 α_7 的符号为正。

为了检验持续地增长期权创造对企业估值随生命周期变化趋势的影响，我们利用持续进行 R&D 投资的子样本进行如下回归：

$$\ln(\mathrm{MB}_{i,t}) = \alpha_0 + \alpha_1 \ln(\mathrm{AGE}_{i,t}) + \alpha_2 \mathrm{RDTA}_{i,t-1} + \vec{\gamma}\mathrm{Control}_{i,t} + \sum \mathrm{Ind}_j + \sum \mathrm{Year}_t + \varepsilon_{i,t} \tag{3-19}$$

其中，$\mathrm{RDTA}_{i,t-1}$ 是企业 i 在 $t-1$ 时刻的 R&D 强度，作为增长机会创造的代理变量。

特别地，对于持续 R&D 投资的子样本，如果不控制 $\mathrm{RDTA}_{i,t-1}$ 时，预期 α_1 显著为正，而一旦控制了 $\mathrm{RDTA}_{i,t-1}$ 的影响，预期 α_2 的符号为正且 α_1 不再显著为正。

3.4　实证结果及分析

3.4.1　描述性统计

分别根据前一年度的资本支出强度(CAP)和研发强度(RDTA)分组，表 3-3 给出了市账比均值和中位数的变化情况，其中面板 B 中“R&D 缺失”代表企业没有披露研发费用或研发费用为零。可以看出：按资本支出强度进行分组时，市账比的均值随着 CAP 的增加呈现单调下降的趋势，从最低 CAP 组合的 3.824 降至最高 CAP 组的 3.341，且高低两组的 MB 均值差异在 1%的显著性水平上显著；相反，按研发强度分组时，无论是均值还是中位数，市账比随着 RDTA 的增加呈现出单调上升的趋势，从最低 RDTA 组平均的 3.204 升至最高 RDTA 组的 4.799，且高低两组市账比的均值和中位数都在 1%的显著性水平上存在显著差异。

图 3-1 给出了企业估值(市账比的中位数)随企业上市年龄的变化趋势[①]。从图 3-1(a)全样本可以看出：整体而言，企业估值随企业上市年龄呈现下降趋势，特别是企业上市后

① 借鉴宋常和刘司慧(2011)通过构造生命周期综合指标的做法，我们依然发现市账比随生命周期整体上呈现下降的趋势。

的前 13 年，市账比的下降趋势尤其明显[①]。进一步，从图 3-1(b)中 3 类子样本的变化趋势可以看出：首先，市账比的下降趋势仅存在于那些从不 R&D(NRD)和间断 R&D(JRD)的子样本；其次，相对于间断 R&D(JRD)的子样本，从不 R&D(NRD)的子样本的估值下降趋势更为明显，特别是上市后的前 13 年里，从不 R&D(NRD)的子样本市账比的下降速度更快；最后，对于持续 R&D(CRD)的子样本，市账比随企业上市年龄呈现上升的趋势。

表 3-3 资本支出强度和研发强度分组下市账比的变化

市账比	面板 A：根据资本支出强度(CAP)分组						
	全样本	低	2	3	4	高	高—低
均值	3.524	3.824	3.625	3.449	3.382	3.341	−0.483*** (−2.622)
中位数	2.661	2.653	2.747	2.617	2.582	2.676	0.023 (0.132)
观测值	16,386	3,270	3,276	3,279	3,276	3,285	

市账比	面板 B：根据研发强度(RDTA)分组							
	全部	R&D 缺失	低	2	3	4	高	高—低
均值	3.731	3.503	3.204	3.451	3.746	4.028	4.799	1.595*** (11.029)
中位数	2.816	2.563	2.383	2.690	3.008	3.102	3.764	1.381*** (17.421)
观测值	10,928	3,676	1,446	1,452	1,448	1,452	1,454	

注：均值和中位数差异性检验分别采用 T 检验和 Wilcoxon 秩和检验，最后一列括号中的数值相应分别为 z 值和 t 值。***、**和*分别表示 1%、5%和 10%的显著性水平，下同。

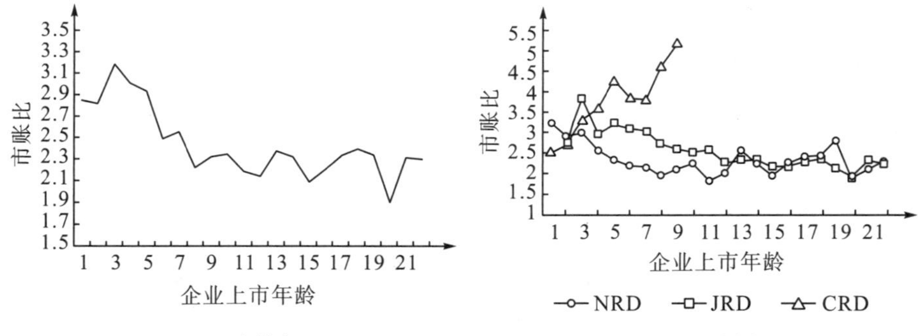

(a) 全样本 (b) 子样本

图 3-1 企业估值随企业上市年龄的变化趋势

图 3-2 进一步给出了 R&D 强度随企业上市年龄的变化趋势。可以看出：对于全样本(ALL)而言，R&D 强度随上市年龄的增加而下降，这与已有文献的结论一致(Acemoglu and Cao, 2015)。但是，对于间断 R&D(JRD)和持续 R&D(CRD)的两类子样本，R&D 强度并未呈现下降趋势，特别是持续 R&D 的子样本的研发强度比间断 R&D 的子样本的强度明显地高。

① 小于等于 13 岁的观测值占总样本的 90%。

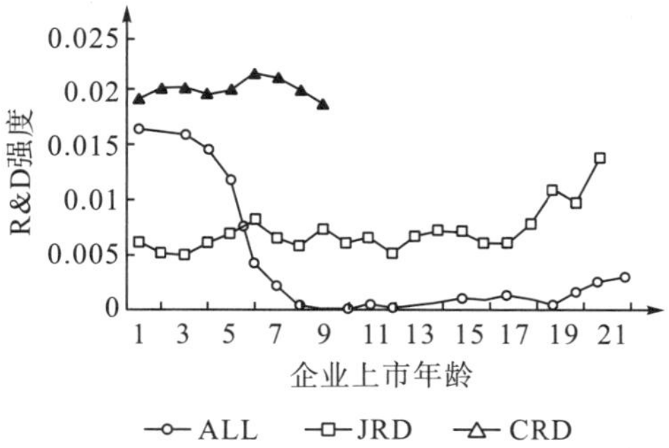

图 3-2　R&D 强度随企业上市年龄的变化趋势

3.4.2　多元回归分析

利用市账比作为企业估值的代理变量，表 3-4 给出了全样本的回归结果。模型 1 的回归结果表明，控制相关因素，企业上市年龄和企业估值具有显著的负向关系，说明企业估值随着企业上市年龄整体上呈现下降的趋势。模型 2 引入资本支出强度的回归结果则显示，资本支出强度与企业估值也具有显著的负向关系，说明增长期权的执行会降低企业估值，很好地支持理论预示。模型 3 进一步引入资本支出强度与企业上市年龄的交互项，其负的回归系数表明，在企业估值整体随生命周期下降的条件下，资本支出强度会进一步加强企业估值随生命周期的下降程度，说明增长期权执行更多的企业，企业估值下降得更快①。

在模型 3 的基础上，模型 4 进一步加入反映企业 R&D 类型的虚拟变量 NRD 和 CRD，二者回归系数分别显著为负和为正说明：3 类子样本中，持续 R&D 的子样本企业估值最高，间断 R&D 的子样本企业估值次之，从不 R&D 的子样本企业估值最低。模型 5 和模型 6 继续分别加入 NRD 与企业上市年龄和 CRD 与企业上市年龄的交互项，回归结果显示：NRD 与企业上市年龄的交互项回归系数显著为负，而 CRD 与企业上市年龄的交互项回归系数显著正，很好地说明了增长期权的执行会加强企业估值随企业上市年龄的下降趋势，而增长期权的创造则会减弱企业估值随企业上市年龄的下降趋势。事实上，在模型 6 的回归中，当 CRD 取 1 时，ln(AGE)的回归系数为$-0.033 + 0.101 = 0.068$，即对于持续进行 R&D 投资的子样本，企业估值随企业上市年龄呈现出正向关系。

表 3-4　企业估值(市账比)和上市年龄关系的回归结果

变量	模型 1	模型 2	模型 3	模型	模型 5	模型 6
ln(AGE)	-0.051^{***}	-0.057^{***}	-0.057^{***}	-0.040^{***}	-0.036^{**}	-0.033^{**}
	(−4.177)	(−4.652)	(−4.657)	(−2.756)	(−2.425)	(−2.332)
CAP		-0.287^{***}	-0.298^{***}	-0.311^{***}	-0.310^{***}	-0.318^{***}
		(−3.107)	(−3.099)	(−3.269)	(−3.261)	(−3.341)

① 模型 3 中资本支出强度(CAP)与上市年龄［ln(AGE)］的交互项虽然为负，但是并不显著，这是由于全样本中包括了一些进行 R&D 的企业，而这些企业的资本支出并非完全是消耗增长机会。例如，进行 R&D 投资的企业购买研发设备的支出会计上属于资本支出，但是设备采购可为企业创造增长期权(Kumar and Li, 2016)。基于此，我们仅针对从不 R&D 投资的子样本进行回归，结果发现，资本支出强度与上市年龄的交互项在 10%的显著性水平上显著为负(回归系数为−0.305，t 值为−1.91)。

续表

变量	模型 1	模型 2	模型 3	模型	模型 5	模型 6
ln(AGE) ×CAP			−0.127 (−1.030)	−0.135 (−1.097)	−0.156 (−1.270)	−0.206* (−1.651)
NRD				−0.063** (−2.531)	−0.043* (−1.648)	−0.071*** (−2.830)
ln(AGE) ×NRD					−0.053** (−2.002)	
CRD				0.057* (1.947)	0.072** (2.378)	0.066** (2.270)
ln(AGE) ×CRD						0.101*** (4.195)
SIZE	−0.253*** (−22.572)	−0.252*** (−22.577)	−0.252*** (−22.492)	−0.249*** (−22.190)	−0.250*** (−22.296)	−0.249*** (−22.174)
VOLP	0.024* (1.849)	0.025* (1.886)	0.025* (1.882)	0.025* (1.897)	0.025* (1.921)	0.026* (1.924)
DIV	0.041*** (3.218)	0.042*** (3.293)	0.043*** (3.313)	0.042*** (3.296)	0.043*** (3.333)	0.043*** (3.346)
LEV	0.671*** (12.762)	0.679*** (12.939)	0.678*** (12.912)	0.691*** (13.070)	0.693*** (13.104)	0.689*** (13.047)
ROE	0.517*** (4.074)	0.526*** (4.139)	0.526*** (4.141)	0.526*** (4.133)	0.530*** (4.158)	0.528*** (4.146)
ROE1	−0.005 (−1.502)	−0.006 (−1.534)	−0.006 (−1.532)	−0.006 (−1.545)	−0.006 (−1.567)	−0.006 (−1.572)
RET1	−0.101*** (−14.447)	−0.101*** (−14.375)	−0.101*** (−14.381)	−0.102*** (−14.589)	−0.102*** (−14.533)	−0.102*** (−14.630)
RIGID	−0.074*** (−6.092)	−0.076*** (−6.302)	−0.076*** (−6.318)	−0.077*** (−6.374)	−0.076*** (−6.347)	−0.076*** (−6.348)
RETVOLFF	2.324*** (5.238)	2.326*** (5.241)	2.325*** (5.231)	2.309*** (5.179)	2.311*** (5.169)	2.300*** (5.191)
截距项	6.207*** (26.814)	6.226*** (26.982)	6.214*** (26.890)	6.198*** (26.754)	6.192*** (26.699)	6.192*** (26.747)
年份效应	控制	控制	控制	控制	控制	控制
行业效应	控制	控制	控制	控制	控制	控制
观测值	13,534	13,534	13,534	13,534	13,534	13,534
拟合优度	0.514	0.514	0.514	0.516	0.516	0.517
调整的拟合优度	0.512	0.513	0.513	0.514	0.515	0.515

注：括号内为 t 值，***、**、*分别表示在 1%、5%和 10%的显著性水平，下同。

3.4.3 增长期权创造作用的进一步检验

针对持续 R&D 投资进而持续增长期权创造的子样本，表 3-5 模型 7 的回归结果显示：即便控制平均盈利不确定性(RETVOLFF)、组织僵化程度(RIGID)两个因素，企业上市年龄的回归系数依然显著为正，即持续 R&D 投资的子样本中企业估值随企业上市年龄的增加呈上升的趋势。模型 8 加入 R&D 强度的回归结果显示，一旦控制 R&D 投资的影响，则上市年龄的回归系数不再显著为正，很好地说明了持续 R&D 投资正是导致企业估值随企业上市年龄的增加而上升的原因。

表 3-5　持续 R&D 投资的子样本回归结果

变量	模型 7	模型 8	模型 9	模型 10	模型 11	模型 12
ln(AGE)	0.043*	0.031	0.048**	0.042*	0.047**	0.031
	(1.927)	(1.414)	(2.128)	(1.874)	(2.072)	(1.376)
RDTA		2.249***				2.661***
		(3.572)				(4.233)
AY_COST			−0.098***		−0.095***	
			(−2.616)		(−2.582)	
KZ				0.018***	0.017***	0.018***
				(2.882)	(2.809)	(2.938)
CAP	0.068	0.072	0.040	−0.008	−0.033	−0.043
	(0.470)	(0.494)	(0.273)	(−0.057)	(−0.226)	(−0.288)
SIZE	−0.273***	−0.269***	−0.274***	−0.270***	−0.271***	−0.267***
	(−17.515)	(−17.110)	(−17.687)	(−17.357)	(−17.524)	(−17.044)
VOLP	1.237***	1.233***	1.225***	1.232***	1.220***	1.231***
	(3.290)	(3.317)	(3.261)	(3.238)	(3.214)	(3.234)
DIV	−0.075***	−0.075***	−0.072***	−0.057**	−0.055**	−0.054**
	(−3.205)	(−3.260)	(−3.138)	(−2.565)	(−2.497)	(−2.527)
LEV	0.460***	0.471***	0.533***	0.372***	0.447***	0.455***
	(5.939)	(6.038)	(6.538)	(4.448)	(5.104)	(5.180)
ROE	2.351***	2.290***	2.412***	2.364***	2.423***	2.371***
	(9.104)	(8.953)	(9.272)	(9.108)	(9.268)	(9.093)
ROE1	0.934***	0.910***	0.942***	0.950***	0.957***	0.922***
	(4.040)	(3.980)	(4.085)	(4.023)	(4.067)	(3.928)
RET1	−0.124***	−0.124***	−0.126***	−0.121***	−0.123***	−0.121***
	(−10.311)	(−10.209)	(−10.543)	(−10.032)	(−10.270)	(−9.980)
RIGID	−0.060***	−0.057***	−0.065***	−0.058***	−0.063***	−0.059***
	(−3.116)	(−2.968)	(−3.378)	(−3.005)	(−3.265)	(−3.070)
RETVOLFF	2.716***	2.692***	2.655***	2.672***	2.615***	2.583***
	(11.633)	(11.498)	(11.505)	(11.458)	(11.345)	(11.048)
截距项	5.917***	5.826***	5.988***	5.914***	5.984***	5.904***
	(17.768)	(17.348)	(18.100)	(17.708)	(18.037)	(17.481)
年份效应	控制	控制	控制	控制	控制	控制
行业效应	控制	控制	控制	控制	控制	控制
观测值	2,946	2,946	2,946	2,946	2,946	2,946
拟合优度	0.583	0.587	0.586	0.585	0.588	0.592
调整的拟合优度	0.577	0.582	0.581	0.580	0.583	0.587

模型 9 和模型 10 分别加入了反映融资约束的 KZ 指数和代理成本的变量 AY_COST，可以发现：上市年龄的回归系数依然显著为正，说明融资约束和代理冲突都不能解释企业估值与企业上市年龄间的正向关系。但是，一旦加入 R&D 强度(RDTA)，模型 12 的回归结果显示，企业上市年龄的回归系数不仅减小，而且不再显著，再次说明即便考虑竞争性解释的影响，R&D 强度依然可以很好地解释企业估值随企业上市年龄的增加而上升的趋势。

3.4.4 不同市场板块的比较证据

相比于主板企业，创业板和中小板的企业更加可能持续地进行 R&D 投资。在我们所用样本中，持续 R&D 投资的子样本占比仅为 26.1%，其中中小板和创业板分别占 15.7% 和 8.5%，主板企业仅占 1.4%。不仅如此，如表 3-6 所示，无论是均值还是中位数，创业板和中小板的 R&D 强度明显高于主板，根据关于增长期权创造的理论预示，我们预期，创业板和中小板企业估值随企业上市年龄的增加而下降的趋势更为缓慢。

表 3-6 不同市场板块的 R&D 强度

年份	中位数			均值		
	主板	中小板	创业板	主板	中小板	创业板
2006	0.000	0.000	—	0.002	0.002	—
2007	0.000	0.000	—	0.004	0.007	—
2008	0.000	0.014	—	0.002	0.017	—
2009	0.000	0.014	—	0.003	0.018	—
2010	0.000	0.016	0.019	0.005	0.019	0.021
2011	0.000	0.018	0.019	0.006	0.020	0.023
2012	0.004	0.019	0.020	0.012	0.021	0.027
2013	0.004	0.019	0.022	0.012	0.021	0.028
2014	0.004	0.018	0.022	0.012	0.021	0.027
2015	0.005	0.017	0.020	0.012	0.020	0.025
总计	0.000	0.017	0.021	0.007	0.020	0.026

为考察市场板块的差异，分别定义是否属于创业板的 0/1 虚拟变量 MKT1 和是否属于中小板的 0/1 虚拟变量 MKT2：若企业属于创业板，则 MKT1 取值为 1，否则取值为 0；若企业属于中小板，则 MKT2 取值为 1，否则取值为 0。表 3-7 将两个虚拟变量 MKT1 和 MKT2，以及二者分别与上市年龄的交互项一并引入回归，结果显示：无论是 MKT1，还是 MKT2，不仅二者回归系数都显著为正，而且二者与企业上市年龄的交互项系数也都显著为正，即创业板和中小板的企业估值随企业上市年龄的下降趋势显著慢于主板企业。

表 3-7　不同板块企业估值随生命周期变化的回归结果

变量	模型 13	模型 14	模型 15	模型 16	模型 17
ln(AGE)	−0.051***	−0.048***	−0.039***	−0.038***	−0.014
	(−4.097)	(−3.831)	(−3.043)	(−3.101)	(−1.017)
MKT1	0.066**		0.177***		0.206***
	(2.347)		(4.060)		(4.151)
ln(AGE)×MKT1		0.047**		0.069***	0.103***
		(2.133)		(2.853)	(3.298)
MKT2			0.180***		0.122***
			(4.055)		(2.668)
ln(AGE)×MKT2				0.087***	0.047**
				(3.916)	(2.031)
CAP	−0.286***	−0.302***	−0.293***	−0.291***	−0.312***
	(−3.098)	(−3.271)	(−3.171)	(−3.161)	(−3.392)
SIZE	−0.251***	−0.250***	−0.251***	−0.250***	−0.245***
	(−22.413)	(−22.003)	(−22.392)	(−22.009)	(−20.864)
VOLP	0.025*	0.025*	0.025*	0.025*	0.025*
	(1.873)	(1.889)	(1.880)	(1.903)	(1.875)
DIV	0.042***	0.043***	0.043***	0.043***	0.043***
	(3.265)	(3.310)	(3.296)	(3.328)	(3.300)
LEV	0.688***	0.674***	0.694***	0.678***	0.695***
	(13.039)	(12.800)	(13.128)	(12.892)	(13.181)
ROE	0.530***	0.520***	0.534***	0.522***	0.525***
	(4.163)	(4.093)	(4.190)	(4.107)	(4.127)
ROE1	−0.006	−0.006	−0.006	−0.006	−0.006
	(−1.518)	(−1.536)	(−1.521)	(−1.548)	(−1.514)
RET1	−0.103***	−0.101***	−0.104***	−0.101***	−0.105***
	(−14.609)	(−14.372)	(−14.722)	(−14.433)	(−14.943)
RIGID	−0.076***	−0.076***	−0.075***	−0.076***	−0.074***
	(−6.247)	(−6.298)	(−6.189)	(−6.317)	(−6.159)
RETVOLFF	2.296***	2.339***	2.289***	2.318***	2.275***
	(5.204)	(5.234)	(5.207)	(5.248)	(5.210)
截距项	6.197***	6.160***	6.182***	6.148***	6.026***
	(26.790)	(26.310)	(26.719)	(26.288)	(24.892)
年份效应	控制	控制	控制	控制	控制
行业效应	控制	控制	控制	控制	控制
观测值	13,534	13,534	13,534	13,534	13,534
拟合优度	0.515	0.515	0.516	0.516	0.518
调整的拟合优度	0.513	0.513	0.514	0.514	0.516

3.4.5 稳健性检验

除了市账比外，托宾 Q 也是企业估值的常用测度指标(Loderer et al., 2016; Chi and Su, 2017)。为此，针对持续 R&D 投资的子样本，表 3-8 利用托宾 Q 度量企业估值，检验增长期权创造对企业估值的动态影响。回归结果表明：对持续 R&D 投资的子样本，企业上市年龄和托宾 Q 之间同样具有显著的正向关系，而 R&D 强度正好可以解释这种正向影响。

表 3-8 利用托宾 Q 测度企业估值的稳健性检验结果

变量	模型 18	模型 19	模型 20	模型 21	模型 22	模型 23
ln(AGE)	0.043*	0.031	0.048**	0.042*	0.047**	0.034
	(1.927)	(1.414)	(2.128)	(1.895)	(2.080)	(1.536)
RDTA		2.249***				2.810***
		(3.572)				(4.403)
AY_COST			−0.098***		−0.092**	−0.126***
			(−2.616)		(−2.491)	(−3.394)
KZ				0.017**	0.016**	0.017**
				(2.552)	(2.409)	(2.520)
CAP	0.068	0.072	0.040	0.022	0.001	−0.007
	(0.470)	(0.494)	(0.273)	(0.150)	(0.004)	(−0.046)
SIZE	−0.273***	−0.269***	−0.274***	−0.271***	−0.272***	−0.267***
	(−17.515)	(−17.110)	(−17.687)	(−17.135)	(−17.284)	(−16.864)
VOLP	1.237***	1.233***	1.225***	1.228***	1.217***	1.210***
	(3.290)	(3.317)	(3.261)	(3.452)	(3.427)	(3.454)
DIV	−0.075***	−0.075***	−0.072***	−0.069***	−0.067***	−0.067***
	(−3.205)	(−3.260)	(−3.138)	(−3.026)	(−2.972)	(−3.007)
LEV	0.460***	0.471***	0.533***	0.350***	0.427***	0.460***
	(5.939)	(6.038)	(6.538)	(3.847)	(4.523)	(4.863)
ROE	2.351***	2.290***	2.412***	2.541***	2.595***	2.540***
	(9.104)	(8.953)	(9.272)	(9.625)	(9.766)	(9.668)
ROE1	0.934***	0.910***	0.942***	0.929***	0.934***	0.907***
	(4.040)	(3.980)	(4.085)	(4.281)	(4.325)	(4.263)
RET1	−0.124***	−0.124***	−0.126***	−0.122***	−0.124***	−0.124***
	(−10.311)	(−10.209)	(−10.543)	(−10.305)	(−10.565)	(−10.476)
RIGID	2.716***	2.692***	2.655***	2.638***	2.579***	2.524***
	(11.633)	(11.498)	(11.505)	(11.245)	(11.105)	(10.830)
RETVOLFF	−0.060***	−0.057***	−0.065***	−0.056***	−0.061***	−0.060***
	(−3.116)	(−2.968)	(−3.378)	(−2.911)	(−3.173)	(−3.103)
截距项	5.917***	5.826***	5.988***	5.888***	5.955***	5.865***
	(17.768)	(17.348)	(18.100)	(17.528)	(17.835)	(17.431)
年份效应	控制	控制	控制	控制	控制	控制
行业效应	控制	控制	控制	控制	控制	控制
观测值	2,946	2,946	2,946	2,930	2,930	2,930
拟合优度	0.583	0.587	0.586	0.588	0.591	0.597
调整的拟合优度	0.577	0.582	0.581	0.583	0.585	0.592

3.5　小结

已有研究发现企业估值随企业生命周期推进整体上呈现下降的趋势，不仅没有从增长期权的角度给予解释，更是没有关注到可能的上升趋势。本章构建了同时考虑企业不断执行已有增长期权和依概率创造新增长期权的企业估值模型，从执行和创造及二者力量对比的视角，对企业估值随生命周期可能呈现的下降或上升趋势给出了统一的理论解释，并进行实证检验。

研究结论表明：增长期权的不断执行会导致企业估值随生命周期推进整体上呈现下降的趋势，而增长期权的创造可以缓解这种下降趋势，持续地创造更是会导致上升趋势。实证证据方面，资本支出强度和 R&D 投资强度分别会加强和减弱企业估值与企业上市年龄间的负向关系，很好地支持了理论预示；而且，在持续 R&D 投资的子样本中，即便控制融资约束、代理成本等其他竞争性解释的相关变量，企业估值和企业上市年龄之间依然具有显著的正向关系，且这种正向关系正好可由 R&D 投资强度所解释。

附录 3A.1　单个项目的价值求解

对于第 k 个项目，t+1 时刻现金流在 t 时刻的现值为

$$\begin{aligned}&\mathrm{E}_t\left[\frac{z(t+1)}{z(t)}C_k(t+1)\right]\\&=I\mathrm{E}_t\left\{\exp\left[-r-\frac{1}{2}\sigma_z^2-\sigma_z\zeta(t+1)+\mu-\frac{1}{2}\sigma_k^2+\sigma_k\varepsilon(t+1)\right]\right\}\\&=Ie^{\mu-\beta_k}e^{-r}\end{aligned}\tag{3A-1}$$

类似地，t+2 时刻现金流在 t 时刻的现值为

$$\begin{aligned}&\mathrm{E}_t\left[\frac{z(t+2)}{z(t)}C_k(t+2)\right]\\&=\mathrm{E}_t\left\{\frac{z(t+1)}{z(t)}E_{t+1}\left[\frac{z(t+2)}{z(t+1)}C_k(t+2)\right]\right\}\\&=I\mathrm{E}_t\left\{\frac{z(t+1)}{z(t)}e^{\mu-\beta_k}e^{-r}\right\}\\&=Ie^{\mu-\beta_k}e^{-2r}\end{aligned}\tag{3A-2}$$

一般地，$t+\tau$ 时刻产生的现金流在 t 时刻的现值为

$$\mathrm{E}_t\left[\frac{z(t+\tau)}{z(t)}C_k(t+\tau)\right]=Ie^{\mu-\beta_k}e^{-\tau r}\tag{3A-3}$$

将第 k 个项目未来各个时刻的现金流在 t 时刻的现值加总，即可得该项目的价值为

$$
\begin{aligned}
V_k(t) &= Ie^{\mu-\beta_k}e^{-r} + Ie^{\mu-\beta_k}e^{-2r} + \cdots Ie^{\mu-\beta_k}e^{-\tau r} + \cdots \\
&= \frac{Ie^{\mu-\beta_k}}{e^r - 1} \\
&= \frac{Ie^{\mu-\beta}}{e^r - 1}
\end{aligned} \tag{3A-4}
$$

附录 3A.2　新创增长期权的价值求解

首先，根据单个项目价值的表达式(3-6)，容易写出新创增长期权在 T 时刻的价值为

$$
\begin{aligned}
V^{\text{New}}(T) = G_T(T) &= \int_\beta \mathrm{E}_t\left[\max\left(\frac{I_X e^{(\mu_{\text{New}}-\beta_{\text{New}})}}{e^r - 1} - I_X, 0\right)\middle| \beta_{\text{New}}\right]\mathrm{d}F(\widetilde{\beta}^N) \\
&\equiv K^{\text{New}}
\end{aligned} \tag{3A-5}
$$

其次，在新创期权到达之前的 $t<T$ 时刻，其价值的折现值为

$$
\begin{aligned}
V^{\text{New}}(t) = V_t^{\text{New}} &= \mathrm{E}_t\left[\frac{z(t+1)}{z(t)}(\lambda V_{t+1=T}^{\text{New}} + (1-\lambda)V_{t+1<T}^{\text{New}})\right] \\
&= \lambda \mathrm{E}_t\left[\frac{z(t+1)}{z(t)}V_T^{\text{New}}\right] + (1-\lambda)\mathrm{E}_t\left[\frac{z(t+1)}{z(t)}V_{t+1<T}^{\text{New}}\right] \\
&= \lambda e^{-r}K^{\text{New}} + (1-\lambda)e^{-r}\mathrm{E}_t(V_{t+1<T}^{\text{New}})
\end{aligned} \tag{3A-6}
$$

对于 $t+1$ 时刻增长期权的价值 V_{t+1}^{New}，应该为 $t+2$ 时刻到达和没有到达两种情况下的价值依概率加总，而后进行折现可得

$$
\begin{aligned}
V^{\text{New}}(t+1) = V_{t+1}^{\text{New}} &= \mathrm{E}_{t+1}\left[\frac{z(t+2)}{z(t+1)}(\lambda V_{t+2=T}^{\text{New}} + (1-\lambda)V_{t+2<T}^{\text{New}})\right] \\
&= \lambda \mathrm{E}_{t+1}\left[\frac{z(t+2)}{z(t+1)}V_T^{\text{New}}\right] + (1-\lambda)\mathrm{E}_{t+1}\left[\frac{z(t+2)}{z(t+1)}V_{t+2<T}^{\text{New}}\right] \\
&= \lambda e^{-r}K^{\text{New}} + (1-\lambda)e^{-r}\mathrm{E}_{t+1}(V_{t+2<T}^{\text{New}})
\end{aligned} \tag{3A-7}
$$

类似地，对于 $t+s$ 时刻增长期权的价值为

$$
\begin{aligned}
V^{\text{New}}(t+s) = V_{t+s}^{\text{New}} &= \mathrm{E}_{t+s}\left[\frac{z(t+s+1)}{z(t+\mathrm{s})}\left(\lambda V_{t+s=T}^{\text{New}} + (1-\lambda)V_{t+s<T}^{\text{New}}\right)\right] \\
&= \lambda \mathrm{E}_{t+1}\left[\frac{z(t+s+1)}{z(t+\mathrm{s})}V_T^{\text{New}}\right] + (1-\lambda)\mathrm{E}_t\left[\frac{z(t+s+1)}{z(t+\mathrm{s})}V_{t+s<T}^{\text{New}}\right] \\
&= \lambda e^{-r}K^{\text{New}} + (1-\lambda)e^{-r}\mathrm{E}_t(V_{t+s<T}^{\text{New}})
\end{aligned} \tag{3A-8}
$$

通过层层迭代，可以最终得到 t 时刻增长期权的价值为

$$
\begin{aligned}
V^{\text{New}}(t) &= V_t^{\text{New}} \\
&= \lambda e^{-r}K^{\text{New}} + \lambda(1-\lambda)e^{-2r}K^{\text{New}} + \lambda(1-\lambda)^2 e^{-3r}K^{\text{New}} + \cdots \\
&= [\lambda e^{-r} + \lambda(1-\lambda)e^{-2r} + \lambda(1-\lambda)^2 e^{-3r} + \cdots]K^{\text{New}} \\
&= \frac{\lambda}{e^r + \lambda - 1}K^{\text{New}}
\end{aligned} \tag{3A-9}
$$

附录 3A.3　企业相对估值(市账比)的变化

$$\begin{aligned}\Delta Q(t) &= Q(t) - Q(t-1)\\ &= \frac{1-e^{-r(N-t)}}{e^r-1}\frac{K}{n(t)I} + \frac{\lambda}{e^r+\lambda-1}\frac{K^{\text{New}}}{n(t)I} - \frac{1-e^{-r(N-t+1)}}{e^r-1}\frac{K}{n(t-1)I}\\ &= \frac{K}{I}\frac{1}{e^r-1}\left[\frac{1-e^{-r(N-t)}}{n(t)} - \frac{1-e^{-r(N-t+1)}}{n(t-1)}\right] + \frac{\lambda}{e^r+\lambda-1}\frac{K^{\text{New}}}{n(t)I}\end{aligned} \tag{3A-10}$$

式中，最后一行第一项表示已有增长期权和在位资产的变化对企业估值的影响，由于 $n(t)\geqslant n(t-1)$，且$1-e^{-r(N-t)}<1-e^{-r(N-t+1)}$，容易得该项小于 0，即第一项会导致企业估值下降；第二项表示新创增长期权和在位资产的相对占比对企业估值变化的影响。

显然，$\Delta Q(t)$ 的正负需要取决于执行增长期权导致企业估值降低和创造增长期权导致企业估值上升两种力量的对比。令 $\Delta Q(t)=0$，可以得到企业估值维持不变时临界参数 μ_Y^* 和 β_Y^* 满足：

$$K\frac{1}{e^r-1}\left[\frac{1-e^{-r(N-t+1)}}{n(t-1)} - \frac{1-e^{-r(N-t)}}{n(t)}\right] = \frac{\lambda}{e^r+\lambda-1}\frac{K^{\text{New}}}{n(t)} \tag{3A-11}$$

给定 β_Y，可得 μ_Y^* 满足：

$$\hat{K}^{\text{New}}\left(\mu_Y^*,\beta_Y\right) = \frac{K}{e^r-1}\left\{\frac{n(t)}{n(t-1)}\left[1-e^{-r(N-t+1)}\right]-\left[1-e^{-r(N-t)}\right]\right\}\frac{e^r+\lambda-1}{\lambda} \tag{3A-12}$$

给定 μ_Y，可得 β_Y^* 满足：

$$\hat{K}^{\text{New}}\left(\mu_Y,\beta_Y^*\right) = \frac{K}{e^r-1}\left\{\frac{n(t)}{n(t-1)}\left[1-e^{-r(N-t+1)}\right]-\left[1-e^{-r(N-t)}\right]\right\}\frac{e^r+\lambda-1}{\lambda} \tag{3A-13}$$

由于 K^{New} 分别是关于盈利能力和系统风险的递增和递减函数，因此，当 $\mu_Y>\mu_Y^*$ 或 $\beta_Y<\beta_Y^*$ 时，容易有 $K^{\text{New}}>\hat{K}^{\text{New}}(\mu_Y^*,\beta_Y)$ 或 $K^{\text{New}}>\hat{K}^{\text{New}}(\mu_Y,\beta_Y^*)$，此时新创增长期权可以弥补已有增长期权执行导致的企业估值下降，企业估值随时间推移出现回升，即 $\Delta Q(t)>0$；即便新创增长期权价值不足以弥补已有增长期权执行导致的企业估值下降，企业估值依然随会时间推移而下降，但 R&D 投资强度增大，企业估值的下降趋势仍然会减缓或被抑制。

附录 3A.4　连续两期进行 R&D 投资创造增长期权情形下的企业估值变化

假设企业在 t+1 时刻继续进行一笔投资额为 $\hat{X}$ 的 R&D 投资，并在 $\hat{T}$ 时刻 $(\hat{T}\geqslant t+2)$ 以 $\hat{\lambda}$ 的概率随机到达一个新的增长期权。给定新创造增长期权当前时刻未到达，下一时刻到达的概率参数 $\hat{\lambda}$ 满足 $\hat{\lambda}(0)=0$、$\hat{\lambda}'(\hat{X})>0$。

根据附录 3A.2 的推导，容易计算出 t+1 时刻新创造增长期权的价值为

$$V^{\hat{\text{New}}}(t)=\frac{\hat{\lambda}}{e^{r}+\hat{\lambda}-1}K^{\hat{\text{New}}} \tag{3A-14}$$

其中，$K^{\hat{\text{New}}}\equiv\int_{\beta}E_{\hat{T}}\left[\max\left(\frac{I_X e^{(\mu_{\hat{\text{New}}}-\beta_{\hat{\text{New}}})}}{e^{r}-1}-I_X,0\right)\middle|\beta_{\hat{\text{New}}}\right]\mathrm{d}F\left(\tilde{\beta}^{\hat{N}}\right)$，表示 $\hat{T}$ 时刻增长期权立即被执行所能够获得的价值；$F(\tilde{\beta}^{\hat{N}})$ 则为 t+1 时刻进行 R&D 投资所创造的增长期权贝塔系数的分布函数；$\mu_{\hat{\text{New}}}$ 和 $\beta_{\hat{\text{New}}}$ 分别为新创造增长期权标的项目的现金流均值和系统风险。

当 t 时刻的增长期权还未到达时，根据前面的推导，企业相对估值可以表示为

$$\begin{aligned}Q(t+1)=\frac{V(t+1)}{B(t+1)}&=\frac{e^{\mu-\beta}}{e^{r}-1}+\frac{1-e^{-r(N-t-1)}}{e^{r}-1}\frac{K}{n(t+1)I}\\&+\frac{\lambda}{e^{r}+\lambda-1}\frac{K^{\text{New}}}{n(t+1)I}+\frac{\hat{\lambda}}{e^{r}+\hat{\lambda}-1}\frac{K^{\hat{\text{New}}}}{n(t+1)I}\end{aligned} \tag{3A-15}$$

进一步，对企业估值求差分有

$$\begin{aligned}\Delta Q(t+1)&=Q(t+1)-Q(t+1)\\&=\frac{1-e^{-r(N-t-1)}}{e^{r}-1}\frac{K}{n(t+1)I}+\frac{\lambda}{e^{r}+\lambda-1}\frac{K^{\text{New}}}{n(t+1)I}+\\&\quad+\frac{\hat{\lambda}}{e^{r}+\hat{\lambda}-1}\frac{K^{\hat{\text{New}}}}{n(t+1)I}-\frac{1-e^{-r(N-t)}}{e^{r}-1}\frac{K}{n(t)I}-\frac{\lambda}{e^{r}+\lambda-1}\frac{K^{\text{New}}}{n(t)I}\\&=\frac{K}{I}\frac{1}{e^{r}-1}\left(\frac{1-e^{-r(N-t-1)}}{n(t+1)}-\frac{1-e^{-r(N-t)}}{n(t)}\right)\\&\quad+\frac{\lambda}{e^{r}+\lambda-1}\frac{K^{\text{New}}}{I}\left(\frac{1}{n(t+1)}-\frac{1}{n(t)}\right)+\frac{\hat{\lambda}}{e^{r}+\hat{\lambda}-1}\frac{K^{\hat{\text{New}}}}{n(t+1)I}\end{aligned} \tag{3A-16}$$

式中，最后一行第一项表示已有增长期权和在位资产的变化对企业估值的影响，由于 $n(t+1)\geqslant n(t)$，且$1-e^{-r(N-t-1)}<1-e^{-r(N-t)}$，容易知该项小于 0，从而第一项会导致企业估值下降；第二项表示 t 时刻创造的增长期权和在位资产的相对占比随时间的变化，可以看出该项小于或等于 0；第三项表示 t+1 时刻创造的增长期权和在位资产价值的相对比例，根据附录 3A.3，只要 t+1 时刻创造的增长期权风险较低或者盈利能力较高，同样可以得到企业估值可能随生命周期推进而上升，此处不再证明。

因此，可以预期，如果企业持续进行 R&D 投资且新创造的增长期权价值较高，那么企业估值随生命周期推进可能会出现上升的趋势。

附录 3A.5　平均盈利不确定性的指标测度

借鉴 Pástor 和 Veronesi(2003)的做法，我们用个股的异质波动率度量平均盈利能力的不确定性，其中个股的异质波动率通过 Fama 和 French(1993)三因子模型回归估计得到：

$$R_{i,t,\tau}-r_{f,t,\tau}=\alpha_{i,t}+\beta_{i,t,\text{MKT}}(R_{m,t,\tau}-r_{f,t,\tau})+\beta_{i,t,\text{SMB}}\text{SMB}_{t,\tau}+\beta_{i,t,\text{HML}}\text{HML}_{t,\tau}+\varepsilon_{i,t,\tau} \tag{3A-17}$$

进一步，利用式(3A-17)的回归残差 $\varepsilon_{i,t,\tau}$ 的标准差，度量第 i 只股票在第 t 年的平均盈

利不确定性：

$$\mathrm{RETVOLFF}_{i,t} = \sqrt{\frac{\sum_{\tau \in t}(\varepsilon_{i,t,\tau} - \overline{\varepsilon}_{i,t})^2}{n_t - 1}} \tag{3A-18}$$

其中，$\varepsilon_{i,t,\tau}$ 是第 i 只股票第 t 年第 τ 月的残差；$\overline{\varepsilon}_{i,t}$ 是第 i 只股票第 t 年月度残差的平均值。

第4章 异质信念对增长期权与企业估值动态关系的影响

异质信念对企业估值的影响一直是资本市场研究的重要课题。早期关于异质信念和企业估值关系的研究集中于卖空限制作用的讨论。假设市场上存在对同一股票未来收益具有不同看法的悲观和乐观两类投资者，Miller(1977)指出，卖空限制导致股价无法反映悲观投资者的行为，而只能反映乐观投资者的买入行为，从而导致股票价格被高估，且异质信念程度越大，股价被高估得越严重。Diether 等(2002)利用分析师盈余预测分歧测度投资者异质信念，实证发现分析师盈余预测分歧程度越大，股票的预期收益率越低，很好地支持了 Miller(1977)的理论观点。Boehme 等(2006)进一步明确指出，卖空限制和异质信念的共同作用才会导致股票价格高估，即卖空限制是异质信念对股价产生影响的必要条件。张维和张永杰(2006)在异质信念和卖空限制的双重假设下，通过引入投资者风险厌恶假设，基于均值-方差模型推导给出了一个基于异质信念的风险资产价格的均衡模型，从理论上证明了异质信念对风险资产价格具有正向影响。陈国进等(2009)、古志辉等(2011)和朱宏泉等(2016)针对中国股市的实证证据一致表明：A 股市场上异质信念和股票价格高估存在正向关系，而卖空限制是导致股票价格高估的原因。

与卖空限制的角度不同，Pástor 和 Veronesi(2003)从盈利不确定性的角度解释了高企业估值的原因：由于企业估值是预期盈利水平的凸函数，当投资者关于预期盈利水平的信念存在不确定性时，复利计算固有的凸性作用会使得预期盈利水平的不确定性对企业估值产生正向影响。进一步，基于盈利不确定性和企业估值的正向关系，Pástor 和 Veronesi(2006)认为，美国 20 世纪 90 年代纳斯达克市场的“科技泡沫”很大程度上是投资者对当时科技企业未来的平均盈利分歧较大所致。Pástor 等(2009)认为，私有企业通常会在盈利不确定性足够高的时候选择 IPO。Hund 等(2010)则据此为“多元化折价”现象给出一种新的解释：多元化会降低企业预期盈利的不确定性，因而企业价值会在多元化之后下降。

需要指出的是，前述关于异质信念影响企业估值的研究，无论是市场卖空限制的视角，还是折现或复利计算凸性作用的视角，均尚未注意到资产构成及其不确定性特征才是导致异质信念的根本来源。直观来讲，相对于当前能够产生现金流的在位资产，企业未来一系列增长机会的出现和执行时机都存在不确定性，投资者对增长机会标的资产盈利水平的认识分歧(异质信念)相对更大。更为重要的是，增长机会的期权价值是关于标的资产异质信念的增函数，标的资产的异质信念越大，增长期权的价值越高。因此，投资者对增长机会标的资产的异质信念可为企业高估值给出一种合理估值或理性定价视角的新解释。

基于此，本章首先构建包含两期经济的企业估值模型，从理论上讨论投资者关于增长期权标的项目平均盈利的异质信念如何影响企业估值，然后以中国 2006～2017 年沪深两市 2,239 家 A 股上市公司为样本进行实证检验。研究结果表明：即便允许卖空和考虑在位资产盈利水平的不确定性，异质信念也可以通过提升增长期权的价值而对企业估值产生正向影响，且这种影响对增长期权较多的企业更强；伴随增长期权的不断执行，异质信念对企业估值的正向影响将逐渐减弱。

4.1　基本假设

考虑一个两期经济模型。假设存在一个代表性企业，其价值由在位资产和增长机会（期权）两个部分构成。t=0 时刻，在位资产的账面价值为 B_0，其在 t=1 时刻不确定的盈利水平为 Y_1^A，满足如下过程：

$$\ln Y_1^A - \ln B_0 = \mu_A - \frac{1}{2}\bar{\sigma}_A^2 - \frac{1}{2}\sigma_A^2 + \sigma_A \varepsilon_1^A \tag{4-1}$$

其中，μ_A 和 σ_A 分别表示在位资产的平均盈利率和盈利率的波动；ε_1^A 服从均值为 0、标准差为 1 的标准正态分布。

进一步，假设投资者对在位资产的平均盈利率 μ_A 存在异质信念，且服从如下正态分布：

$$\mu_A \sim N(\bar{\mu}_A, \bar{\sigma}_A^2) \tag{4-2}$$

其中，$\bar{\mu}_A$ 为投资者对在位资产平均盈利率预测的均值；$\bar{\sigma}_A$ 为投资者对在位资产的异质信念程度，且假设 μ_A 与 ε_1^A 不存在相关性①。

除了在位资产，企业还拥有由 1 时刻到期、所需投资额均为 I 的 n 个待投项目构成的增长期权，其中每个标的项目的盈利服从如下过程：

$$\ln Y_1 - \ln I = \mu_I - \frac{1}{2}\bar{\sigma}_I^2 - \frac{1}{2}\sigma_I^2 + \sigma_I \varepsilon_1 \tag{4-3}$$

其中，μ_I 和 σ_I 分别表示标的项目的平均盈利率和盈利率的波动；ε_1 服从均值为 0、标准差为 1 的标准正态分布。

同样，投资者对增长机会标的项目的平均盈利率 μ_T 也存在异质信念，μ_I 服从如下正态分布：

$$\mu_I \sim N\left(\bar{\mu}_I, \bar{\sigma}_I^2\right) \tag{4-4}$$

其中，$\bar{\mu}_I$ 为投资者对增长机会标的项目平均盈利率预测的均值；σ_I^2 为投资者对增长机会标的项目异质信念的程度，且假设 μ_I 与 ε_1 不存在相关性。

假设外生的定价核 z_1 服从如下过程：

$$\ln z_1 - \ln z_0 = -r - \frac{1}{2}\sigma_z^2 - \sigma_z \xi \tag{4-5}$$

其中，初始定价核 $z_0 = 1$；r 代表无风险利率；σ_z 表示定价核的标准差；ξ 是均值为 0、标准差为 1 的标准正态分布。

① 实际上，式(4-1)意味着 $E\left(\frac{Y_1^A}{B_0}\right) = e^{\bar{\mu}_A}$，即在位资产的（连续复利）预期盈利率为 $\bar{\mu}_A$。

简化起见，假设 μ_A 与 ξ 、μ_I 与 ξ 都不存在相关性，则在位资产和增长机会标的项目的系统风险(贝塔系数)可以分别表示为

$$\beta_A \equiv \sigma_A \sigma_z \operatorname{cov}(\varepsilon_1^A, \xi) \tag{4-6}$$

$$\beta_I \equiv \sigma_I \sigma_z \operatorname{cov}(\varepsilon_1, \xi) \tag{4-7}$$

4.2 理论模型

在 0 时刻，在位资产价值为 1 时刻预期盈利水平的折现值：

$$V_0^A = \mathrm{E}\left[\frac{z(1)}{z(0)} Y_1^A\right] = B_0 e^{\bar{\mu}_A - r - \beta_A} \tag{4-8}$$

可以看出：在位资产的价值由在位资产的账面价值 B_0、在位资产的贝塔系数 β_A 以及平均盈利率 $\bar{\mu}_A$ 决定。在位资产的账面价值越大、贝塔系数越小、平均盈利率越高，在位资产的价值就越高。

对于每个增长机会，其本质为一份 1 时刻到期、执行价格为 I 的欧式看涨期权，利用 Black-Scholes 欧式期权定价公式(Black and Scholes, 1973)，容易写出每个增长机会在 0 时刻的市场价值为

$$\begin{aligned} V_0^G &= \mathrm{E}\left[\frac{z(1)}{z(0)} \max(Y_1 - I, 0)\right] \\ &= I e^{\bar{\mu}_I - r - \beta_I} N(d_1) - I e^{-r} N(d_2) \end{aligned} \tag{4-9}$$

其中，Y_1 表示标的项目在 1 时刻的盈利水平；$\max(Y_1 - I, 0)$ 表示增长机会在 1 时刻的价值；$N(\cdot)$ 为标准正态分布的累计分布函数；$d_1 = \dfrac{\bar{\mu}_I - \beta_I + \frac{1}{2}(\bar{\sigma}_I^2 + \sigma_I^2)}{\sqrt{\bar{\sigma}_I^2 + \sigma_I^2}}$；$d_2 = d_1 - \frac{1}{2}\sqrt{\bar{\sigma}_I^2 + \sigma_I^2}$ 。

由式(4-8)和式(4-9)，可以将 0 时刻企业价值表示为

$$\begin{aligned} M_0 &= V_0^A + n V_0^G \\ &= B_0 e^{\bar{\mu}_A - r - \beta_A} + n\left[I e^{\bar{\mu}_I - r - \beta_I} N(d_1) - I e^{-r} N(d_2)\right] \end{aligned} \tag{4-10}$$

相应的企业估值市账比为

$$\begin{aligned} \frac{M_0}{B_0} &= \frac{V_0^A + n V_0^G}{B_0} \\ &= e^{\bar{\mu}_A - r - \beta_A} + n\left[e^{\bar{\mu}_I - r - \beta_I} N(d_1) - e^{-r} N(d_2)\right]\frac{I}{B_0} \end{aligned} \tag{4-11}$$

由式(4-11)可见：其一，无论是在位资产平均盈利 $\bar{\mu}_A$ ，还是增长机会标的项目的平均盈利率 $\bar{\mu}_I$ ，都对企业估值具有正向影响；其二，无论是在位资产系统风险 β_A ，还是增长机会标的项目的系统风险 β_1 ，都对企业市场估值具有负向影响。

进一步，式(4-11)对 $\bar{\sigma}_I$ 求偏导有

$$\frac{\partial \frac{M_0}{B_0}}{\partial \bar{\sigma}_I} = n \frac{I}{B_0} e^{\bar{\mu}_I - r - \beta_I} n(d_1) \frac{\bar{\sigma}_I}{\sqrt{(\sigma_I^2 + \bar{\sigma}_I^2)}} > 0 \tag{4-12}$$

即投资者关于增长机会标的项目平均盈利率的异质信念对企业估值具有正向影响，具体推导过程详见本章附录 4A。

而且，式(4-12)进一步对 n 求偏导有

$$\frac{\partial^2 \frac{M_0}{B_0}}{\partial \bar{\sigma}_I \partial n} = \frac{I}{B_0} e^{\bar{\mu}_I - r - \beta_I} n(d_1) \frac{\bar{\sigma}_I}{\sqrt{(\sigma_I^2 + \bar{\sigma}_I^2)}} > 0 \tag{4-13}$$

即增长机会越多，异质信念程度对企业估值的正向影响越强。

总结来看，由式(4-8)可知，在位资产的异质信念并不影响企业估值，但由式(4-12)和式(4-13)可知：投资者对增长期权标的项目盈利率的异质信念程度越高，企业估值越高；而且，增长期权越多，异质信念对企业估值的正向作用越强，而伴随企业对增长期权的执行，这种正向作用将逐渐变弱，甚至消失。

4.3　实证设计

4.3.1　数据与样本

本章以 2006～2017 年沪深两市 A 股非金融类上市公司为初始研究样本①，对初始样本进行如下处理：剔除净资产小于 0、营业收入小于 0、财务指标缺失以及无分析师盈利预测的样本值，最终得到 2,239 家上市公司共 11,879 个企业-年度观测值。为了降低异常值的影响，对所有连续变量在 1%和 99%的分位数上进行缩尾处理。数据来源方面，除研发数据(R&D)来源于万得数据库外，其他数据均来源于国泰安 CSMAR 数据库。表 4-1 详细给出了样本筛选的过程和各年度的最终样本分布情况。

表 4-1　样本的年度分布情况

年份	上市公司数	净资产小于 0	营业收入小于 0	财务数据缺失	无分析师预测	有效样本
2006	1,312	62	1	209	803	389
2007	1,425	54	0	245	803	483
2008	1,504	51	0	311	640	635
2009	1,587	56	0	334	517	809
2010	1,931	49	0	573	489	936
2011	2,218	40	0	792	577	957
2012	2,383	25	0	849	816	910
2013	2,398	8	0	511	986	1,085
2014	2,509	15	0	367	899	1,350
2015	2,724	11	0	524	860	1,489
2016	2,950	6	0	736	867	1,629
2017	3,371	15	0	1,645	1,268	1,207
合计	26,312	392	1	7,096	9,525	11,879

① WIND 数据库从 2006 年才开始记录上市公司的 R&D 数据。

4.3.2 变量与指标

对于被解释变量企业的(相对)估值，借鉴 Chi 和 Su(2017)、Pástor 和 Veronesi(2003)等的通常做法，利用托宾 Q 和市账比两个指标测度，其中托宾 Q 定义为权益市场价值与长期负债面值之和除以账面总资产，且权益市场价值等于股票流通市值与非流通市值之和，非流通市值用流通股股价乘以非流通股数量计算。市账比定义为股票总市值除以所有者权益。

对于解释变量投资者异质信念，借鉴 Diether 等(2002)的做法[①]，利用分析师对个股每股收益(earnings per share，EPS)的预测分歧来测度：

$$\text{DISPERSION}_{i,t}=\left|\frac{\text{Std}(\text{Forecast}_{i,t})}{\text{Mean}(\text{Forecast}_{i,t})}\right| \tag{4-14}$$

其中，分子和分母分别为第 i 只股票、第 t 年所有分析师预测的每股收益的标准差和平均值。

与此同时，考虑到分析师预测主要体现了专业投资者的信念差异，并不能代表所有投资者的判断(Barron and Stuerke, 1998)，本节还借鉴 Pástor 和 Veronesi(2003)的做法，针对每只股票 i，利用其第 t 年内不少于 8 个月的考虑现金红利再投资的个股月度收益率和相应的综合 A 股股票指数月收益率数据，先采用市场模型进行 OLS 回归得到回归残差，再利用下式计算的个股异质波动率作为异质信念的代理变量[②]：

$$\text{RETIVOL}_{i,t}=\sqrt{\frac{\sum_{\tau\in t}(\varepsilon_{i,t,\tau}-\overline{\varepsilon}_{i,t})^2}{n_{i,t}-1}} \tag{4-15}$$

其中，$\varepsilon_{i,t,\tau}$ 是第 i 只股票第 t 年内第 τ 月的残差；$\overline{\varepsilon}_{i,t}$ 是第 i 只股票第 t 年内月度残差的平均值；$n_{i,t}$ 为第 i 只股票第 t 年内的月份数。

对于增长期权及其执行的代理变量，Fama 和 French(2001)、Grullon 等(2012)分别指出，年轻企业、小规模企业的资产构成中通常包含更多的增长机会；Kumar 和 Li(2016)、Kraft 等(2018)认为，R&D 强度越大的企业，创造的增长机会越多。因此，以上市年龄、企业规模和 R&D 强度 3 个指标作为企业增长期权多少的代理变量。增长期权的执行则借鉴 Anderson 和 Garcia-Feijóo(2006)的做法，利用资本支出强度(Capex)予以测度。

控制变量方面，借鉴 Chi 和 Su(2017)、Loderer 等(2016)的相关成果，包括财务杠杆、有形资产占比、盈利能力、现金持有比例、主营业务增长率，以及是否支付股利的 0/1 虚拟变量。所有变量的定义、测度及说明详见表 4-2。

① 换手率也被用作异质信念的代理变量，后续稳健性检验也给出了使用该指标的实证结果。

② 付鸣等(2015)针对沪深 A 股市场的实证证据表明，投资者异质信念对股票特质波动率具有正向影响，因此特质波动率可以衡量个股的异质信念程度。

表 4-2　变量定义与指标测度

变量名		符号	定义及说明
企业估值	托宾 Q	Q	年末股票市场价值与长期负债账面价值之和除以该年末总资产账面价值，其中非流通股票按照流通股股价计算市值
	市账比	*Mb*	年末股票市场价值除以账面所有者权益
异质信念	分析师预测分歧	DISPERSION	年内所有分析师所预测 EPS 的标准差除以其平均值的绝对值
	异质波动率	RETIVOL	个股年内考虑红利再投资的月收益率对综合 A 市场月收益率回归残差的标准差
增长期权	企业上市年龄	AGE	用当前年份减去 IPO 年份加 1，然后取对数
	企业规模	BA	年末总资产账面价值的自然对数
	R&D 强度	RDTA	年内 R&D 费用除以年末总资产账面价值，然后过去 3 年取平均
增长期权执行	资本支出强度	CAP	年内公司购买、建造固定资产，取得无形资产和其他长期资产支付的现金除以年末总资产账面价值，然后过去 3 年取平均
控制变量	财务杠杆	LEV	年末总负债账面价值除以年末总权益账面价值
	有形资产占比	TANGIBILITY	年末固定资产净额与存货之和除以年末总资产账面价值
	资产报酬率	ROA	年内净利润除以年末总资产账面价值
	现金持有比例	CASH	年末货币资产与短期投资净额之和除以年末总资产账面价值
	主营业务增长率	SALEGR	$\sqrt[3]{\text{sale}_t / \text{sale}_{t-3}} - 1$，其中 sale 为主营业务收入
	股利支付	DIV	若年内每股现金股利为 0，则 DIV 定义为 0；若年内每股现金股利大于 0，则定义为 1

4.3.3　回归模型与方法

为检验异质信念对企业估值的影响，进行如下控制行业和年份的 OLS 回归：

$$Y_{i,t} = \alpha + \beta_1 X_{i,t} + \varGamma \text{Control}_{i,t} + \sum \text{Ind}_j + \sum \text{Year}_t + e_{i,t} \tag{4-16}$$

其中，被解释变量 $Y_{i,t}$ 是企业估值变量，分别用托宾 Q 值(Q)和市账比(MB)衡量；解释变量 $X_{i,t}$ 是异质信念变量，分别用分析师盈利预测分歧(DISPERSION)和个股非系统波动率(RETIVOL)度量；Control_{it} 是控制变量；Ind_j 和 Year_t 分别为控制行业和时间固定效应的虚拟变量；$e_{i,t}$ 为残差项。

标准误差采用企业聚类进行调整(Petersen, 2009)，预期回归系数 β_1 的符号为正。为了检验增长期权对异质信念与企业估值关系的影响，在式(4-16)的基础上进一步引入上市年龄、资产规模、R&D 强度 3 个增长期权的代理变量，以及 3 个变量与异质信念分别的交互项，进行如下回归：

$$Y_{i,t} = \alpha + \beta_1 X_{i,t} + \gamma_1 X_{i,t} \text{GO}_{i,t} + \eta_1 \text{GO}_{i,t} + \varGamma \text{Control}_{i,t} + \sum \text{Ind}_j + \sum \text{Year} + e_{i,t} \tag{4-17}$$

其中，$\text{GO}_{i,t}$ 是企业增长期权的代理变量；若利用上市年龄和资产规模测度增长期权，则 γ_1 的符号预期为负；若利用 R&D 强度测度增长期权，则 γ_1 的符号预期为正。

4.4　实证结果及分析

4.4.1　异质信念对企业估值的影响

表 4-3 将托宾 Q 和市账比分别作为被解释变量，分析师盈余预测分歧和异质波动率分别作为解释变量，控制相关因素，回归结果一致显示：无论是利用托宾 Q 还是市账比测度企业估值，也无论是利用分析师预测分歧还是利用异质波动率测度投资者异质信念，解释变量异质信念的回归系数都为正，且在 1%的显著性水平上显著。这说明异质信念程度越大，企业估值越高。例如，控制其他因素，分析师预测分歧提升 1 个单位，托宾 Q 值和市账比会分别增加 0.277 个单位和 0.438 个单位；异质波动率提升 1 个单位，托宾 Q 值和市账比会分别增加 6.511 个单位和 11.112 个单位。

表 4-3　异质信念影响企业估值的回归结果

变量	托宾 Q		市账比	
	模型 1	模型 2	模型 3	模型 4
DISPERSION	0.277^{***}		0.438^{***}	
	(9.263)		(6.980)	
RETIVOL		6.511^{***}		11.112^{***}
		(20.107)		(20.623)
AGE	-0.084^{***}	-0.047^{*}	-0.085^{**}	−0.021
	(−3.278)	(−1.863)	(−2.001)	(−0.496)
BA	-0.458^{***}	-0.392^{***}	-1.017^{***}	-0.905^{***}
	(−36.633)	(−31.547)	(−45.200)	(−40.726)
RDTA	8.927^{***}	8.705^{***}	14.096^{***}	13.724^{***}
	(8.643)	(8.518)	(8.417)	(8.282)
CAP	0.988^{***}	1.223^{***}	0.740	1.141^{**}
	(3.914)	(4.944)	(1.583)	(2.491)
LEV	-1.584^{***}	-1.770^{***}	3.900^{***}	3.579^{***}
	(−17.340)	(−19.656)	(23.237)	(21.703)
TANGIBILITY	-0.479^{***}	-0.372^{***}	-1.147^{***}	-0.973^{***}
	(−6.346)	(−5.039)	(−8.406)	(−7.265)
ROA	8.290^{***}	7.697^{***}	14.265^{***}	13.307^{***}
	(25.534)	(24.698)	(27.581)	(26.763)
CASH	0.673^{***}	0.689^{***}	1.045^{***}	1.068^{***}
	(5.190)	(5.460)	(5.064)	(5.281)
SALEGR	0.113^{**}	0.020	0.326^{***}	0.167^{*}
	(2.276)	(0.406)	(3.729)	(1.949)
DIV	-0.305^{***}	-0.325^{***}	-0.559^{***}	-0.584^{***}
	(−10.154)	(−11.423)	(−10.622)	(−11.842)
截距项	12.303^{***}	10.218^{***}	23.434^{***}	19.869^{***}
	(48.367)	(39.216)	(50.999)	(42.058)

续表

变量	托宾 Q		市账比	
	模型 1	模型 2	模型 3	模型 4
行业效应	控制	控制	控制	控制
年份效应	控制	控制	控制	控制
观测值	11,879	11,879	11,879	11,879
调整的拟合优度	0.567	0.587	0.485	0.510

注：括号内为 t 值，***、**、*分别表示在 1%、5%和 10%的显著性水平上显著，下同。

控制变量方面，除财务杠杆(LEV)和上市年龄(AGE)对托宾 Q 及市账比的影响方向不一致外，无论是利用何种指标测度企业估值，有形资产占比(TANGIBILITY)越高，越倾向于支付股利(DIV)的企业的市场估值越低；盈利能力(ROA)、现金持有(CASH)、主营业务增长率(SALEGR)越高，企业估值越高。在增长机会的相关变量方面，企业规模(BA)越大，企业估值越低；R&D 强度(RDTA)越高，企业估值越高；对于资本支出强度(CAP)，当用托宾 Q 衡量企业估值时，资本支出强度(CAP)越高，企业估值越高，这与 Loderer 等(2016)、Chi 和 Su(2017)等的证据一致。

4.4.2　增长期权对异质信念和企业估值关系的影响

为了考察增长期权对异质信念和企业估值正向关系的影响，本小节分别利用上市年龄、企业规模、R&D 强度作为增长期权的代理变量，在表 4-3 模型的基础上，引入增长期权及其与异质信念的交互项，结果见表 4-4。

由表 4-4 可见：无论是使用上市年龄、资产规模作为增长期权的代理变量，还是利用分析师预测分歧、利用个股异质波动率度量异质信念，异质信念和增长期权交互项的回归系数均显著为负，说明异质信念对年轻、规模大而增长期权少的企业的市场估值更具正向影响。当用 R&D 强度作为增长期权的代理变量时，异质信念和增长机会交互项的回归系数均显著为正，即 R&D 强度越大，增长期权越多，进而异质信念对企业估值的正向影响越强①。

已有研究认为，卖空限制是导致股价高估的必要条件(Miller, 1977; Boehme et al., 2006)，一旦股票允许卖空，异质信念的影响将减弱甚至不复存在(朱宏泉等, 2016; 熊熊等, 2017; 孟庆斌和黄清华, 2018)。基于此，我们进一步选取 2010 年后允许卖空的 903 家企业共 3,586 个年度观测值为子样本，重新进行回归检验，结果见表 4-5。可以看出：即便是对于允许卖空的子样本，异质信念对企业估值的回归系数在 1%的显著性水平上仍显著为正。而且，3 个增长期权代理变量与异质信念交互项的回归系数表明：增长期权越多，异质信念对企业估值的影响越大，特别是当利用异质波动率测度异质信念，利用资产规模和 R&D 强度测度增长期权时，交互项回归系数都至少在 5%的显著性水平上显著。

① 除了使用带有交互项的回归检验，也根据增长期权多少划分子样本，不同子样本的回归结果比较发现：在增长期权较多的子样本中，异质信念对企业估值具有显著的正向影响，而在增长期权较少的子样本中，异质信念对企业估值影响较小，且不显著。

表 4-4 增长期权对异质信念和企业估值关系影响的回归结果

变量	托宾 Q					市账比					
	模型 5	模型 6	模型 7	模型 8	模型 9	模型 10	模型 11	模型 12	模型 13	模型 14	模型 15	模型 16
DISPERSION	0.297***	0.322***	0.312***				0.471***	0.563***	0.492***			
	(9.530)	(9.253)	(8.438)				(7.431)	(7.937)	(7.025)			
RETIVOL				6.169***	5.331***	6.222***				10.843***	9.593***	10.768***
				(19.169)	(18.376)	(19.459)				(19.866)	(19.275)	(20.024)
DISPERSION×AGE	−0.152**						−0.249**					
	(−2.441)						(−2.179)					
DISPERSION×BA		−0.107***						−0.299***				
		(−4.870)						(−7.215)				
DISPERSION×RDTA			8.760**						13.821**			
			(2.473)						(2.282)			
RETIVOL×AGE				−3.445***						−2.712***		
				(−6.208)						(−2.996)		
RETIVOL×BA					−4.241***						−5.462***	
					(−20.808)						(−16.509)	
RETIVOL×RDTA						138.284***						165.182***
						(8.007)						(6.071)
AGE	−0.085***	−0.089***	−0.081***	−0.046*	−0.026	−0.047*	−0.088**	−0.099**	−0.082*	−0.021	0.006	−0.021
	(−3.323)	(−3.493)	(−3.202)	(−1.841)	(−1.079)	(−1.880)	(−2.045)	(−2.355)	(−1.925)	(−0.493)	(0.140)	(−0.504)
BA	−0.459***	−0.454***	−0.458***	−0.394***	−0.433***	−0.399***	−1.018***	−1.007***	−1.017***	−0.907***	−0.958***	−0.913***
	(−36.701)	(−36.565)	(−36.589)	(−31.686)	(−34.043)	(−32.325)	(−45.236)	(−45.585)	(−45.122)	(−40.760)	(−42.770)	(−41.302)
RDTA	8.884***	8.949***	9.266***	8.740***	8.681***	6.752***	14.024***	14.156***	14.629***	13.752***	13.693***	11.392***
	(8.610)	(8.725)	(8.865)	(8.521)	(8.680)	(6.840)	(8.378)	(8.560)	(8.559)	(8.276)	(8.316)	(7.013)

续表

变量	托宾 Q						市账比					
	模型 5	模型 6	模型 7	模型 8	模型 9	模型 10	模型 11	模型 12	模型 13	模型 14	模型 15	模型 16
CAP	0.965***	0.966***	0.993***	1.202***	1.293***	1.190***	0.702	0.677	0.747	1.125**	1.232***	1.102**
	(3.823)	(3.839)	(3.934)	(4.852)	(5.377)	(4.822)	(1.501)	(1.459)	(1.599)	(2.453)	(2.737)	(2.405)
LEV	−1.578***	−1.575***	−1.575***	−1.746***	−1.639***	−1.736***	3.910***	3.926***	3.915***	3.598***	3.748***	3.620***
	(−17.251)	(−17.297)	(−17.250)	(−19.239)	(−18.747)	(−19.306)	(23.257)	(23.522)	(23.352)	(21.740)	(23.090)	(21.990)
TANGIBILITY	−0.471***	−0.457***	−0.476***	−0.368***	−0.366***	−0.401***	−1.133***	−1.086***	−1.142***	−0.969***	−0.964***	−1.007***
	(−6.240)	(−6.044)	(−6.274)	(−4.984)	(−5.123)	(−5.435)	(−8.317)	(−7.970)	(−8.337)	(−7.237)	(−7.322)	(−7.552)
ROA	8.320***	8.375***	8.349***	7.754***	8.031***	7.808***	14.315***	14.505***	14.358***	13.352***	13.737***	13.440***
	(25.629)	(25.775)	(25.669)	(24.765)	(26.436)	(25.164)	(27.653)	(27.965)	(27.723)	(26.800)	(28.082)	(27.121)
CASH	0.672***	0.677***	0.665***	0.681***	0.663***	0.671***	1.044***	1.058***	1.032***	1.061***	1.033***	1.046***
	(5.184)	(5.230)	(5.140)	(5.407)	(5.426)	(5.357)	(5.056)	(5.141)	(5.016)	(5.249)	(5.188)	(5.197)
SALEGR	0.111**	0.107**	0.108**	0.017	0.059	0.013	0.323***	0.308***	0.318***	0.165*	0.218***	0.159*
	(2.241)	(2.158)	(2.179)	(0.357)	(1.294)	(0.273)	(3.695)	(3.544)	(3.642)	(1.929)	(2.618)	(1.867)
DIV	−0.304***	−0.308***	−0.305***	−0.334***	−0.318***	−0.329***	−0.558***	−0.568***	−0.559***	−0.591***	−0.574***	−0.588***
	(−10.135)	(−10.244)	(−10.140)	(−11.794)	(−11.453)	(−11.623)	(−10.601)	(−10.783)	(−10.607)	(−12.023)	(−11.807)	(−11.973)
截距项	12.298***	12.196***	12.274***	10.296***	11.054***	10.423***	23.425***	23.132***	23.388***	19.931***	20.946***	20.114***
	(48.386)	(48.123)	(48.117)	(39.598)	(41.462)	(40.308)	(51.035)	(51.161)	(50.684)	(42.127)	(43.882)	(42.800)
行业效应	控制	控制	控制	控制	控制	控制	控制	控制	控制	控制	控制	控制
年份效应	控制	控制	控制	控制	控制	控制	控制	控制	控制	控制	控制	控制
观测值	11,879	11,879	11,879	11,879	11,879	11,879	11,879	11,879	11,879	11,879	11,879	11,879
调整的拟合优度	0.568	0.569	0.568	0.590	0.611	0.594	0.485	0.489	0.486	0.510	0.526	0.513

表 4-5　允许卖空子样本的回归结果

变量	托宾 Q						市账比					
	模型 17	模型 18	模型 19	模型 20	模型 21	模型 22	模型 23	模型 24	模型 25	模型 26	模型 27	模型 28
DISPERSION	0.223***	0.261***	0.304***				0.239***	0.339***	0.409***			
	(4.475)	(4.288)	(4.908)				(2.752)	(3.280)	(4.016)			
RETIVOL				5.246***	4.339***	5.214***				8.926***	7.510***	8.835***
				(10.166)	(9.621)	(10.233)				(10.493)	(10.233)	(10.447)
DISPERSION×AGE	−0.023						−0.092					
	(−0.190)						(−0.440)					
DISPERSION×BA		−0.107**						−0.280***				
		(−2.484)						(−3.775)				
DISPERSION×RDTA			14.291***						29.891***			
			(3.292)						(4.440)			
RETIVOL×AGE				−2.065**						−1.949		
				(−2.283)						(−1.323)		
RETIVOL×BA					−3.895***						−5.705***	
					(−11.968)						(−10.809)	
RETIVOL×RDTA						114.181***						142.306***
						(4.138)						(3.235)
AGE	−0.282***	−0.282***	−0.279***	−0.241***	−0.215***	−0.244***	−0.405***	−0.404***	−0.398***	−0.332***	−0.290***	−0.333***
	(−6.280)	(−6.353)	(−6.294)	(−5.571)	(−4.971)	(−5.536)	(−5.693)	(−5.819)	(−5.716)	(−4.990)	(−4.307)	(−4.859)
BA	−0.472***	−0.470***	−0.471***	−0.420***	−0.433***	−0.424***	−1.043***	−1.039***	−1.041***	−0.958***	−0.976***	−0.962***
	(−24.665)	(−24.562)	(−24.616)	(−22.466)	(−23.492)	(−22.790)	(−29.285)	(−29.218)	(−29.274)	(−27.822)	(−29.213)	(−28.024)
RDTA	7.495***	7.579***	8.512***	6.917***	6.636***	4.690***	11.483***	11.706***	13.615***	10.693***	10.230***	7.888***
	(4.458)	(4.521)	(5.040)	(4.176)	(4.132)	(3.200)	(4.219)	(4.333)	(4.959)	(4.004)	(3.919)	(3.311)

续表

变量	托宾Q						市账比					
	模型 17	模型 18	模型 19	模型 20	模型 21	模型 22	模型 23	模型 24	模型 25	模型 26	模型 27	模型 28
CAP	1.328***	1.284***	1.318***	1.696***	1.702***	1.628***	0.932	0.825	0.920	1.586*	1.597**	1.503*
	(2.741)	(2.668)	(2.750)	(3.564)	(3.710)	(3.423)	(1.123)	(1.003)	(1.127)	(1.949)	(2.006)	(1.843)
LEV	−1.523***	−1.503***	−1.483***	−1.682***	−1.481***	−1.650***	3.494***	3.545***	3.575***	3.194***	3.494***	3.238***
	(−8.568)	(−8.556)	(−8.445)	(−9.528)	(−8.717)	(−9.430)	(11.414)	(11.781)	(11.860)	(10.649)	(11.987)	(10.854)
TANGIBILITY	−0.729***	−0.710***	−0.707***	−0.708***	−0.662***	−0.735***	−1.579***	−1.530***	−1.536***	−1.589***	−1.516***	−1.620***
	(−5.616)	(−5.489)	(−5.462)	(−5.602)	(−5.446)	(−5.842)	(−7.326)	(−7.157)	(−7.195)	(−7.609)	(−7.540)	(−7.781)
ROA	7.877***	8.032***	8.040***	7.581***	8.033***	7.693***	13.478***	13.875***	13.809***	13.139***	13.826***	13.294***
	(14.309)	(14.458)	(14.527)	(14.253)	(15.471)	(14.532)	(16.098)	(16.412)	(16.460)	(16.242)	(17.456)	(16.436)
CASH	0.625***	0.599***	0.617***	0.632***	0.658***	0.640***	0.659*	0.594*	0.643*	0.647*	0.682**	0.654**
	(2.810)	(2.716)	(2.798)	(2.867)	(3.088)	(2.934)	(1.932)	(1.767)	(1.918)	(1.926)	(2.092)	(1.963)
SALEGR	0.258***	0.245***	0.253***	0.119	0.119	0.129	0.615***	0.581***	0.605***	0.401***	0.397***	0.411***
	(3.015)	(2.864)	(2.963)	(1.385)	(1.439)	(1.523)	(4.014)	(3.834)	(3.966)	(2.710)	(2.820)	(2.780)
DIV	−0.364***	−0.365***	−0.365***	−0.406***	−0.390***	−0.407***	−0.594***	−0.596***	−0.595***	−0.611***	−0.588***	−0.613***
	(−6.123)	(−6.124)	(−6.134)	(−7.275)	(−7.159)	(−7.343)	(−5.925)	(−5.927)	(−5.938)	(−6.551)	(−6.439)	(−6.599)
截距项	14.618***	14.534***	14.550***	13.193***	13.232***	13.250***	28.199***	27.987***	28.067***	25.728***	25.768***	25.789***
	(30.387)	(30.007)	(30.178)	(28.384)	(28.936)	(28.414)	(32.169)	(31.830)	(31.967)	(30.666)	(31.599)	(30.638)
行业效应	控制	控制	控制	控制	控制	控制	控制	控制	控制	控制	控制	控制
年份效应	控制	控制	控制	控制	控制	控制	控制	控制	控制	控制	控制	控制
观测值	3,586	3,586	3,586	3,586	3,586	3,586	3,586	3,586	3,586	3,586	3,586	3,586
调整的拟合优度	0.622	0.623	0.625	0.637	0.659	0.642	0.555	0.560	0.561	0.575	0.598	0.579

4.5　稳健性检验

4.5.1　增长期权执行对异质信念和企业估值关系的动态影响

如果异质信念对增长期权多的企业估值的正向影响更强，则可以预期，随着增长期权的不断执行，异质信念对企业估值的正向影响减弱，甚至消失。借鉴 Cooper 和 Priestley（2011）的做法，在每个财务年度 t，按照如下方法将样本企业划分为增长期权执行前和执行后两组子样本：如果样本企业在未来第 $t+2$ 年、第 $t+3$ 年和第 $t+4$ 年中的任意一年的资本支出强度处于对应年份截面上所有企业资本支出强度中最高项的 10%，那么该年度该企业被界定为增长期权执行前的样本，即企业未来拥有较多的增长期权；反之，如果样本企业在第 $t-1$ 年的资本支出强度处于对应年份截面上所有企业资本支出强度中最高项的 10%，那么该年度该企业被界定为增长期权执行后的样本，即企业在之前年度就已执行了较多的增长期权。

据此做法，可以得到 1,094 个增长期权执行前的子样本和 799 个增长期权执行后的子样本。表 4-6 给出了异质信念影响两类子样本市场估值的回归结果。对比两类子样本中异质信念的回归系数，可以发现：对于增长期权执行前，当前增长期权较多的子样本，异质信念对企业估值的正向影响更大；而对于增长期权执行后，当前增长期权较少的子样本，异质信念对企业估值的作用较小。而且，如果利用分析师盈利预测分歧测度异质信念，则其对执行后子样本企业估值的正向影响不复存在。

表 4-6　增长机会执行前后异质信念与企业估值关系的回归结果

变量	托宾 Q				市账比			
	模型 29		模型 30		模型 31		模型 32	
	执行前	执行后	执行前	执行后	执行前	执行后	执行前	执行后
DISPERSION	0.352***	0.176			0.540***	0.470		
	(4.297)	(1.037)			(3.979)	(1.632)		
RETIVOL			5.911***	4.927***			10.616***	9.063***
			(5.468)	(4.166)			(6.503)	(4.549)
AGE	−0.038	0.034	−0.031	0.039	−0.087	0.071	−0.069	0.080
	(−0.474)	(0.285)	(−0.394)	(0.344)	(−0.700)	(0.370)	(−0.556)	(0.427)
BA	−0.453***	−0.415***	−0.383***	−0.375***	−0.946***	−1.057***	−0.824***	−0.982***
	(−10.721)	(−8.118)	(−8.647)	(−7.739)	(−13.603)	(−10.548)	(−11.919)	(−10.174)
RDTA	4.304*	11.546**	4.793*	11.085*	6.742*	17.340**	7.575**	16.548*
	(1.698)	(2.010)	(1.896)	(1.874)	(1.822)	(2.034)	(2.038)	(1.845)
CAP	0.534	6.493	0.952	7.146	0.251	7.263	1.026	8.640
	(0.806)	(1.436)	(1.478)	(1.582)	(0.204)	(0.923)	(0.850)	(1.097)
LEV	−0.770**	−2.043***	−1.116***	−2.177***	4.363***	3.286***	3.745***	3.032***
	(−2.506)	(−4.791)	(−3.472)	(−5.154)	(8.621)	(4.652)	(7.404)	(4.330)
TANGIBILITY	−0.469*	−0.294	−0.365	−0.267	−1.330***	−0.828	−1.157***	−0.729
	(−1.715)	(−0.814)	(−1.331)	(−0.756)	(−2.957)	(−1.315)	(−2.614)	(−1.199)

续表

变量	托宾Q				市账比			
	模型 29		模型 30		模型 31		模型 32	
	执行前	执行后	执行前	执行后	执行前	执行后	执行前	执行后
ROA	10.026***	2.680*	9.036***	1.985	16.810***	5.831**	15.220***	4.349*
	(10.383)	(1.702)	(9.914)	(1.258)	(11.016)	(2.356)	(10.575)	(1.764)
CASH	0.844*	0.389	0.869*	0.451	0.433	1.104	0.450	1.252*
	(1.708)	(0.870)	(1.828)	(1.044)	(0.595)	(1.424)	(0.638)	(1.673)
SALEGR	0.474***	0.301*	0.369**	0.243	0.934***	0.685***	0.740***	0.567**
	(2.906)	(1.954)	(2.315)	(1.630)	(3.267)	(2.947)	(2.642)	(2.531)
DIV	−0.355***	−0.190	−0.416***	−0.195	−0.627***	−0.219	−0.713***	−0.256
	(−3.709)	(−1.518)	(−4.648)	(−1.588)	(−3.783)	(−1.112)	(−4.650)	(−1.322)
截距项	10.996***	10.594***	9.334***	9.124***	20.850***	22.597***	17.822***	19.956***
	(12.640)	(10.334)	(9.598)	(9.429)	(14.622)	(11.519)	(11.845)	(10.557)
行业效应	控制	控制	控制	控制	控制	控制	控制	控制
年份效应	控制	控制	控制	控制	控制	控制	控制	控制
观测值	1,094	799	1,094	799	1,094	799	1,094	799
调整的拟合优度	0.593	0.603	0.606	0.618	0.557	0.525	0.577	0.544

4.5.2　不同市场板块的证据

相对于主板市场，未来盈利具有高成长和高度不确定特征的创业板企业拥有更多的增长期权(李强等, 2016)，从而可以预期，异质信念对创业板企业市场估值的正向作用更强。根据样本企业所属板块定义虚拟变量 MKT：若样本企业属于创业板，则取值为 1；否则为 0。表 4-7 中的回归结果表明：MKT 的回归系数显著为正，说明创业板企业估值整体上显著高于主板；而且，利用个股异质波动率测度异质信念时，MKT 和异质信念的交互项系数也显著为正，即异质信念对增长期权较多的创业板企业的市场估值更具正向影响。

表 4-7　不同市场板块异质信念与企业估值关系的回归结果

变量	托宾Q		市账比	
	模型 33	模型 34	模型 35	模型 36
DISPERSION	0.278***		0.445***	
	(8.553)		(6.906)	
DISPERSION×MKT	0.125		0.265	
	(0.696)		(0.965)	
RETIVOL		6.092***		10.614***
		(18.751)		(19.572)
RETIVOL×MKT		5.301***		6.461***
		(6.102)		(4.559)
MKT	0.386***	0.226***	0.472***	0.245***
	(7.219)	(4.586)	(5.852)	(3.373)

续表

变量	托宾 Q		市账比	
	模型 33	模型 34	模型 35	模型 36
AGE	−0.014	0.008	−0.000	0.041
	(−0.545)	(0.326)	(−0.008)	(0.965)
BA	−0.447***	−0.388***	−1.003***	−0.900***
	(−35.485)	(−31.139)	(−44.294)	(−40.400)
RDTA	8.840***	8.556***	13.976***	13.549***
	(8.532)	(8.323)	(8.330)	(8.153)
CAP	1.019***	1.236***	0.776*	1.155**
	(4.045)	(5.003)	(1.662)	(2.522)
LEV	−1.552***	−1.729***	3.941***	3.627***
	(−16.951)	(−19.100)	(23.465)	(21.976)
TANGIBILITY	−0.430***	−0.346***	−1.085***	−0.944***
	(−5.708)	(−4.708)	(−7.965)	(−7.068)
ROA	8.421***	7.831***	14.430***	13.460***
	(25.840)	(24.969)	(27.814)	(26.976)
CASH	0.680***	0.686***	1.053***	1.063***
	(5.251)	(5.442)	(5.107)	(5.265)
SALEGR	0.063	−0.020	0.264***	0.123
	(1.243)	(−0.406)	(2.998)	(1.426)
DIV	−0.317***	−0.341***	−0.574***	−0.603***
	(−10.573)	(−12.045)	(−10.915)	(−12.258)
截距项	11.902***	10.070***	22.939***	19.717***
	(45.846)	(38.345)	(49.027)	(41.333)
行业效应	控制	控制	控制	控制
年份效应	控制	控制	控制	控制
观测值	11,879	11,879	11,879	11,879
调整的拟合优度	0.570	0.592	0.487	0.512

4.5.3 利用换手率衡量异质信念的稳健性检验

换手率也是异质信念常用的测度指标(Barron, 1995; Huang et al., 2011)。利用经市场调整的个股年内平均日个股交易股数除以流通股本测度换手率(TOV),作为异质信念的代理变量,表 4-8 中的稳健性回归结果表明:无论是利用托宾 Q 还是用市账比测度企业估值,不仅异质信念对企业估值的正向影响十分稳健,而且增长期权对异质信念与企业估值的正向调节作用也十分稳健[①]。

① 表 4-8 的相关回归中,由于换手率(TOV)和资产规模(BA)存在高度相关性,相关系数达到了 0.4 以上,严重的共线性问题导致换手率的回归系数符号显著为负。因此,表 4-8 最终展示的回归结果中剔除了资产规模变量。

表 4-8 用换手率衡量异质信念的回归结果

变量	托宾 Q			市账比		
	模型 37	模型 38	模型 39	模型 40	模型 41	模型 42
TOV	12.970***	13.611***	12.353***	23.992***	25.976***	23.382***
	(12.699)	(13.142)	(12.276)	(13.999)	(14.356)	(13.609)
TOV×AGE		3.573**			11.065***	
		(1.972)			(3.661)	
TOV×RDTA			279.147***			275.771***
			(4.181)			(2.624)
AGE	−0.232***	−0.233***	−0.225***	−0.431***	-0.433***	-0.424***
	(−8.811)	(−8.855)	(−8.565)	(−9.425)	(-9.494)	(-9.278)
BA	11.524***	11.549***	10.884***	19.965***	20.043***	19.333***
	(10.732)	(10.790)	(10.020)	(11.118)	(11.220)	(10.636)
RDTA	0.619**	0.633**	0.590**	−0.104	-0.060	-0.132
	(2.283)	(2.337)	(2.182)	(−0.200)	(-0.117)	(-0.256)
CAP	−2.854***	−2.856***	−2.837***	0.997***	0.992***	1.014***
	(−32.895)	(−32.950)	(−32.653)	(6.406)	(6.383)	(6.512)
LEV	−0.615***	−0.615***	−0.620***	−1.515***	-1.515***	-1.521***
	(−7.561)	(−7.563)	(−7.631)	(−10.049)	(-10.056)	(-10.085)
TANGIBILITY	7.563***	7.549***	7.645***	12.706***	12.664***	12.787***
	(22.556)	(22.524)	(22.765)	(22.813)	(22.764)	(22.911)
ROA	0.672***	0.684***	0.659***	0.990***	1.028***	0.978***
	(4.854)	(4.945)	(4.771)	(4.322)	(4.492)	(4.273)
CASH	0.014	0.009	0.014	0.144	0.129	0.144
	(0.260)	(0.169)	(0.256)	(1.447)	(1.290)	(1.446)
SALEGR	−0.550***	−0.545***	−0.557***	−1.071***	-1.058***	-1.078***
	(−17.311)	(−17.270)	(−17.582)	(−18.334)	(-18.161)	(-18.478)
截距项	3.698***	3.700***	3.734***	4.386***	4.390***	4.421***
	(29.629)	(29.705)	(30.091)	(18.233)	(18.312)	(18.424)
行业效应	控制	控制	控制	控制	控制	控制
年份效应	控制	控制	控制	控制	控制	控制
观测值	11,879	11,879	11,879	11,879	11,879	11,879
调整的拟合优度	0.515	0.516	0.517	0.375	0.376	0.376

4.5.4 基于增长期权指标测度的稳健性检验

前文分别利用上市年龄、资产规模和 R&D 强度单独作为增长期权的测度指标。考虑到单个指标可能无法完全反映企业所拥有的增长机会，本小节利用上述 3 个代理变量进一步构造增长期权的综合测度指标，进行稳健性检验。

具体的思路包括如下 3 个步骤。第一步，每年分别按照上市年龄和资产规模的中位数，将样本企业分为两组，高组赋值为 0，代表增长期权相对少的企业，低组赋值为 1，代表增长期权相对多的企业。类似地，按照 R&D 强度的中位数将样本企业同样分为两组，高组赋值为 1，代表增长期权相对多的企业，低组赋值为 0，代表增长期权相对少的企业。

第二步，将 3 个赋值变量相加得到测度增长期权的综合指标 GO，GO 值越大，代表企业增长期权越多。第三步，将增长期权综合指标(GO)及其与异质信念的交互项引入回归，重新检验增长期权对异质信念与企业估值关系的影响，结果见表 4-9。

表 4-9　构造增长机会综合指标的稳健性检验结果

变量	全样本				允许卖空子样本			
	托宾 Q		市账比		托宾 Q		市账比	
	模型 43	模型 44	模型 45	模型 46	模型 47	模型 48	模型 49	模型 50
DISPERSION	0.335***		0.575***		0.242***		0.307***	
	(9.316)		(7.865)		(4.027)		(3.003)	
DISPERSION×GO	0.143***		0.335***		0.073		0.261***	
	(4.823)		(5.907)		(1.318)		(2.844)	
RETIVOL		5.984***		10.524***		5.015***		8.501***
		(19.383)		(19.937)		(9.975)		(10.251)
RETIVOL×GO		3.151***		3.544***		3.216***		4.608***
		(13.303)		(8.914)		(7.937)		(6.985)
GO	0.018	0.035*	0.060*	0.081**	−0.036	−0.021	−0.010	0.011
	(0.858)	(1.740)	(1.694)	(2.317)	(−1.060)	(−0.607)	(−0.177)	(0.211)
AGE	−0.068**	−0.009	−0.031	0.062	−0.317***	−0.246***	−0.414***	−0.296***
	(−2.086)	(−0.288)	(−0.555)	(1.148)	(−5.463)	(−4.302)	(−4.578)	(−3.333)
BA	−0.453***	−0.390***	−0.999***	−0.890***	−0.484***	−0.428***	−1.045***	−0.954***
	(−33.019)	(−28.597)	(−41.194)	(−36.864)	(−22.420)	(−20.473)	(−26.867)	(−25.539)
RDTA	8.659***	8.334***	13.224***	12.759***	8.004***	6.683***	11.795***	9.791***
	(7.775)	(7.588)	(7.390)	(7.143)	(4.423)	(3.841)	(4.024)	(3.437)
CAP	0.954***	1.232***	0.666	1.164**	1.303***	1.661***	0.833	1.532*
	(3.782)	(5.003)	(1.427)	(2.544)	(2.701)	(3.525)	(1.010)	(1.893)
LEV	−1.569***	−1.718***	3.941***	3.649***	−1.519***	−1.630***	3.526***	3.281***
	(−17.089)	(−18.983)	(23.395)	(22.057)	(−8.570)	(−9.246)	(11.609)	(10.967)
TANGIBILITY	−0.455***	−0.380***	−1.088***	−0.978***	−0.716***	−0.687***	−1.531***	−1.554***
	(−6.018)	(−5.204)	(−8.002)	(−7.346)	(−5.521)	(−5.485)	(−7.121)	(−7.501)
ROA	8.382***	7.831***	14.480***	13.457***	7.962***	7.727***	13.724***	13.352***
	(25.799)	(25.189)	(27.931)	(27.126)	(14.430)	(14.719)	(16.355)	(16.688)
CASH	0.672***	0.674***	1.047***	1.061***	0.596***	0.634***	0.620*	0.669**
	(5.181)	(5.386)	(5.070)	(5.251)	(2.662)	(2.899)	(1.814)	(2.001)
SALEGR	0.107**	0.024	0.311***	0.172**	0.255***	0.115	0.610***	0.394***
	(2.149)	(0.493)	(3.560)	(2.013)	(2.960)	(1.369)	(3.993)	(2.743)
AGE	−0.304***	−0.335***	−0.556***	−0.595***	−0.363***	−0.403***	−0.595***	−0.611***
	(−10.117)	(−11.863)	(−10.576)	(−12.120)	(−6.116)	(−7.279)	(−5.925)	(−6.574)
截距项	12.083***	10.039***	22.716***	19.215***	15.028***	13.408***	28.229***	25.529***
	(35.980)	(29.550)	(38.726)	(32.002)	(23.856)	(21.951)	(26.434)	(24.865)
行业效应	控制	控制	控制	控制	控制	控制	控制	控制
年份效应	控制	控制	控制	控制	控制	控制	控制	控制
观测值	3,586	3,586	3,586	3,586	3,586	3,586	3,586	3,586
调整的拟合优度	0.569	0.597	0.488	0.515	0.622	0.645	0.557	0.584

从表 4-9 可以看出：利用增长期权综合指标时，无论是利用何种指标测度企业估值及利用何种指标测度异质信念，增长期权对异质信念与企业估值的正向调节作用依然稳健，而且对允许卖空的子样本也是如此。

4.6　小结

异质信念可以通过影响资产构成中增长期权的价值而对企业估值产生正向影响。通过构建包含两期经济的简单模型，本章理论上分析了异质信念对企业估值以及增长期权对异质信念与企业估值关系的影响机理，并利用 2006～2017 年沪深两市 2,239 家 A 股非金融类上市公司数据进行了实证检验。

研究结果表明：异质信念对企业估值具有正向影响，且异质信念对增长期权多的企业的市场估值更具影响，表现为异质信念和企业估值的正向关系对于年轻、规模小、R&D 强度高及对于创业板企业更为明显。一旦企业执行增长期权，异质信念对企业估值的影响将减弱，甚至消失。区别于卖空限制角度对异质信念和企业估值正向关系的解释，实证结果表明：即便对于允许卖空的子样本，异质信念依然对企业估值具有正向影响，从而卖空限制并非异质信念对企业估值具有正向影响的必要条件；相反，在增长期权执行多进而在位资产为主的子样本中，异质信念对企业估值没有影响，说明增长期权可以很好地解释异质信念对企业估值所具有的正向影响。

附录 4A　市账比对异质信念参数 $\bar{\sigma}_I$ 的一阶导数

$$
\begin{aligned}
\frac{\partial \dfrac{M_0}{B_0}}{\partial \bar{\sigma}_I} &= n\frac{I}{B_0}\left\{\begin{array}{l} e^{\bar{\mu}_I - r - \beta_I} n(d_1)\left[-\dfrac{(\bar{\mu}_I-\beta_I)\bar{\sigma}_I}{\sqrt{(\sigma_I^2+\bar{\sigma}_I^2)^3}}+\dfrac{\bar{\sigma}_I}{2\sqrt{(\sigma_I^2+\bar{\sigma}_I^2)}}\right] \\ -e^{-r} n(d_2)\left[-\dfrac{(\bar{\mu}_I-\beta_I)\bar{\sigma}_I}{\sqrt{(\sigma_I^2+\bar{\sigma}_I^2)^3}}-\dfrac{\bar{\sigma}_I}{2\sqrt{(\sigma_I^2+\bar{\sigma}_I^2)}}\right] \end{array}\right\} \\
&= n\frac{I}{B_0}\left\{\begin{array}{l} e^{\bar{\mu}_I - r - \beta_I} n(d_1)\left[-\dfrac{(\bar{\mu}_I-\beta_I)\bar{\sigma}_I}{\sqrt{(\sigma_I^2+\bar{\sigma}_I^2)^3}}+\dfrac{\bar{\sigma}_I}{2\sqrt{(\sigma_I^2+\bar{\sigma}_I^2)}}\right] \\ -e^{-r} n(d_1) e^{n_1-\beta_I}\left[-\dfrac{(\bar{\mu}_I-\beta_I)\bar{\sigma}_I}{\sqrt{(\sigma_I^2+\bar{\sigma}_I^2)^3}}-\dfrac{\bar{\sigma}_I}{2\sqrt{(\sigma_I^2+\bar{\sigma}_I^2)}}\right] \end{array}\right\} \\
&= n\frac{I}{B_0} e^{\bar{\mu}_I - r - \beta_I} n(d_1)\frac{\bar{\sigma}_I}{\sqrt{(\sigma_I^2+\bar{\sigma}_I^2)}}
\end{aligned}
\tag{4A-1}
$$

第三篇

增长期权定价篇

第 5 章　增长期权视角下资产风险溢价随生命周期的变化趋势

除了影响企业的(相对)市场估值，增长期权的不断执行和主动创造，还会影响企业总资产风险溢价的动态变化。在企业由初创到成长、再到成熟的生命周期进程中，逐步累积的资本支出或不断的资产增长等正是企业对增长期权的不断执行(或消耗)；而借助 R&D 投资和并购重组等创新活动，企业还可以创造新的增长期权。增长期权执行与创造相对力量的共同作用，最终会通过改变增长期权在总资产中的相对构成而动态作用于资产风险溢价。

更为重要的是，增长期权的不断执行还会推进企业由年轻逐渐走向成熟，并伴随市场估值下降(Pástor and Veronesi, 2003)、股利支付增加(DeAngelo et al., 2006)、投资强度降低(Loderer et al., 2016; Faff et al., 2016)等变化趋势。但是，与此同时，现实中“蓝色巨人” IBM 的百年发展和与时俱进，手机巨头 NOKIA 向物联网的积极转型，以及 GOOGLE 在 IPO 后 6 年内多达 108 次的并购等共同表明，除了不断消耗增长机会，企业还可以通过技术创新、战略投资、并购重组等重大决策来主动创造新的增长机会，进而延缓企业的衰老，甚至将企业带入新一轮的生命周期。

关于增长期权对资产风险溢价的动态影响，以 Berk 等(1999)、Gomes 等(2003)和 Carlson 等(2004, 2010)为代表的研究，从理论上指出增长期权执行通过改变资产构成而动态影响资产风险-收益特征的机理，并得到资本支出(Anderson and Garcia-Feijóo, 2006; 周铭山和叶建华, 2012)、资产增长(Cooper and Priestley, 2011; 林祺, 2016)对股票预期收益率具有负向影响的实证证据支撑。然而，在增长期权创造的相关研究方面，尽管研究给出了 R&D 投资(Kumar and Li, 2016; Simeth and Cincera, 2016; 李逸和买忆媛, 2016)和并购(Phillips and Zhdanov, 2013)对股票预期收益率具有正向影响的证据，但相应的理论研究尚为缺乏，更是鲜有文献在企业生命周期的框架下同时考虑增长期权的执行和创造，研究两种力量的动态对比如何导致资产风险溢价的规律性变化。

李强等(2018)将资本支出和 R&D 投资分别作为增长期权执行和创造的代理变量，实证发现二者分别对股票预期收益率具有负向和正向的影响，并给出了不同生命周期阶段影响程度的差异，但同样缺乏相应的理论支撑。Hasan 等(2015)发现，随着企业逐渐走向成熟，资产风险溢价整体上呈现“先降后升”的 U 形变化，并从资源优势和信息不对称的角度解释了 U 形变化中的下降趋势：在企业的年轻阶段，投资者与企业之间的信息不对称程度较高，随着企业的发展，投资者遭受的信息不对称程度逐渐降低，而由于信息不对称和系统风险具有正向关系(Armstrong et al., 2011)，资产风险溢价也会随着企业生命周期的推进而逐渐降低。然而，对于 U 形变化中的上升趋势，该观点无法给出合理的解释，进而无法揭示企业不断衰落亦或重焕新生的本质原因。

本章利用在位资产和增长期权的相对构成，将企业的生命周期划分为年轻和成熟两个阶段，运用实物期权方法和定价核技术，首先在理论上同时考虑增长期权的执行和创造，并重点对比二者对资产风险溢价的作用差异，进而为资本支出、资产增长、R&D 投资、并购等影响股票预期收益率的已有实证证据提供统一的理论解释。进一步，分别针对增长期权的执行与创造，通过对比不同生命周期阶段每种力量对总资产风险溢价的影响程度，结合两种力量的对比揭示资产风险溢价随企业生命周期可能的变化规律。最后，利用 2007～2017 年沪深 A 股上市公司数据进行实证检验。研究结果表明：增长期权的执行和创造分别会降低和提升资产风险溢价，且执行对生命周期早期阶段、创造对晚期阶段的资产风险溢价的影响程度相对更大；增长期权的不断执行会使得资产风险溢价随企业生命周期呈现下降趋势，而成熟阶段增长期权的创造尤其是持续创造，可以使得资产风险溢价呈现“先降后升”的反转变化。

5.1　基本假设

借鉴 Carlson 等(2004)、Gomes 和 Schmid(2010)的相关成果，根据企业总资产构成中增长期权和在位资产的相对占比，我们将企业的生命周期简单地划分为两个阶段。在生命周期的早期的年轻阶段，总资产由两个部分构成：一部分为由已投资且产生现金流的 k 个项目构成的在位资产；另一部分为由待投资的 h 个项目构成的增长期权。假设每个待投项目所需的投资成本为 1，h 个项目的投资成本为 I=h。一旦通过投资 I=h 执行所拥有的全部增长期权，企业随之将进入生命周期晚期的成熟阶段，此阶段总资产为由 k+h 个项目构成的在位资产。

无论是已投项目，还是待投项目，借鉴 Dixit 和 Pindyck(1994)的做法，简化假设每个项目只生产单位产品，且在不考虑经营成本的情况下，每个项目的现金流即为产出品价格 $Y_t \equiv Y$，可被描述为几何布朗运动：

$$\mathrm{d}Y = \hat{\mu}_Y Y\mathrm{d}t + \sigma_Y Y\mathrm{d}z_Y \tag{5-1}$$

其中，漂移项参数 $\hat{\mu}_Y$ 和波动项参数 σ_Y 分别表示现金流 Y 的瞬时增长率和波动程度；$\mathrm{d}z_Y$ 为标准维纳过程增量。

除执行已有的增长期权外，无论是生命周期的年轻阶段还是成熟阶段，企业都可以创造新的增长期权(简称“新创期权”)。简化起见，不考虑增长期权创造的具体过程，假设新增长期权的创造立即成功，其标的项目现金流服从一个新的几何布朗运动：

$$\mathrm{d}X = \hat{\mu}_X X\mathrm{d}t + \sigma_X X\mathrm{d}z_X \tag{5-2}$$

式中，$\hat{\mu}_X$ 和 σ_X 分别为新创期权标的项目现金流的瞬时增长率和波动程度；$\mathrm{d}z_X$ 为标准维纳过程增量。

借鉴 Kumar 和 Li(2016)的做法，假设现金流过程 X 和 Y 完全不相关。

给定外生定价核服从：

$$\mathrm{d}\Lambda = -r\Lambda\mathrm{d}t + \theta\Lambda\mathrm{d}w \tag{5-3}$$

其中：r 为无风险利率；θ 表示市场收益的波动。

假设 $\mathrm{d}w$ 与 $\mathrm{d}z_Y$ 和 $\mathrm{d}w$ 的相关系数分别为 ρ_Y 和 ρ_X，则现金流过程 Y 和 X 的风险溢价分别表示为

$$\begin{aligned}\varphi_Y &\equiv -\mathrm{E}\left[\frac{\mathrm{d}Y}{Y}\frac{\mathrm{d}\Lambda}{\Lambda}\right]\frac{1}{\mathrm{d}t}\\ &= -\mathrm{E}\left[(\hat{\mu}_Y\mathrm{d}t+\sigma_Y\mathrm{d}z_Y)(-r\mathrm{d}t+\theta\mathrm{d}w)\right]\frac{1}{\mathrm{d}t}\\ &= -\mathrm{E}\left[-r\hat{\mu}_Y(\mathrm{d}t)^2+\hat{\mu}_Y\theta\mathrm{d}t\mathrm{d}w-r\sigma_Y\mathrm{d}t\mathrm{d}z_Y+\sigma_Y\theta\mathrm{d}z_Y\mathrm{d}w\right]\frac{1}{\mathrm{d}t}\\ &= -\sigma_Y\theta\rho_Y\end{aligned} \tag{5-4}$$

$$\begin{aligned}\varphi_X &\equiv -\mathrm{E}\left(\frac{\mathrm{d}X}{X}\frac{\mathrm{d}\Lambda}{\Lambda}\right)\frac{1}{\mathrm{d}t}\\ &= -\mathrm{E}\left[(\hat{\mu}_X\mathrm{d}t+\sigma_X\mathrm{d}z_X)(-r\mathrm{d}t+\theta\mathrm{d}w)\right]\frac{1}{\mathrm{d}t}\\ &= -\mathrm{E}\left[-r\hat{\mu}_X(\mathrm{d}t)^2+\hat{\mu}_X\theta\mathrm{d}t\mathrm{d}w-r\sigma_X\mathrm{d}t\mathrm{d}z_X+\sigma_X\theta\mathrm{d}z_X\mathrm{d}w\right]\frac{1}{\mathrm{d}t}\\ &= -\sigma_X\theta\rho_X\end{aligned} \tag{5-5}$$

进一步，根据资本资产定价模型的市场均衡条件，应有 $\hat{\mu}_Y+\delta_Y=r+\varphi_Y$ 和 $\hat{\mu}_X+\delta_X=r+\varphi_X$，其中 $\delta_Y=r+\varphi_Y-\hat{\mu}_Y$ 和 $\delta_X=r+\varphi_X-\hat{\mu}_X$ 分别表示可用于复制现金流过程式(5-1)和式(5-2)的实物资产的便利收益(减去储存成本)或金融资产的红利收益。令 $\mu_Y\equiv\hat{\mu}_Y-\varphi_Y=r-\delta_Y$ 和 $\mu_X\equiv\hat{\mu}_X-\varphi_X=r-\delta_X$，已有增长期权和新创增长期权标的项目在风险中性概率测度下的随机过程可以重新表示为

$$\mathrm{d}Y=\mu_Y Y\mathrm{d}t+\sigma_Y Y\mathrm{d}z_Y \tag{5-6}$$

$$\mathrm{d}X=\mu_X X\mathrm{d}t+\sigma_X X\mathrm{d}z_X \tag{5-7}$$

5.2　理论模型

5.2.1　增长期权执行及其动态影响

本节首先利用实物期权方法，分别求解年轻企业和成熟企业的资产价值，然后利用定价核技术得到资产风险溢价的解析表达，进而重点考察企业由年轻变为成熟的生命周期过程中，增长期权执行如何导致资产风险溢价动态变化。相关符号表示中，在位资产和增长期权两类资产分别用下角标 A 和 G 表示，增长期权执行后的在位资产用下标 GA 表示；同时，下角标 y 和 m 分别表示年轻企业和成熟企业。

5.2.1.1　资产价值

在年轻阶段，企业总资产包括 k 个已投项目构成的在位资产和 h 个待投项目构成的增长期权；一旦执行所有待投项目，则企业进入成熟阶段。无论是 k 个已投项目，还是 h 个待投项目，其价值为各自未来永续现金流的现值：

$$V_A(Y)=k\frac{Y}{r-\mu_Y} \tag{5-8}$$

$$V_{GA}(Y)=h\frac{Y}{r-\mu_Y} \tag{5-9}$$

因此成熟企业的总资产价值为

$$\begin{aligned}V_m &\equiv V_A+V_{GA}\\ &=k\frac{Y}{r-\mu_Y}+h\frac{Y}{r-\mu_Y}\end{aligned} \tag{5-10}$$

在年轻阶段，尚未执行的 h 个待投项目即为企业拥有的增长期权。采用逆序求解的通常做法，容易写出增长期权价值的贝尔曼方程：

$$V_G(Y)=\max\{V_{GA}(Y)-I, e^{-rdt}\mathrm{E}[V_G(Y+\mathrm{d}Y)]\} \tag{5-11}$$

其中，右端最大算子方括号中的第一部分表示立即执行增长期权的价值，第二部分表示等待执行增长期权的价值。

运用伊藤引理将第二部分展开可得常微分方程：

$$\frac{1}{2}\sigma_Y^2Y^2\frac{\mathrm{d}^2V_G(Y)}{\mathrm{d}Y^2}+\mu_YY\frac{\mathrm{d}V_G(Y)}{\mathrm{d}Y}-rV_G(Y)=0 \tag{5-12}$$

且满足边界条件：

$$V_G(Y_G^*)=V_{GA}(Y_G^*)-I \tag{5-13}$$

$$V_G'(Y_G^*)=V_{GA}'(Y_G^*) \tag{5-14}$$

$$\lim_{Y\to 0}V_G(Y)=0 \tag{5-15}$$

其中，式(5-13)和式(5-14)分别为价值匹配和平滑粘贴条件，式(5-15)表示当标的项目的现金流非常小时，增长期权价值趋近于0。

将式(5-9)带入式(5-13)～式(5-15)即可得年轻阶段企业拥有的增长期权的价值为

$$V_G(Y)=\begin{cases}AY^\beta, & Y<Y_G^*\\ h\dfrac{Y}{r-\mu_Y}-I, & Y\geqslant Y_G^*\end{cases} \tag{5-16}$$

式中，上半支表示等待执行的期权价值，下半支表示增长期权被立即执行的价值；$Y_G^*=\dfrac{\beta}{\beta-1}(r-\mu_Y)$，为增长期权的执行临界值；系数 $A=\dfrac{(\beta-1)^{\beta-1}}{\beta^\beta(r-\mu_Y)^\beta}h$，$\beta=\dfrac{1}{2}-\dfrac{\mu_Y}{\sigma_Y^2}+\sqrt{\left(\dfrac{1}{2}-\dfrac{\mu_Y}{\sigma_Y^2}\right)^2+\dfrac{2r}{\sigma_Y^2}}>1$，为二次方程 $\dfrac{\sigma_Y^2\beta(\beta-1)}{2}+\mu_Y\beta-r=0$ 的正根。

将式(5-8)中 k 个已投项目的价值和式(5-16)上半支的增长期权价值加和，年轻阶段的企业总资产价值可以最终表示为

$$\begin{aligned}V_y &\equiv V_A+V_G\\ &=k\frac{Y}{r-\mu_Y}+AY^\beta\end{aligned} \tag{5-17}$$

对比成熟阶段式(5-10)和年轻阶段式(5-17)可以看出：成熟企业较之年轻企业的在位资产更多、增长期权更少。成熟阶段较多的在位资产意味着企业拥有更多的现金流进而可以进行多的股利支付(DeAngelo et al., 2006)，而较少的增长期权意味着企业未来的投

资将会降低(Faff et al., 2016)。进一步，由于年轻和成熟阶段企业的账面价值即为累计投资，分别为 k 和 $k+h$，将式(5-17)除以 k 和将式(5-10)除以 $k+h$，则年轻和成熟阶段企业的市账比分别可表示为

$$\mathrm{MB}_y \equiv \frac{Y}{r-\mu_Y} + \frac{AY^{\beta}}{k} \tag{5-18}$$

$$\mathrm{MB}_m \equiv \frac{Y}{r-\mu_Y} \tag{5-19}$$

显然，年轻阶段较之成熟阶段的相对估值更高，即增长期权的执行会导致企业估值的下降，这可为 Pástor 和 Veronesi(2003)关于市场估值随企业年龄增加而呈现下降趋势的结论给出一种新的理论解释。

5.2.1.2　资产风险溢价

根据 Cochrane(2001)，将式(5-10)所表示的成熟阶段资产价值和式(5-17)所表示的年轻阶段资产价值分别带入下式，利用伊藤引理展开并化简，可得两个阶段相应的总资产风险溢价分别为

$$R_y = -\mathrm{E}\left[\frac{\mathrm{d}V_y}{V_y}\frac{\mathrm{d}\Lambda}{\Lambda}\right]\frac{1}{\mathrm{d}t} = \frac{k\dfrac{Y}{r-\mu_Y}}{V_y}\varphi_Y + \frac{AY^{\beta}}{V_y}\beta\varphi_Y \tag{5-20}$$

$$R_m = -\mathrm{E}\left[\frac{\mathrm{d}V_m}{V_m}\frac{\mathrm{d}\Lambda}{\Lambda}\right]\frac{1}{\mathrm{d}t} = \varphi_Y \tag{5-21}$$

可以看出：式(5-20)中年轻阶段总资产风险溢价正是在位资产和增长期权风险溢价的加权平均，权重分别为二者价值占总资产价值的比例；式(5-21)中成熟企业则由于全部资产都为在位资产，资产风险溢价等于现金流的风险溢价。进一步对两个式子分别求关于现金流水平 Y 的一阶偏导并化简有

$$\frac{\partial R_y}{\partial Y} = (\beta-1)^2 \frac{k\dfrac{Y}{r-\mu_Y}AY^{\beta}}{(V_y)^2}\varphi_Y > 0 \tag{5-22}$$

$$\frac{\partial R_m}{\partial Y} = 0 \tag{5-23}$$

该结果表明：在年轻阶段，尽管现金流水平既会影响在位资产价值又会影响增长期权价值，但是，相对于在位资产，由于期权价值和标的项目现金流之间存在天然的凸性关系，这会使得增长期权价值及其在总资产中的相对构成随 Y 的增加而增加得更多，在增长期权风险溢价大于在位资产风险溢价的条件下，年轻阶段的资产风险溢价最终会随现金流水平的增加而逐渐上升。与之不同，成熟阶段企业资产全部由在位资产构成，即便现金流水平增加，资产构成也不会改变，因此其风险溢价不受 Y 的影响。

从增长期权执行的动态影响来看，在由年轻阶段推进至成熟阶段的过程中，其对企业总资产风险溢价的影响可以相应表示为

$$\Delta R_E \equiv R_m - R_y = \varphi_Y - \left(\frac{k\dfrac{Y}{r-\mu_Y}}{V_y} + \frac{AY^{\beta}}{V_y}\beta \right)\varphi_Y = -\frac{AY^{\beta}}{V_y}(\beta-1)\varphi_Y < 0 \tag{5-24}$$

式(5-24)表明：增长期权的执行会降低总资产风险溢价，而且增长期权在企业总价值中的价值占比越大，执行导致风险溢价降低的幅度越大，这与 Berk 等(1999)及 Carlson 等(2004, 2010)的理论预示一致，也支持 Anderson 和 Garcia-Feijóo(2006)、Cooper 和 Priestley(2011)关于资本支出和资产增长对股票预期收益率具有负向影响的实证结果。

5.2.2　增长期权创造及其动态影响

5.2.2.1　新创增长期权的价值

对于新创的增长期权而言，当其标的项目现金流较大时，企业同样会通过一次性支付成本 C 得到新的标的项目，其价值也同样等于永续现金流的现值：

$$V_A^N(X) = \frac{X}{r-\mu_X} \tag{5-25}$$

其中，上标 N 表示新创增长期权；下标 A 表示该期权执行后对应的(新增)在位资产价值。

类似地，容易得到新创期权的价值为

$$V_G^N(X) = \begin{cases} BX^{\gamma}, & X < X_G^{N*} \\ \dfrac{X}{r-\mu_X} - C, & X \geqslant X_G^{N*} \end{cases} \tag{5-26}$$

其中，上标 N 和下标 G 共同表示新创增长期权；系数 $B = \dfrac{1}{\gamma-1}C\left(\dfrac{1}{X_G^{N*}}\right)^{\gamma}$，$\gamma>1$，为二次方程 $\sigma_X^2\gamma(\gamma-1)/2 + \mu_X\gamma - r = 0$ 的正根；$X_G^{N^*} = \dfrac{\gamma}{\gamma-1}(r-\mu_X)C$，为执行临界值。

5.2.2.2　年轻阶段的增长期权创造

在考虑增长期权创造的情形下，年轻阶段企业的总资产包括在位资产、已有增长期权和新创期权 3 个部分，资产价值和风险溢价分别为

$$\widetilde{V}_y \equiv V_y + V_G^N = k\frac{Y}{r-\mu_Y} + AY^{\beta} + BX^{\gamma} \tag{5-27}$$

$$\widetilde{R}_y = -\mathrm{E}\left[\frac{\mathrm{d}\widetilde{V}_y}{\widetilde{V}_y}\frac{\mathrm{d}\Lambda}{\Lambda}\right]\frac{1}{\mathrm{d}t} = \frac{k\dfrac{Y}{r-\mu_Y}}{\widetilde{V}_y}\varphi_Y + \frac{AY^{\beta}}{\widetilde{V}_y}\beta\varphi_Y + \frac{BX^{\gamma}}{\widetilde{V}_y}\gamma\varphi_X \tag{5-28}$$

可以看出：在考虑增长期权创造的情形下，式(5-28)表示的资产风险溢价为 3 部分资

产风险溢价的加权平均；而且，类似于 5.2.1 小节中已有增长期权的执行，企业执行新创期权也会降低资产的风险溢价。

相对于上小节不考虑增长期权创造的情形，式(5-28)和式(5-20)之差即可体现增长期权创造对年轻企业资产风险溢价的影响，即

$$\Delta R_y \equiv \widetilde{R}_y - R_y = \frac{BX^\gamma}{\widetilde{V}_y}\left[\gamma\varphi_X - \left(\frac{AY^\beta}{V_y}\beta\varphi_Y + \frac{\frac{kY}{r-\mu_Y}}{V_y}\varphi_Y\right)\right] \tag{5-29}$$

其中，右端方括号内第一项 $\gamma\varphi_X$ 为新创期权的风险溢价，第二项为年轻阶段在位资产和已有增长期权风险溢价的加权平均；$BX^\gamma / \widetilde{V}_y$ 为新创期权的价值占比，反映了新创期权对企业总资产价值的贡献程度。

显然，如果方括号内第一项大于第二项，则增长期权创造将提升风险溢价，且提升程度取决于 $BX^\gamma / \widetilde{V}_y$。特别地，给定新创期权的风险溢价 φ_X，现金流水平 Y 的增加会产生两个方面的影响：一方面，已有资产平均的风险溢价将提升［见式(5-22)］；另一方面，新创期权的价值占比将降低。两个方面的共同作用最终将使得增长期权创造对风险溢价的提升作用在现金流水平 Y 较高时反而表现得更弱。该结论可以为 Li(2011)关于 R&D 投资对股票预期收益率的正向影响在融资约束的情形下更为明显的结论给予解释，因为现金流水平低的企业通常更加可能遭受融资约束。

5.2.2.3　成熟阶段的增长期权创造

如果考虑成熟阶段新增长期权的创造，则总资产由在位资产和新创期权两部分组成，其价值和风险溢价可以分别表示为

$$\widetilde{V}_m \equiv V_m + V_G^N = (k+h)\frac{Y}{r-\mu_Y} + BX^\gamma \tag{5-30}$$

$$\widetilde{R}_m = -\mathrm{E}\left[\frac{\mathrm{d}\widetilde{V}_m}{\widetilde{V}_m}\frac{\mathrm{d}\Lambda}{\Lambda}\right]\frac{1}{\mathrm{d}t} = \frac{(k+h)\frac{Y}{r-\mu_Y}}{\widetilde{V}_m}\varphi_Y + \frac{BX^\gamma}{\widetilde{V}_m}\gamma\varphi_X \tag{5-31}$$

类似地，式(5-31)和不考虑增长期权创造情形下式(5-21)之差，即可反映成熟阶段增长期权创造对资产风险溢价的动态影响：

$$\Delta R_m \equiv \widetilde{R}_m - R_m = \frac{BX^\gamma}{\widetilde{V}_m}(\gamma\varphi_X - \varphi_Y) \tag{5-32}$$

显然，只要新创期权的风险溢价大于已有资产的风险溢价，期权创造将提升企业的风险溢价；同时，随着现金流水平 Y 的增加，已有资产价值逐渐增加，而新创期权价值占比降低，其结果是，增长期权创造提升风险溢价的作用逐渐减弱。

特别地，对比年轻阶段式(5-29)和成熟阶段式(5-32)增长期权创造的动态影响可以看出：针对特定风险水平的新创期权，由于成熟阶段较之年轻阶段的已有资产的平均风险水平更低，成熟阶段的增长期权创造更加可能提升总资产的风险溢价。

5.2.3　资产风险溢价随企业生命周期的变化

前述模型通过简化假设企业一次性全部同时执行已有增长期权，利用年轻和成熟两阶段模型刻画了企业的生命周期进程。现实中，企业拥有的增长期权并非完全同质，企业也是不断而非一次性执行所拥有的增长期权，进而企业的生命周期将逐步推进。具体来讲，若给定企业成立时的初始增长期权总数为$N=k+h$，随着增长期权的不断执行，在位资产数量k逐渐增加，企业所拥有的增长期权数量h及其价值AY^{β}逐渐减小，在位资产逐渐累积和增长期权逐渐减少将共同刻画并推进企业的生命周期①。

在不考虑期权创造的情形下，针对年轻阶段的风险溢价表达式(5-20)，分别对k求一阶和二阶差分有

$$\Delta R_y(k)\equiv R_y(k+1)-R_y(k)=\frac{W}{V_y(k+1)}\frac{1}{V_y(k)}\varphi_Y<0 \tag{5-33}$$

$$\begin{aligned}\Delta^2 R_y(k)&\equiv \Delta R_y(k+1)-\Delta R_y(k)\\&=W\frac{\dfrac{1}{V_y(k+2)}-\dfrac{1}{V_y(k)}}{V_y(k+1)}\varphi_Y>0\end{aligned} \tag{5-34}$$

其中，$W=(1-\beta)N\dfrac{(\beta-1)^{\beta-1}}{\beta^{\beta}(r-\mu_Y)^{\beta}}\dfrac{Y}{r-\mu_Y}Y^{\beta}$。

式(5-33)表明，在不考虑增长期权创造的情形下，企业逐步执行增长期权进而生命周期逐渐走向成熟的过程中，总资产构成中风险溢价较高的增长期权相对比例逐渐降低，最终导致总资产风险溢价呈现下降趋势；式(5-34)则进一步表明，资产风险溢价的下降幅度随企业生命周期的推进逐渐减弱，即年轻阶段增长期权的执行降低风险溢价的作用更为明显。

需要特别指出的是，在不断执行或消耗已有增长期权的同时，企业还可以通过内部R&D或外部并购等活动来创造新的增长期权，进而延缓企业的衰老，甚至将企业带入一个新的生命周期。在考虑增长期权的情形下，由式(5-29)可知，如果新创期权的风险溢价高于成熟阶段已有资产的风险溢价，则成熟阶段的增长期权创造将对资产风险溢价具有提升作用；进一步，如果企业能够持续地进行增长期权的创造，则资产风险溢价将可能随企业生命周期的推进而呈现逐渐上升的趋势。

5.3　数值示例

参照 Dixit 和 Pindyck(1994)、Carlson 等(2004)，设基本参数：$r=0.05,\mu_Y=0.03$ $\mu_X=0.02,\sigma_Y=0.3,\sigma_X=0.2$；同时，考虑新创期权风险溢价高于已有增长期权的情形，设已有和新创期权标的项目的现金流风险溢价相同，即$\varphi_Y=\varphi_X=0.02$，进而$\gamma\varphi_X>\beta\varphi_Y$。给定在位资产项目数$k=2$，已有增长期权数$h=3$、新创期权执行成本$C=2$，以及给定新

① Grullon 等(2002)、DeAngelo 等(2006)和 Dickinson(2011)分别利用资产增长率、留存比率和现金流作为测度企业生命周期的代理变量，而这些变量本质上都与企业总资产的构成特征有关。

创增长期权标的现金流水平 $X = X_G^{N^*} = 0.163$，图 5-1 给出了考虑和不考虑增长期权创造的两种情形下，增长期权执行和创造动态对资产风险溢价的影响如何随现金流水平的增加而动态变化。

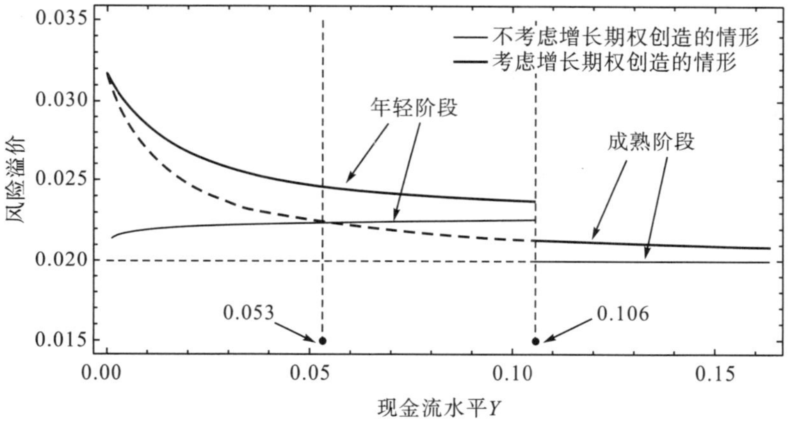

图 5-1　不同现金流水平下增长期权执行和创造对资产风险溢价的动态影响

注：临界点 Y_G^*=0.106 为已有增长期权的执行临界值，其左侧和右侧分别代表企业执行已有增长期权前的年轻阶段和执行后的成熟阶段；加粗线和非加粗线分别表示考虑和不考虑增长期权创造的情形；虚线表示企业执行已有增长期权进入成熟阶段之后现金流水平又降至临界值之下的可能。

由图 5-1 可以看出：无论是否考虑增长期权的创造，当已有资产现金流水平达到执行临界值 Y_G^* 时，企业执行已有增长期权并随之进入成熟阶段后，资产风险溢价将下降。如果考虑增长期权创造的情形，则对比图中加粗线和非加粗线，则可以得到以下关于增长期权创造作用的三个重要结果。

第一，在新创期权风险溢价高于已有资产风险溢价的情况下，无论是年轻阶段，还是成熟阶段，加粗线都高于非加粗线代表的风险溢价，即增长期权创造对总资产风险溢价具有提升作用。

第二，无论是年轻阶段，还是成熟阶段，随着现金流水平的增加，增长期权创造提升风险溢价的作用逐渐减弱，表现为加粗线和非加粗线之间的差距逐渐减小。

第三，当 $Y > Y_G^* = 0.106$ 时，企业执行所有已有增长期权并进入成熟阶段，但在期权创造的作用下，企业将进入新一轮的生命周期，从而加粗线再次重新呈现递减趋势。特别地，在较低的现金流水平区域（$Y < 0.053$），加粗虚线高于非加粗实线表明：即便进入成熟阶段，在增长期权创造的作用下，“再焕新生”的成熟企业反而可能较之年轻阶段具有更高的风险溢价。

为了考察资产风险溢价随企业生命周期的变化趋势，给定已有资产现金流水平和新创期权标的资产现金流水平分别为 $Y = Y_G^* = 0.106$ 和 $X = X_G^{N*} = 0.163, \varphi_Y = \varphi_X = 0.02$，以及给定（初始的）已有增长机会总数 $N = 30$，图 5-2 进一步利用在位资产和增长期权的项目数之比 $l = k / N$ 表示企业所处的生命周期阶段，并根据 $l^* = k^* / N = 20 / 30$ 将生命周期进程分为（相对）年轻和（相对）成熟两个阶段，给出了成熟阶段企业“逐个执行已有增长期权、同时逐个创造风险溢价更大的新增长期权”对资产风险溢价随企业生命周期进程变化趋势的影响。

由图 5-2 可以看出：在(相对)年轻阶段，由于企业逐个执行已有增长期权，资产风险溢价呈下降趋势；当企业进入(相对)成熟阶段($l>l^*$)后，不仅执行已有增长期权对风险溢价的降低作用逐渐减弱，而且新创期权的创造对风险溢价的提升作用逐渐增强，两个方面共同作用的结果是，增长期权创造相对于执行的力量越来越强，进而导致资产风险溢价随生命周期的推进开始呈现逐渐上升的趋势，这可以很好地解释 Hasan 等(2015)发现的资产风险溢价的 U 形变化趋势。

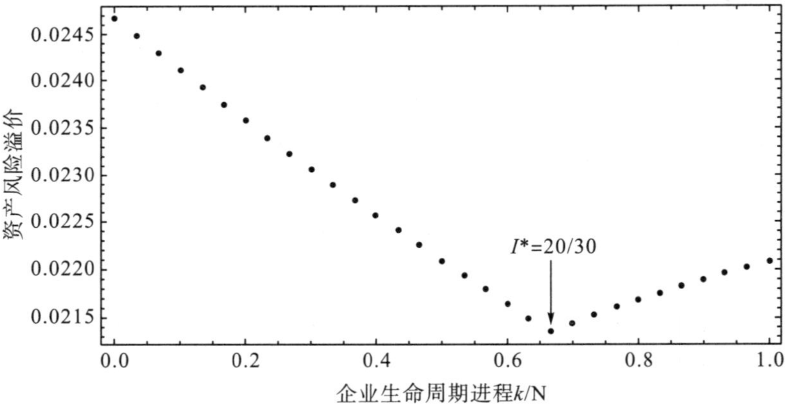

图 5-2　资产风险溢价随企业生命周期进程的变化趋势

5.4　实证设计

前述理论结论表明：增长期权的执行和创造分别会降低和增加增长期权在企业总资产中的价值占比，进而分别降低和提升总资产的风险溢价；而且，年轻阶段增长期权执行对风险溢价的降低作用更为明显，而增长期权创造提升风险溢价的作用在成熟阶段更为明显。本节将利用中国上市公司数据检验该理论预示。

5.4.1　数据与样本

由于我国从 2007 年开始实施新会计准则，所以本小节将利用 2007～2017 年沪深两市非金融业 A 股上市公司数据，剔除 IPO 小于 1 年、所有者权益小于零、ST 或*ST、财务数据缺失，以及对连续变量进行前后 1%截尾处理的观测值，最终样本包含 2,472 家企业。财务数据、R&D 数据和股票收益率均来自国泰安 CSMAR 数据库；样本企业的行业分类依据 2012 年中国证券监督管理委员会颁布的《上市公司行业分类指引》进行。

5.4.2　变量与指标

被解释变量方面，股票预期收益率为下一个财务年度 1 月至 12 月期间考虑现金红利再投资的个股月度收益率。解释变量方面，分别利用资本支出强度和 R&D 强度作为增长期权执行和创造的代理变量。控制变量包括市场贝塔系数、账面市值比、市值规模、资产报酬率和行业分类的两个 0/1 虚拟变量。所有变量的定义与说明见表 5-1。

表 5-1　变量定义与指标测度

类型	变量名	符号	定义与说明
被解释变量	股票预期收益率	ER	下一个财务年度考虑现金红利再投资的个股月度收益率
解释变量	投资强度	CAPTA	购建固定资产、无形资产和其他长期资产支付的现金流除以年末总资产
	R&D 强度	RDTA	研发费用除以年末总资产
控制变量	市场贝塔系数	BETA	将当月之前 48 个月的历史月度超额收益率和市场月度超额收益率逐月进行 OLS 回归所得回归系数，直接下载自国泰安数据库
	账面市值比	BM	股东权益除以股票总市值后取自然对数，其中非流通股价值为股份数乘以流通股股价
	市值规模	SIZE	企业股票总市值的自然对数
	资产报酬率	ROA	息税前利润除以年末总资产
	行业虚拟变量	Ind1 & Ind2	将行业分为软件和信息技术服务业、制造业和其他行业 3 类，虚拟变量 Ind1 表示软件和信息技术服务业，虚拟变量 Ind2 表示非软件和信息技术服务业及非制造业的其他行业

5.5　实证结果及分析

5.5.1　描述性统计

表 5-2 给出了主要变量的描述性统计结果。可以看出：样本企业的资本支出和 R&D 费用占总资产比例的均值分别为 5.6%和 2.0%，中位数分别为 4.3%和 1.8%。对比来看，1994～2006 年，美国成长型和成熟型上市公司的 R&D 强度均值分别为 19.5%和 6.7%(Brown and Petersen, 2011)，远高于我国上市公司整体的 R&D 投入强度。

表 5-2　主要变量的描述性统计

变量	均值	标准差	最小值	P25	中位数	P75	最大值
ER	0.018	0.153	−0.720	−0.065	0.007	0.087	4.563
CAPTA	0.056	0.046	0.001	0.022	0.043	0.078	0.236
RDTA	0.020	0.016	0.000	0.009	0.018	0.028	0.094
BETA	0.995	0.283	−3.757	0.822	0.991	1.157	3.721
BM	−1.260	0.608	−2.973	−1.678	−1.228	−0.808	0.155
SIZE	22.496	0.894	20.664	21.841	22.449	23.054	25.167
ROA	0.046	0.043	−0.114	0.018	0.043	0.071	0.191

进一步，表 5-3 分别根据资本支出强度和 R&D 强度，将样本分为 5 组，给出了相关变量的均值统计及高低两组的均值差异性检验。可以看出：面板 A 中，资本支出强度高组的股票预期收益率 ER 相对更小，但统计意义上并不显著，其余变量在高低两组子样本中的均值则存在显著差异；面板 B 中，R&D 强度高组的股票预期收益率 ER 在 1%的显著性水平上显著高于低组。

表 5-3　资本支出和 R&D 强度分组下相关变量的均值及差异性检验

	变量					
	ER	RDTA	BETA	BM	SIZE	ROA
面板 A：资本支出强度分组						
低	0.018	0.018	1.011	−1.253	22.460	0.039
2	0.018	0.021	1.005	−1.245	22.493	0.045
4	0.017	0.022	0.970	−1.241	22.525	0.050
高	0.017	0.021	0.986	−1.304	22.516	0.052
高组—低组	−0.001	0.003***	−0.025***	−0.050***	0.056***	0.013***
	(−0.714)	(19.962)	(−7.168)	(−9.259)	(7.172)	(35.030)
面板 B：R&D 强度分组						
低	0.014	0.052	0.967	−1.108	22.711	0.032
2	0.017	0.055	1.007	−1.176	22.432	0.036
3	0.017	0.058	1.008	−1.247	22.382	0.048
4	0.018	0.059	0.998	−1.321	22.413	0.055
高	0.021	0.058	1.013	−1.443	22.511	0.059
高组—低组	0.007***	0.006***	0.046***	−0.335***	−0.200***	0.027***
	(5.639)	(15.625)	(13.758)	(−62.578)	(−24.607)	(72.086)

注：括号内为 t 统计量，***、**和*分别表示在 1%、5%和 10%的显著性水平上显著。

5.5.2　多元回归分析

本小节将个股预期收益率作为被解释变量，利用资本支出强度和 R&D 强度分别作为增长期权执行和创造的代理变量，作为解释变量，并控制相关变量，进行 Fama-French 两步截面回归，结果见表 5-4。其中，模型 1 和模型 2 为针对控制变量的回归结果，模型 3 和模型 4 分别进一步引入资本支出强度和 R&D 强度，结果显示：二者分别在 10%的显著性水平上对股票预期收益率具有显著的负向和正向影响，很好地支持了增长期权执行和创造分别会降低和提升资产风险溢价的理论预示。进一步，考虑到企业在资本支出的同时还会进行 R&D 投资，模型 5 将两个变量同时引入回归，二者的回归系数依然分别显著为负和为正；而且，相对于模型 3 和模型 4，二者的回归系数都有所增大，尤其是 R&D 强度的显著性水平也有所提高，这意味着控制资本支出的负向影响后，R&D 投资对股票预期收益率更加具有正向影响。

前述理论预示还表明，增长期权执行和创造分别对生命周期早期阶段和晚期阶段的资产风险溢价更具影响。基于此，本小节借鉴 DeAngelo 等(2006)的方法，利用留存收益资产比测度企业生命周期，将样本分为处于生命周期早期和晚期两组子样本，进一步考察并对比资本支出与 R&D 投资对两类子样本股票预期收益率的影响。具体而言，在盈余公积和未分配利润之和除以总资产测度留存收益资产比的基础上，在每一个财务年度的年末，我们首先根据留存收益资产比的中位数，将截面样本分为生命周期早期和晚期两组子样本，其中留存收益资产比小于中位数的企业被视为处于早期阶段，反之为处于晚期阶段。其次，针对两组子样本，通过回归并对比资本支出或R&D强度对股票预期收益率的影响，检验不同生命周期阶段增长期权执行或创造的影响程度。

表5-4 资本支出和R&D强度影响股票预期收益率的回归结果

变量	模型1	模型2	模型3	模型4	模型5
CAPTA			−0.029*		−0.030*
			(−1.761)		(−1.739)
RDTA				0.074*	0.078**
				(1.977)	(2.162)
BETA	−0.003	−0.003	−0.004	−0.003	−0.004
	(−1.074)	(−1.162)	(−1.312)	(−1.141)	(−1.248)
BM	0.001	0.002	0.002	0.001	0.002
	(0.607)	(0.823)	(0.882)	(0.740)	(0.809)
SIZE	−0.008***	−0.008***	−0.007***	−0.008***	−0.007***
	(−4.693)	(−4.676)	(−4.567)	(−4.698)	(−4.567)
ROA	0.028	0.028	0.031*	0.020	0.023
	(1.516)	(1.515)	(1.823)	(1.190)	(1.451)
IND1		0.007*	0.007*	0.005	0.005
		(1.710)	(1.723)	(1.430)	(1.388)
IND2		0.002	0.002	0.003	0.004*
		(0.996)	(1.269)	(1.642)	(1.838)
常数项	0.187***	0.188***	0.186***	0.186***	0.182***
	(4.574)	(4.541)	(4.469)	(4.579)	(4.484)
观测值	67,878	67,878	66,463	66,362	65,009
调整的拟合优度	0.054	0.059	0.060	0.060	0.062

注：括号内为t统计量，***、**和*分别表示在1%、5%和10%的显著性水平上显著；调整的拟合优度表示截面回归拟合优度在时间序列的平均值，下同。

表5-5给出了生命周期分组下资本支出和R&D投资影响股票预期收益率的回归结果，其中模型6～模型8为生命周期早期子样本的结果；模型9～模型11为生命周期晚期子样本的结果。对比模型6和模型9中资本支出强度CAPTA的回归系数可以发现，其对股票预期收益率的影响只在生命周期早期子样本中显著为负，说明年轻阶段的增长期权执行更加会降低股票预期收益率，很好地支持了理论预示。对比模型7和模型10，尽管R&D强度RDTA的回归系数统计意义上并不显著，但符号为正，且模型10中的回归系数及其t值都相对更大，在一定程度上也支持成熟阶段进行增长期权创造更加能够提升资产风险溢价的理论预示。

表 5-5　生命周期分组下资本支出和 R&D 强度影响股票预期收益率的回归结果

变量	生命周期早期			生命周期晚期		
	模型 6	模型 7	模型 8	模型 9	模型 10	模型 11
CAPTA	−0.035**		−0.033**	0.002		−0.001
	(−2.422)		(−2.348)	(0.111)		(−0.046)
RDTA		0.034	0.037		0.058	0.061
		(0.436)	(0.481)		(1.211)	(1.291)
BETA	0.002	0.003	0.002	−0.008**	−0.008**	−0.008**
	(0.677)	(0.736)	(0.682)	(−2.125)	(−2.135)	(−2.095)
BM	0.003	0.002	0.002	0.000	0.001	0.001
	(1.390)	(0.744)	(0.852)	(0.048)	(0.183)	(0.218)
SIZE	−0.008***	−0.009***	−0.008***	−0.007***	−0.006***	−0.007***
	(−5.297)	(−5.300)	(−5.226)	(−3.390)	(−3.252)	(−3.468)
ROA	0.005	−0.013	−0.010	0.020	0.017	0.020
	(0.102)	(−0.278)	(−0.231)	(0.712)	(0.607)	(0.672)
IND1	−0.005	−0.007	−0.006	0.014**	0.010*	0.012**
	(−0.631)	(−0.801)	(−0.752)	(2.560)	(1.970)	(2.029)
IND2	0.002	0.003	0.004	0.002	0.001	0.003
	(1.206)	(1.527)	(1.581)	(0.576)	(0.366)	(0.937)
常数项	0.197***	0.205***	0.198***	0.167***	0.156***	0.166***
	(5.074)	(4.974)	(4.983)	(3.416)	(3.441)	(3.504)
观测值	35,944	36,086	35,115	30,456	30,213	29,831
调整的拟合优度	0.053	0.056	0.055	0.075	0.071	0.076

5.6　小结

增长期权的执行和创造不仅共同推动着企业生命周期的进程，而且二者相对力量的对比还会导致资产风险溢价随生命周期进程呈现规律性的变化趋势。本章通过对比增长期权执行和创造对资产风险溢价的影响作用，并在利用在位资产和增长期权相对数量来刻画企业生命周期的基础上，通过对比年轻和成熟两个阶段中执行或创造对资产风险溢价的影响程度，以及利用中国沪深 A 股上市公司数据，揭示了增长期权随企业生命周期对资产风险溢价的动态影响，进而揭示了企业持续成长、不断衰退或再焕新生的本质所在。

研究结果表明：增长期权的执行和创造分别会降低和提升资产风险溢价，且年轻阶段的增长期权执行和成熟阶段的增长期权创造对资产风险溢价的影响更强。同时，随着企业不断执行已有的增长期权，资产风险溢价随企业生命周期进程总体上呈现下降趋势，但持续的增长期权创造可使成熟企业“再焕新生”进入新一轮的生命周期，进而资产风险溢价随生命周期可能呈现 U 形的变化趋势。研究结果不仅从企业生命周期的视角丰富了增长期权和资产定价关系的研究，而且从增长期权的角度揭示了企业成长或衰退的生命周期演化特征。

第 6 章　增长期权对 CAPM 有效性的影响

由 Sharpe(1964)、Lintner(1965)和 Mossin(1966)提出的资本资产定价模型(CAPM)有两层基本含义：第一，个股贝塔系数是资产预期收益率的唯一决定因素；第二，资产预期收益率是关于市场贝塔系数的线性函数，即 CAPM 的本质是单因子的线性定价模型。然而，学者对 CAPM 的实证检验发现，无论是时间序列层面还是横截面层面的回归检验都表明，市场风险或个股贝塔系数并不是股票预期收益率的唯一决定因素①，并由此诞生了 Fama 和 French(1992, 1993)三因子、Hou 等(2015)的 Q 因子，以及 Fama 和 French(2015)五因子等各种因子定价模型②。

基于实证证据提出的因子定价模型，各个因子到底代表了何种系统风险及其背后的经济道理尚存争议。事实上，如果能分析清楚企业资产的风险-收益特征的决定因素，特别是不同类别资产风险-收益特征的差异，那么不仅有助于解释为什么现实中的实证证据都不支持 CAPM，还可以为多因子模型中的相关因子给出可能的经济解释。

通常而言，企业总资产可以分解为在位资产和增长期权两个部分，而包括嵌入于在位资产的扩张、收缩、停启等各种运营灵活性和反映未来投资机会的一系列增长期权可被统称为实物期权。Dybvig 和 Ingersoll(1982)较早从理论上指出，给定一个随机贴现因子，如果能够利用 CAPM 为企业的在位资产进行正确定价，那么该随机贴现因子对期权类资产的定价将会出现错误。Da 等(2012)更是明确指出，实物期权类资产的风险溢价与市场组合收益率之间并非线性关系，而本质为线性定价的 CAPM 相对更加适用于以在位资产为主的企业资本成本的估计；而且，将实物期权对个股风险溢价及其贝塔系数的影响作用剔除，CAPM 依然可以再次成立。Grullon 等(2012)也发现，针对实物期权较多的股票组合，反映 CAPM 定价偏误的阿尔法值较大，而实物期权少的股票组合的阿尔法值较小，即在实物期权较少的企业或组合中，CAPM 更可能成立。

针对 Fama 和 French(1993)经典三因子模型中的账面市值比和市值规模两个定价因子，以 Berk 等(1999)、Gomes 等(2003)和 Carlson 等(2004)为代表的研究，从资产相对构成影响资产定价的角度出发，理论上指出了增长期权动态执行对资产风险-收益特征的影响。Berk 等(1999)和 Gomes 等(2003)认为，市值规模反映了增长期权在总资产中的相对重要性(即不同企业资产结构的差异)，账面市值比则反映了在位资产的系统风险。Carlson 等(2004)从在位资产运营过程中固定成本导致的运营杠杆角度，进一步为账面市

---

① 例如，Basu(1977)、Banz(1981)、Rosenberg 等(1985)和 Bhandari(1988)等诸多的早期证据表明，控制系统风险(个股贝塔系数)之后，盈利市值比率、市值规模、账面市值比和杠杆率对股票预期收益率依然具有显著影响。

② Hou 等(2015)的 Q 因子定价模型指出，由市场因子、市值规模、资本支出率和总资产收益率构成的四因子模型对资产收益率有很好的解释力，Fama 和 French(2015)的 Q 因子和经典的三因子模型，提出了包括市场组合、账面市值比、市值规模、资产增长率和盈利能力在内的五因子定价模型。

值比可以作为定价因子给出了一种理论解释。

针对 Fama 和 French(2015)五因子模型中的投资因子和盈利因子，Chen S 等(2011)认为，企业总是根据当前资产的盈利水平来调整投资，总资产收益率(ROA)正是扩张期权较好的代理变量。Anderson 和 Garcia-Feijóo(2006)利用资本支出增长率实证检验了增长期权执行对资产定价的影响。李强等(2018)分别利用资本支出率和 R&D 投资反映增长期权的执行和创造，给出了二者分别对股票预期收益率具有负向和正向影响的证据。Cao 等(2008)则认为，企业增长期权的动态变化能被个股异质波动率的变化所捕捉到，因此异质波动率可以作为增长期权的代理变量。Hackbarth 和 Johnson(2015)指出，企业会盯住市场择时收缩部分的在位资产以提高盈利能力，从而导致盈利能力与预期收益率表现出正向关系。

综上，各种因子模型之所以较之 CAPM 能够更好地解释资产预期收益率，一个可能的原因在于：这些定价因子与企业的增长期权、扩张、收缩和重启运营灵活性等实物期权有关，而本质为线性定价的 CAPM 无法很好地对企业决策灵活性背后的实物期权进行合理定价。从检验 CAPM 有效性的角度来看，如果将这些实物期权特别是增长期权的影响从资产预期收益率和贝塔系数中剔除，那么以在位资产为主的资产风险溢价和贝塔系数间的关系将更可能满足 CAPM。

本章在简要阐述实物期权导致 CAPM 定价失效的原因的基础上，以 2000 年 1 月～2014 年 12 月沪深 A 股 1,503 家上市公司为样本，沿用 Da 等(2012)的检验方法，考察实物期权对 CAPM 有效性的影响，并扩展比较在企业生命周期不同阶段中增长期权调整对 CAPM 有效性的影响。具体而言，首先，分别将个股预期超额收益率和个股贝塔系数作为被解释和解释变量，进行 Fama 和 MacBeth(1973)截面回归，结果发现，无论是从反映定价偏误的截距项还是从贝塔系数的回归系数及其显著性水平来看，CAPM 都不成立。其次，利用市值规模、账面市值比、资本支出率、资产报酬率、R&D 强度和异质波动率 6 个变量作为实物期权的代理变量，实证考察了实物期权调整对 CAPM 有效性的影响。最后，利用资本支出率与异质波动率两个反映增长期权的变量，剔除增长期权对资产定价的影响，同样发现：经过增长期权调整后，不仅个股贝塔系数对预期超额收益率的解释力提升，而且回归的截距项也不再显著，很好地获得了增长期权调整后 CAPM 再次有效的证据。与此同时，考虑到日趋成熟的过程中企业所拥有的增长期权通常会逐渐减少，进一步的证据还表明，对生命周期早期阶段的年轻企业、股权分置改革和次贷危机后的企业，进行增长期权调整对 CAPM 有效性的影响更为明显。

6.1　CAPM 定价模型的理论探讨

借鉴 Connor(1984)和 Cochrane(2009)，考虑经济体中存在一种无风险资产和市场组合，以及唯一且正确的随机贴现因子(即定价核)，其中无风险资产和市场组合的收益率分别为 r_f 和 r_m，随机贴现因子 $M \equiv f(r_m)$ 是市场组合收益率的函数。

对于任意一种风险资产，其收益率可以表示为如下回归式：

$$r_i = a_i + b_i r_m + \varepsilon_i \tag{6-1}$$

式中，a_i 是回归截距项；b_i 为回归系数，反映资产承担的系统风险；ε_i 是回归残差项。

如果利用随机贴现因子来进行定价，则在一个正确定价而不存在套利机会的市场，对市场组合、无风险资产和任意风险资产分别定价，有

$$\mathrm{E}(Mr_m)=1 \tag{6-2}$$

$$\mathrm{E}(Mr_f)=1 \tag{6-3}$$

$$\mathrm{E}(Mr_i)=\mathrm{E}(a_i+b_ir_m+\varepsilon_i)=1 \tag{6-4}$$

将式(6-2)和式(6-3)代入式(6-4)可得

$$a_i=r_f-r_fb_i-r_f\mathrm{E}(M\varepsilon_i) \tag{6-5}$$

进一步将式(6-5)代入式(6-1)，并将等式两边同时取期望有

$$\mathrm{E}(r_i)=-r_f\mathrm{E}(M\varepsilon_i)+r_f+b_i\mathrm{E}(r_m-r_f) \tag{6-6}$$

可以看出：在 $\mathrm{E}(\varepsilon_i|\ r_m)=0$ 的情况下，$\mathrm{E}(M\varepsilon_i)=0$，可得到 CAPM 成立。换个角度来看，诚如 Dybvig 和 Ingersoll(1982)指出的那样，对于一个能够对在位资产进行正确定价的随机贴现因子 M，其对期权类资产定价将会出现错误，即 $\mathrm{E}(M\varepsilon_i)\neq 0$，此时 CAPM 将不再是一个能够正确定价的模型，进而无法仅利用贝塔系数和市场风险溢价给出一个正确定价的资产预期收益率。

直观而言，在总资产构成中包含增长期权类资产或者拥有对在位资产进行扩张、收缩或重启等运营决策灵活性的情况下，企业总是会盯住市场进行相机决策。例如，当市场景气(市场风险溢价上涨)的时候，企业会通过增加投资或进行扩张主动“提高贝塔系数”，以及时捕捉市场风险溢价上涨的好处；反之，当市场不景气(市场风险溢价下跌)的时候，企业会通过推迟、收缩、放弃等来“降低贝塔系数”，以避免或降低市场风险溢价下跌带来的损失。因此，扩张、收缩、重启等决策灵活性所反映的实物期权及 R&D 投资所创造的增长期权的动态执行，使得资产收益率并不随市场组合收益率线性变化，即 $\mathrm{E}(\varepsilon_i|\ r_m)=0$ 或 $E(M\varepsilon_i)=0$ 的条件并不成立，其结果是 CAPM 无法对此类资产进行正确定价。进一步，如果企业资产构成中增长期权的相对比例或者企业对在位资产的运营灵活性较高，则利用 CAPM 进行定价导致的错误定价将更为严重。

6.2　实证设计

6.2.1　数据与样本

本章以 2000 年 1 月～2014 年 12 月沪深两市 A 股上市公司为样本，按照以下条件进行样本剔除：第一，金融企业的财务杠杆与一般企业相差太大，因而将 47 家金融类企业剔除；第二，退市企业的财务数据在退市前几年出现异常，因而将 85 家退市企业剔除；第三，净资产为负的企业在计算权益账面市值比时无法取对数，固而将其予以剔除；第四，对于每只个股，其贝塔系数的估计需要用 5 年的月度时间序列数据，因此将上市不满 5 年的企业剔除[①]；第五，由于个股贝塔系数的估计存在较大的偏误，借鉴 Da 等(2012)的

① 本书也采用 3 年的月度时间序列数据估计个股贝塔系数，实证结果与用 5 年时间序列数据估计的贝塔系数基本一致。

做法，剔除首尾 5%的个股贝塔系数数据，最后对所有财务数据进行 1%的缩尾处理，并剔除数据严重缺失的样本。最终得到 1,503 家企业 15 年共 13,242 个企业-年度观测值。相关数据均来源于国泰安 CSMAR 数据库。表 6-1 给出了各年度样本企业的分布情况。

表 6-1　样本的年度分布情况

年份	样本量	年份	样本量
2000	227	2008	988
2001	354	2009	1,085
2002	540	2010	1,075
2003	597	2011	1,109
2004	704	2012	1,239
2005	819	2013	1,331
2006	876	2014	1,346
2007	952	合计	13,242

6.2.2　变量与指标

针对每只股票，我们利用样本期内的月度时间序列数据，分别定义个股预期超额收益率和个股贝塔系数两个关键变量。具体而言，个股预期超额收益率定义为下一个财务年度 1～12 月考虑现金红利再投资的月收益率减去无风险利率，其中无风险利率采用 3 月期定期储蓄的年利率除以 12 得到。对于个股贝塔系数，将利用当月之前 60 个月的考虑现金红利再投资的历史月度超额收益率与考虑现金红利再投资的综合 A 股市场月度超额收益率进行 OLS 回归进行估计，然后逐月滚动估计个股每个月的贝塔系数。

对于实物期权的代理变量，根据已有研究，包括市值规模、账面市值比、资本支出率、资产报酬率、R&D 强度和个股异质波动率 6 个变量。Berk 等（1999）的理论研究结果表明，市值规模反映了总资产中增长期权的相对重要性，市值规模越小的企业增长期权的相对重要性越高。Smith 和 Watts（1992）则认为，账面市值比可以作为反映企业增长期权多少的代理变量，账面市值比越大，企业拥有的增长期权越少。Anderson 和 Garcia-Feijóo（2006）、李强等（2018）则将资本支出率作为增长期权执行的代理变量，而李强等（2018）则将 R&D 强度作为增长期权创造的代理变量。Chen S 等（2011）认为，资产报酬率代表了资产的边际收益，是扩张期权的代理变量。Cao 等（2008）认为，个股异质波动率可以很好地反映增长期权。表 6-2 给出了各变量的定义及说明。

表 6-2　变量定义与指标测度

类型	变量名	符号	定义及说明
被解释变量	预期超额收益率	ER	下一个财务年度 1～12 月的考虑现金红利再投资的个股月度收益率减去无风险利率，其中无风险利率采用 3 个月定期储蓄利率连续复利方式所折算的月利率
解释变量	个股贝塔系数	BETA	利用当月之前 60 个月的历史个股月度超额收益率和市场月度超额收益率，分别为被解释和解释变量，逐月进行 OLS 回归得到的回归系数

续表

类型	变量名	符号	定义及说明
实物期权代理变量	市值规模	SIZE	年末股票总市值取自然对数，其中非流通股市值按股票流通股股价计算
	账面市值比	BEME	年末所有者权益除以股票总市值后取自然对数
	资产报酬率	ROA	年度净利润除以年末总资产
	资本支出率	CAPEX	年末购建固定资产、无形资产以及其他长期资产所支付的现金流除以年末总资产账面价值
	R&D 强度	RDTA	年内 R&D 费用除以年末总资产账面价值
	异质波动率	IVOL	年内考虑红利再投资的个股月收益率对综合 A 股市场月收益率回归残差的标准差

6.2.3　回归模型与方法

由于 CAPM 本质上为一种线性定价模型，通常适于估计在位资产的风险溢价及贝塔系数。如果企业资产中含有较多的增长期权，或者在位资产中嵌入较多的扩张或收缩期权，则企业总资产的风险溢价将是关于实物期权的复杂函数。换个角度来看，如果将个股风险溢价及其贝塔系数中受实物期权影响的部分剔除，那么余下的部分可以代表在位资产的风险溢价及贝塔系数。从检验 CAPM 有效性的角度来看，通过对比剔除实物期权前后个股贝塔系数对个股风险溢价的回归系数及回归阿尔法值的变化，我们可以验证 CAPM 的线性定价本质。接下来，简要说明如何将个股风险溢价及贝塔系数中实物期权的影响予以剔除。

首先，记 R_p 和 β_p 分别为个股（或组合）的风险溢价和贝塔系数，每个月进行如下无截距项的单变量 OLS 回归[①]：

$$R_i = \alpha(\mathrm{OP}_i - \mathrm{OP}_M) + R_i^{\mathrm{OA}} \tag{6-7}$$

$$\beta_i = \delta(\mathrm{OP}_i - \mathrm{OP}_M) + \beta_i^{\mathrm{OA}} \tag{6-8}$$

其中：自变量 $\mathrm{OP}_i - \mathrm{OP}_M$ 为经市场组合调整的个股实物期权代理变量；α 和 δ 分别为相应的回归系数；残差项 R_i^{OA} 和 β_i^{OA} 即分别为剔除实物期权影响后的风险溢价和贝塔系数。

其次，分别针对实物期权调整前和调整后两种情形，利用 Fama 和 MacBeth（1973）截面回归方法，检验 CAPM 的有效性：在每个月，将调整前的个股风险溢价和个股贝塔系数（调整后的个股风险溢价和个股贝塔系数）分别作为被解释变量和解释变量，进行截面 OLS 回归，然后将各月截面回归的回归系数的时间序列均值作为最终回归系数，并进行 t 检验。

最后，通过比较实物期权调整前后回归的截距项和贝塔系数的回归系数大小及显著性水平，检验实物期权调整对 CAPM 有效性的影响。

6.3　实证结果及分析

6.3.1　实物期权调整前和调整后的结果比较

表 6-3 给出了实物期权调整前和调整后贝塔系数对预期超额收益率的回归结果。其中，

① 严格来讲，实物期权对股票预期收益率和贝塔系数的影响是非线性的，但具体的非线性表达形式无法获知，因此，此处的调整只相当于根据泰勒级数展开并只取一阶近似的结果。

模型 1 为实物期权调整前的回归结果。可以看出：贝塔系数的回归系数为−0.003，且不显著(t=−1.134)；同时，回归截距项为 0.016，且在 5%的显著性水平上显著(t=2.414)，因此单变量回归结果并不支持 CAPM。这与已有的关于 CAPM 的国内实证结果一致(杨朝军等, 2001; 苏涛等, 2007; 丁善礼, 2009)。

表 6-3　实物期权调整前后个股贝塔系数对个股超额收益率的回归结果

变量	调整前	调整后					
		BEME	SIZE	CAPEX	RDTA	IVOL	ROA
面板 A：全样本							
贝塔系数	−0.003	−0.002	0.001	0.008*	0.010	0.009**	−0.003
	(−1.134)	(−0.725)	(0.374)	(1.918)	(1.330)	(2.363)	(−0.873)
截距项	0.016**	0.016***	0.000	0.003	0.008**	0.004	0.016***
	(2.414)	(3.170)	(0.148)	(0.951)	(2.168)	(0.862)	(3.171)
截面样本量	929	928	928	927	525	907	929
月份数	180	180	180	180	96	180	180
拟合优度	0.010	0.034	0.013	0.050	0.071	0.039	0.027
面板 B：剔除 2008 年金融危机期间的样本							
贝塔系数	−0.002	−0.001	0.002	0.011***	0.017**	0.010***	0.001
	(−0.852)	(−0.196)	(0.576)	(3.169)	(2.302)	(2.844)	(0.219)
截距项	0.021***	0.019***	0.000	0.005	0.012***	0.008*	0.018***
	(3.211)	(3.840)	(0.127)	(1.247)	(3.129)	(1.678)	(3.314)
截面样本量	922	921	921	920	570	899	921
月份数	168	168	168	168	84	168	168
拟合优度	0.010	0.032	0.013	0.040	0.067	0.038	0.020

注：括号内的数字为 t 值，***、**、*分别表示在 1%、5%和 10%的显著性水平上显著。下同。

模型 2～模型 7 分别给出了利用账面市值比(BEME)、市值规模(SIZE)、资本支出率(CAPEX)、R&D 强度(RDTA)、异质波动率(IVOL)和资产报酬率(ROA)逐个进行实物期权调整后的回归结果。可以看出：当预期超额收益率和贝塔系数分别剔除资本支出率(CAPEX)的影响后，不仅贝塔系数的回归系数上升到 0.008，且在 10%的显著性水平上显著异于 0(t 值为 1.918)，截距项回归系数下降到 0.003，且不再显著异于 0(t 值为 0.951)，进而 CAPM 成立。同样，当预期超额收益率和贝塔系数分别剔除异质波动率(IVOL)的影响后，不仅贝塔系数的回归系数上升到 0.009，且在 10%的显著性水平上显著异于 0(t 值为 2.363)，截距项回归系数下降到 0.004，且不再显著异于 0(t 值为 0.862)，进而 CAPM 也成立。资本支出率(CAPEX)是反映增长期权执行较高的代理变量，资本支出率越高，说明企业在执行之前的增长期权较多，而 Cao 等(2008)直接指出，异质波动率与增长期权有很强的正向关系，可作为增长期权很好的代理变量。因此，模型 4 和模型 6 分别剔除资本支出率和异质波动率的影响后，同样发现 CAPM 成立。对于其他实物期权代理变量，我们发现单独进行实物期权调整后 CAPM 依然不成立，说明利用其他变量单独调整依然无法剔除实物期权的影响。

考虑到 2008 年金融危机期间，大部分企业承担了较高的系统风险，但是并没有获得相应的风险溢价。因此，本节将 2008 年金融危机期间的样本剔除，对实物期权调整前后 CAPM 的有效性进行稳健性检验，结果见表 6-3 中面板 B。可以看出：剔除预期超额收益率和贝塔系数中资本支出率（CAPEX）和异质波动率（IVOL）的影响后，CAPM 依然成立，且贝塔系数的回归系数更高。

实物期权既包括嵌入于在位资产的扩张和收缩期权，也包括体现为未来一系列投资机会的增长期权。前述 6 个实物期权代理变量中，资本支出率、R&D 强度、异质波动率常被用作增长期权的代理变量。为此，表 6-4 同时考虑多个增长期权代理变量的组合，给出增长期权调整对 CAPM 有效性的回归结果。其中，模型 8 用资本支出率（CAPEX）和异质波动率（IVOL）两个变量进行调整；模型 9 用资本支出率（CAPEX）和 R&D 强度（RDTA）两个变量进行调整；模型 10 用资本支出率（CAPEX）、异质波动率（IVOL）和 R&D 强度（RDTA）三个变量同时进行调整，结果发现：当剔除资本支出率（CAPEX）和异质波动率（IVOL）的共同影响后，贝塔系数对预期超额收益率具有显著的正向影响，且回归截距项也不再显著，得到 CAPM 有效的证据。

表 6-4　多个增长期权变量同时调整时个股贝塔系数对个股超额收益率的回归结果

调整变量	CAPEX, IVOL	CAPEX, RDTA	CAPEX, IVOL, RDTA
面板 A：全样本			
贝塔系数	0.008*	0.010	0.012
	(1.887)	(1.262)	(1.517)
截距项	0.004	0.007**	0.006**
	(1.276)	(2.148)	(2.120)
截面样本量	905	525	516
月份数	180	96	96
拟合优度	0.064	0.097	0.114
面板 B：剔除 2008 年金融危机期间的样本			
贝塔系数	0.012***	0.018**	0.021**
	(2.944)	(2.381)	(2.603)
截距项	0.005	0.010***	0.008***
	(1.563)	(2.969)	(2.964)
截面样本量	897	569	560
月份数	168	84	84
拟合优度	0.055	0.084	0.102

6.3.2　不同样本期的比较证据

本章的研究样本期为 2000～2014 年，考虑到样本期跨度长达 15 年，该期间我国股票市场效率进而 CAPM 的有效性可能发生了较大变化。为此，根据股权分置改革，我们将样本分为 2000～2005 年和 2006～2014 年两个子期间，以及根据次贷危机将样本分为 2000～2008 年和 2009～2014 年两个子期间，利用资本支出率（CAPEX）和异质波动率

(IVOL)两个变量进行增长期权调整，进行基于子样本的稳健性检验，结果见表6-5。

由表6-5可以看出：对于次贷危机后和股改后的子样本，贝塔系数的回归系数都由不显著变得显著为正，而且，增长期权调整后的截距项回归系数也都大幅度下降。

表6-5　不同子样本增长期权调整前后回归结果的比较

	调整前	调整后	调整前	调整后
面板A	次贷危机前		次贷危机后	
贝塔系数	−0.006	0.006	0.001	0.012*
	(−1.568)	(0.982)	(0.342)	(1.915)
截距项	0.015	0.003	0.017**	0.004*
	(1.567)	(0.722)	(2.120)	(1.679)
截面样本量	695	669	1280	1258
月份数	108	108	72	72
拟合优度	0.010	0.055	0.009	0.078
面板B	股改前		股改后	
贝塔系数	−0.004	−0.003	−0.002	0.016**
	(−0.827)	(−0.804)	(−0.773)	(2.225)
截距项	0.001	−0.000	0.026***	0.006**
	(0.094)	(−0.033)	(2.680)	(2.396)
截面样本量	558	549	1177	1142
月份数	72	72	108	108
拟合优度	0.013	0.021	0.007	0.093

6.3.3　不同生命周期阶段增长期权调整对CAPM有效性的影响

随着生命周期的推进，企业不断地执行增长期权将导致在位资产在总资产中的占比越来越大，因此，如果增长期权调整能够提高CAPM的有效性，那么可以预期，增长期权调整对CAPM有效性的影响对处于年轻阶段的企业更为明显。前述结论表明，同时利用资本支出率(CAPEX)和异质波动率(IVOL)两个变量进行增长期权调整，CAPM将得以成立。基于此，本小节同样利用这两个增长期权代理变量，同时对个股预期超额收益率和贝塔系数分别进行增长期权调整，并比较不同生命周期阶段子样本中增长期权调整的影响差异。其中，生命周期的测度借鉴DeAngelo等(2006)、罗琦和李辉(2015)的做法，利用留存收益权益比(RETE)划分企业所处生命周期阶段①：在每一个财务年度末，按留存收益权益比的25%、75%分位点将样本分为年轻、中等和成熟3组子样本，分别对比每组子样本增长期权调整前和调整后的回归结果，具体见表6-6。

表6-6的结果显示：无论是哪组生命周期的子样本，增长期权调整前贝塔系数对预期超额收益率的回归系数都不显著；同时，生命周期中期和后期的子样本回归的截距项回归系数也都显著为正。然而，一旦利用资本支出率(CAPEX)和异质波动率(IVOL)两个反映增长期权的变量同时对个股预期超额收益率和贝塔系数分别进行调整后，对处于生命周期

① 留存收益权益比具体定义为年末留存收益和所有者权益之比，其中分子上的留存收益为盈余公积与累积未分配利润之和。

早期的年轻或中期子样本而言，贝塔系数对预期超额收益率的回归系数都由不显著变为显著为正，同时回归截距项也不再显著，很好地支持了 CAPM 的有效性；与之不同，对处于生命周期晚期的成熟企业而言，贝塔系数对预期超额收益率的回归系数依然不显著。因此，可以认为，由于相对拥有更多的增长期权(Fama and French，2001)，增长期权调整对 CAPM 有效性的影响对处于生命周期早期的企业更为明显。

表 6-6　不同生命周期阶段分组下增长期权调整前后的回归结果

变量	增长期权调整前			增长期权调整后		
	年轻	中期	成熟	年轻	中期	成熟
面板 A：全样本						
贝塔系数	−0.001	−0.011	−0.009	0.017**	0.012	0.010
	(−0.146)	(−1.643)	(−1.002)	(2.374)	(1.442)	(1.133)
截距项	0.024*	0.032***	0.027**	0.006	0.006**	0.005
	(1.977)	(2.645)	(2.460)	(1.391)	(2.091)	(1.515)
截面样本量	128	245	143	128	245	143
月份数	96	96	96	96	96	96
拟合优度	0.011	0.020	0.054	0.076	0.125	0.158
面板 B：剔除 2008 年金融危机期间的样本						
贝塔系数	−0.001	−0.011	−0.009	0.017**	0.012	0.010
	(−0.146)	(−1.643)	(−1.002)	(2.374)	(1.442)	(1.133)
截距项	0.024*	0.032***	0.027**	0.006	0.006**	0.005
	(1.977)	(2.645)	(2.460)	(1.391)	(2.091)	(1.515)
截面样本量	128	245	143	128	245	143
月份数	96	96	96	96	96	96
拟合优度	0.011	0.020	0.054	0.076	0.125	0.158

6.4　小结

考虑嵌入于在位资产的各种实物期权对股票预期收益率和贝塔系数的非线性影响，本章在简要阐述 Da 等(2012)关于 CAPM 本质为线性定价模型的基础上，以中国沪深 A 股 2000～2014 年 1,503 家上市公司为样本，利用市值规模、账面市值比、资本支出率、资产报酬率、R&D 强度和异质波动率 6 个实物期权代理变量，对个股贝塔系数和个股预期超额收益率分别进行实物期权调整。通过对比调整前和调整后 CAPM 的有效性，考察实物期权对资产定价的影响。

研究结果表明：包括增长期权在内的实物期权对资产定价的非线性影响是导致 CAPM 失效的重要原因，剔除实物期权对股票预期收益率和贝塔系数的影响后 CAPM 将得以成立，其中资本支出率、异质波动率和 R&D 强度 3 个变量更是能够反映增长期权调整对 CAPM 有效性的影响。进一步，由于生命周期早期企业拥有相对较多的增长期权，增长期权调整对 CAPM 有效性的影响在此类企业中表现得更为明显。

第7章　增长期权对Fama-French三因子模型定价能力的影响

由Sharpe(1964)、Lintner(1965)和Mossin(1966)提出的资本资产定价模型(CAPM)，从理论上揭示了市场风险和预期收益率之间的关系。但关于CAPM有效性的截面实证证据表明，股票预期收益率与市场贝塔系数没有显著的正向关系，而与市值规模(Banz, 1981)、财务杠杆(Bhandari, 1988)、盈利市值比(Basu, 1977)、账面市值比(Stattman, 1980; Rosenberg et al., 1985)等企业特征有关。Fama和French(1992，1993)在系统地分析企业相关特征对股票收益率的影响的基础上，提出了包括市场组合因子、市值规模因子和账面市值比因子的三因子定价模型(即Fama-French三因子模型)。

尽管Fama-French三因子模型及由此发展而来的其他因子模型得到了广泛的应用，但由企业特征变量决定的定价因子，到底是基于风险的理性定价，还是属于行为金融范畴的定价偏误，现有研究尚存争议[①]。Berk等(1999)将企业资产分解为在位资产和增长机会，并将增长机会描述为一系列投资决策的增长期权，在位资产描述为随增长期权的执行而累积的已投项目，开创性地研究了增长期权的执行(投资)动态影响资产相对构成进而影响风险-收益特征的微观机理，并进一步推导给出了资产预期收益率与可测度的市值规模、账面市值比的关系，进而赋予了Fama和French(1993)三因子模型新的理论解释。其中，市值规模因子反映了增长期权在总资产中的相对重要性(相对价值占比)；账面市值比因子则反映了在位资产的风险特征。

随后学者结合影响增长期权及其相对重要性的企业微观因素和产业竞争环境等，将Berk等(1999)的局部均衡模型扩展至一般均衡(Gomes et al., 2003; Zhang, 2005)、存在固定运营成本和增长期权有限(Carlson et al., 2004)、非对称资本调整成本(Zhang, 2005; Cooper, 2006)等各种情形，进一步揭示了资产风险-收益的时变特征，为市值规模和账面市值比可以反映系统风险和作为定价因子的合理性提供了重要的理论解释。

上述基于理性投资和风险定价理论文献的重要贡献在于，将企业层面的最优投资决策和可测度的定价因子联系起来，特别是强调了资产构成中增长期权的重要性。进一步来看，对于现实中的一家典型企业而言，增长期权不断执行和在位资产逐渐累积的过程，正是企业生命周期逐步推进的过程；而伴随企业由成长到成熟的生命周期进程，无论是增长期权

---

① 例如，Fama和French(1995)认为，账面市值比和市值规模两个因子都与股票盈利及其波动有关，因此两个因子特别是账面市值比因子与企业的财务困境风险有关。Lakonishok等(1994)则认为，账面市值比对预期收益率具有解释能力是由于投资者对盈利预期的反应偏差所致。Daniel和Titman(1997)认为，账面市值比反映的不是风险，而是投资者对企业“特征因素”的偏好，投资者偏好持有基本面较好的成长性股票，而厌恶成长性差的股票，结果导致高BM公司有较高收益。宿成建(2014)利用实际市场收益与预期市场收益之差度量非预期市场收益，建立了非预期收益三因素模型，研究结果表明，账面市值比对预期收益的解释力能被非预期市场收益吸收。

的数量，还是增长期权在总资产中的相对比例，都将整体上呈现递减趋势。尽管少数文献也注意到了资产风险溢价和系统风险特征随企业生命周期的变化趋势(Hasan et al., 2015; Chincarini et al., 2016; Saravia et al., 2016)，但都未涉及对已有定价因子作用的讨论。事实上，如果市值规模因子能够捕捉增长期权相对重要性对资产风险-收益特征的影响，那么可以预期：随着企业生命周期推进增长期权的相对重要性不断降低，市值规模因子对资产风险溢价的定价解释力，或者资产定价规模效应(或规模溢价)也将不断下降。

更为重要的是，除了不断消耗或执行“禀赋”的已有增长期权，现实中的企业并非总是一味地被动顺应增长期权的减少甚至消失，它们往往会通过 R&D 投资、战略并购、资产重组等各种活动来主动创造新的增长期权，以避免增长期权不断消耗甚至枯竭的命运。显然，增长期权创造是与增长期权执行相反的一种投资活动，可以一定程度上抑制因增长期权执行而导致的增长期权在总资产中相对重要性的下降，甚至持续的期权创造还可能提升增长期权的相对重要性，进而对市值规模因子定价解释力随企业生命周期推进而下降的趋势产生抑制作用。

本章在第 3 章企业估值模型的基础上，在离散时间和局部均衡框架下扩展 Berk 等(1999)的资产定价模型，一方面考虑增长期权随时间推移的整体衰减趋势，另一方面考虑增长期权执行和创造的相反作用，进一步从理论上揭示增长期权随企业生命周期的动态变化所导致的市值规模和账面市值比两个定价因子的定价解释力的变化规律，并利用 1997～2016 年中国沪深 A 股上市公司数据进行实证检验。理论结果表明：随着企业生命周期的推进，增长期权的不断执行会导致规模因子的定价解释力呈现下降趋势，而增长期权的创造可以缓解这种下降趋势；账面市值比因子的定价解释力并无明确的规律性变化。实证方面，利用留存收益权益比和留存收益资产比测度企业生命周期，无论是组合时间序列还是 Fama-MacBeth 横截面回归的实证结果，都很好地支持了理论预示。

7.1　理论模型

随着企业生命周期的推进，在增长期权执行和创造两种相反力量的共同作用下，除第 3 章中分析的企业估值可能呈现各种变化趋势外，市值规模和账面市值比两个因子对资产预期收益率的定价解释力也可能会规律性变化。

给定第 3 章 3.2.2 小节的企业价值表达式(3-11)，在 t 时刻，企业总资产条件预期收益率可以表示为 t+1 时刻企业期望价值与 t 时刻企业价值之比，即

$$\mathrm{E}_t[1+R_{t+1}]=\frac{\mathrm{E}_t[V^A(t+1)]+\mathrm{E}_t[V^G(t+1)]+\mathrm{E}_t[V^{\mathrm{New}}(t+1)]}{V(t)} \tag{7-1}$$

式中，R_{t+1} 为预期的总资产净收益率；分子上的 3 部分分别为在位资产、已有增长期权和新创增长期权在 t+1 时刻的期望价值，具体如下。

在 t+1 时刻，在位资产由 t 时刻及之前所有已投项目构成，其期望价值为 $\mathrm{E}_t[V^A(t+1)]$，包括两部分：一部分为除息后的期望价值 $\mathrm{E}_t[V_k(t+1)n(t)]$；另一部分为 t+1 时刻产生的(即期)现金流 $\mathrm{E}_t\left[\sum_{k=0}^{t}C_k(t+1)n(t)\right]$，具体表达分别为

$$\mathrm{E}_t[V_k(t+1)n(t)]=\mathrm{E}_t\left[Ie^{(\bar{C}-\beta_k)}\frac{1}{e^r-1}n(t)\right]=b(t)\frac{e^{\bar{C}-\beta_k}}{e^r-1} \tag{7-2}$$

$$\mathrm{E}_t\left[\sum_{k=0}^{t}C_k(t+1)n(t)\right]=\mathrm{E}_t\left\{\sum_{k=0}^{t}I\exp\left[\bar{C}-\frac{1}{2}\sigma_k^2+\sigma_k\varepsilon_k(t+1)\right]n(t)\right\}=e^{\bar{C}}b(t) \tag{7-3}$$

已有增长期权的期望价值可以表示为

$$\mathrm{E}_t[V^G(t+1)]=\sum_{s=t+2}^{N}G_t(s)=\frac{1-e^{-r(N-t-1)}}{e^r-1}K \tag{7-4}$$

新创增长期权的期望价值可以表示为 $\mathrm{E}_t[V^{\mathrm{New}}(t+1)]$，即为新创造的增长期权在 $t+1$ 时刻的预期条件价值。因此，新创增长期权价值的条件期望为

$$\begin{aligned}&\mathrm{E}_t\left[V^{\mathrm{New}}(t+1)\right]\\&=\lambda\mathrm{E}_\beta\left[\max\left(I_X\frac{e^{\mu_{\mathrm{New}}-\beta_{\mathrm{New}}}}{e^r-1}-I_X,0\right)\middle|\beta_{\mathrm{New}}\right]+(1-\lambda)\frac{\lambda}{e^r+\lambda-1}K^{\mathrm{New}}\\&=\lambda K^{\mathrm{New}}+(1-\lambda)\frac{\lambda}{e^r+\lambda-1}K^{\mathrm{New}}\\&=\frac{\lambda e^r}{e^r+\lambda-1}K^{\mathrm{New}}\end{aligned} \tag{7-5}$$

其中，在 $t<T$ 的任一时刻，如果新创增长期权在下一个时刻到达，则企业根据 NPV 法则决定是否执行增长期权，概率为 λ；如果新创增长期权在下一个时刻没有到达，则维持现状继续等待新创增长期权出现，概率为 $1-\lambda$。

进一步，将式(7-2)～式(7-5)代入式(7-1)，则企业总资产条件预期收益率的具体表达为

$$\begin{aligned}&\mathrm{E}_t(1+R_{t+1})\\&=\frac{b(t)\dfrac{e^{\mu-\beta}}{e^r-1}+e^{\mu}b(t)+\dfrac{1-e^{-r(N-t-1)}}{e^r-1}K+\dfrac{\lambda e^r}{e^r+\lambda-1}K^{\mathrm{New}}}{V(t)}\\&=\frac{V(t)-\dfrac{1-e^{-r(N-t)}}{e^r-1}K-\dfrac{\lambda}{e^r+\lambda-1}K^{\mathrm{New}}+e^{\mu}b(t)+\dfrac{1-e^{-r(N-t-1)}}{e^r-1}K+\dfrac{\lambda e^r}{e^r+\lambda-1}K^{\mathrm{New}}}{V(t)}\\&=\frac{V(t)+e^{\mu}b(t)+\left[\dfrac{1-e^{-r(N-t-1)}}{e^r-1}-\dfrac{1-e^{-r(N-t)}}{e^r-1}\right]K+\left[\dfrac{\lambda e^r}{e^r+\lambda-1}-\dfrac{\lambda}{e^r+\lambda-1}\right]K^{\mathrm{New}}}{V(t)}\\&=1+e^{\mu}\frac{b(t)}{V(t)}+\left[-e^{-r(N-t)}K+\frac{\lambda(e^r-1)}{e^r+\lambda-1}K^{\mathrm{New}}\right]\frac{1}{V(t)}\end{aligned} \tag{7-6}$$

可以看出：第二项中的 $\dfrac{b(t)}{V(t)}$ 和第三项中的 $\dfrac{1}{V(t)}$ 分别正是账面市值比和市值规模两个定价因子，通过两个因子前面的系数，可以得到两个重要结论：其一，账面市值比因子前的系数 e^{μ} 不随时间的变化而变化，即账面市值比因子的定价解释力随企业生命周期推进并无明确的变化规律；其二，对于市值规模因子前面的系数，$-e^{-r(N-t)}$ 是关于时间 t 的减函数，因此市值规模因子定价解释力随企业生命周期的推进呈现单调下降的趋势，但是，

在增长期权创造的作用下，由于 $\frac{\lambda(e^r-1)}{e^r+\lambda-1}K^{\text{New}}$ 大于 0，市值规模因子定价解释力随时间推进的下降趋势将被抑制或缓解。

7.2　实证设计

7.2.1　数据与样本

本章选取 1997～2016 年中国沪深两市 A 股上市企业为初始样本，其中财务数据区间为 1997～2015 年，而个股月度收益率数据区间为 1998 年 7 月～2016 年 12 月。在剔除金融类企业、退市企业以及净资产小于 0 的企业的观测值以后，最终得到 2,244 家企业 19 年共 26,564 个企业-年度观测值，被界定为本章所用的全样本。

进一步，考虑到企业存活年限的差异，以及企业被特殊处理而导致生命周期进程中断等情况对结果的影响，根据以下条件进行样本筛选，据此定义生命周期相对完整的子样本(简称“固定样本”)：企业不仅需在 2003 年 12 月 31 日之前上市，还要求 2004～2016 年未发生过控制权转移、没有被特别处理(即 ST 股票)，且样本期间一直有观测数据。该类子样本包括 595 家企业 12 年共 7,140 个企业-年度观测值。表 7-1 给出了各年度样本企业的分布情况，数据均来源于国泰安 CSMAR 数据库。

表 7-1　样本的年度分布情况

年份	全样本	筛选条件				固定样本
		2003 年后上市	控制权转移	特别处理	数据缺失	
1997	633	—	—	—	—	—
1998	730	—	—	—	—	—
1999	817	—	—	—	—	—
2000	943	—	—	—	—	—
2001	1,016	—	—	—	—	—
2002	1,079	—	—	—	—	—
2003	1,141	—	—	—	—	—
2004	1,232	99	285	91	162	595
2005	1,225	113	256	79	182	595
2006	1,279	176	218	78	212	595
2007	1,397	292	171	93	246	595
2008	1,476	366	142	91	282	595
2009	1,531	426	119	86	305	595
2010	1,759	648	91	104	321	595
2011	1,923	802	78	105	343	595
2012	2,015	881	60	103	376	595
2013	2,035	883	46	86	425	595
2014	2,101	953	36	52	465	595
2015	2,232	1,086	25	56	470	595
1997～2015	26,564	—	—	—	—	—
2004～2015	20,205	6,725	1,527	1,024	3,789	7,140

7.2.2　变量与指标

本章的关键变量依然是企业生命周期，同样利用留存收益权益比(RETE)和留存收益资产比(RETA)度量。DeAngelo 等(2006)基于 RETE 和 RETA 能够预测股利支付意愿的证据指出，年轻企业的投资机会相对更多，因而它们倾向于将收益用于再投资而非作为股利分派；随着企业日趋成熟，投资机会逐渐减少、留存收益逐渐累积，企业逐渐倾向于将留存收益作为股利分派。为了检验 RETE 和 RETA 是否同样适用于衡量中国市场企业的生命周期，对表 7-2 进行简单统计，可以看出：随着 RETE 和 RETA 的提高，分配股利的公司比例提高，且针对固定样本的证据尤其明显，这与宋福铁和屈文洲(2010)、罗琦和李辉(2015)等的研究结论一致，说明 RETE 和 RETA 可以作为我国上市公司生命周期的测度指标。

表 7-2　留存收益权益比(资产比)分组下样本企业的股利分配情况

RETE 分组	分配股利企业占比/%		全部企业数/家		RETA 分组	分配股利企业占比/%		全部企业数/家	
	面板 A	面板 B	面板 A	面板 B		面板 A	面板 B	面板 A	面板 B
<0	0.003	0.011	195	32	<0	0.003	0.011	195	32
[0,0.1)	0.361	0.298	136	38	[0,0.1)	0.528	0.57	439	187
[0.1,0.2)	0.606	0.573	332	100	[0.1,0.2)	0.679	0.749	536	214
[0.2,0.3)	0.668	0.712	355	140	[0.2,0.3)	0.732	0.826	230	97
[0.3,0.4)	0.681	0.784	245	121	≥0.3	0.715	0.879	107	66
[0.4,0.5)	0.688	0.818	141	85					
≥0.5	0.715	0.902	104	79					

注：面板 A 为全样本；面板 B 为固定样本。

在我国，大多数上市公司上市前就已成立多年，同时随着时间推移，越来越多的新上市企业不断加入样本中，因此，利用考察年份减去上市年份测度的企业上市年龄或者直接用日历年份测度的企业年龄，都可能无法很好地作为企业生命周期的测度指标。针对全样本，图 7-1 描述了留存收益权益比(RETE)和留存收益资产比(RETA)的中位数分别随企业上市年龄和日历年份的变化趋势，可以发现两个指标随企业上市年龄或日历年份都不是单调上升的。然而，对于具有相对完整生命周期的固定样本而言，图 7-2 显示出，无论是随企业上市年龄，还是随日历年份，RETE(或 RETA)几乎都单调上升，说明二者能够很好地作为企业生命周期的代理变量。

对于股票预期收益率与财务数据的匹配，借鉴 Chen 等(2010)、Guo 等(2017)的做法，将 t 年(1997～2015 年)的年度财务数据与 t+1 年 7 月～t+2 年 6 月的月度股票收益率进行匹配。这是因为所有公开上市的企业在每年的 12 月结束其财务年度，而证监会要求在不迟于下一年的 4 月 30 号提交年度报告，因此，财务数据和股票收益率之间最少 6 个月的滞后期能确保财务数据可全部获得，而且年度报告信息也能够在市场价格中得到充分的反映。个股的月超额回报率同样采用考虑现金红利再投资的月收益率减去无风险利率测度，其中无风险利率采用 3 月期定期储蓄的年化利率除以 12 得到月无风险利率。

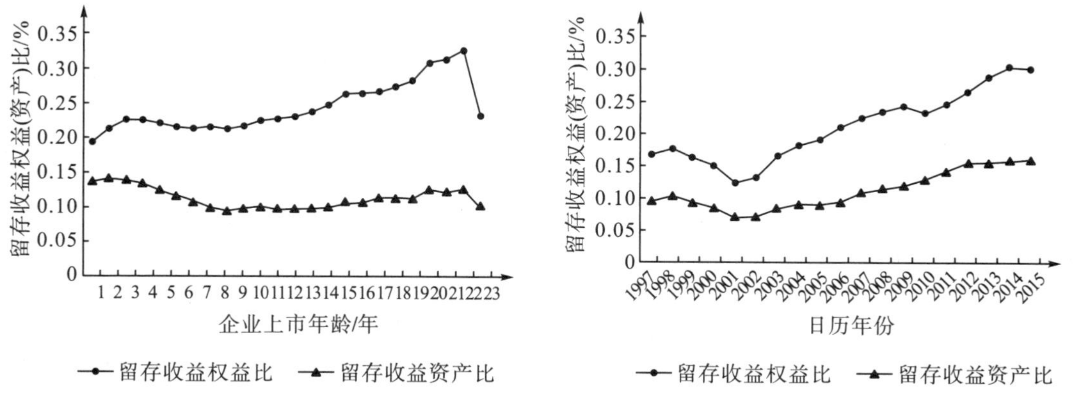

图 7-1　留存收益权益(资产)比中位数随上市年龄和日历年份的变化(全样本)

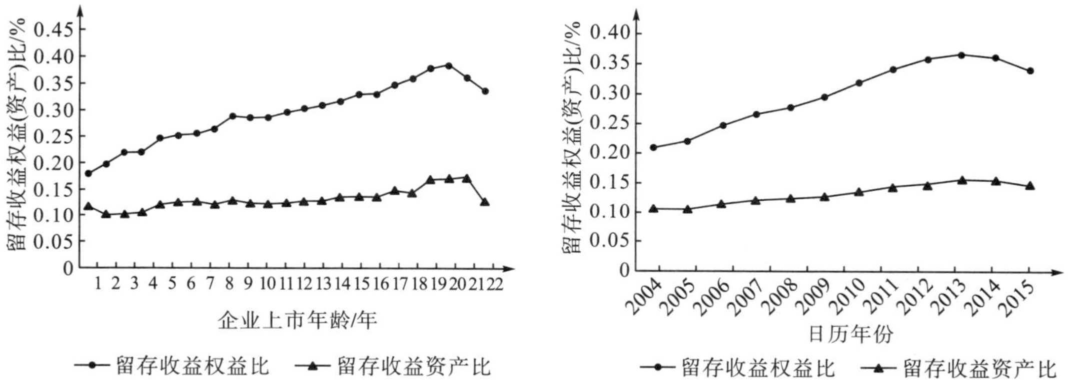

图 7-2　留存收益权益(资产)比中位数随上市年龄和日历年份的变化(固定样本)

解释变量方面，包括市场贝塔系数、市值规模和权益账面市值比 3 个定价因子，其中市场贝塔系数采用当月之前 36 个月的考虑现金红利再投资的历史月度超额收益率与考虑现金红利再投资的综合 A 股市场月度超额收益率进行 OLS 回归所得；市值规模用 t 年 6 月底股票总市值并取自然对数衡量，其中非流通股市值为非流通股份数乘以流通股股价。账面市值比则用 t-1 年末权益的账面价值除以总市值并取自然对数衡量。与此同时，在利用时间序列数据估计个股因子载荷的回归中，相应的解释变量为沪深综合 A 股市场月度超额收益率 MKT、月度账面市值比因子 HML 和月度市值规模因子 SMB，其中 HML 为高账面市值比组合与低账面市值比组合的收益率之差，SMB 为小规模组合与大规模组合的收益率之差，相关数据直接下载自国泰安 CSMAR 数据库。表 7-3 给出了所有变量的定义及具体说明。

表 7-3　变量定义与指标测度

类型		变量名	符号	定义及说明
因变量		个股超额收益率	ER	考虑现金红利再投资的月度收益率减去无风险利率测度超额收益率，其中无风险利率采用 3 个月定期储蓄利率连续复利方式所折算的月利率
自变量	三因素	市场贝塔	BETA	以当月之前 36 个月的历史月度超额收益率和市场月度超额收益率分别为被解释和解释变量，逐月进行 OLS 回归所得回归系数
		账面市值比	BEME	股东权益除以股票总市值后取对数，其中非流通股价值为股份数乘以流通股股价

续表

类型	变量名	符号	定义及说明
三因子载荷	市值规模	SIZE	股票总市值的自然对数
	市场因子载荷	BETA_MKT	采用Fama-French三因子回归，每个月利用之前36个月的月度MKT、SMB和HML对月度超额收益率(ER)进行OLS回归，然后逐月进行滚动，得到每个月三因子的因子载荷。其中，MKT为综合A股市场月度超额收益率，HML为高账面市值比组合与低账面市值比组合的收益率之差，SMB为小规模组合与大规模组合的收益率之差
	规模因子载荷	BETA_SMB	
	账面市值比因子载荷	BETA_HML	
生命周期代理变量	留存收益权益比	RETE	年末企业的留存收益除以股东权益，其中分子上的留存收益为盈余公积和累积未分配利润之和
	留存收益资产比	RETA	年末企业的留存收益除以总资产，其中分子上的留存收益为盈余公积和累积未分配利润之和

7.2.3　实证方法与模型

为了考察定价因子和股票预期收益率的关系随企业生命周期的变化趋势，本章分别采用Fama和MacBeth(1973)两步截面回归法和组合分析法进行考察，其中截面回归方程如下：

$$\begin{aligned}\mathrm{ER}_{i,t+1} &= \beta_1 + \beta_2\mathrm{BETA}_{i,t} + \beta_3\mathrm{BEME}_{i,t} + \beta_4\mathrm{SIZE}_{i,t} + \beta_5\mathrm{Life}_{i,t} \\ &+ \beta_6\mathrm{Life}_{i,t}\times\mathrm{BEME}_{i,t} + \beta_7\mathrm{Life}_{i,t}\times\mathrm{SIZE}_{i,t} + \varepsilon_{i,t+1}\end{aligned} \tag{7-7}$$

其中，Life是生命周期代理变量，用RETE和RETA衡量。

首先，对于每一个时刻t=1, 2, 3, …, T，利用式(7-7)进行OLS回归，得到各个变量的回归系数$\hat{\beta}_j$ (j=1, 2, 3, …, 7)的时间序列估计结果；然后，针对每个回归系数$\hat{\beta}_j$，利用其时间序列样本均值和标准差，进行均值是否统计显著的t检验。

在组合分析中，首先根据样本企业生命周期分组构造投资组合，并利用组合的时间序列数据估计因子载荷，然后考察因子载荷随企业生命周期的变化趋势。具体而言，借鉴DeAngelo等(2006)对企业生命周期的分组方式：首先，t年6月末，按照留存收益权益比RETE的大小，将截面样本分为<0、[0,0.1)、[0.1,0.2)、[0.2,0.3)、[0.3,0.4)、[0.4,0.5)和≥0.5共7组，以及按照留存收益资产比RETA大小分为<0、[0,0.1)、[0.1,0.2)、[0.2,0.3)和≥0.3共5组；然后，针对每组样本，构造等权投资组合，计算其从t年7月到t+1年6月的月度收益率，进而得到每个组合的时间序列数据；最后，对于第k个组合(k=1, 2, …, 7或k=1, 2, …, 5)，利用式(7-8)对市场因子、规模因子、账面市值比因子进行回归，估计得到3个因子的因子载荷：

$$\mathrm{ER}_{k,t} = \mathrm{FF}-\alpha_k + \beta_{k,\mathrm{MKT}}\mathrm{MKT}_t + \beta_{k,\mathrm{SMB}}\mathrm{SMB}_t + \beta_{k,\mathrm{HML}}\mathrm{HML}_t + \varepsilon_{k,t} \tag{7-8}$$

其中，$\mathrm{ER}_{k,t}$表示利用生命周期代理变量分组的第k个组合的组合收益率，FF-α_k为其经三因子调整后的异常收益率；$\beta_{k,\mathrm{MKT}}$、$\beta_{k,\mathrm{SMB}}$和$\beta_{k,\mathrm{HML}}$分别为第k个组合的市场组合因子载荷、市值规模因子载荷和账面市值比因子载荷；MKT_t为综合A股市场指数的月度超额收益率；SMB_t为小规模组合与大规模组合的收益率之差；HML_t为高账面市值比组合与低账面市值比组合的收益率之差。

7.3　实证结果及分析

7.3.1　因子载荷随企业生命周期的变化趋势

表 7-4 给出了根据企业生命周期分组构造等权投资组合的三因子的因子载荷均值的变化趋势，以及最高和最低两组的差异性检验结果。由表 7-4 可看出，无论是利用留存收益权益比还是利用留存收益资产比测度生命周期和分组构造组合，市值规模因子载荷 BETA_SMB 随 RETE 或 RETA 的增加都呈现明显的下降趋势，且最高和最低两组的均值(中位数)均在 1%的水平上存在显著差异。

从全样本的结果来看，BETA_SMB 的平均值从 RETE 最低(年轻公司)的 0.936 降至 RETE 最高(成熟公司)的 0.037，低 RETE 组合和高 RETE 组合 BETA_SMB 的差异为 0.899，并在 1%的显著性水平上存在显著差异(t 统计值为 7.217)。

从固定样本的结果来看，BETA_SMB 的平均值从 RETE 最低(年轻公司)的 0.877 降至 RETE 最高(成熟公司)的 0.280，低 RETE 组合和高 RETE 组合 BETA_SMB 的差异为 0.597，且依然在 1%的显著性水平上存在显著差异(t 统计值为 4.690)。因此，表 7-4 的结果总体上支持理论预示：作为增长期权相对重要性的代理变量，市值规模因子对组合超额预期收益率的影响或其定价解释力随企业生命周期推进整体上呈逐渐衰减的趋势。与之不同，也注意到，表 7-4 中市场组合因子和账面市值比因子的因子载荷并未呈现规律性的变化。

7.3.2　Fama-MacBeth 横截面回归

本小节将个股超额预期收益率作为被解释变量，市值规模、账面市值比及二者分别与企业生命周期的交互项作为解释变量，检验生命周期对定价因子与股票预期收益率的关系的调节作用，结果见表 7-5。面板 A 和面板 B 回归结果一致显示：无论是全样本还是固定样本，也无论是单独加入交互项还是进一步控制生命周期本身，留存收益权益(资产)比与市值规模(SIZE)的交互项回归系数都显著为正，即企业生命周期的推进会减弱市值规模对股票预期收益率的负向影响，同样很好地支持理论预示。此外，留存收益权益比(RETE)与账面市值比(BEME)交互项的回归系数为负，但并不显著。

表 7-4　Fama-French 三因子因子载荷均值随企业生命周期的变化

面板 A：全样本									
留存收益权益比(RETE)分组	低						高	低—高	
	<0	[0,0.1)	[0.1,0.2)	[0.2,0.3)	[0.3,0.4)	[0.4,0.5)	≥0.5	差异	t 值
BETA_MKT	1.054	1.027	1.021	1.010	0.983	1.054	1.009	0.046*	1.781
BETA_SMB	0.941	0.74	0.686	0.603	0.483	0.326	0.039	0.903***	7.276
BETA_HML	−0.103	−0.044	−0.022	−0.055	−0.134	−0.244	−0.214	0.110	0.814
平均样本数	195	136	332	355	245	141	104		

续表

面板 A：全样本							
留存收益资产比（RETA）分组	低				高	低－高	
	＜0	[0,0.1)	[0.1,0.2)	[0.2,0.3)	≥0.3	差异	*t* 值
BETA_MKT	1.054	1.037	1.014	0.994	0.932	0.123^{***}	4.167
BETA_SMB	0.941	0.627	0.563	0.402	0.224	0.717^{***}	5.761
BETA_HML	−0.103	−0.059	−0.061	−0.114	−0.167	0.064	0.433
平均样本数	195	439	536	230	107		

面板 B：固定样本									
留存收益权益比（RETE）分组	低						高	低－高	
	＜0	[0,0.1)	[0.1,0.2)	[0.2,0.3)	[0.3,0.4)	[0.4,0.5)	≥0.5	差异	*t* 值
BETA _MKT	1.068	1.076	1.069	1.040	1.008	1.022	1.027	0.041^{**}	2.285
BETA _SMB	0.877	0.833	0.743	0.660	0.524	0.393	0.220	0.657^{***}	5.344
BETA _HML	−0.164	−0.179	−0.129	−0.126	−0.112	−0.150	−0.126	−0.038	−0.375
平均样本数	32	38	100	140	121	85	79		

留存收益资产比（RETA）分组	低				高	低－高	
	＜0	[0,0.1)	[0.1,0.2)	[0.2,0.3)	≥0.3	差异	*t* 值
BETA_MKT	1.068	1.082	1.043	0.991	0.945	0.124^{***}	7.168
BETA_SMB	0.877	0.682	0.599	0.452	0.280	0.597^{***}	4.690
BETA_HML	−0.164	−0.116	−0.111	−0.153	−0.127	−0.037	−0.369
平均样本数	32	187	214	97	66		

注：***、**和*分别表示在 1%、5%和 10%的显著性水平上显著，下同。

表 7-5　企业生命周期对市值规模和账面市值比定价解释力调节作用的回归结果

变量	面板 A：留存收益权益比（RETE）衡量生命周期					
	全样本			固定样本		
RETE×SIZE	0.004^{***}		0.004^{***}	0.011^{***}		0.011^{***}
	(3.278)		(3.800)	(4.362)		(4.485)
RETE×BEME		−0.000	−0.002		−0.002	−0.005
		(−0.295)	(−1.019)		(−0.629)	(−1.379)
RETE	0.002	−0.001	0.000	0.005	0.003	0.004
	(1.531)	(−0.405)	(0.108)	(1.522)	(0.706)	(1.016)
BETA	0.012^{*}	0.012^{*}	0.012^{*}	0.019^{**}	0.019^{**}	0.020^{**}
	(1.842)	(1.825)	(1.837)	(1.988)	(2.008)	(2.024)
BEME	0.001	0.001	0.001	0.001	−0.000	0.000
	(0.526)	(0.407)	(0.555)	(0.312)	(−0.087)	(0.254)
SIZE	-0.006^{***}	-0.006^{***}	-0.006^{***}	-0.007^{***}	-0.006^{***}	-0.007^{***}
	(−3.892)	(−3.547)	(−3.886)	(−3.743)	(−3.382)	(−3.786)

续表

变量	面板 A：留存收益权益比（RETE）衡量生命周期					
	全样本			固定样本		
截距项	0.146***	0.135***	0.144***	0.148***	0.137***	0.150***
	(3.780)	(3.457)	(3.767)	(3.480)	(3.156)	(3.511)
截面平均样本数	1165	1165	1165	565	565	565
调整的拟合优度	0.096	0.096	0.098	0.113	0.112	0.115
变量	面板 B：留存收益资产比（RETA）衡量生命周期					
	全样本			固定样本		
RETA×SIZE	0.010***		0.010***	0.013***		0.013***
	(3.274)		(3.441)	(3.410)		(3.361)
RETA×BEME		0.000	−0.003		−0.009	−0.009
		(0.069)	(−0.736)		(−1.617)	(−1.487)
RETA	0.002	−0.000	0.001	0.004	0.004	0.003
	(0.599)	(−0.074)	(0.255)	(0.765)	(0.694)	(0.547)
BETA	0.013*	0.012*	0.013*	0.019**	0.020**	0.020**
	(1.888)	(1.864)	(1.881)	(2.005)	(2.022)	(2.048)
BEME	0.001	0.000	0.001	0.001	−0.000	0.000
	(0.547)	(0.237)	(0.463)	(0.308)	(−0.043)	(0.246)
SIZE	−0.006***	−0.006***	−0.006***	−0.006***	−0.006***	−0.006***
	(−3.858)	(−3.624)	(−3.846)	(−3.365)	(−3.343)	(−3.437)
截距项	0.143***	0.136***	0.143***	0.140***	0.137***	0.142***
	(3.724)	(3.509)	(3.713)	(3.186)	(3.155)	(3.246)
截面平均样本数	1165	1165	1165	565	565	565
调整的拟合优度	0.096	0.096	0.098	0.113	0.112	0.115

注：截面平均样本数和调整的拟合优度分别为各个月样本企业数和截面回归的调整拟合优度在时间序列（月度）的平均值，下同。

7.3.3　组合时间序列回归

本小节将组合超额预期收益率作为被解释变量，Fama-French 三因子（市场组合因子、市值规模因子和账面市值比因子）作为解释变量，进一步检验定价因子对组合收益率的解释力如何随企业生命周期的推进而动态变化。表 7-6 给出了按留存收益权益（资产）比分组构造等权组合的时间序列回归结果，其中高低组差异表示“持有最年轻组合（RETE＜0 或 RETA＜0）、卖空最成熟组合（RETE≥0.5 或 RETA≥0.3）”的对冲组合收益率。

面板 A 根据 RETE 将全样本划分为 7 个等权组合，可以看出：SMB 因子的系数从最低 RETE 组合的 1.061 单调递减到最高 RETE 组合的 0.294，且 t 统计值从 23.298 下降到 5.728；同时，最后一列的差异性检验结果显示，最低 RETE 组合的 SMB 回归系数比最高 RETE 组合的 SMB 回归系数高 0.768，且在统计上显著（t 值为 13.008）。类似地，根据 RETA 构造 5 个等权组合的结果显示：SMB 因子的系数从最低 RETA 组合的 1.061 单调下降到最高 RETA 组合的 0.449。面板 B 针对固定样本的结果也一致地表明：具有较高 RETE 或 RETA 的成熟企业的 SMB 因子对组合预期收益率的解释力较弱。

针对账面市值比因子，无论是全样本还是固定样本，表 7-6 的结果显示，HML 因子的回归系数随 RETE 或 RETA 的增加呈现波动变化，并无明确的变化规律。

表 7-6　企业生命周期分组下等权组合 Fama-French 三因子模型的时间序列回归结果

留存收益权益比(RETE)衡量生命周期	低						高	低-高
	<0	[0,0.1)	[0.1,0.2)	[0.2,0.3)	[0.3,0.4)	[0.4,0.5)	≥0.5	
面板 A：全样本								
α	0.003	−0.001	0.000	0.001	0.001	0.002	0.000	0.003
	(1.362)	(−0.409)	(−0.107)	(0.611)	(0.387)	(0.896)	(0.188)	(0.888)
MKT	1.021***	0.995***	1.013***	1.009***	1.001***	1.031***	0.978***	0.043
	(38.531)	(50.733)	(59.623)	(55.214)	(51.764)	(46.354)	(32.804)	(1.250)
SMB	1.061***	0.972***	0.932***	0.810***	0.662***	0.479***	0.294***	0.768***
	(23.298)	(28.838)	(31.933)	(25.780)	(19.914)	(12.518)	(5.728)	(13.008)
HML	−0.019	0.114**	0.055	−0.119**	−0.138**	−0.144**	−0.089	0.070
	(−0.253)	(2.080)	(1.163)	(−2.330)	(−2.549)	(−2.308)	(−1.067)	(0.731)
面板 B：固定样本								
α	0.002	−0.002	−0.001	0.001	0.001	0.001	0.001	0.001
	(0.475)	(−0.674)	(−0.197)	(0.492)	(0.314)	(0.530)	(0.362)	(0.152)
MKT	1.028***	1.026***	1.023***	1.023***	0.998***	1.041***	1.017***	0.011
	(26.595)	(29.851)	(32.394)	(34.380)	(33.569)	(36.407)	(29.678)	(0.287)
SMB	0.976***	1.055***	0.876***	0.735***	0.638***	0.517***	0.335***	0.641***
	(15.044)	(18.288)	(16.525)	(14.712)	(12.774)	(10.762)	(5.820)	(9.754)
HML	0.276**	0.417***	0.245**	0.121	0.152*	0.081	−0.016	0.292**
	(2.395)	(4.067)	(2.602)	(1.368)	(1.708)	(0.946)	(−0.156)	(2.500)
留存收益资产比(RETA)衡量生命周期	低				高			低-高
	<0	[0,0.1)	[0.1,0.2)	[0.2,0.3)	≥0.3			
面板 A：全样本								
α	0.003	−0.001	0.001	0.002	0.001			0.002
	(1.362)	(−0.437)	(0.450)	(0.921)	(0.406)			(−0.730)
MKT	1.021***	1.017***	1.020***	0.984***	0.940***			0.081**
	(38.531)	(53.915)	(60.412)	(48.631)	(37.569)			(2.283)
SMB	1.061***	0.839***	0.771***	0.640***	0.449***			0.612***
	(23.298)	(25.888)	(26.544)	(18.404)	(10.446)			(10.024)
HML	−0.019	0.124**	−0.042	−0.168***	−0.200***			0.181*
	(−0.253)	(2.343)	(−0.891)	(−2.972)	(−2.851)			(1.820)
面板 B：固定样本								
α	0.002	0.000	0.000	0.001	0.001			0.001

续表

留存收益资产比（RETA）衡量生命周期	低					低-高
	<0	[0,0.1)	[0.1,0.2)	[0.2,0.3)	≥0.3	
	(0.475)	(0.003)	(0.093)	(0.367)	(0.410)	(0.159)
MKT	1.028***	1.033***	1.030***	0.999***	0.939***	0.089**
	(26.595)	(32.400)	(36.298)	(35.642)	(31.744)	(2.272)
SMB	0.976***	0.842***	0.685***	0.614***	0.388***	0.588***
	(15.044)	(15.728)	(14.375)	(13.053)	(7.822)	(8.935)
HML	0.276**	0.349***	0.166*	0.127	−0.053	0.329***
	(2.395)	(3.669)	(1.959)	(1.516)	(−0.599)	(2.815)

7.4 增长期权创造的影响检验

前述理论结果表明，市值规模因子对个股或组合预期收益率的定价解释力随着企业生命周期的推进呈递减趋势，但是，如果考虑增长期权创造提升增长期权相对重要性的作用，这种递减趋势将得以缓解。类似于第 3 章 3.4.1 小节的做法，通过追踪过去年度企业是否进行 R&D 投资，将全样本分为“从不 R&D 投资”“间断 R&D 投资”“持续 R&D 投资”3 类子样本，分别进行 Fama-MacBeth 横截面回归，结果见表 7-7。

由表 7-7 各组子样本回归结果的对比可以看出：对于从不 R&D 投资和间断 R&D 投资的两类子样本，交互项 RETE×SIZE 和 RETA×SIZE 的回归系数在 5%以上的显著性水平上显著为正，即随着企业生命周期的推进（RETE 或 RETA 增加），市值规模对股票预期收益率的负向影响逐渐下降。然而，对于持续 R&D 投资的子样本，RETE×SIZE 和 RETA×SIZE 的回归系数虽然为正，但在统计意义上并不显著，说明通过持续 R&D 投资进行的增长期权创造，对市值规模因子定价解释力随企业生命周期推进的递减趋势具有抑制作用，很好地支持理论预示①。

表 7-7　增长期权创造分组子样本的 Fama-MacBeth 横截面回归结果

变量	从不 R&D 投资的子样本		间断 R&D 投资的子样本		持续 R&D 投资的子样本	
	面板 A：留存收益权益比（RETE）衡量生命周期					
RETE×SIZE	0.003***	0.004***	0.004**	0.004**	0.025	0.017
	(3.049)	(3.585)	(2.522)	(2.174)	(0.943)	(0.741)
RETE×BEME		−0.002		−0.001		−0.023
		(−0.999)		(−0.627)		(−1.249)
RETE	0.001	−0.001	0.004***	0.003	−0.017	−0.016*
	(0.744)	(−0.292)	(2.751)	(0.851)	(−1.555)	(−1.673)

① 相对于主板和中小板，2009 年成立的创业板上市公司更加可能进行高强度且持续的研发投入，从而增长期权创造对市值规模定价解释力的抑制作用可能是由样本中创业板企业所致。但是，即便剔除创业板样本，本章附录表格 7A-1 的回归结果显示，该结论依然成立。

续表

BETA	0.015**	0.014**	0.003	0.003	-0.012	0.009
	(2.082)	(2.075)	(0.288)	(0.296)	(-0.530)	(0.742)
BEME	0.002	0.002	-0.001	-0.001	-0.008*	-0.006
	(1.075)	(1.088)	(-0.598)	(-0.506)	(-1.935)	(-1.158)
SIZE	-0.006***	-0.006***	-0.009***	-0.009***	-0.006	-0.007*
	(-3.632)	(-3.600)	(-5.366)	(-5.321)	(-1.248)	(-1.798)
截距项	0.129***	0.126***	0.213***	0.212***	0.157	0.174*
	(3.462)	(3.423)	(5.246)	(5.256)	(1.651)	(1.978)
截面平均样本数	686	686	662	662	342	342
调整的拟合优度	0.097	0.101	0.105	0.108	0.150	0.162
面板 B：留存收益资产比（RETA）衡量生命周期						
RETA×SIZE	0.011***	0.011***	0.010**	0.011**	0.031	0.000
	(3.624)	(3.626)	(2.172)	(2.178)	(0.905)	(0.004)
RETA×BEME		-0.002		-0.003		-0.076*
		(-0.429)		(-0.672)		(-1.686)
RETA	0.000	0.000	0.005	0.004	0.108	-0.038
	(0.104)	(0.026)	(1.014)	(0.602)	(1.042)	(-1.219)
BETA	0.015**	0.015**	0.003	0.003	0.043	0.009
	(2.119)	(2.117)	(0.292)	(0.293)	(1.089)	(0.806)
BEME	0.001	0.001	-0.001	-0.001	0.011	-0.008
	(1.041)	(0.935)	(-0.313)	(-0.337)	(0.542)	(-1.619)
SIZE	-0.006***	-0.006***	-0.009***	-0.009***	-0.024*	-0.009***
	(-3.586)	(-3.576)	(-5.080)	(-5.037)	(-1.728)	(-2.746)
截距项	0.125***	0.124***	0.202***	0.202***	0.496*	0.212***
	(3.395)	(3.379)	(4.999)	(4.970)	(1.766)	(2.756)
截面平均样本数	686	686	662	662	342	342
调整的拟合优度	0.097	0.010	0.106	0.108	0.149	0.162

7.5　稳健性检验

7.5.1　基于生命周期推进子样本的横截面回归

本小节以留存收益权益（资产）比最低（RETE＜0 或 RETA＜0）的年轻企业为基准，逐步增加留存收益权益（资产）比高的样本逐渐扩充子样本，使得子样本平均的生命周期不断推进。表 7-8 的 Fama-MacBeth 横截面回归结果显示：无论是利用 RETE 还是利用 RETA 进行生命周期分组，也无论是回归系数还是 t 统计值，随着更为成熟的企业逐渐加入子样本，市值规模对股票预期收益率的影响呈现逐渐减弱的趋势，而账面市值比的影响程度依然并无明显趋势。例如，针对全样本，利用留存收益权益比（RETE）衡量生命周期，随着子样本中包括更多 RETE 更高的企业，SIZE 的回归系数从-0.012 单调增加到-0.006，而 BEME 的回归系数基本上保持在 0.001 的水平。

表 7-8 基于生命周期分组逐渐扩大子样本的 Fama-MacBeth 横截面回归结果

生命周期分组	<0	<0.1	<0.2	<0.3	<0.4	<0.5	全样本
面板 A：全样本							
留存收益权益比（RETE）衡量生命周期							
BETA	0.018**	0.015**	0.014**	0.013**	0.013*	0.013*	0.012*
	(2.445)	(2.156)	(1.990)	(1.983)	(1.882)	(1.880)	(1.799)
BEME	0.001	0.001	0.001	0.001	0.001	0.001	0.000
	(1.179)	(1.081)	(0.872)	(0.943)	(0.750)	(0.462)	(0.312)
SIZE	−0.012***	−0.010***	−0.008***	−0.007***	−0.007***	−0.006***	−0.006***
	(−5.162)	(−5.115)	(−4.394)	(−4.125)	(−3.889)	(−3.634)	(−3.449)
截距项	0.261***	0.211***	0.176***	0.162***	0.154***	0.145***	0.137***
	(5.122)	(4.949)	(4.256)	(4.001)	(3.794)	(3.548)	(3.380)
截面平均样本数	163	264	499	766	960	1077	1165
调整的拟合优度	0.082	0.073	0.073	0.076	0.079	0.082	0.085
留存收益资产比（RETA）衡量生命周期							
BETA	0.018**	0.014**	0.013*	0.013*	0.012*	0.012*	0.012*
	(2.445)	(2.076)	(1.911)	(1.868)	(1.833)	(1.799)	(1.799)
BEME	0.001	0.001	0.001	0.001	0.001	0.000	0.000
	(1.179)	(0.820)	(0.822)	(0.486)	(0.378)	(0.312)	(0.312)
SIZE	−0.012***	−0.007***	−0.007***	−0.006***	−0.006***	−0.006***	−0.006***
	(−5.162)	(−3.945)	(−3.687)	(−3.563)	(−3.501)	(−3.449)	(−3.449)
截距项	0.261***	0.156***	0.148***	0.142***	0.139***	0.137***	0.137***
	(5.122)	(3.808)	(3.593)	(3.486)	(3.427)	(3.380)	(3.380)
截面平均样本数	163	513	910	1082	1138	1165	1165
调整的拟合优度	0.082	0.077	0.080	0.083	0.084	0.085	0.085
面板 B：固定样本							
留存收益权益比（RETE）衡量生命周期							
BETA	0.019	0.021*	0.021**	0.022**	0.021**	0.020**	0.019*
	(1.612)	(1.880)	(2.009)	(2.272)	(2.150)	(2.077)	(1.923)
BEME	0.002	0.001	0.002	0.002	0.001	0.000	0.000
	(0.702)	(0.349)	(1.440)	(1.006)	(0.710)	(0.259)	(0.050)
SIZE	−0.012***	−0.012***	−0.009***	−0.008***	−0.007***	−0.007***	−0.006***
	(−3.600)	(−4.986)	(−4.297)	(−4.295)	(−3.946)	(−3.450)	(−3.066)
截距项	0.269***	0.277***	0.206***	0.184***	0.165***	0.149***	0.134***
	(3.645)	(4.841)	(4.154)	(4.071)	(3.753)	(3.292)	(2.954)

续表

截面平均样本数	30	65	161	295	412	492	565
调整的拟合优度	0.165	0.110	0.0929	0.0911	0.0954	0.100	0.106
留存收益资产比(RETA)衡量生命周期							
BETA	0.019	0.023**	0.019*	0.020**	0.020**	0.019*	0.019*
	(1.612)	(2.288)	(1.967)	(2.073)	(2.011)	(1.923)	(1.923)
BEME	0.002	0.002	0.001	0.001	0.000	0.000	0.000
	(0.702)	(0.894)	(0.713)	(0.384)	(0.146)	(0.050)	(0.050)
SIZE	−0.012***	−0.008***	−0.007***	−0.006***	−0.006***	−0.006***	−0.006***
	(−3.600)	(−4.200)	(−3.510)	(−3.267)	(−3.183)	(−3.066)	(−3.066)
截距项	0.269***	0.180***	0.155***	0.143***	0.139***	0.134***	0.134***
	(3.645)	(4.004)	(3.363)	(3.126)	(3.050)	(2.954)	(2.954)
截面平均样本数	30	207	412	503	541	565	565
调整的拟合优度	0.165	0.0936	0.0964	0.102	0.105	0.106	0.106

7.5.2　基于不同生命周期分组标准的组合时间序列回归

在 7.4.3 小节的组合时间序列回归分析中，直接使用 DeAngelo 等(2006)设定的分组阈值来划分企业所处的生命周期阶段。然而，由于中美两国在金融市场成熟度和上市企业发展历程等方面可能存在一定的差异，即便中美两国企业的留存收益权益比(资产比)相同，该指标反映的企业成熟度可能也存在很大差异。事实上，在实证数据处理过程中，确实发现：其一，DeAngelo 等(2006)所统计的美国上市企业中有 40%的企业 RETE 超过 0.5，而中国 RETE 超过 0.5 的上市企业不足 7%，这意味着如果用美国上市企业的成熟度划分标准，中国大多数上市企业都将被定义为年轻企业；其二，美国企业的 RETE 从 0 到 1 分布较为均匀，各组之间的样本数量相差不大，因而 DeAngelo 等(2006)可以按照 0.1 的留存收益权益(资产)比间隔进行分组，而中国企业的 RETE 大多集中分布在 0.1～0.3 之间，RETA 大多集中分布在 0～0.2 之间，因此按照 0.1 的固定分组阈值划分样本容易导致不同组合中的样本数量差异巨大，影响不同组合之间的可比性。

基于中美上市企业的以上两点特征差异，我们进一步采用两种方式重新对样本企业进行生命周期分组，通过分组子样本的时间序列回归来进行稳健性检验。一是采用相对分组的方法，在每个财务年度，按留存收益权益(资产)比的五分位点，将样本分为 5 组，回归结果见表 7-9。二是按照 0.05 的分组阈值间隔，重新根据企业 RETE 和 RETA 的分布进行分组，结果见表 7-10。

表 7-9 和表 7-10 的回归结果表明，无论是采用相对分组，还是按 0.05 的分组阈值重新划分企业所处的生命周期阶段，市值规模因子对年轻企业等权组合的预期收益率更具负向影响，很好地通过了稳健性检验。

表 7-9　根据五分位点进行相对分组构造等权组合的时间序列回归结果

生命周期分组	低	2	3	4	高	低—高
			面板 A：全样本			
			留存收益权益比(RETE)衡量生命周期			
α	0.002	−0.001	−0.002	0.001	0.000	−0.001
	(0.857)	(−0.524)	(−1.064)	(0.463)	(0.105)	(−0.852)
MKT	1.013***	1.010***	1.002***	1.003***	1.009***	−0.004
	(45.069)	(56.721)	(57.142)	(53.634)	(50.092)	(−0.204)
SMB	1.003***	0.935***	0.849***	0.693***	0.487***	−0.515***
	(25.946)	(30.555)	(28.154)	(21.572)	(14.075)	(−14.893)
HML	0.007	0.052	0.062	−0.017	−0.014	−0.021
	(0.116)	(1.048)	(1.253)	(−0.331)	(−0.242)	(−0.372)
			留存收益资产比(RETA)衡量生命周期			
α	0.001	−0.001	−0.001	0.001	0.000	−0.001
	(0.512)	(−0.765)	(−0.380)	(0.362)	(0.292)	(−0.263)
MKT	1.014***	1.018***	1.021***	1.009***	0.976***	−0.038
	(43.334)	(51.106)	(57.463)	(56.911)	(50.629)	(−1.558)
SMB	1.003***	0.841***	0.814***	0.727***	0.583***	−0.420***
	(24.931)	(24.576)	(26.67)	(23.844)	(17.583)	(−10.129)
HML	0.049	0.138**	0.019	−0.018	−0.098*	−0.147**
	(0.751)	(2.475)	(0.377)	(−0.362)	(−1.811)	(−2.177)
			面板 B：固定样本			
			留存收益权益比(RETE)衡量生命周期			
α	−0.001	0.000	0.001	0.000	0.002	0.003
	(−0.333)	(−0.004)	(0.376)	(−0.097)	(0.625)	(1.380)
MKT	1.019***	1.028***	1.023***	0.987***	1.014***	−0.005
	(31.839)	(33.059)	(36.282)	(33.882)	(33.702)	(−0.231)
SMB	1.004***	0.842***	0.747***	0.626***	0.466***	−0.538***
	(18.680)	(16.127)	(15.781)	(12.800)	(9.216)	(−15.008)
HML	0.369***	0.251**	0.235***	0.139	0.162*	−0.207***
	(3.864)	(2.709)	(2.786)	(1.601)	(1.805)	(−3.248)
			留存收益资产比(RETA)衡量生命周期			
α	−0.001	0.001	0.000	0.000	0.001	0.002
	(−0.245)	(0.193)	(0.071)	(0.162)	(0.400)	(0.828)
MKT	1.028***	1.033***	1.037***	1.004***	0.970***	−0.058***
	(30.836)	(32.585)	(35.181)	(35.343)	(34.525)	(−2.474)
SMB	0.942***	0.806***	0.730***	0.669***	0.537***	−0.406***
	(16.848)	(15.143)	(14.757)	(14.030)	(11.389)	(−10.300)
HML	0.392***	0.300***	0.209**	0.180**	0.074	−0.318***
	(3.940)	(3.174)	(2.370)	(2.129)	(0.886)	(−4.537)

表 7-10　根据 0.05 的阈值区间分组构造等权组合的时间序列回归结果

生命周期分组	低						高	低—高
	<0	[0,0.05)	[0.05,0.1)	[0.1,0.15)	[0.15,0.2)	[0.2,0.25)	≥0.25	
面板 A：全样本								
留存收益权益比(RETE)衡量生命周期								
α	0.003	−0.001	−0.001	−0.001	−0.001	0.000	0.001	−0.002
	(1.377)	(−0.545)	(−0.691)	(−0.438)	(−0.481)	(0.103)	(0.457)	(−1.056)
MKT	1.020***	0.984***	0.999***	0.999***	1.020***	1.004***	1.008***	−0.012
	(38.184)	(38.804)	(46.139)	(51.722)	(56.771)	(53.045)	(53.581)	(−0.437)
SMB	1.061***	1.017***	0.909***	0.875***	0.887***	0.830***	0.594***	−0.467***
	(23.096)	(23.329)	(24.417)	(26.332)	(28.699)	(25.502)	(18.346)	(−10.187)
HML	−0.017	0.175**	0.127**	0.095*	0.101**	−0.033	−0.092*	−0.075
	(−0.228)	(2.472)	(2.090)	(1.765)	(2.016)	(−0.614)	(−1.747)	(−1.004)
留存收益资产比(RETA)衡量生命周期								
α	0.003	−0.002	0.000	0.000	0.001	0.002	0.000	−0.003
	(1.377)	(−1.201)	(−0.058)	(−0.051)	(0.416)	(0.908)	(−0.063)	(−1.235)
MKT	1.020***	0.999***	1.024***	1.020***	1.021***	0.984***	0.955***	−0.065**
	(38.184)	(48.385)	(50.523)	(57.225)	(56.170)	(46.050)	(45.047)	(−2.108)
SMB	1.061***	0.915***	0.772***	0.759***	0.693***	0.609***	0.524***	−0.537***
	(23.096)	(25.770)	(22.151)	(24.778)	(22.178)	(16.575)	(14.375)	(−10.118)
HML	−0.017	0.188***	0.121**	0.043	−0.119**	−0.117*	−0.123**	−0.105
	(−0.228)	(3.257)	(2.135)	(0.862)	(−2.333)	(−1.950)	(−2.065)	(−1.221)
面板 B：固定样本								
留存收益权益比(RETE)衡量生命周期								
α	0.002	−0.001	−0.004	−0.001	−0.001	0.001	0.001	−0.001
	(0.475)	(−0.387)	(−1.070)	(−0.211)	(−0.210)	(0.519)	(0.412)	(−0.238)
MKT	1.028***	1.004***	1.033	1.002	1.039	1.033	1.009	−0.019
	(26.595)	(23.94)	(27.992)	(26.805)	(32.837)	(32.957)	(36.065)	(−0.658)
SMB	0.976***	1.103***	1.033***	0.885***	0.868***	0.759***	0.587***	−0.389***
	(15.044)	(15.680)	(16.679)	(14.104)	(16.351)	(14.433)	(12.502)	(−8.058)
HML	0.276**	0.395***	0.424***	0.239**	0.250**	0.146	0.130	−0.147*
	(2.395)	(3.153)	(3.849)	(2.139)	(2.650)	(1.560)	(1.554)	(−1.708)
留存收益资产比(RETA)衡量生命周期								
α	0.002	−0.002	0.001	0.000	0.000	0.001	0.001	−0.001
	(0.475)	(−0.728)	(0.332)	(0.190)	(−0.054)	(0.544)	(0.256)	(−0.318)
MKT	1.028***	1.015***	1.041***	1.044***	1.011***	0.996***	0.967***	−0.061*
	(26.595)	(31.542)	(30.933)	(36.268)	(34.160)	(33.735)	(34.691)	(−1.739)
SMB	0.976***	0.970***	0.780***	0.714***	0.641***	0.662***	0.460***	−0.516***
	(15.044)	(17.964)	(13.804)	(14.770)	(12.900)	(13.357)	(9.843)	(−8.700)
HML	0.276**	0.370***	0.350***	0.206**	0.106	0.196**	−0.009	−0.285***
	(2.395)	(3.855)	(3.480)	(2.401)	(1.205)	(2.223)	(−0.108)	(−2.706)

7.5.3　美国市场的证据

本小节利用美国市场的样本数据进行稳健性检验。所用样本企业包括 1963 年 1 月～2015 年 12 月在纽约证券交易所、美国证券交易所和纳斯达克交易所上市，且 SIC 代码在 6000～6999 的非金融上市公司。其中，剔除了权益账面价值为负、上市不到 2 年的企业（需要至少 24 个月的月度数据来估计个股市场贝塔），最终样本包括 8,312 家企业 53 年共 102,203 个企业-年度观测值。为保证结果不受极端值的影响，我们对所有连续变量在 1% 和 99%的水平上进行缩尾处理。

企业生命周期的测度方面，包括留存收益权益比（RETE）、留存收益资产比（RETA）和企业上市年龄（AGE）3 个变量。其中，留存收益权益比和留存收益资产比的定义与表 7-3 相同；企业上市年龄的定义则借鉴 Chi 和 Su（2017）的相关定义，为当前年份与企业在 CRSP 数据库中首次出现年份之间的差值。个股市场贝塔系数（BETA）是由滞后 60 个月（至少 24 个月）的市场收益率与个股收益率回归估计而来；市值规模（SIZE）定义为每年 6 月股票市值的自然对数；账面市值比（BEME）是上一年度 12 月末权益账面价值与市场价值之比的自然对数[①]。

由表 7-11 所示的 Fama-MacBeth 截面回归结果可以看出：无论使用何种指标测度企业生命周期，其与市值规模交互项的回归系数都一致地显著为正，即市值规模对股票预期收益的影响随企业生命周期的推进呈现逐渐减弱的趋势，同样支持理论预示。

7.6　小结

Fama-French 三因子模型中的市值规模因子可以反映增长期权对资产定价的重要作用。但是，现有研究不仅尚未注意到增长期权进而市值规模因子定价解释力随企业生命周期的规律性变化，也缺乏对增长期权创造作用的关注。本章在第 3 章同时考虑增长期权的不断执行和一次创造增长期权的企业估值模型的基础上，通过扩展 Berk 等（1999）的局部均衡框架下的资产定价模型，从理论上揭示增长期权不断执行如何导致市值规模因子的定价解释力随企业生命周期进程的变化规律，以及增长期权创造对这种变化规律的影响，并进行实证检验。

理论结果表明：随着企业生命周期的推进，增长期权的不断执行会导致市值规模因子的定价解释力呈现下降趋势，而增长期权的创造特别是持续创造对这种下降趋势具有抑制作用；账面市值比因子的定价解释力则并无明显变化趋势。实证证据方面，无论是利用留存收益权益比还是利用留存收益资产比作为企业生命周期的代理变量，无论是针对全样本还是针对生命周期相对完整的固定样本，也无论是个股的横截面回归证据还是基于生命周期分组构造组合的时间序列回归证据，都很好地支持理论预示。

---

① 权益账面价值是股东权益、递延所得税、投资税收抵免和可转换债券之和再减去优先股的清算价值。

表 7-11　美国市场的 Fama-MacBeth 横截面回归结果

变量	企业生命周期代理变量								
	留存收益资产比(RETE)			留存收益权益比(RETA)			企业上市年龄(AGE)		
RETE×SIZE	0.001***		0.001***						
	(3.168)		(2.954)						
RETE×BEME		−0.000	−0.000						
		(−0.160)	(−0.078)						
RETA×SIZE				0.002***		0.002***			
				(3.451)		(3.155)			
RETA×BEME					−0.000	0.001			
					(−0.215)	(0.495)			
AGE×SIZE							0.000**		0.000*
							(2.497)		(1.956)
AGE×BEME								−0.000**	−0.000
								(−2.580)	(−1.485)
RETE	0.004***	0.002**	0.003***						
	(5.148)	(2.204)	(4.073)						
RETA				0.006***	0.004***	0.006***			
				(5.180)	(2.835)	(4.662)			
AGE							−0.000	0.000	−0.000
							(−1.468)	(0.272)	(−1.139)
BETA	0.003	0.002	0.002	0.003	0.003	0.003	0.002	0.002	0.002
	(1.185)	(1.090)	(1.139)	(1.235)	(1.154)	(1.196)	(1.085)	(1.104)	(1.080)
BEME	0.005***	0.005***	0.005***	0.005***	0.005***	0.005***	0.005***	0.004***	0.005***
	(7.104)	(6.644)	(6.903)	(7.374)	(6.907)	(7.245)	(6.922)	(6.808)	(7.002)
SIZE	−0.001***	−0.001**	−0.001***	−0.001***	−0.001***	−0.001***	−0.001**	−0.001**	−0.001**
	(−2.850)	(−2.540)	(−2.832)	(−2.792)	(−2.611)	(−2.766)	(−2.413)	(−2.443)	(−2.429)
截距项	0.028***	0.026***	0.028***	0.028***	0.027***	0.028***	0.029***	0.029***	0.029***
	(3.468)	(3.260)	(3.447)	(3.399)	(3.308)	(3.391)	(3.330)	(3.356)	(3.341)
截面平均样本数	1148	1148	1148	1148	1148	1148	1148	1148	1148
调整的拟合优度	0.075	0.074	0.077	0.075	0.074	0.077	0.071	0.071	0.073

附录 7A　剔除创业板样本的稳健性检验

附表 7A-1　剔除创业板样本的横截面回归结果

子样本分组	从不 R&D 投资的子样本		间断 R&D 投资的子样本		持续 R&D 投资的子样本	
面板 A：留存收益权益比(RETE)衡量生命周期						
RETE×SIZE	0.003***	0.004***	0.004**	0.004**	0.022	0.014
	(2.991)	(3.517)	(2.551)	(2.168)	(0.824)	(0.621)

续表

子样本分组	从不 R&D 投资的子样本		间断 R&D 投资的子样本		持续 R&D 投资的子样本	
RETE×BEME		−0.002		−0.001		−0.025
		(−1.042)		(−0.576)		(−1.382)
RETE	0.001	−0.001	0.004***	0.003	−0.012	−0.012
	(0.787)	(−0.355)	(2.817)	(0.897)	(−1.129)	(−1.344)
BETA	0.015**	0.014**	0.003	0.003	−0.012	0.009
	(2.083)	(2.075)	(0.288)	(0.295)	(−0.527)	(0.794)
BEME	0.002	0.002	−0.001	−0.001	−0.008*	−0.005
	(1.085)	(1.127)	(−0.558)	(−0.460)	(−1.775)	(−0.895)
SIZE	−0.006***	−0.006***	−0.009***	−0.009***	−0.005	−0.006
	(−3.623)	(−3.588)	(−5.398)	(−5.355)	(−1.050)	(−1.561)
截距项	0.129***	0.126***	0.214***	0.214***	0.135	0.153*
	(3.458)	(3.417)	(5.277)	(5.289)	(1.426)	(1.734)
截面平均样本数	686	686	660	660	230	230
调整的拟合优度	0.097	0.101	0.105	0.108	0.152	0.164
面板 B：留存收益资产比（RETA）衡量生命周期						
RETA×SIZE	0.011***	0.011***	0.011**	0.011**	0.029	−0.003
	(3.596)	(3.606)	(2.232)	(2.233)	(0.836)	(−0.191)
RETA×BEME		−0.002		−0.002		−0.083*
		(−0.440)		(−0.614)		(−1.843)
RETA	0.001	0.000	0.005	0.004	0.113	−0.036
	(0.134)	(0.051)	(1.070)	(0.629)	(1.088)	(−1.136)
BETA	0.015**	0.015**	0.003	0.003	0.044	0.010
	(2.123)	(2.120)	(0.293)	(0.293)	(1.105)	(0.873)
BEME	0.001	0.001	−0.001	−0.001	0.011	−0.008
	(1.071)	(0.954)	(−0.265)	(−0.285)	(0.549)	(−1.400)
SIZE	−0.006***	−0.006***	−0.009***	−0.009***	−0.023	−0.008**
	(−3.602)	(−3.591)	(−5.116)	(−5.072)	(−1.658)	(−2.510)
截距项	0.126***	0.125***	0.204***	0.204***	0.473*	0.192**
	(3.413)	(3.396)	(5.032)	(5.001)	(1.681)	(2.532)
截面平均样本数	686	686	660	660	230	230
调整的拟合优度	0.097	0.010	0.105	0.107	0.152	0.166

注：括号内的数字为 t 值，***、**、*分别表示在 1%、5%和 10%的显著性水平上显著。

第四篇

增长期权创造篇

第8章　技术并购对资产风险溢价的影响

Berk 等(1999)开创性地建立了投资决策影响资产风险-收益特征动态变化的理论模型，由此赋予了市值规模和账面市值比两个定价因子一种新的经济解释。具体而言，伴随执行增长期权的投资决策，增长期权将不断转换为在位资产，导致风险-收益特征不同的在位资产和增长期权两类资产的相对构成动态变化，总资产风险-收益特征也动态变化。在增长期权系统风险高于在位资产系统风险的条件下(Galai and Masulis, 1976; Bernardo et al., 2007)，增长期权的执行和创造分别会降低和提高增长期权在总资产中的相对比例，进而分别对总资产系统风险(或预期收益率)具有负向和正向影响。

作为企业创造增长机会的一种重要手段，并购对股票预期收益率的影响倍受学者的关注，但研究结论并不一致。综合来看，关于并购和股票收益关系的已有研究主要集中于决策时机、并购条款和并购溢价来源等话题的讨论(Lambrecht, 2004; Morellec and Zhdanov, 2005)，以及并购后股票长期市场表现的实证检验[①]，鲜有文献从资产定价的视角研究并购对资产风险-收益特征的影响。对于企业而言，并购和自主研发(R&D)是常见的两种创新投资(Phillips and Zhdanov, 2013; Levine, 2017)，二者均可帮助企业创造新的增长机会(Zhao, 2009; Bena and Li, 2014; 唐清泉和巫岑, 2014)，进而通过提高增长期权在总资产中的相对重要性而对资产预期收益率具有正向影响。Hackbarth 和 Morellec(2008)从并购方和目标方风险相对大小的角度，理论上严格揭示了并购前后企业风险特征的动态变化，但该文的关注重点是并购双方在位资产的协同，并未涉及并购创造增长期权的作用讨论。

现实中，以获取新技术为目标的诸多并购案例，都是并购创造增长期权的很好例证。例如，苹果公司收购 Fingerworks 后将其多点触控技术集成入初代 iPhone；谷歌收购安卓后通过安卓平台的内置服务和广告投放赚取了巨额利润；沈阳机床集团以高端数控机床技术为目标收购德国希斯公司；北汽通过收购萨博的 3 个车型、发动机与变速箱技术后推出自主品牌汽车等。这些典型案例的共同特点在于，目标方通常为难以通过技术向产品的转化而获利的企业，而并购方获得并应用这些新技术进行产品升级可以获得高额利润。类似于 Rhodes-Kropf 和 Robinson(2008)提出的资产互补型并购，Phillips 和 Zhdanov(2013)指出，不同于运营协同和降低代理成本等并购动机，并购新技术可以提高并购方相对于竞争对手的产品差异化程度，进而提升产品需求和企业利润。李善民和曾昭灶(2003)也从产品质量差异化的角度指出了产品互补是并购溢价的重要来源。

进一步来看，企业生命周期推进过程中，并购创造增长期权的作用与效果，还很大程度上取决于并购方已有增长期权在总资产中的相对重要性，而已有增长期权的相对重要性与企业所处的生命周期阶段密切相关(Mueller, 1972)。在关于并购和企业生命周期的相关

---

① 针对不同市场的代表性实证研究有美国(Agrawal et al., 1992; Loughran and Vijh, 1997)、英国(Petmezas, 2009)、加拿大(Dutta and Jog, 2009)和中国(张学勇等, 2017)等。

研究方面，主要涉及并购类型对不同生命周期阶段企业绩效的影响(姚益龙等, 2009)，或者不同生命周期阶段企业对并购行业的选择(魏春燕和王生年, 2011)等，但同样尚未从资产定价的角度讨论不同生命周期阶段并购的影响与效果。

区别于上述关于并购决策、并购条款和并购溢价等的已有研究，也不同于错误定价(Rau and Vermaelen, 1998; Giannopoulos et al., 2017)、检验方法偏差(Barber and Lyon, 1997)、管理层过度自信(Roll, 1986)等角度对并购方股票长期表现的解释，本章将并购获得新技术视作并购创造增长期权的作用，从理论上研究并购影响并购方资产风险溢价的机理，并比较不同生命周期阶段中并购对资产风险溢价的影响差异，进而在扩展理性投资和资产定价关系相关理论研究的同时，为并购后股票的长期表现提供一种资产定价视角的新解释。

具体而言，借鉴 Phillips 和 Zhdanov(2013)的做法，假设并购方获得新技术后，利用新技术进行产品升级可以提高产品的差异化程度进而提高企业利润，采用实物期权方法分别求解年轻和成熟阶段企业的价值及构成，并进一步利用定价核技术求解考虑和不考虑并购两种情形下资产的风险溢价。针对考虑和不考虑并购两种情形的比较结果表明：通过提高总资产中增长期权的相对比例，并购可以起到提升并购方资产风险溢价的作用；进一步，如果并购新创增长期权的风险和执行该期权的投入回报同时较高，则成熟阶段较之年轻阶段的并购更加能够提升并购方的资产风险溢价。

首先，实证证据方面，以 1998～2016 年中国沪深两市 A 股非金融类上市公司为样本，研究结果表明：整体而言，并购对股票预期收益率具有正向影响，而且这种影响具有一定的时滞性，表现为当期并购对两年后的股票收益率的正向影响更为明显。其次，分别从未来增长期权执行可以吸收并购对股票预期收益率的正向影响，以及并购可以抑制资本支出和股票预期收益率的负向关系两个角度，提供了并购通过创造增长期权而影响股票预期收益率的证据。最后，相对而言，生命周期晚期的并购对股票预期收益率的正向影响更为明显。

8.1　基本假设

考虑一家代表性企业，其生命周期阶段可以划分为年轻和成熟两个阶段：在年轻阶段，企业总资产由资本水平为 K 的在位资产和未来有待执行的已有增长期权两部分构成；一旦通过支付一次性成本 K 执行已有增长期权，企业将随之进入成熟阶段，总资产全部由在位资产构成，资本水平相应地由 K 提升为 $2K$。参照 Carlson 等(2004)的做法，假设企业产量为在位资产资本水平的增函数，即年轻阶段和成熟阶段的产量分别为 $f(K)$ 和 $f(2K)$，且 $f'(\cdot)>0$。简化起见，假设 $f(\cdot)$ 为规模报酬不变的齐次函数，即 $f(2K)=2f(K)$。与此同时，借鉴 Phillips 和 Zhdanov(2013)的设定，假设产品价格 P 由产品自身的差异化特征和外生的价格过程共同决定，即

$$P = \alpha X \tag{8-1}$$

其中，$\alpha>0$ 表示产品的差异化特征。

外生的价格过程 $X(t)$ 服从几何布朗运动：

$$\mathrm{d}X = \hat{\mu} X \mathrm{d}t + \sigma X \mathrm{d}z \tag{8-2}$$

式中，$\hat{\mu}$ 和 σ 分别为 X 的期望增长率和波动程度；dz 为标准维纳过程增量。

无论是在年轻阶段，还是在成熟阶段，企业均可通过并购目标企业而获得一项新技术，所获新技术即可视作企业通过并购而创造的一项新增长期权（简称“新创期权”）[①]。获得新技术后，企业将择机利用该技术升级现有产品，从而将产品的差异化参数由 α 提升为 $\overline{\alpha}(\overline{\alpha}>\alpha)$，产品升级的一次性成本即为新创增长期权的执行成本，记为 I。

给定外生的定价核服从下列过程：

$$\mathrm{d}\Lambda=-r\Lambda\mathrm{d}t+\theta\Lambda\mathrm{d}w \tag{8-3}$$

其中，r 为无风险利率；常数 $\theta>0$，代表外生定价核的波动程度；dw 为标准维纳过程增量。

记 ρ 为 dz 和 dw 的相关系数，则在位资产的风险溢价可以表示为 $\varphi\equiv-\sigma\theta\rho$，因此式(8-2)在风险中性概率测度下可重新表示为

$$\mathrm{d}X=\mu X\mathrm{d}t+\sigma X\mathrm{d}z \tag{8-4}$$

其中，$\mu=\hat{\mu}-\varphi$，表示风险中性概率测度下的漂移率。

8.2　理论模型

8.2.1　不考虑并购情形下的企业价值

在年轻阶段，企业价值由资本水平为 K 的在位资产和已有增长期权两部分构成；在成熟阶段，企业价值由资本水平为 $2K$ 的在位资产构成。无论是在年轻阶段，还是在成熟阶段，在位资产价值均为永续现金流的折现值之和[②]，可以分别表示为

$$A^{Y}(X)=\frac{\alpha Xf(K)}{r-\mu} \tag{8-5}$$

$$A^{M}(X)=2A^{Y}(X)=\frac{\alpha X2f(K)}{r-\mu} \tag{8-6}$$

其中，A 表示在位资产价值；上标 Y 和 M 分别表示企业处于年轻阶段和成熟阶段。

对于年轻阶段企业的已有增长期权部分，其价值满足贝尔曼方程：

$$G(X)=\max\left\{e^{-r\mathrm{d}t}E_{t}\left[G(X+\mathrm{d}X)\right],A^{M}(X)-A^{Y}(X)-K\right\} \tag{8-7}$$

其中，右端第一部分表示继续等待时机以执行增长期权的价值；第二部分表示立即投资 K 执行增长期权的价值，企业相应地从年轻阶段推进到成熟阶段。

借鉴 Dixit 和 Pindyck(1994)的做法，运用伊藤引理展开式(8-7)最大值算子中的第一项可得

$$\frac{1}{2}\sigma^{2}X^{2}\frac{\mathrm{d}^{2}G(X)}{\mathrm{d}X^{2}}+\mu X\frac{\mathrm{d}G(X)}{\mathrm{d}X}-rG(X)=0$$

且有边界条件：

$$G(X^{*})=A^{M}(X^{*})-A^{Y}(X^{*})-K \tag{8-8}$$

---

① 企业的并购决策是根据外生不确定的价格而择机做出的，因此并购本身也可当作并购方的一项实物期权(Lambrecht, 2004; Hackbarth and Morellec, 2008)，但本章并未考虑并购决策本身，此处新创增长期权特指并购所获的新技术。

② 严格来讲，在位资产的现金流还需考虑生产成本和运营成本等，其折现值为常数，并不影响本章的结论。

$$\left.\frac{\mathrm{d}G(X)}{\mathrm{d}X}\right|_{X=X^*}=\left.\frac{\mathrm{d}A^M(X)}{\mathrm{d}X}\right|_{X=X^*}-\left.\frac{\mathrm{d}A^Y(X)}{\mathrm{d}X}\right|_{X=X^*} \tag{8-9}$$

$$\lim_{X\to 0}G(X)=0 \tag{8-10}$$

其中，X^*为已有增长期权的执行临界值；式(8-8)和式(8-9)分别为价值匹配和平滑粘贴条件；式(8-10)表示当产品价格趋于零时，企业的已有增长期权的价值也趋于零。

根据微分方程及其边界条件，容易求得年轻阶段企业的已有增长期权的价值为

$$G(X)=\begin{cases}\dfrac{K}{\beta-1}\left(\dfrac{X}{X^*}\right)^{\beta}, & X<X^*\\[2ex] \dfrac{\alpha Xf(K)}{r-\mu}-K, & X\geqslant X^*\end{cases} \tag{8-11}$$

其中，上半支表示等待执行增长期权的价值；下半支表示立即执行增长期权的价值；$\beta>1$，为二次方程$\frac{1}{2}\sigma^2\beta(\beta-1)+\mu\beta-r=0$的正根。

执行临界值为

$$X^*=\frac{\beta(r-\mu)K}{(\beta-1)\alpha f(K)} \tag{8-12}$$

将式(8-5)的在位资产价值和式(8-11)上半支的已有增长期权价值加总，即可得到不考虑并购情形下的年轻阶段的企业价值为

$$\begin{aligned}V^Y(X)&=A^Y(X)+G(X)\\&=\frac{\alpha Xf(K)}{r-\mu}+\frac{K}{\beta-1}\left(\frac{X}{X^*}\right)^{\beta}\end{aligned} \tag{8-13}$$

成熟阶段的企业价值则为式(8-6)表示的在位资产价值：

$$\begin{aligned}V^M(X)&=A^M(X)\\&=\frac{2\alpha Xf(K)}{r-\mu}\end{aligned} \tag{8-14}$$

8.2.2　考虑并购创造增长期权情形下的企业价值

无论是在年轻阶段，还是在成熟阶段，企业均可通过并购获得新技术而创造一项新的增长期权。如果企业执行新创期权，则企业产品的差异化特征参数由 α 变为$\bar{\alpha}$，这将同时影响在位资产和已有增长期权的价值及执行临界值。区别于不考虑并购的情形，我们在相应的价值或临界值符号中利用“¯”表示并购的影响；对于并购新创的增长期权，用下标 MA 予以表示。

8.2.2.1　成熟阶段

在成熟阶段，企业在位资产的资本水平为 $2K$，同时，一旦执行并购获得的新创期权，在位资产的价值将由 $A^M(X)$ 提升为

$$\bar{A}^M(X)=\frac{\bar{\alpha}X\cdot 2f(K)}{r-\mu} \tag{8-15}$$

新创期权的价值满足贝尔曼方程：

$$G_{\mathrm{MA}}^{M}(X)=\max\left\{e^{-r\mathrm{d}t}E_t\left[G_{\mathrm{MA}}^{M}(X+\mathrm{d}X)\right],\bar{A}^{M}(X)-A^{M}(X)-I\right\} \tag{8-16}$$

其中，下标 MA 和上标 M 共同表示成熟企业并购获得的新创增长期权。

式(8-16)的微分方程为

$$\frac{1}{2}\sigma^2X^2\frac{\mathrm{d}^2G_{\mathrm{MA}}^{M}(X)}{\mathrm{d}X^2}+\mu X\frac{\mathrm{d}G_{\mathrm{MA}}^{M}(X)}{\mathrm{d}X}-rG_{\mathrm{MA}}^{M}(X)=0$$

且满足边界条件：

$$G_{\mathrm{MA}}^{M}\left(X_{\mathrm{MA}}^{M}\right)=\bar{A}^{M}\left(X_{\mathrm{MA}}^{M}\right)-A^{M}\left(X_{\mathrm{MA}}^{M}\right)-I \tag{8-17}$$

$$\left.\frac{\mathrm{d}G_{\mathrm{MA}}^{M}(X)}{\mathrm{d}X}\right|_{X=X_{\mathrm{MA}}^{M}}=\left.\frac{\mathrm{d}\bar{A}^{M}(X)}{\mathrm{d}X}\right|_{X=X_{\mathrm{MA}}^{M}}-\left.\frac{\mathrm{d}A^{M}(X)}{\mathrm{d}X}\right|_{X=X_{\mathrm{MA}}^{M}} \tag{8-18}$$

$$\lim_{X\to 0}G_{\mathrm{MA}}^{M}(X)=0 \tag{8-19}$$

其中，X_{MA}^{M} 为成熟阶段企业新创增长期权的执行临界值；式(8-17)和式(8-18)分别为价值匹配和平滑粘贴条件；式(8-19)说明当产品价格趋于零时，新创增长期权的价值也趋于零。

联立微分方程及其边界条件式(8-17)～式(8-19)，成熟阶段新创的增长期权的价值为

$$G_{\mathrm{MA}}^{M}(X)=\begin{cases}\dfrac{I}{\beta-1}\left(\dfrac{X}{X_{\mathrm{MA}}^{M}}\right)^{\beta}, & X<X_{\mathrm{MA}}^{M}\\[2ex] \dfrac{2(\bar{\alpha}-\alpha)Xf(K)}{r-\mu}-I, & X\geqslant X_{\mathrm{MA}}^{M}\end{cases} \tag{8-20}$$

其中，上半支和下半支分别表示成熟阶段企业等待执行和立即执行新创增长期权的价值。

执行临界值为

$$X_{\mathrm{MA}}^{M}=\frac{\beta(r-\mu)I}{2(\beta-1)(\bar{\alpha}-\alpha)f(K)} \tag{8-21}$$

至此，成熟阶段企业价值由资本水平为 $2K$ 的在位资产和新创增长期权两部分组成，即

$$\begin{aligned}V_{\mathrm{MA}}^{M}(X)&=V^{M}(X)+G_{\mathrm{MA}}^{M}(X)\\&=A^{M}(X)+G_{\mathrm{MA}}^{M}(X)\\&=\frac{2\alpha Xf(K)}{r-\mu}+\frac{I}{\beta-1}\left(\frac{X}{X_{\mathrm{MA}}^{M}}\right)^{\beta}\end{aligned} \tag{8-22}$$

8.2.2.2 年轻阶段

在年轻阶段，企业既拥有已有增长期权，还可通过并购创造新的增长期权，记两种增长期权的执行临界值分别为 $\bar{X}^{*}$ 和 X_{MA}^{Y}，二者的大小关系决定了企业执行两种期权的顺序，包括两种情形。情形一，先执行新创增长期权，后执行已有增长期权，即 $\bar{X}^{*}\geqslant X_{\mathrm{MA}}^{Y}$。情形二，先执行已有增长期权，后执行新创增长期权，即 $\bar{X}^{*}<X_{\mathrm{MA}}^{Y}$。在情形二下，先执行已有增长期权将企业推进至成熟阶段，新创增长期权价值及其执行临界值即为 8.2.2.1 小节成熟阶段的情形，因此，后续分析仅针对情形一进行讨论。

针对情形一，由于新创增长期权先于已有增长期权执行，并购新创的增长期权的标的

资产为在位资产的价值增量，相应的贝尔曼方程和微分方程为

$$G_{\mathrm{MA}}^{Y}(X)=\max\left\{e^{-r\mathrm{d}t}\mathrm{E}_t\left[G_{\mathrm{MA}}^{Y}(X+\mathrm{d}X)\right],\left(\overline{A}^{Y}(X)-A^{Y}(X)\right)-I\right\} \tag{8-23}$$

其中，下标 MA 和上标 Y 共同表示年轻阶段并购创造的增长期权；“ $\overline{}$ ”表示考虑并购影响时的价值。

考虑并购情形下已有增长期权价值 $\overline{G}(X)$ 满足贝尔曼方程：

$$\overline{G}(X)=\max\left\{e^{-r\mathrm{d}t}\mathrm{E}_t\left[\overline{G}(X+\mathrm{d}X)\right],\left[\overline{A}^{M}(X)-\overline{A}^{Y}(X)\right]-K\right\}$$

其具体表达和投资临界值分别为

$$\overline{G}(X)=\begin{cases}\dfrac{K}{\beta-1}\left(\dfrac{X}{\overline{X}^{*}}\right)^{\beta}, & X<\overline{X}^{*}\\ \dfrac{\overline{\alpha}Xf(K)}{r-\mu}-K, & X\geqslant\overline{X}^{*}\end{cases} \tag{8-24}$$

$$\overline{X}^{*}=\frac{\beta(r-\mu)K}{(\beta-1)\overline{\alpha}f(K)} \tag{8-25}$$

在先执行新创增长期权、后执行已有增长期权的情形下，年轻阶段新创期权表达式(8-23)的通解形式为

$$G_{\mathrm{MA}}^{Y}(X)=\begin{cases}CX^{\beta}, & X<X_{\mathrm{MA}}^{Y}\\ \dfrac{(\overline{\alpha}-\alpha)Xf(K)}{r-\mu}-I, & X\geqslant X_{\mathrm{MA}}^{Y}\end{cases}$$

其中，上半支为新创增长期权等待执行时的价值；下半支为执行新创增长期权执行后的价值。

待定系数 C 和执行临界值 X_{MA}^{Y} 可通过上式两个分支在 X_{MA}^{Y} 处的价值匹配和平滑粘贴两个条件联立确定，即

$$C\left(X_{\mathrm{MA}}^{Y}\right)^{\beta}=\frac{(\overline{\alpha}-\alpha)X_{\mathrm{MA}}^{Y}f(K)}{r-\mu}-I$$

$$\beta C\left(X_{\mathrm{MA}}^{Y}\right)^{\beta-1}=\frac{(\overline{\alpha}-\alpha)f(K)}{r-\mu}$$

因此年轻阶段新创期权的价值为

$$G_{\mathrm{MA}}^{Y}(X)=\begin{cases}\dfrac{I}{\beta-1}\left(\dfrac{X}{X_{\mathrm{MA}}^{Y}}\right)^{\beta}, & X<X_{\mathrm{MA}}^{Y}\\ \dfrac{(\overline{\alpha}-\alpha)Xf(K)}{r-\mu}-I, & X_{\mathrm{MA}}^{Y}\leqslant X\end{cases} \tag{8-26}$$

其中，执行临界值为

$$X_{\mathrm{MA}}^{Y}=\frac{\beta(r-\mu)I}{(\beta-1)(\overline{\alpha}-\alpha)f(K)} \tag{8-27}$$

进一步，根据情形一成立的条件 $\overline{X}^{*}\geqslant X_{\mathrm{MA}}^{Y}$，相关参数应满足：

$$\frac{(\bar{\alpha}-\alpha)Xf(K)}{I} \geqslant \frac{\bar{\alpha}Xf(K)}{K} \tag{8-28}$$

可以看出：条件式(8-28)左端的分子和分母分别为执行新创增长期权带来的现金流增量和执行成本，二者之比即可反映执行新创增长期权的投资回报率；右端的分子和分母分别为考虑并购影响下执行已有增长期权带来的现金流增量和执行成本，二者之比反映执行已有增长期权的投资回报率。因此，条件式(8-28)的经济含义在于：在年轻阶段，当执行已有增长期权的投资回报率低于执行新创增长期权的投资回报率时，企业将先执行新创增长期权。

至此，考虑并购新技术所创造的增长期权，且该期权先于已有增长期权执行的情形，年轻阶段的企业价值由资本水平为 K 的在位资产、尚未执行的已有增长期权和尚未执行的新创增长期权 3 部分组成①，即

$$\begin{aligned} V_{\mathrm{MA}}^{Y}(X) &= A^{Y}(X) + \bar{G}(X) + G_{\mathrm{MA}}^{Y}(X) \\ &= \frac{\alpha Xf(K)}{r-\mu} + \frac{K}{\beta-1}\left(\frac{X}{\bar{X}^{*}}\right)^{\beta} + \frac{I}{\beta-1}\left(\frac{X}{X_{\mathrm{MA}}^{Y}}\right)^{\beta} \end{aligned} \tag{8-29}$$

8.2.3　并购对并购方资产风险溢价的动态影响

在上节各部分资产价值的基础上，本节将利用随机贴现因子方法计算相应的风险溢价，并通过对考虑与不考虑并购两种情形的比较，重点分析并购对并购方资产风险溢价的动态影响。

根据 Cochrane (2009) 的相关研究成果，资产风险溢价的一般表达式为

$$\mathrm{E}(R)\mathrm{d}t = -\mathrm{E}\left[\frac{\mathrm{d}V}{V}\frac{\mathrm{d}\Lambda}{\Lambda}\right] \tag{8-30}$$

其中，V 和 R 分别代表资产价值和资产的风险溢价。

将年轻阶段式(8-29)的 3 部分价值分别代入式(8-30)，运用伊藤引理化简可得在位资产、已有增长期权和新创增长期权的风险溢价依次为

$$\mathrm{E}\left(R^{Y,A}\right) = -\mathrm{E}\left[\frac{\mathrm{d}A^{Y}(X)}{A^{Y}(X)}\frac{\mathrm{d}\Lambda}{\Lambda}\right]\frac{1}{\mathrm{d}t} = \varphi$$

$$\mathrm{E}\left(\bar{R}^{G}\right) = -\mathrm{E}\left[\frac{\mathrm{d}\bar{G}(X)}{\bar{G}(X)}\frac{\mathrm{d}\Lambda}{\Lambda}\right]\frac{1}{\mathrm{d}t} = \beta\varphi$$

$$\mathrm{E}\left(R_{\mathrm{MA}}^{Y,G}\right) = -\mathrm{E}\left[\frac{\mathrm{d}G_{\mathrm{MA}}^{Y}(X)}{G_{\mathrm{MA}}^{Y}(X)}\frac{\mathrm{d}\Lambda}{\Lambda}\right]\frac{1}{\mathrm{d}t} = \beta\varphi$$

进一步，在位资产和增长期权两类资产(包括已有增长期权和新创增长期权)的风险溢价按价值占比加权平均，可得年轻阶段的总资产风险溢价为②

---

① 已有增长期权价值表达式(8-11)、已有增长期权价值表达式(8-24)和新创增长期权价值表达式(8-26)都取各自的上半支表达，表示期权尚未执行的状态，其中已有增长期权尚未执行表示企业处于年轻阶段，新创增长期权尚未执行表示并购的期权创造作用。

② 需要特别说明的是，由于本章简化假设新创增长期权和已有增长期权都依赖于一个相同的外生价格过程［式(8-4)］，这使得两种增长期权的风险溢价同为 $\beta\varphi$ 。

$$\mathrm{E}\left(R_{\mathrm{MA}}^{Y}\right)=\frac{A^{Y}(X)}{V_{\mathrm{MA}}^{Y}(X)}\varphi+\left[\frac{\bar{G}(X)}{V_{\mathrm{MA}}^{Y}(X)}+\frac{G_{\mathrm{MA}}^{Y}(X)}{V_{\mathrm{MA}}^{Y}(X)}\right]\beta\varphi \tag{8-31}$$

同理，将成熟阶段式(8-22)的两部分价值代入式(8-31)得在位资产和新创增长期权的风险溢价分别为

$$\begin{aligned}\mathrm{E}\left(R^{M,A}\right)&=-\mathrm{E}\left[\frac{\mathrm{d}A^{M}(X)}{A^{M}(X)}\frac{\mathrm{d}\Lambda}{\Lambda}\right]\frac{1}{\mathrm{d}t}\\&=\varphi\\\mathrm{E}\left(R_{\mathrm{MA}}^{M,G}\right)&=-\mathrm{E}\left[\frac{\mathrm{d}G_{\mathrm{MA}}^{M}(X)}{G_{\mathrm{MA}}^{M}(X)}\frac{\mathrm{d}\Lambda}{\Lambda}\right]\frac{1}{\mathrm{d}t}\\&=\beta\varphi\end{aligned}$$

两部分资产的风险溢价按其价值占比进行加权平均，可得成熟阶段的总资产风险溢价相应为

$$\mathrm{E}\left(R_{\mathrm{MA}}^{M}\right)=\frac{A^{M}(X)}{V_{\mathrm{MA}}^{M}(X)}\varphi+\frac{G_{\mathrm{MA}}^{M}(X)}{V_{\mathrm{MA}}^{M}(X)}\beta\varphi \tag{8-32}$$

本章附录 8A.1 给出了年轻和成熟阶段各部分资产风险溢价的详细推导。对于不考虑并购的情形，企业总资产中不包括新创增长期权，年轻和成熟阶段总资产风险溢价分别为

$$\mathrm{E}\left(R^{Y}\right)=\frac{A^{Y}(X)}{V^{Y}(X)}\varphi+\frac{G(X)}{V^{Y}(X)}\beta\varphi \tag{8-33}$$

$$\mathrm{E}\left(R^{M}\right)=\frac{A^{M}(X)}{V^{M}(X)}\varphi=\varphi \tag{8-34}$$

对比考虑和不考虑并购两种情形下的式(8-31)与式(8-33)，以及式(8-32)与式(8-34)，可以看出，并购正是通过改变总资产中在位资产和增长期权两部分价值的相对比例而动态影响总资产风险溢价。具体而言，在年轻阶段，式(8-31)和式(8-33)之差即为并购带来的总资产风险溢价的变化，即

$$\begin{aligned}\Delta\mathrm{E}\left(R^{Y}\right)&\equiv\mathrm{E}\left(R_{\mathrm{MA}}^{Y}\right)-\mathrm{E}\left(R^{Y}\right)\\&=\left[\frac{A^{Y}(X)}{V^{Y}(X)}-\frac{A^{Y}(X)}{V_{\mathrm{MA}}^{Y}(X)}\right](\beta-1)\varphi\end{aligned} \tag{8-35}$$

类似地，式(8-32)减去式(8-34)为成熟阶段并购带来的总资产风险溢价的变化：

$$\begin{aligned}\Delta\mathrm{E}\left(R^{M}\right)&\equiv\mathrm{E}\left(R_{\mathrm{MA}}^{M}\right)-\mathrm{E}\left(R^{M}\right)\\&=\left[\frac{A^{M}(X)}{V^{M}(X)}-\frac{A^{M}(X)}{V_{\mathrm{MA}}^{M}(X)}\right](\beta-1)\varphi\end{aligned} \tag{8-36}$$

值得注意的是，式(8-35)与式(8-36)的符号都取决于考虑与不考虑并购两种情形下企业价值的大小关系。显然，无论是在年轻阶段，还是在成熟阶段，考虑并购时的企业价值总是多一部分新创增长期权的价值，即 $V^{Y}(X)<V_{\mathrm{MA}}^{Y}(X)$ 和 $V^{M}(X)<V_{\mathrm{MA}}^{M}(X)$，因此无论是在哪个阶段，并购对资产风险溢价都具有正向影响，即并购可以提升并购方的风险溢价。进一步，新创增长期权价值 $G_{\mathrm{MA}}^{Y}(X)$ 和 $G_{\mathrm{MA}}^{M}(X)$ 越大，式(8-35)与式(8-36)的值也越大，即

创造增长期权的并购活动总会对并购方资产风险溢价的正向影响程度取决于新创期权的价值大小。

由式(8-35)和式(8-36)可以看出，由于增长期权风险溢价 $\beta\theta$ 高于在位资产风险溢价 θ，无论是在年轻阶段，还是在成熟阶段，并购都是通过提高总资产中增长期权的价值占比而提升并购方的总资产风险溢价。与此同时，根据 Anderson 和 Garcia-Feijóo(2006)以及李强等(2018)关于增长期权执行与股票预期收益关系的研究，可以预期：一旦并购新创的增长期权被执行，股票预期收益率将随之降低。现实中，获得新技术后，如果并购方不断或逐步执行新创增长期权，股票预期收益率将持续下降，这不同于错误定价(Rau and Vermaelen, 1997; Giannopoulos et al., 2017)、检验方法偏差(Barber and Lyon, 1997)、管理层过度自信(Roll, 1986)等角度，为并购后股票弱长期表现提供资产定价视角的一种新解释。

8.2.4　不同生命周期阶段并购创造增长期权作用的比较

本小节对年轻和成熟两个阶段中并购带来的影响程度进行比较。8.2.2.2 小节的结果表明：在年轻阶段，如果执行新创增长期权的投资回报高率于执行已有增长期权的单位投资回报率，则企业将先执行新创增长期权。在此情形下，本章附录 8A.2 将年轻阶段并购带来的资产风险溢价变化式(8-35)进行缩放可得

$$\Delta \mathrm{E}\left(R^{Y}\right)<\left[\frac{G_{\mathrm{MA}}^{M}(X)}{2^{\beta-1}\left(\dfrac{I}{I+K}\right)A^{M}(X)+G_{\mathrm{MA}}^{M}(X)}\right](\beta-1)\varphi \tag{8-37}$$

同时，成熟阶段的式(8-36)可重新表达为

$$\begin{aligned}\Delta \mathrm{E}\left(R^{M}\right)&=\left[1-\frac{A^{M}(X)}{V_{\mathrm{MA}}^{M}(X)}\right](\beta-1)\varphi\\&=\left[\frac{G_{\mathrm{MA}}^{M}(X)}{A^{M}(X)+G_{\mathrm{MA}}^{M}(X)}\right](\beta-1)\varphi\end{aligned} \tag{8-38}$$

显然，如果 $\beta \geqslant \ln(1+K/I)/\ln 2+1$，则容易有 $\Delta\mathrm{E}(R^{M})>\Delta\mathrm{E}(R^{Y})$，即在增长期权系统风险高于某一水平的条件下，成熟阶段的并购对资产风险溢价的正向影响更强。因此，当企业执行新创增长期权较之执行已有增长期权的投资回报率更高，且增长期权的系统风险也较高时，成熟阶段并购提升资产风险溢价的作用将强于年轻阶段。

8.3　数字示例

参照 Carlson 等(2004)、Dixit 和 Pindyck(1994)的相关研究成果，设定基本参数取值：X=0.4，μ=0.02，σ=0.2，r=0.06，K=150，$f(K)$=150，α=0.003，φ=0.4 和 ρ=−0.5。以不考虑并购的情形为基准，图 8-1 给出了并购情形下资产风险溢价随新创增长期权价值的变化关系，其中新创期权价值由横轴的产品差异化参数 $\bar{\alpha}\in(0.005, 0.01)$ 和执行成本 I=10、15 和 20 共同确定。可以看出：无论是在年轻阶段，还是在成熟阶段，并购创造增长期权的作用均使得资产风险溢价始终高于不考虑并购的情形；而且，$\bar{\alpha}$ 越大、I 越小，新创增长

期权的价值越大，并购对资产风险溢价的影响程度越大。

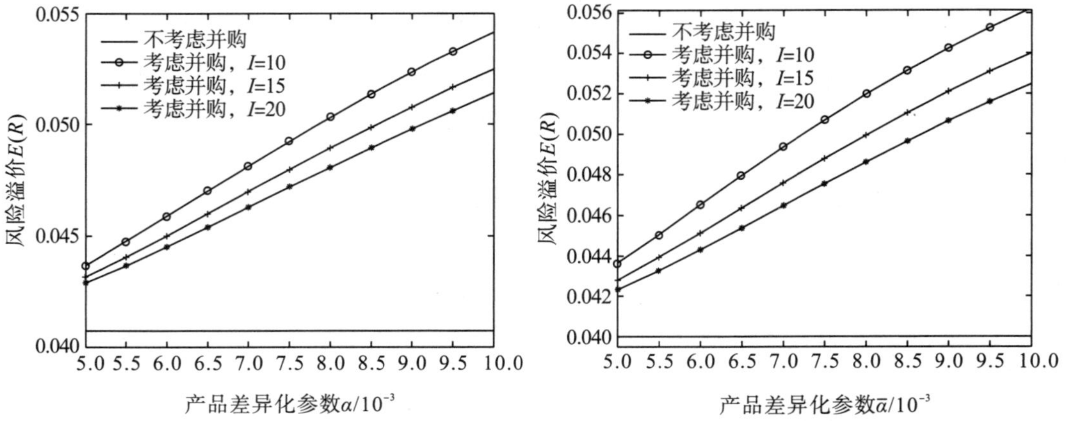

(a) 年轻阶段　　(b) 成熟阶段

图 8-1　考虑和不考虑并购两种情形下并购方风险溢价随产品差异化程度的变化

沿用图 8-1 的参数设定，图 8-2 给出不同新创期权价值水平下年轻和成熟阶段并购对资产风险溢价影响程度的比较。可以看出：成熟阶段并购对风险溢价的提升幅度总是高于年轻阶段的并购，且产品差异化参数 $\bar{\alpha}$ 越大、执行成本 I 越小，新创增长期权的价值越高，成熟和年轻阶段并购影响程度的差异越大。

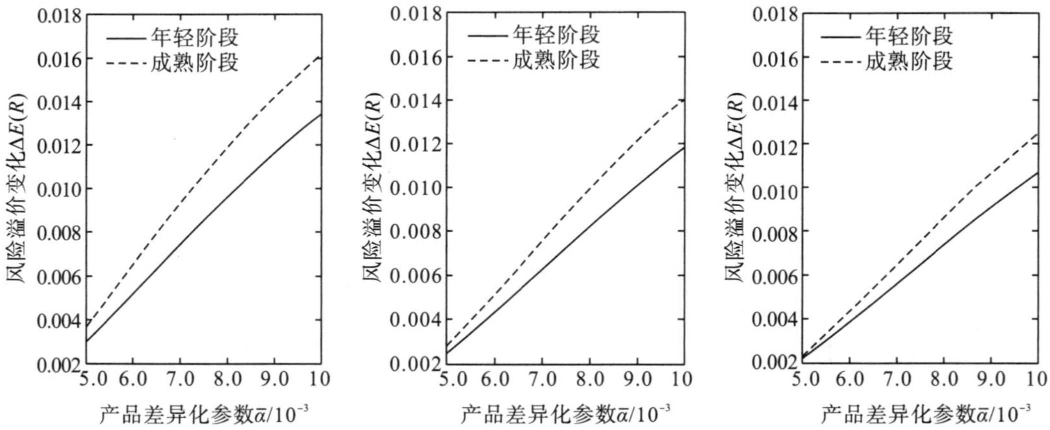

(a) I=10　　(b) I=15　　(c) I=20

图 8-2　不同生命周期阶段并购对风险溢价的影响随产品差异化程度的变化

8.4　实证设计

前述理论结果表明，通过创造增长期权进而提高总资产中增长期权的相对比例，并购对并购方资产风险溢价具有提升作用，且成熟阶段并购对资产风险溢价的提升作用更强。本节将利用我国沪深两市 A 股上市公司数据，进行相应的实证检验。

8.4.1　数据与样本

本节以 1998～2016 年中国沪深两市 2,713 家非金融类 A 股企业为样本(包括主板和创业板，剔除企业 IPO 当年的数据)①，利用其成功完成股权并购和股权与资产混合并购的两类并购事件，实证检验并购通过创造增长期权而对股票预期收益率产生的影响。具体而言，在每个会计年度，根据国泰安 CSMAR 企业并购重组数据库，将被该数据库收录且并购交易成功的样本界定为该年度发生并购的样本；反之，该年度未在数据库中的企业为未进行并购的样本。据此标准，最终得到样本期内发生并购的买方企业有 2,261 家，涉及并购交易 9,375 起；样本期内从未进行并购的企业有 452 家。财务数据和股票收益率数据来自国泰安 CSMAR 数据库，个股贝塔系数系数数据来自锐思金融数据库。表 8-1 给出了各年度样本企业的分布情况。

表 8-1　样本的年度分布情况

年份	发生并购的企业数	样本企业数	并购企业占比/%
1998	59	623	9.47
1999	79	714	11.06
2000	147	801	18.35
2001	151	925	16.32
2002	161	996	16.16
2003	198	1,062	18.64
2004	204	1,116	18.28
2005	168	1,194	14.07
2006	212	1,197	17.71
2007	352	1,263	27.87
2008	386	1,370	28.18
2009	389	1,446	26.90
2010	418	1,545	27.06
2011	450	1,896	23.73
2012	520	2,183	23.82
2013	615	2,363	26.03
2014	703	2,361	29.78
2015	930	2,482	37.47
2016	881	2,707	32.55

8.4.2　变量与指标

对于被解释变量，利用下一个财务年度 1～12 月考虑现金股利再投资的月度收益率来度量股票预期收益率。

解释变量方面，在每个会计年度，关于是否发生并购的界定，考虑到并购创造增长机会需要一段时间或过程，我们以考察年度及滞后 1 年、滞后 2 年共 3 个会计年度作为判别窗口：

① 由于利用下一年度的个股月度收益率测度股票预期收益率，因此相应收益率数据区间为 1999～2017 年。

若3年内无并购发生，则界定为“未发生并购”，否则为“发生并购”，据此设置0/1虚拟变量MA作为主要解释变量，0和1分别代表未并购和并购。与此同时，为了更好地体现并购影响的时滞性，针对过去3年内进行并购的子样本，对其进一步针对仅在考察年度及滞后1年共两年内进行并购的两种情形，与相应年度未发生并购的子样本对照样本一起，分别设置MA1和MA2两个0/1虚拟变量，其中0和1同样分别表示未并购和并购的情形。

关于并购创造增长期权作用的检验，包括两个角度。第一，在并购影响股票预期收益率的回归模型中，通过对比是否包括增长期权代理变量两种情形的对比，考察控制增长期权的影响后，并购是否依然对股票预期收益率具有影响。其中，增长期权的测度借鉴Grullon 和 Lyandres(2012)的做法，利用营业收入增长率作为代理变量。第二，检验并购对资本支出与股票预期收益率关系的间接影响。已有研究指出，资本支出反映了企业对增长期权的消耗，进而反映增长期权相对重要性的降低，其对股票预期收益率具有负向影响。然而，如果企业进行资本支出之前发生过并购活动，则资本支出消耗增长期权所导致的增长期权相对重要性的降低将会被减缓或抑制，进而资本支出对股票预期收益率的负向影响将被减弱，甚至消失。关于资本支出的测度，借鉴Anderson 和 Garcia-Feijóo(2006)、李强等(2018)等的做法，利用购建固定资产、无形资产和其他长期资产支付的现金流出除以营业收入测度资本支出强度。

另外，关于不同生命周期阶段并购作用的比较，借鉴DeAngelo 等(2006)的方法测度并划分生命周期阶段：首先，利用留存收益(未分配利润和盈余公积)除以总资产予以测度企业成熟程度，该比值越大表示企业越成熟；然后，根据30%和70%两个分位点将样本分为早期、中期和晚期3组子样本，进行分组回归及比较。

控制变量方面，包括个股贝塔系数、账面市值比、市值规模、总资产收益率等常见的定价因素。所有变量定义及说明详见表8-2。

表8-2　变量定义与指标测度

类型	变量名	符号	定义及说明
被解释变量	股票预期收益率	ER	下一年度1～12月考虑现金股利再投资的个股月收益率
解释变量	是否并购的虚拟变量	MA	所考察财务年度及滞后1年、滞后2年共3年内是否发生了并购，发生为1，否则为0
		MA2	所考察财务年度当年及滞后1年共两年内是否发生了并购，发生为1，否则为0
		MA1	所考察财务年度当年是否发生了并购，发生为1，否则为0
控制变量	个股贝塔系数	BETA	当月之前所有历史月度超额收益数据与市场月度超额收益进行OLS回归所得数据，数据直接下载自锐思金融数据库
	账面市值比	*B*/*M*	年末股东权益除以股票总市值，其中股票总市值中非流通股价值为非流通股数乘以流通股股价
	市值规模	SIZE	企业年末股票总市值的自然对数
	资产报酬率	ROA	税后净利除以年末总资产
	资本支出强度	CAP	购建固定资产、无形资产和其他长期资产支付的现金流出金额除以营业收入
	营业收入增长率	SALEGR	所考察财务年度下一年营业收入减去当年营业收入除以当年营业收入

8.5　实证结果及分析

8.5.1　描述性统计

在每个会计年度，首先，根据过去 3 年内是否发生并购(即变量 MA)将样本分为“未发生并购”和“发生并购”两组子样本，分别计算两组子样本中相关变量的等权平均值，以及预期收益率的市值加权平均值。其次，利用两个子样本中相关变量截面均值的时间序列数据，进行均值的差异性检验，结果见表 8-3。可以看出：发生并购子样本的个股贝塔系数(BETA)、市值规模(SIZE)和资本支出强度(CAP)均显著高于未发生并购子样本，但账面市值比(*B*/*M*)、资产报酬率(ROA)、等权与市值加权预期收益率(ER)则与未发生并购子样本并无显著差异。

表 8-3　是否并购分组下主要指标的描述性统计

	BETA	*B*/*M*	SIZE	ROA	CAP	ER(等权组合)	ER(加权组合)
发生	1.037	0.403	22.034	0.052	0.159	0.015	0.010
未发生	1.024	0.407	21.878	0.031	0.156	0.015	0.011
均值差异	0.013***	−0.004	0.156***	0.021**	0.002	0.000	−0.001
	(7.721)	(−0.747)	(7.544)	(2.242)	(0.386)	(0.505)	(−0.617)

注：括号内为 *t* 值，***、**、*分别表示在 1%、5%和 10%的显著性水平上显著，下同。

8.5.2　多元回归分析

本小节以下一个会计年度 1～12 月份的个股月度收益率(ER)为被解释变量，以是否发生并购的几个虚拟变量为解释变量，控制相关因素，利用 Fama 和 MacBeth(1973)的两步法 OLS 回归：首先，在每个月进行截面回归；然后，将各个月截面的回归系数取平均值，作为最终回归系数并进行均值 *t* 检验，结果见表 8-4。

表 8-4 模型 1 为在 Fama 和 French(1992)三因子的基础上引入总资产收益率(ROA)的回归，结果显示总资产收益率与股票预期收益率具有显著的正向关系。模型 2 引入资本支出强度(CAP)，其对股票预期收益率具有显著的负向影响，这与 Anderson 和 Garcia-Feijóo(2006)、李强等(2018)等关于增长期权执行降低股票预期收益率的实证证据一致。模型 3 引入包括考察年度在内的过去 3 个会计年度是否发生并购的虚拟变量，回归显示：并购对股票预期收益率具有显著的正向影响，很好地支持了理论预示。同时，分别将当年及过去两个会计年度中是否发生并购的虚拟变量 MA1 和 MA2 作为解释变量，模型 4 及模型 5 的结果同样一致表明：并购对股票预期收益率的影响为正。

进一步，分别以模型 3～模型 5 为基准，模型 6～模型 8 相应分别引入营业收入增长率(SALEGR)作为增长期权代理变量，考察并购对股票预期收益率的影响是否是由于增长期权所致。结果表明：营业收入增长率和股票预期收益率呈显著的正向关系，即拥有较多增长期权的企业的股票预期收益率较高。更为重要的是，一旦控制营业收入增长率的影响，是否发生并购的虚拟变量 MA1 和 MA2 的回归系数的显著性将有所下降，说明增长期权对并购与股票预期收益率的正向关系具有一定的吸收或解释作用，因此一定程度上可以认为，并购正是通过增长期权创造而对股票预期收益率产生正向影响，支持理论预示。

表 8-4　并购影响股票预期收益率的多元回归结果

变量	模型 1	模型 2	模型 3	模型 4	模型 5	模型 6	模型 7	模型 8
BETA	−0.002	−0.002	−0.002	−0.002	−0.002	−0.002	−0.002	−0.002
	(−1.255)	(−1.339)	(−1.338)	(−1.330)	(−1.341)	(−1.306)	(−1.300)	(−1.311)
Ln (*B/M*)	0.003***	0.003***	0.003***	0.003***	0.003***	0.003***	0.003***	0.003***
	(2.643)	(2.636)	(2.618)	(2.641)	(2.659)	(2.836)	(2.858)	(2.875)
SIZE	−0.006***	−0.006***	−0.006***	−0.006***	−0.006***	−0.006***	−0.006***	−0.006***
	(−3.908)	(−3.852)	(−3.858)	(−3.844)	(−3.853)	(−3.833)	(−3.816)	(−3.827)
ROA	0.032***	0.032***	0.032***	0.032***	0.032***	0.032***	0.033***	0.032***
	(2.710)	(2.712)	(2.691)	(2.705)	(2.684)	(2.729)	(2.743)	(2.722)
CAP		−0.004***	−0.003***	−0.004***	−0.004***	−0.004***	−0.004***	−0.004***
		(−2.812)	(−2.787)	(−2.806)	(−2.817)	(−3.295)	(−3.308)	(−3.314)
SALEGR						0.001***	0.001***	0.001***
						(4.538)	(4.539)	(4.545)
MA			0.001**			0.001**		
			(2.531)			(2.133)		
MA2				0.0011**			0.001*	
				(2.215)			(1.831)	
MA1					0.001*			0.001
					(1.960)			(1.544)
截距项	0.145***	0.144***	0.144***	0.144***	0.144***	0.143***	0.143***	0.143***
	(4.253)	(4.226)	(4.221)	(4.208)	(4.222)	(4.204)	(4.190)	(4.205)
截面平均样本数	1337	1335	1335	1335	1335	1335	1335	1335
月份数	228	228	228	228	228	228	228	228
调整的拟合优度	0.063	0.065	0.066	0.066	0.066	0.068	0.068	0.068

注：为了消除异常值的影响，除并购指标以外的各变量在 1%和 99%分位数上进行了缩尾处理。

表 8-5 利用过去 3 年内未发生并购和发生并购的企业分别作为子样本，进行分组回归，并比较不同子样本中资本支出强度和股票预期收益率的关系。结果可见：在未发生并购的子样本中（MA=0），资本支出对股票预期收益率具有显著的负向影响，但这种影响对于发生并购的子样本（MA=1）并不存在。资本支出之所以对股票预期收益率具有负向影响，是由于资本支出是消耗增长期权进而是降低增长期权相对重要性的一种活动，但是，并购创造新增长期权的作用，将使得资本支出消耗增长期权的影响被减弱。此外，针对 MA2=1 和 MA1=1 两个发生并购的子样本，回归结果同样显示，资本支出的回归系数均不显著，即并购可以抑制资本支出对股票预期收益率的负向影响，支持理论预示。

表 8-5　是否并购分组下资本支出影响股票预期收益率的多元回归结果

变量	模型 9			
	MA=0	MA=1	MA2=1	MA1=1
BETA	−0.003	−0.003	-0.004^{*}	-0.004^{*}
	(−1.609)	(−1.205)	(−1.715)	(−1.916)
Ln(*B/M*)	0.003^{**}	0.004^{***}	0.005^{***}	0.004^{***}
	(2.486)	(2.614)	(3.254)	(2.746)
SIZE	-0.005^{***}	-0.006^{***}	-0.006^{***}	-0.006^{***}
	(−3.524)	(−4.002)	(−3.995)	(−3.674)
ROA	0.024^{*}	0.049^{***}	0.054^{***}	0.051^{***}
	(1.805)	(4.071)	(4.574)	(3.740)
CAP	-0.004^{***}	−0.001	−0.002	−0.003
	(−2.943)	(−0.626)	(−1.043)	(−1.367)
截距项	0.138^{***}	0.157^{***}	0.161^{***}	0.157^{***}
	(3.949)	(4.316)	(4.324)	(4.033)
截面平均样本数	684	651	521	322
月份数	228	228	228	228
调整的拟合优度	0.070	0.072	0.076	0.085

注：MA=1 为过去 3 年内发生并购的子样本，MA2=1 和 MA1=1 分别为仅在过去两年和考察当年内发生并购的子样本。

利用每年留存收益资产比的 30%和 70%两个分位点，我们根据样本企业所处生命周期阶段进行分组回归。表 8-6 结果显示：无论是利用何种指标测度是否发生并购，也无论是从回归系数大小还是从显著性水平来看，并购对股票预期收益率的正向影响只在生命周期中期或晚期的子样本中才显著，说明在增长期权渐将耗尽的生命周期中后期，并购创造增长期权的边际作用更易凸显，支持理论预示。

表 8-6　不同生命周期阶段下并购影响股票预期收益率的多元回归结果

变量	模型 10			模型 11			模型 12		
	早期	中期	晚期	早期	中期	晚期	早期	中期	晚期
BETA	−0.003	−0.001	−0.003	−0.003	−0.001	−0.003	−0.003	−0.001	−0.003
	(−1.493)	(−0.392)	(−1.333)	(−1.458)	(−0.390)	(−1.291)	(−1.499)	(−0.360)	(−1.290)
Ln(*B/M*)	0.004^{***}	0.004^{**}	0.003^{*}	0.004^{***}	0.004^{**}	0.003^{*}	0.004^{***}	0.004^{**}	0.003^{*}
	(3.800)	(2.369)	(1.841)	(3.831)	(2.409)	(1.852)	(3.862)	(2.427)	(1.839)
SIZE	-0.007^{***}	-0.006^{***}	-0.005^{***}	-0.007^{***}	-0.006^{***}	-0.005^{***}	-0.007^{***}	-0.006^{***}	-0.005^{***}
	(−5.203)	(−3.766)	(−3.253)	(−5.196)	(−3.749)	(−3.238)	(−5.231)	(−3.724)	(−3.250)
ROA	0.018^{*}	0.079^{***}	0.075^{***}	0.017^{*}	0.081^{***}	0.074^{***}	0.016	0.081^{***}	0.075^{***}
	(1.765)	(4.584)	(5.163)	(1.716)	(4.695)	(5.153)	(1.635)	(4.705)	(5.166)

续表

变量	模型 10			模型 11			模型 12		
	早期	中期	晚期	早期	中期	晚期	早期	中期	晚期
CAP	−0.005***	−0.001	−0.005**	−0.005***	−0.001	−0.005**	−0.005***	−0.001	−0.005**
	(−3.156)	(−0.558)	(−2.541)	(−3.119)	(−0.617)	(−2.541)	(−3.330)	(−0.612)	(−2.484)
MA	−0.001	0.002**	0.002***						
	(−1.186)	(2.462)	(2.668)						
MA2				−0.001	0.001*	0.002***			
				(−0.907)	(1.652)	(2.717)			
MA1							0.001	0.001	0.0018**
							(0.562)	(0.919)	(2.179)
截距项	0.181***	0.145***	0.128***	0.181***	0.145***	0.128***	0.182***	0.144***	0.1275***
	−5.660	−4.103	−3.557	−5.628	−4.090	−3.542	−5.657	−4.075	−3.560
截面平均样本数	398	531	405	398	531	405	398	531	405
月份数	228	228	228	228	228	228	228	228	228
调整的拟合优度	0.063	0.070	0.091	0.062	0.070	0.091	0.062	0.070	0.091

8.6　小结

通过提升企业总资产中增长期权的相对比例，创造增长期权的并购活动对并购方资产的风险溢价具有正向影响。本章在利用实物期权方法刻画并购创造增长期权活动的基础上，利用定价核技术分析了并购动态影响并购方资产风险溢价的理论机理，比较不同生命周期阶段中并购创造增长期权的作用差异，并利用沪深两市上市公司数据进行实证检验。

研究结论表明：以并购新技术为目标的增长期权创造活动，可通过提高总资产中增长期权的价值占比而提升并购方的资产风险溢价，且影响程度取决于新创增长期权的价值大小；进一步，如果新创增长期权的风险及其投资回报率同时较高，则成熟阶段较之年轻阶段进行并购更能提升资产风险溢价。实证证据方面，总体而言，并购对股票预期收益率具有显著的正向影响，且来自增长期权中介作用和并购抑制资本支出与股票预期收益率负向关系两个角度的证据，一定程度上支持并购是通过创造增长期权而正向影响股票预期收益率。此外，不同生命周期阶段分组子样本的对比结果表明，并购创造增长期权的影响在企业生命周期晚期表现得更为明显。

附录 8A.1　各类资产风险溢价的推导

考虑并购的情形下，年轻阶段企业总资产由资本水平为 K 的在位资产、已有增长期权和新创增长期权 3 部分构成，其价值分别由式(8-5)、式(8-24)上半支和式(8-26)上半支表示。对于在位资产部分，将式(8-5)代入式(8-30)有

$$\begin{aligned}
\mathrm{E}(R^{Y,A}) &= -\mathrm{E}\left[\frac{\mathrm{d}A^Y(X)}{A^Y(X)}\frac{\mathrm{d}\Lambda}{\Lambda}\right]\frac{1}{\mathrm{d}t} \\
&= -\mathrm{E}\left(\frac{\mathrm{d}X}{X}\frac{\mathrm{d}\Lambda}{\Lambda}\right)\frac{1}{\mathrm{d}t} \\
&= -\mathrm{E}[(\mu\mathrm{d}t + \sigma\mathrm{d}z)(-r\mathrm{d}t + \theta\mathrm{d}w)]\frac{1}{\mathrm{d}t} \\
&= -\sigma\theta\mathrm{E}[\mathrm{d}z\mathrm{d}w]\frac{1}{\mathrm{d}t} \\
&= -\sigma\theta[\mathrm{cov}(\mathrm{d}z,\mathrm{d}w) + \mathrm{E}[\mathrm{d}z]\mathrm{E}[\mathrm{d}w]]\frac{1}{\mathrm{d}t} \\
&= -\rho\sigma\theta \\
&\equiv \varphi
\end{aligned} \tag{8A-1}$$

对于已有增长期权部分，将式(8-24)的上半支代入式(8-30)有

$$\begin{aligned}
\mathrm{E}(\bar{R}^G) &= -\mathrm{E}\left[\frac{\mathrm{d}\bar{G}(X)}{\bar{G}(X)}\frac{\mathrm{d}\Lambda}{\Lambda}\right]\frac{1}{\mathrm{d}t} \\
&= -\mathrm{E}\left(\frac{\mathrm{d}X^\beta}{X^\beta}\frac{\mathrm{d}\Lambda}{\Lambda}\right)\frac{1}{\mathrm{d}t}
\end{aligned} \tag{8A-2}$$

利用伊藤引理有

$$\begin{aligned}
\mathrm{d}X^\beta(t) &= \frac{\partial X^\beta}{\partial X}\mathrm{d}X + \frac{1}{2}\frac{\partial^2 X^\beta}{\partial X^2}(\mathrm{d}X)^2 \\
&= \left[\frac{1}{2}\beta(\beta-1)\sigma^2 + \beta\mu\right]X^\beta\mathrm{d}t + \beta\sigma X^\beta\mathrm{d}z
\end{aligned} \tag{8A-3}$$

将式(8A-3)代入式(8A-2)可得

$$\begin{aligned}
\mathrm{E}(R^G) &= -\sigma\theta\mathrm{E}\left(\beta\mathrm{d}z\mathrm{d}w\right)\frac{1}{\mathrm{d}t} \\
&= \beta\varphi
\end{aligned} \tag{8A-4}$$

对于新创增长期权部分，将式(8-26)的上半支代入式(8-30)得

$$\begin{aligned}
\mathrm{E}(R_{\mathrm{MA}}^{Y,G}) &= -\mathrm{E}\left[\frac{\mathrm{d}G_{\mathrm{MA}}^Y(X)}{G_{\mathrm{MA}}^Y(X)}\frac{\mathrm{d}\Lambda}{\Lambda}\right]\frac{1}{\mathrm{d}t} \\
&= -\mathrm{E}\left(\frac{\mathrm{d}X^\beta}{X^\beta}\frac{\mathrm{d}\Lambda}{\Lambda}\right)\frac{1}{\mathrm{d}t} \\
&= \beta\varphi
\end{aligned} \tag{8A-5}$$

按照价值占比加权平均 3 部分风险溢价即为年轻阶段总资产的风险溢价式(8-31)。成熟阶段的企业总资产由资本水平为 $2K$ 的在位资产和新创增长期权两部分构成。类似地，将式(8-6)代入式(8-30)可得在位资产的风险溢价为

$$\begin{aligned}
\mathrm{E}(R^{M,\varLambda}) &= -\mathrm{E}\left[\frac{\mathrm{d}A^M(X)}{A^M(X)}\frac{\mathrm{d}\varLambda}{\varLambda}\right]\frac{1}{\mathrm{d}t} \\
&= -\mathrm{E}\left(\frac{\mathrm{d}X}{X}\frac{\mathrm{d}\varLambda}{\varLambda}\right)\frac{1}{\mathrm{d}t} \\
&= \varphi
\end{aligned} \tag{8A-6}$$

将式(8-20)的上半支代入式(8-30)，可得成熟阶段企业新创增长期权的风险溢价为

$$\begin{aligned}
\mathrm{E}(R_{\mathrm{MA}}^{M,G}) &= -\mathrm{E}\left[\frac{\mathrm{d}G_{\mathrm{MA}}^M(X)}{G_{\mathrm{MA}}^M(X)}\frac{\mathrm{d}\varLambda}{\varLambda}\right]\frac{1}{\mathrm{d}t} \\
&= -\mathrm{E}\left(\frac{\mathrm{d}X^\beta}{X^\beta}\frac{\mathrm{d}\varLambda}{\varLambda}\right)\frac{1}{\mathrm{d}t} \\
&= \beta\varphi
\end{aligned} \tag{8A-7}$$

两部分风险溢价的加权平均即为成熟阶段总资产的风险溢价式(8-32)。

附录 8A.2　年轻阶段并购对资产风险溢价影响的缩放推导

在不考虑并购的情形下，年轻阶段已有增长期权的价值表达式(8-11)满足如下关系式：

$$0 < G(X) < A^M(X) - A^Y(X) \tag{8A-8}$$

同时，由于年轻与成熟阶段在位资产的价值满足 $A^Y(X)=\dfrac{1}{2}A^M(X)$，从而 $0<G(X)<A^Y(X)$，因此，该情形下年轻阶段的在位资产价值占比满足：

$$\frac{1}{2} < \frac{A^Y(X)}{V^Y(X)} = \frac{A^Y(X)}{A^Y(X)+G(X)} < 1 \tag{8A-9}$$

对比年轻和成熟阶段新创增长期权的执行临界值［式(8-21)和式(8-27)］有 $X_{\mathrm{MA}}^Y = 2X_{\mathrm{MA}}^M$，从而 $\dfrac{I}{\beta-1}\left(\dfrac{X}{X_{\mathrm{MA}}^Y}\right)^\beta = 2^{-\beta}\dfrac{I}{\beta-1}\left(\dfrac{X}{X_{\mathrm{MA}}^M}\right)^\beta$，因此，两个阶段的新创增长期权价值表达式(8-26)和式(8-20)满足：

$$G_{\mathrm{MA}}^Y(X) = 2^{-\beta}G_{\mathrm{MA}}^M(X) + \frac{K}{\beta-1}\left[\left(\frac{X}{\bar{X}^*}\right)^\beta - \left(\frac{X}{X^*}\right)^\beta\right] \tag{8A-10}$$

由于 $\dfrac{A^Y(X)}{V^Y(X)}<1$，因此年轻阶段企业并购影响资产风险溢价的表达式(8-35)满足：

$$\begin{aligned}
\Delta\mathrm{E}(R^Y) &= \left[\frac{A^Y(X)}{V^Y(X)} - \frac{A^Y(X)}{V_{\mathrm{MA}}^Y(X)}\right](\beta-1)\varphi \\
&= \frac{A^Y(X)}{V^Y(X)}\frac{G_{\mathrm{MA}}^Y(X)}{V_{\mathrm{MA}}^Y(X)}(\beta-1)\varphi \\
&< \frac{G_{\mathrm{MA}}^Y(X)}{V_{\mathrm{MA}}^Y(X)}(\beta-1)\varphi
\end{aligned} \tag{8A-11}$$

将式(8A-10)代入式(8A-11)右端有

$$\Delta\mathrm{E}(R^{Y})<\left\{1-\frac{0.5A^{M}(X)}{0.5A^{M}(X)+2^{-\beta}G_{\mathrm{MA}}^{M}(X)+\dfrac{K}{\beta-1}\left[\left(\dfrac{X}{\bar{X}^{*}}\right)^{\beta}-\left(\dfrac{X}{X^{*}}\right)^{\beta}\right]}\right\}(\beta-1)\varphi \tag{8A-12}$$

又由于 $X_{\mathrm{MA}}^{Y}\leqslant\bar{X}^{*}$，将 $\bar{X}^{*}$ 替换为 X_{MA}^{Y}，式(8A-12)可进一步缩放为

$$\Delta\mathrm{E}(R^{Y})<\left[1-\frac{0.5A^{M}(X)}{0.5A^{M}(X)+2^{-\beta}G_{\mathrm{MA}}^{M}(X)+\dfrac{K}{\beta-1}\left(\dfrac{X}{X_{\mathrm{MA}}^{Y}}\right)^{\beta}}\right](\beta-1)\varphi \tag{8A-13}$$

将 $X_{\mathrm{MA}}^{Y}=2X_{\mathrm{MA}}^{M}$ 代入式(8A-13)，且利用 $G_{\mathrm{MA}}^{M}(X)=\dfrac{I}{\beta-1}\left(\dfrac{X}{X_{\mathrm{MA}}^{M}}\right)^{\beta}$，式(8A-13)可以重新表示为

$$\begin{aligned}\Delta\mathrm{E}(R^{Y})&<\left[1-\frac{0.5A^{M}(X)}{0.5A^{M}(X)+2^{-\beta}G_{\mathrm{MA}}^{M}(X)+2^{-\beta}\dfrac{K}{I}G_{\mathrm{MA}}^{M}(X)}\right](\beta-1)\varphi\\&=\left[\frac{G_{\mathrm{MA}}^{M}(X)}{2^{\beta-1}\left(\dfrac{I}{K+I}\right)A^{M}(X)+G_{\mathrm{MA}}^{M}(X)}\right](\beta-1)\varphi\end{aligned} \tag{8A-14}$$

即证明式(8-37)。

第 9 章　战略并购对资产风险溢价的影响

2008 年次贷危机以来，上市公司的现金持有水平越来越高，资产的流动性管理也愈来愈受到学者的关注。来自 NYSE、AMEX 和 NASDAQ 三大股票交易所的统计数据显示，美国上市公司的总现金持有量从 2008 年的 3.4 万亿美元上升至 2011 年的 4.8 万亿美元，现金持有占总资产的比例也从 18%提升至 20%(Sánchez and Yurdagül, 2013)。

在融资摩擦的现实环境里，现金持有可以确保企业在市场环境不好的情况下维持运营，更是能够作为企业把握和创造增长机会的重要保证。作为企业创造增长机会的一种手段(Sevilir and Tian, 2012; Phillips and Zhdanov, 2013; Bena and Li, 2014)，并购投资所需的资金通常金额较大，且往往需要进行外部融资。在此情况下，通过满足全部或部分的并购资金所需，现金持有有助于企业把握最优的并购时机和最大化并购收益，特别是在外部融资摩擦严重的情况下，现金持有对并购更具积极作用。例如，2009 年 4 月，美国最大的数据库供应商甲骨文(Oracle)曾支付高达 42%的溢价收购 Sun 公司，高达 74 亿美元的交易额中就包括了 56 亿美元现金，而当时的 Sun 公司股价接近历史最低点(9.15 美元)。通过此次并购，甲骨文的每股盈利从 2009 年的 1.08 美元提升至 2011 年的 1.69 美元，净利润也从 2009 年的 55.93 亿美元提升到 2011 年的 85.47 亿美元。更为重要的是，此起并购为甲骨文公司带来了 Sun 公司的硬件产品线，而该产品线的营业收入在 2011 年占到了甲骨文公司总营业收入的 19%。

针对现金持有对并购影响的已有研究，一类文献主要从委托代理的视角(Jensen，1986)，重点讨论超额现金储备对管理层发起并购概率(Arikan and Stulz, 2016)和并购绩效的影响(Harford, 1999; 张芳芳和刘淑莲, 2015)。此类文献的核心观点是，额外的现金储备会促使管理层进行大量不利于股东价值增长的投资，而并购作为最主要的一种投资，持有大量现金的企业通常会更多地进行并购，但这些并购的事后表现往往不甚理想。另一类文献的研究重点是，在并购竞争的框架下，主要讨论并购方如何选择支付方式(Gorbenko and Malenko, 2017)、资本结构(Morellec and Zhdanov, 2008)和融资方式(Vladimirov, 2015)等问题。一般而言，采用现金支付的并购交易可以向市场传递并购具有协同效应的信号，进而并购方的股票表现通常较好。

与上述两类已有研究不同，本章从现金持有的预防性功效出发，对现金持有促进并购的现象给出了一种新的理论解释。根据现金持有的预防性动机假说，在融资摩擦的环境里，现金持有能够极大地缓解企业的融资约束或降低外部融资成本(Opler et al., 1999; Almeida et al., 2004)。具体到并购交易而言，存在融资约束的并购方不仅需要额外承担较高的外部融资成本，还需分配给目标方较多股权才能达成并购交易。相反，若并购方持有足够的现金，则不仅可以免于付出额外的外部融资成本，还能够享受现金支付信号传递作用的好处。从这个意义上讲，现金持有对并购方及时抓住并购机会和最大化并购溢价具有重要的积极作用。

除影响并购的决策时机外，现金持有还会影响并购导致的风险溢价的变化。已有文献注意到了融资约束对于资产定价的重要影响，但相关研究涉及的决策场景主要是针对资本支出和 R&D 投资，且由于样本选择或融资约束测度指标的不同，研究结论也不尽一致①。相对于资本支出或 R&D 等投资决策对资产风险溢价的影响而言，由于需要同时考虑并购方和目标方资产风险溢价的相对大小（Hackbarth and Morellec, 2008），并购对资产风险溢价的影响分析本身就比较复杂，而在并购场景下进一步探讨融资约束或现金持有的影响更为困难。

基于此，本章首先构建带约束条件的实物期权模型，重点研究现金持有对并购决策的影响，其次在局部均衡框架下采用定价核技术，进一步考察现金持有在并购对并购方资产风险溢价影响中的作用，最后利用 1998～2016 年中国沪深两市 1,926 家 A 股上市公司并购数据，检验关键理论预示。理论结果表明：通过降低外部融资成本，并购方持有较多的现金有助于提高并购的协同收益，进而不仅促使并购方更早发起并购，还有利于目标方获得高的对价补偿；进一步，现金持有并不会影响并购方并购前后资产风险溢价的变化方向，但会增强并购对风险溢价的影响程度。实证证据一致表明：高的现金持有能够提高并购方发起并成功完成并购的概率；并购总体上对并购方股票预期收益率具有负向影响，而这种影响对较高现金持有的企业更为明显②；同时，现金持有的并购影响程度的作用仅存在于融资约束严重的企业中。

9.1　基本假设

考虑两家正在独立运营的企业 B 和 T，参照 Morellec 和 Zhdanov（2005）、Hackbarth 和 Morellec（2008）等的做法，设两家企业的资本水平分别为 K_B 和 K_T，双方单位资本带来的现金流现值分别为 X 和 Y，则并购前两家企业的在位资产价值分别为 $V^B(X)=K_BX$ 和 $V^T(Y)=K_TY$，其中 X 和 Y 服从如下过程：

$$\mathrm{d}A=\hat{\mu}_A A\mathrm{d}t+\sigma_A A\mathrm{d}z_A \qquad A=X,Y \tag{9-1}$$

其中，$\hat{\mu}_A>0$ 和 $\sigma_A>0$ 分别为真实概率测度下现金流现值的期望增长率和波动程度；$\mathrm{d}z_A$ 为标准维纳过程增量；$\mathrm{d}z_X(t)$ 和 $\mathrm{d}z_Y(t)$ 的相关系数为 ρ。

除了在位资产，企业 B 有机会并购企业 T，从而并购双方均有一个本质为看涨期权的并购期权。同样借鉴 Morellec 和 Zhdanov（2005）、Hackbarth 和 Morellec（2008）的做法，假设并购方 B 在并购完成后可以通过管理、组织或技术等手段，提升目标方原本的现金

---

① 例如，Lamont 等（2001）和 Chan 等（2010）分别在美国和澳大利亚市场中发现，相对于无融资约束的企业，融资约束企业的股票收益率较低。与之相反，通过构造股票外部融资约束指标，Whited 和 Wu（2006）发现有约束企业的股票收益率较高，而且认为存在 Fama-French 三因子及动量因子无法吸收的融资约束因子。Simutin（2010）和 Palazzo（2012）则发现现金持有与企业系统风险正相关，并将其归因于具有较多的高风险增长期权的企业倾向于持有更多现金。Livdan 等（2009）认为融资约束会通过限制企业的投资弹性，加剧企业分红波动，最终提高企业的系统风险。而 Li（2011）则发现融资约束会加强研发投资强度与企业预期收益率的正向关系，因为有融资约束的研发密集型企业通常只能推迟或中断研发投资。

② Hackbarth 和 Morellec（2008）、Agrawal 等（1992）及 Giannopoulos 等（2017）针对其他市场的证据同样发现，并购对并购方股票收益率具有负向影响。

流水平，进而并购带来的协同价值可以刻画为$\alpha K_T\left(X-Y\right)$，其中 $0\leqslant\alpha\leqslant1$ 表示并购的协同效应大小，且要求 $X>Y$，表示只有在并购方每单位资本的盈利高于目标方时，并购才会产生协同价值①。因此，并购完成后，新的(合并)企业价值可以最终表示为

$$V^M\left(X,Y\right)=K_BX+K_TY+\alpha K_T\left(X-Y\right) \tag{9-2}$$

其中，等号右端的第一和二项分别表示并购方和目标方独立运营的价值，第三项为并购带来的协同价值。

为了完成并购，并购方 B 需要承担两种成本。一是支付给目标方 T 的对价补偿，金额为包含协同价值的并购后新企业价值的一定比率，即$\xi V^M\left(X,Y\right)$。简化起见，假设该并购为友好兼并，目标方的分配比率 ξ 由并购双方通过谈判内生确定②。二是并购双方需共同承担支付给投行和律师事务所等中介机构的各种服务费，金额为并购标的或目标方独立运营价值的一定比率 ω，其中并购方需承担的费用为 $\omega(1-\xi)V^T(Y)$。

对于并购的支付方式而言，本节借鉴 Palazzo(2012)的做法，假设并购方 B 首先动用现金储备，其水平为在位资产价值的一定比率，即 $sV^B\left(X\right)$，其中 s 代表现金持有率。若现金储备不足，则并购方将不得不通过外部融资来弥补现金缺口，但是，由于融资摩擦的存在，除了现金的持有成本，外部融资时并购方还需承担一定的额外融资成本③，其大小可以表示为现金缺口和单位额外融资成本的乘积，即

$$\begin{aligned}\mathrm{EF}\left(X,Y\right)&=\lambda\max\left\{\left[\xi V^M\left(X,Y\right)+\left(1-\xi\right)\omega V^T\left(Y\right)\right]-sV^B\left(X\right),0\right\}\\&=\begin{cases}\lambda\left[\xi V^M\left(X,Y\right)+\omega\left(1-\xi\right)V^T\left(Y\right)\right]-\lambda sV^B\left(X\right), & \text{融资约束}\\0\qquad\qquad\qquad\qquad\qquad\qquad\quad , & \text{无融资约束}\end{cases}\end{aligned} \tag{9-3}$$

其中，max 算子为企业是否遭受融资约束的判别条件④；λ 为外部融资相对于现金持有所需的单位额外融资成本；方括号内为并购所需的总成本或资金，既包括支付给目标方 T 的对价补偿$\xi V^M\left(X,Y\right)$，又包括支付给中介机构的服务费用 $\omega(1-\xi)V^T(Y)$。

就并购决策时机而言，假设无论是并购方，还是目标方，都拥有等待最优时机进行合并的决策灵活性，模型上均可刻画为一项交换期权。对于并购方 B 而言，交换期权的标的资产为并购完成后包含协同价值的企业价值$V^M\left(X,Y\right)$，执行价格为其独立运营价值 $V^B(X)$，减去对价补偿$\xi V^M\left(X,Y\right)$、中介费用 $\omega(1-\xi)V^T(Y)$和额外融资成本 $EF(X,Y)$3 项成本。对于目标方 T 而言，标的资产为收到的对价补偿$\xi V^M\left(X,Y\right)$，执行价格为其所需承担的中介费用 $\omega\xi V^T(Y)$和独立运营价值 $V^T(Y)$之和。在完成并购之前，并购方(目标方)的

① Levine(2017)针对美股市场的实证结果显示，并购方盈利通常高于目标企业。

② 关于友好兼并和敌意收购两种情形下决策规则的区别，具体参见 Lambrecht(2004)。

③ 这一假设类似于并购方通过增发股票支付部分或全部并购成本的情况，其原因在于，在有摩擦市场中，股票的流动性不如现金，因此在股权置换时会由于股票的流动性折价产生额外融资成本。在这种情况下，并购方将不得不为价值 1 单位的目标方资产支付 $1+\lambda$ 单位的股票。此外，各国市场在并购支付方式选择的偏好上并不一致，在美国市场中，纯现金支付的并购交易在总交易数量中所占比重不超过 40%，超过 60%的交易采用股票支付部分或全部并购成本(Boone et al., 2014)；而在中国市场中，纯现金支付的并购交易占总交易数量的 85%以上(Boateng and Bi, 2014)，因此在中国市场中假设并购采用纯现金支付仍具有相当的普适性。

④ 在市场无融资摩擦，或者现金储备足够大的情况下，并购方将免遭融资约束，从而无需付出额外融资成本。

价值由两部分构成：一部分为独立运营的在位资产价值，记为 $V^B(X)$ ($V^T(Y)$)，另一部分为择机并购的实物期权价值，记为 $V^{\text{MA},B}(X,Y)$ ($V^{\text{MA},T}(X,Y)$)。

参照局部均衡框架下的资产定价方法(Cochrane, 1991)，假设风险中性概率测度下的外生定价核过程服从：

$$\mathrm{d}\Lambda = -r\Lambda \mathrm{d}t + \theta\Lambda \mathrm{d}w \tag{9-4}$$

式中，r 为无风险利率；θ 表示市场收益的波动。

进一步令 ρ_A 为 $\mathrm{d}w$ 与 $\mathrm{d}z_A$ 的相关系数，式(9-1)可在风险中性概率测度下重新表示为

$$\mathrm{d}A = \mu_A A\mathrm{d}t + \sigma_A A\mathrm{d}z_A \qquad A = X,Y \tag{9-5}$$

其中，$\mu_A = \hat{\mu}_A - \varphi_A$，为风险中性概率测度下的漂移率；$\varphi_A \equiv -\rho_A\sigma_A\theta$，表示企业 A 在位资产的风险溢价。

9.2　理论模型

9.2.1　现金持有影响并购决策的实物期权模型

9.2.1.1　考虑融资约束的并购决策模型

当市场没有融资摩擦时，并购方能够以与现金持有成本相同的成本获得任意数量的外部融资，现金持有并不影响并购决策及相应期权价值。但当市场存在融资摩擦时，额外融资成本的存在将直接影响并购收益：

$$G(X,Y) = \left[(1-\xi)V^M(X,Y) - V^B(X)\right] - (1-\xi)\omega V^T(Y) - \mathrm{EF}(X,Y) \tag{9-6}$$

其中，等号右端方括号中的两项之差为并购方通过并购获得的价值增量，第三项为并购方承担的支付给中介机构的沉没成本，第四项为由于融资摩擦导致的额外融资成本。

借鉴 Dixit 和 Pindyck(1994)的做法，并购方交换期权的价值 $V^{\text{MA},B}(X,Y)$ 满足贝尔曼方程：

$$V^{\text{MA},B}(X,Y) = \max\left\{e^{-r\mathrm{d}t}\mathrm{E}_t\left[V^{\text{MA},B}(X+\mathrm{d}X, Y+\mathrm{d}Y)\right], G(X,Y)\right\} \tag{9-7}$$

式(9-7)表明，并购方在继续等待并购与立即完成并购之间进行最优决策令价值最大化。然而，额外融资成本 $\mathrm{EF}(X,Y)$ 中的极大值算子使得立即并购价值表达式(9-6)对 X 与 Y 的导数并不连续，因此，式(9-7)的求解需根据并购方是否存在融资约束来分情况讨论。考虑到无融资约束条件下的并购决策为融资约束企业并购决策的特殊情况，我们首先讨论并购方存在融资约束进而需要进行外部融资的情形。

当并购方存在融资约束时，额外融资成本表达式(9-3)不为 0，并购决策的期权价值满足：

$$\begin{aligned} V^{\text{MA},B}(X,Y) = \max\Big\{ & e^{-r\mathrm{d}t}\mathrm{E}_t\left[V^{\text{MA},B}(X+\mathrm{d}X, Y+\mathrm{d}Y)\right], \\ & \left[1-(1+\lambda)\xi\right]\left[V^M(X,Y) - \omega V^T(Y)\right] \\ & -\lambda\omega V^T(Y) - V^B(X) + \lambda s V^B(X)\Big\} \end{aligned} \tag{9-8}$$

运用伊藤引理展开并化简式(9-8)可得偏微分方程：

$$\begin{aligned}&0.5\sigma_X^2X^2V_{XX}^{\mathrm{MA},B}(X,Y)+0.5\sigma_Y^2Y^2V_{YY}^{\mathrm{MA},B}(X,Y)+\rho\sigma_X\sigma_YV_{XY}^{\mathrm{MA},B}(X,Y)\\&+\mu_XXV_X^{\mathrm{MA},B}(X,Y)+\mu_YYV_Y^{\mathrm{MA},B}(X,Y)-rV^{\mathrm{MA},B}(X,Y)=0\end{aligned}\tag{9-9}$$

其中，$V_X^{\mathrm{MA},B}$和$V_Y^{\mathrm{MA},B}$分别为并购方交换期权$V^{\mathrm{MA},B}$ (X, Y)对X和Y的一阶导数；$V_{XX}^{\mathrm{MA},B}$和$V_{YY}^{\mathrm{MA},B}$分别为相应的二阶导数；$V_{XY}^{\mathrm{MA},B}$为$V^{\mathrm{MA},B}$ (X, Y)对X和Y的交叉导数。

尽管该偏微分方程式(9-9)涉及两个随机变量，但注意到立即并购的价值表达$G(X, Y)$是关于X和Y的齐次线性函数，最优并购决策将由现金流过程的相对水平确定。因此，参照Hackbarth和 Morellec(2008)的求解方法，令$Q=X/Y$，进行变量代换分别有

$$V^{\mathrm{MA},B}(X,Y)=YV^{\mathrm{MA},B}(Q)\tag{9-10}$$

$$\begin{aligned}G(Q)&=\frac{G(X,Y)}{Y}\\&=\left[1-(1+\lambda)\xi\right]\left[K_BQ+K_T+\alpha K_T(Q-1)-\omega K_T\right]\\&\quad-\lambda\omega K_T-(1-\lambda s)K_BQ\end{aligned}\tag{9-11}$$

将式(9-10)和式(9-11)分别代入式(9-9)和式(9-8)，可得二阶常微分方程及其边界条件：

$$\frac{1}{2}\left(\sigma_X^2-2\rho\sigma_X\sigma_Y+\sigma_Y^2\right)Q^2V_{QQ}^{\mathrm{MA},B}(Q)+(\mu_X-\mu_Y)QV_Q^{\mathrm{MA},B}(Q)-(r-\mu_Y)V^{\mathrm{MA},B}(Q)=0\tag{9-12}$$

$$V^{\mathrm{MA},B}(Q_B^*)=V^M(Q_B^*)-\left[\xi V^M(Q_B^*)+V^B(Q_B^*)+(1-\xi)\omega V^T(Q_B^*)+\mathrm{EF}(Q_B^*)\right]\tag{9-13}$$

$$V_Q^{\mathrm{MA},B}(Q_B^*)=V_Q^M(Q_B^*)-\xi V_Q^M(Q_B^*)-V_Q^B(Q_B^*)-(1-\xi)\omega V_Q^T(Q_B^*)-\mathrm{EF}_Q(Q_B^*)\tag{9-14}$$

$$\lim_{Q\to0}V^{\mathrm{MA},B}(Q)=0\tag{9-15}$$

其中，$V_Q^{\mathrm{MA},B}$和$V_{QQ}^{\mathrm{MA},B}$分别为交换期权$V^{\mathrm{MA},B}$ (Q)对Q的一阶和二阶导数；$V^B(Q)=V^B(X)/Y$，$V^T(Q)=V^T(Y)/Y$，Q_B^*表示在融资约束情况下并购方发起并购的决策临界值。

式(9-13)和式(9-14)分别为价值匹配和平滑粘贴条件；式(9-15)则说明并购方独立运营的价值相对于目标方独立运营的价值非常小时，交换期权价值为0。

常微分方程(9-12)的通解为

$$V^{\mathrm{MA},B}(Q)=AQ^{\gamma_1}+BQ^{\gamma_2}$$

式中，A和B为待定系数；γ_1和γ_2分别为二次方程$0.5\left(\sigma_X^2-2\rho\sigma_X\sigma_Y+\sigma_Y^2\right)\gamma(\gamma-1)+(\mu_X-\mu_Y)\gamma-(r-\mu_Y)=0$的正根和负根。

由边界条件式(9-15)容易得$B=0$，从而联立边界条件式(9-13)和式(9-14)，容易求得并购方的并购临界值Q_B^*与分配比率ξ的关系为

$$Q_B^*(\xi)=\frac{\gamma_1}{\gamma_1-1}\frac{\left[1-(1+\lambda)\xi\right](\alpha+\omega-1)+\lambda\omega}{\left[\lambda s-(1+\lambda)\xi\right]K_B+\alpha\left[1-(1+\lambda)\xi\right]K_T}K_T\tag{9-16}$$

并购方交换期权的价值相应表示为

$$V^{\mathrm{MA},B}(X,Y)=\begin{cases}Y\left\{\left[1-(1+\lambda)\xi\right]\left[V^M(Q_B^*)-\omega K_T\right]-\lambda\omega K_T-(1-\lambda s)K_BQ_B^*\right\}\left(\dfrac{Q}{Q_B^*}\right)^{\gamma_1}, & Q<Q_B^*\\\left[1-(1+\lambda)\xi\right]\left[V^M(X,Y)-\omega K_TY\right]-\lambda\omega K_TY-(1-\lambda s)K_BX, & Q\geqslant Q_B^*\end{cases}$$

(9-17)

式中，上半支和下半支分别代表并购进行前与完成后的期权价值。

对于目标方 T，一旦并购后可分配的价值 $\xi\left[V^M(X,Y)-\omega V^T(Y)\right]$ 高于其独立运营的价值 $V^T(Y)$，目标企业将择机出售给并购方。目标方 T 的交换期权价值满足贝尔曼方程：

$$V^{\mathrm{MA},T}(X,Y)=\max\left\{e^{-rdt}\mathrm{E}_t\left[V^{\mathrm{MA},T}(X+\mathrm{d}X,Y+\mathrm{d}Y)\right],\xi\left[V^M(X,Y)-\omega V^T(Y)\right]-V^T(Y)\right\} \tag{9-18}$$

相应的常微分方程和边界条件具体为

$$V^{\mathrm{MA},T}(Q_T^*)=\xi\left[K_B Q_T^*+K_T+\alpha K_T(Q_T^*-1)-\omega K_T\right]-K_T \tag{9-19}$$

$$V_Q^{\mathrm{MA},T}(Q_T^*)=\xi K_B+\alpha\xi K_T \tag{9-20}$$

$$\lim_{Q\to 0}V^{\mathrm{MA},T}(Q)=0 \tag{9-21}$$

因此目标方的并购临界值及交换期权价值分别为

$$Q_T^*(\xi)=\frac{\gamma_1}{\gamma_1-1}K_T\frac{\xi(\alpha+\omega-1)+1}{\xi(\alpha K_T+K_B)} \tag{9-22}$$

$$V^{\mathrm{MA},T}(X,Y)=\begin{cases}Y\left\{\xi\left[V^M(Q_T^*)-\omega K_T\right]-K_T\right\}\left(\dfrac{Q}{Q_T^*}\right)^{\gamma_1}, & Q<Q_T^*\\ \xi\left[V^M(X,Y)-\omega K_T Y\right]-K_T Y, & Q\geqslant Q_T^*\end{cases} \tag{9-23}$$

联立并购方与目标方的反应函数(9-16)和(9-22)，并购达成的均衡条件为 $Q_B^*=Q_T^*\equiv Q^*$①，据此可同时求得最优分配比率和并购临界值分别为

$$Q^*=\frac{\gamma_1}{\gamma_1-1}\frac{\left[\alpha+\omega+\lambda(1+\omega)\right]K_T}{\alpha K_T+\lambda s K_B} \tag{9-24}$$

$$\xi^*=\frac{\lambda s K_B+\alpha K_T}{(\alpha+\omega)(1-\lambda s)K_B+\lambda(1+\omega)(K_B+\alpha K_T)+\lambda s K_B+\alpha K_T} \tag{9-25}$$

最后，将 ξ^* 和 Q^* 同时代入并购方和目标方的交换期权表达式(9-17)和(9-23)的上半支，并购前并购方和目标方的企业价值最终可分别表示为

$$\begin{aligned}V_0^B(X,Y)&=V^B(X)+V^{\mathrm{MA},B}(X,Y)\\&=K_B X+Y\left\{\left[1-(1+\lambda)\xi^*\right]\left[V^M(Q^*)-\omega K_T\right]-\lambda\omega K_T-(1-\lambda s)K_B Q^*\right\}\left(\frac{Q}{Q^*}\right)^{\gamma_1}\end{aligned} \tag{9-26}$$

$$\begin{aligned}V_0^T(X,Y)&=V^T(X)+V^{MA,T}(X,Y)\\&=K_T Y+Y\left\{\xi^*\left[V^M(Q^*)-\omega K_T\right]-K_T\right\}\left(\frac{Q}{Q^*}\right)^{\gamma_1}\end{aligned} \tag{9-27}$$

需要强调的是，上述结果成立的前提条件是式(9-3)中的额外融资成本 EF(X,Y) 为正。因此，存在融资摩擦的情况下，并购临界值处并购方的融资约束条件为：

① 该条件同时也是全局最优的并购临界值。

$$\xi^* V^M\left(Q^*\right)+\left(1-\xi^*\right)\omega V^T\left(Q^*\right)>sV^B\left(Q^*\right) \tag{9-28}$$

其中，不等式左侧和右侧分别为并购方需付的并购成本和持有的现金储备。

特别地，现金持有在两种极端情况下不会对并购决策产生影响。第一种情况为市场中没有融资摩擦(即 λ=0)，并购方能够从外部市场中以持有现金的成本获得任意数量的融资。第二种情况为并购方持有足够多的现金，内部资金完全可以满足并购所需成本。通过假设式(9-3)中的资金缺口为0，第二种情况中的企业现金持有率 s 应满足条件：

$$\tilde{\xi}^* V^M\left(\tilde{Q}^*\right)+\left(1-\tilde{\xi}^*\right)\omega V^T\left(\tilde{Q}^*\right)\leqslant sV^B\left(\tilde{Q}^*\right) \tag{9-29}$$

其中，$\tilde{Q}^*$ 和 $\tilde{\xi}^*$ 分别为无融资约束条件下的并购期权执行临界值和分配比率。

可通过设额外融资成本 $EF(X, Y)=0$ 而求解得到①，具体分别为

$$\tilde{Q}^*=\frac{\gamma_1}{\gamma_1-1}\frac{(\alpha+\omega)K_T}{\alpha K_T} \tag{9-30}$$

$$\tilde{\xi}^*=\frac{\alpha K_T}{(\alpha+\omega)K_B+\alpha K_T} \tag{9-31}$$

9.2.1.2　现金持有对并购决策的影响

本章的后续分析针对并购方存在融资约束的情况进行讨论。在该情况下，并购方现金持有不足以满足并购需求，须通过外部融资才能完成并购。与一般资本支出决策中仅需要确定最优投资时机不同，并购决策中还必须同时确定最优的并购时机与分配比率，而并购方现金持有率和额外融资成本是二者的重要影响因素。

将式(9-24)并购临界值和式(9-25)分配比率分别对现金持有率 s 求偏导可得

$$\frac{\partial Q^*}{\partial s}=-\frac{\gamma_1}{\gamma_1-1}\frac{\left[\alpha+\omega+\lambda(1+\omega)\right]\lambda K_B K_T}{\left(\alpha K_T+\lambda s K_B\right)^2}<0 \tag{9-32}$$

$$\frac{\partial \xi^*}{\partial s}=\frac{\lambda K_B\left[\lambda(1+\omega)\left(K_B+\alpha K_T\right)+(\alpha+\omega)K_B\right]}{\left[(\alpha+\omega)(1-\lambda s)K_B+\lambda(1+\omega)\left(K_B+\alpha K_T\right)+\lambda s K_B+\alpha K_T\right]^2}>0 \tag{9-33}$$

式(9-32)表明，并购方的现金持有率越高，并购方会越早进行并购，以防止继续等待可能产生的更大资金缺口，以及由此需要承担更多额外融资成本而带来的损失(Boyle and Guthrie, 2003)。然而，由于并购交易需要双方达成一致，式(9-33)则表明，较早的并购将使得目标企业要求更高的分配比率及出售价格。该结论对已有文献的实证证据给出了很好的理论解释：企业的现金持有越高，并购发生的概率越高(张芳芳和刘淑莲, 2015; Arikan and Stulz, 2016)，但需支付给目标方越多的并购溢价(Harford, 1999)。与已有文献的不同之处在于，我们从融资摩擦的角度指出了现金持有对最优并购决策的影响，若不存在融资摩擦，则现金持有并不影响并购决策。

为了进一步考察融资摩擦的影响，并购执行临界值和分配比率分别对摩擦系数 λ 求偏导可得

---

① 可以证明 $\tilde{Q}^*$ 和 $\tilde{\xi}^*$ 也可以通过令式(9-24)和式(9-25)中的 λ=0 而得到。

$$\frac{\partial Q^*}{\partial \lambda}=-\frac{\gamma_1}{\gamma_1-1}\frac{\left[sK_B(\alpha+\omega)-\alpha K_T(1+\omega)\right]K_T}{\left(\alpha K_T+\lambda sK_B\right)^2} \tag{9-34}$$

$$\frac{\partial \xi^*}{\partial \lambda}=\frac{\left[sK_B(\alpha+\omega)-\alpha K_T(1+\omega)\right]\left(K_B+\alpha K_T\right)}{\left[(\alpha+\omega)(1-\lambda s)K_B+\lambda(1+\omega)\left(K_B+\alpha K_T\right)+\lambda sK_B+\alpha K_T\right]^2} \tag{9-35}$$

显然，融资摩擦对分配比例和并购临界值的影响方向始终相反，但具体方向取决于分子上 $sK_B(\alpha+\omega)-\alpha K_T(1+\omega)$ 的正负。当并购方现金持有率较低，满足条件 $sK_B(\alpha+\omega)<\alpha K_T(1+\omega)$ 时，$\partial Q^*/\partial\lambda>0$ 和 $\partial\xi^*/\partial\lambda<0$，这意味着额外融资成本越高，并购临界值越高，且目标方能够分配的比例越低。反之，当并购方现金持有率较高，满足条件 $sK_B(\alpha+\omega)>\alpha K_T(1+\omega)$ 时，并购方考虑到继续等待反而可能产生更大的资金缺口，并购方会通过提高支付给目标方的分配比例来尽早完成并购。

9.2.2 现金持有对并购方资产风险溢价的影响

在得到并购方总资产及各部分价值构成的基础上，本小节进一步分析现金持有对并购和风险溢价关系的影响。根据 Cochrane(2009) 关于风险资产 V 的风险溢价的一般表达式：

$$\mathrm{E}(R)\mathrm{d}t=-\mathrm{E}\left(\frac{\mathrm{d}V}{V}\frac{\mathrm{d}\Lambda}{\Lambda}\right) \tag{9-36}$$

将 $V^B(X,Y)$、$V^T(X,Y)$ 及 $V^{\mathrm{MA},B}(X,Y)$ 分别代入式(9-36)，并运用伊藤引理化简可得，并购方在位资产、目标企业在位资产和并购前并购方交换期权的风险溢价分别为

$$\begin{aligned}\mathrm{E}\left(R^B\right)&=-\mathrm{E}\left[\frac{\mathrm{d}V^B}{V^B}\frac{\mathrm{d}\Lambda}{\Lambda}\right]\\&=\varphi_X\end{aligned} \tag{9-37}$$

$$\begin{aligned}\mathrm{E}\left(R^T\right)&=-\mathrm{E}\left[\frac{\mathrm{d}V^T}{V^T}\frac{\mathrm{d}\Lambda}{\Lambda}\right]\\&=\varphi_Y\end{aligned} \tag{9-38}$$

$$\begin{aligned}\mathrm{E}\left(R^{\mathrm{MA},B}\right)&=-\mathrm{E}\left[\frac{\mathrm{d}V^{\mathrm{MA},B}}{V^{\mathrm{MA},B}}\frac{\mathrm{d}\Lambda}{\Lambda}\right]\\&=\gamma_1\varphi_X+\left(1-\gamma_1\right)\varphi_Y\end{aligned} \tag{9-39}$$

由式(9-39)可以看出：交换期权的风险溢价正是并购方和目标方独立运营时在位资产风险溢价的加权平均，权重分别为 γ_1 和 $1-\gamma_1$；而且，由于 $\gamma_1>1$，交换期权具有类似于“卖空目标方在位资产、做多并购方在位资产”的杠杆特征。

对于并购发生前的并购方而言，其资产风险溢价为在位资产与并购期权风险溢价按各自价值占比的加权平均：

$$\begin{aligned}\mathrm{E}\left(R_0^B\right)&=-\mathrm{E}\left[\frac{\mathrm{d}V_0^B}{V_0^B}\frac{\mathrm{d}\Lambda}{\Lambda}\right]\\&=\frac{V^B}{V_0^B}\varphi_X+\frac{V^{\mathrm{MA},B}}{V_0^B}\left[\gamma_1\varphi_X+\left(1-\gamma_1\right)\varphi_Y\right]\end{aligned} \tag{9-40}$$

完成并购后，合并企业的风险溢价为

$$\begin{aligned}\mathrm{E}\left(R_1^B\right) &= -\mathrm{E}\left[\frac{\mathrm{d}V^M}{V^M}\frac{\mathrm{d}\Lambda}{\Lambda}\right] \\ &= \frac{\left(K_B+\alpha K_T\right)X}{V^M}\varphi_X + \frac{(1-\alpha)K_T Y}{V^M}\varphi_Y\end{aligned} \tag{9-41}$$

参照 Hackbarth 和 Morellec (2008) 的做法，并购对并购方风险溢价的动态影响表示为并购临界值处风险溢价的(瞬时)变化：

$$\begin{aligned}\Delta\mathrm{E}(R) &\equiv \mathrm{E}\left(R_1^B\right)-\mathrm{E}\left(R_0^B\right) \\ &= \left[\frac{(1-\alpha)K_T}{V^M\left(Q^*\right)}+\frac{(\gamma_1-1)V^{\mathrm{MA},B}\left(Q^*\right)}{K_B Q^*+V^{\mathrm{MA},B}\left(Q^*\right)}\right]\left(\theta_Y-\theta_X\right) \\ &= \left[\frac{(1-\alpha)K_T}{V^M\left(Q^*\right)}+\frac{g\left(s,\xi^*\right)(\gamma_1-1)}{g\left(s,\xi^*\right)+\gamma_1 K_B}\right]\left(\theta_Y-\theta_X\right) \\ &\equiv \left(\theta_Y-\theta_X\right)f\left(s,Q^*,\xi^*\right)\end{aligned} \tag{9-42}$$

其中，$g\left(s,\xi^*\right)=\left[\lambda s-(1+\lambda)\xi^*\right]K_B+\alpha\left[1-(1+\lambda)\xi^*\right]K_T$，方括号内的项由 $f(s, Q^*, \xi^*)$ 表示。

根据式(9-42)可以看出关于并购前后风险溢价变化的两个方面的理论预示。

一方面，由于式(9-42)中方括号内的项符号为正[①]，因此并购对并购方风险溢价的影响方向只取决于风险溢价 θ_X 和 θ_Y 的相对大小，与 Hackbarth 和 Morellec (2008) 在无摩擦假设下的结论一致。若并购方风险溢价高于(低于)目标方，则并购会导致并购方风险溢价下降(上升)。

另一方面，现金持有对并购方风险溢价变化的影响由式(9-42)中 $\theta_Y-\theta_X$ 前的系数 $f(s, Q^*, \xi^*)$ 体现。因此，尽管现金持有不影响风险溢价的变化方向，但会通过 $f(s, Q^*, \xi^*)$ 对并购的影响程度产生作用。附录 9A 证明：

$$\frac{\partial f}{\partial s}>0 \tag{9-43}$$

即现金持有对并购的影响程度具有加强作用。换言之，并购方的现金持有越多，并购对并购方风险溢价的影响越大。

9.3　数字示例

为了考察并购方现金持有率和融资摩擦系数对并购期权价值的影响，参照 Carlson 等(2004)、Hackbarth 和 Morellec (2008) 的相关研究成果，设定基本参数：X=7.5，Y=5，μ_X=0.02，μ_Y=0.025，σ_X=σ_Y=0.2，r=0.06，ρ=0.75，K_B=K_T=1，α=ω=0.7，图 9-1 给出了不同融资摩擦程度下并购期权价值随并购方现金持有率的变化，其中横轴为并购方的现金持有率 s，纵轴为并购决策的期权价值。

从图 9-1(a)可以看出：对外部融资成本不同的并购方而言，在融资约束区间(s<0.75)内，并购方期权价值总是随现金持有率的提高而上升，但上升速度不同。究其原因在于：外

① 因为 $\alpha \leqslant 1$ 且 $\gamma_1 > 1$，该结论可由式(9-42)中的第二行得到。

部融资成本进而融资摩擦系数的大小，决定了并购期权价值中企业现金持有边际收益的高低，融资摩擦越大，期权价值随现金持有率增长越快，在不同摩擦程度下，并购方可以通过降低支付给目标方的对价补偿来保证自身收益，这使得并购方期权价值和融资摩擦的关系并非单调递增，甚至存在融资约束情形下并购方的并购期权价值高于无约束情形的情况。

从图 9-1(b)可以看出：当并购方受到融资约束($s<0.75$)时，目标方的并购期权价值同样随并购方现金持有率的提高而上升，但该价值总是低于无摩擦环境的情形。对于图 9-1(c)中并购双方(即合并企业)总的期权价值而言，融资摩擦总会侵蚀并购期权价值，即融资约束情形下并购期权价值总是低于无约束情形，而且融资摩擦越大，并购期权价值越小，这与 Boyle 和 Guthrie(2003)关于融资约束降低投资机会价值的结论一致。

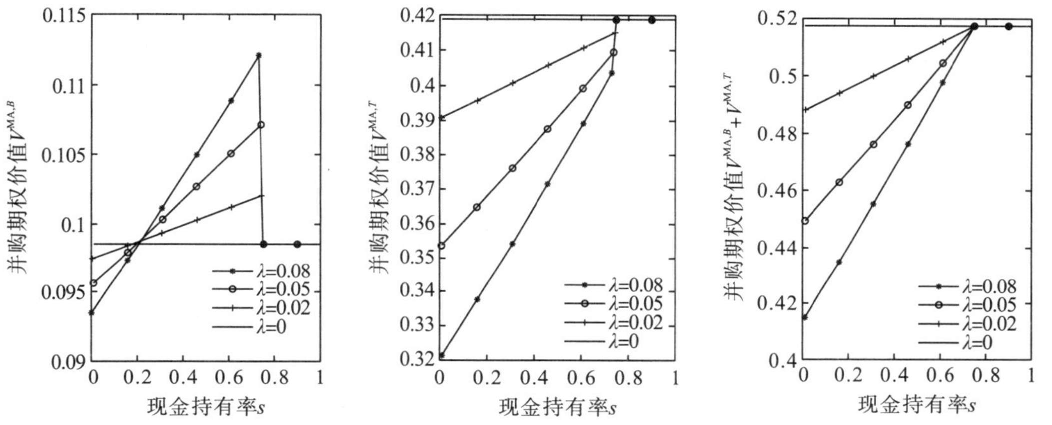

(a) 并购方期权价值　　(b) 目标方期权价值　　(c) 并购期权总价值

图 9-1　不同融资摩擦程度下并购期权价值随并购方现金持有率的变化

对比图 9-1 中的 3 幅图还可以发现，在并购方持有足够多现金的情况下($s>0.75$)，并购所需资金完全可以由内部资金满足，并购方无需付出额外融资成本，此时现金持有率对并购决策没有影响，不同融资摩擦程度下的并购期权价值也将相同。

为了更为直观地说明现金持有率对并购决策的影响，在图 9-1 参数设定的基础上，图 9-2 给出了不同融资摩擦系数下并购临界值随现金持有率的变化，其中横轴为现金持有率 $s\in(0,1)$，纵轴为并购临界值，4 条线从最高到最低分别对应于 $\lambda=0.08$、$\lambda=0.05$、$\lambda=0.02$ 以及 $\lambda=0$。

以 $\lambda=0$ 表示的无融资摩擦的情形为基准，图 9-2 结果显示：$\lambda>0$ 的 3 条曲线均随现金持有率的提高单调递减，直至 $s=0.75$；当现金持有率超过该水平时，并购方可以完全通过现金持有满足并购资金所需，现金持有率和融资约束都将不再影响并购决策。然而，存在约束的现金持有率区间内($s<0.75$)，现金持有率越高，并购临界值越低，这很好地支持了现金较多的企业更可能发起并购的实证证据(张芳芳和刘淑莲，2015；Arikan and Stulz，2016)。与此同时，融资摩擦系数 λ 越大，并购临界值越高，这与式(9-34)中 $sK_B(\alpha+\omega)<\alpha K_T(1+\omega)$ 条件下的理论结果一致[①]：额外融资成本越高，并购临界值越高。

① 在图 9-1 的参数设定下，给定 $K_B=K_T=1$、$\alpha=\omega=0.7$ 和现金持有率 $s<0.75$，条件 $s\times1\times(0.7+0.7)<0.7\times1\times(1+0.7)$ 成立。

进一步，对比 $\lambda>0$ 的 3 条曲线可以发现，融资摩擦系数还会影响现金持有率对并购决策的边际作用：融资摩擦系数越大，并购方每持有一个单位现金所能节省的并购成本越多，从而并购临界值下降得越快，这也支持现金持有有助于提高并购发生概率的理论预示。

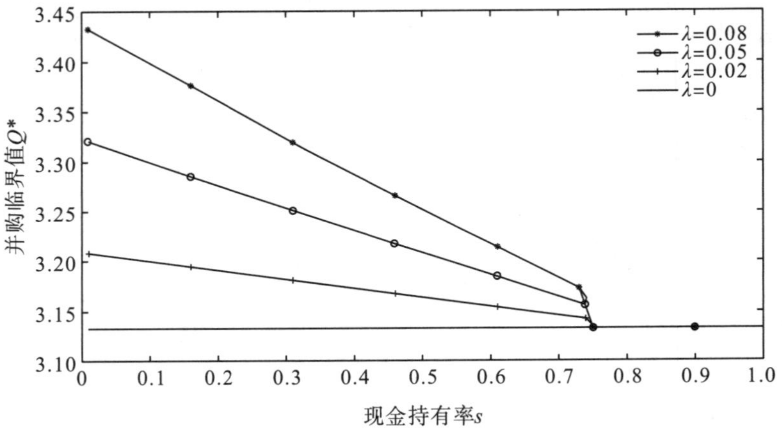

图 9-2　不同融资摩擦程度下并购临界值随并购方现金持有率的变化

在图 9-2 的基础上，进一步设定 $\rho_X=-0.3$（对应 $\varphi_X<\varphi_Y$ 的情形），$\rho_X=-0.7$（对应 $\varphi_X>\varphi_Y$ 的情形），$\rho_Y=-0.5$，$\theta=0.4$，图 9-3 给出了不同摩擦系数下并购对风险溢价的影响随现金持有率的变化，其中纵轴为并购导致的并购方风险溢价变化。由图可见：并购对风险溢价的影响方向取决于 φ_X 与 φ_Y 的相对大小，但是，无论影响方向为正还是为负，随着现金持有率的提高，并购对并购方风险溢价的影响程度均不断增强，很好地支持了理论预示。更为重要的是，给定现金持有率，对比不同摩擦系数 λ 下并购的影响程度，可以发现摩擦系数会放大现金持有率对并购影响的增强效果。这是因为，融资摩擦越高，多持有一个单位现金不仅能节省越多的额外融资成本，还能够降低企业错过最优并购时机的概率。

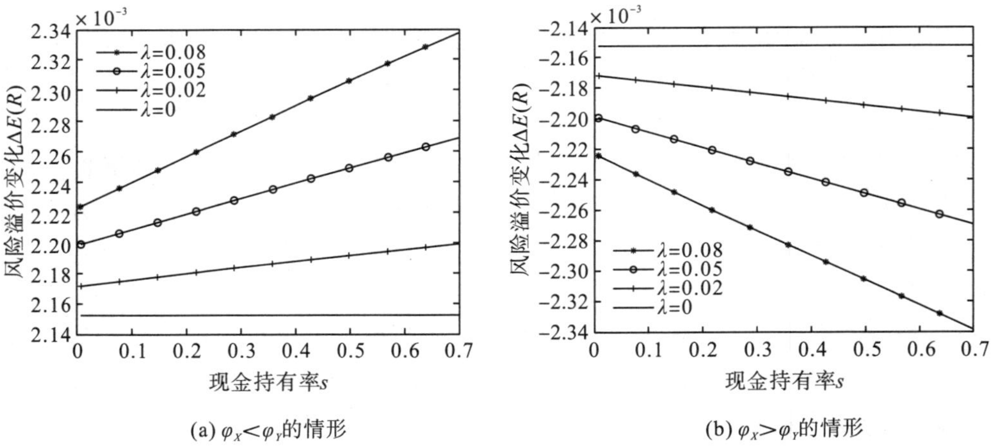

图 9-3　不同融资摩擦程度下并购对风险溢价的影响随现金持有率的变化

9.4 实证设计

前述理论结果表明，在融资约束的条件下，并购方的现金持有越多，并购临界值越低，即并购方更加可能发起并购，且并购对并购方风险溢价的影响也越大。基于此，本小节利用我国沪深两市 A 股上市公司数据实证检验两个理论预示：第一，融资约束会加强现金持有率对并购概率的正向影响；第二，并购对风险溢价的影响程度会随并购方现金持有率的提高而增强，且对于融资约束严重的并购方而言，这种增强作用更明显。

针对第一点理论预示，本节首先检验现金持有率对未来并购概率是否具有正向影响；其次，检验融资约束是否会增强现金持有率与并购概率的正向关系；再者，考虑到股东-管理层代理冲突也可能使得现金持有率与并购概率之间呈现正向关系，进一步控制代理冲突的影响，检验融资约束对现金持有率与并购概率关系的影响。针对第二点理论预示，首先考察样本企业中并购对股票预期收益率的影响方向；其次，检验现金持有率是否会增强并购对股票预期收益率的影响程度；最后，检验现金持有率的增强作用是否与融资约束有关。

9.4.1 数据与样本

本节以 1998～2016 年发生并购的沪深两市主板市场非金融类 A 股上市企业为原始样本，剔除样本期内股票被 ST 和 PT、净资产小于 0 及相关数据缺失的企业-年度观测值。参照张芳芳和刘淑莲(2015)的做法，我们对是否发生并购进行如下识别与界定：若企业在样本期内某一年中至少成功完成过一次资产收购、股权转让或吸收合并，则界定为“发生并购”；否则为“未发生并购”。据此标准，最终得到 2,089 家企业 19 年共 24,548 个企业-年度观测值，其中由 1,818 家上市公司发起的 9,476 起并购事件构成的 6,932 个“发生并购”的观测值，以及 17,616 个“未发生并购”的观测值。为排除异常值的影响，我们对所有连续变量进行了首尾 1%缩尾处理。相关财务数据、并购数据、股票收益率及因子数据来自国泰安 CSMAR 数据库。

9.4.2 变量与指标

第一个理论预示主要涉及的被解释变量为并购概率。参照 Arikan 和 Stulz(2016)的做法，定义一个 0/1 虚拟变量 MA_dummy：如果企业在某年发生并购，则虚拟变量为 1；否则为 0。

解释变量方面，包括现金持有和融资约束两个变量。对于现金持有，我们借鉴 Opler 等(1999)、李井林和刘淑莲(2016)的做法，利用如下 OLS 回归得到的残差 Cashhold 予以测度：

$$\begin{aligned}\mathrm{CASH}_{i,t} = {} & \alpha_0+\alpha_1\mathrm{SIZE}_{i,t}+\alpha_2\mathrm{CF}_{i,t}+\alpha_3\mathrm{CASHSUB}_{i,t}+\alpha_4\mathrm{CAP}_{i,t}\\ & +\alpha_5\mathrm{LEV}_{i,t}+\alpha_6\mathrm{TQ}_{i,t}+\alpha_7\mathrm{DIV}_{i,t}+\mathrm{CASHHOLD}_{i,t}\end{aligned} \tag{9-44}$$

其中，因变量 CASH 为经非现金资产标准化的现金储备，自变量包括市值规模(SIZE)、运营现金流(CF)、现金替代物(CASHSUB)、资本支出(CAP)、财务杠杆(LEV)、托宾

Q(TQ)和筹资活动现金流出(CASHFIN)①。

对于融资约束，参照 Kaplan 和 Zingales(1997)、魏志华等(2014)的做法，采用 KZ 指数衡量每家企业每年的融资约束程度。Kaplan 和 Zingales(1997)利用现金储备(CASH)、运营现金流(CF)、财务杠杆(LEV)、Tobin Q(TQ)和筹资活动现金流出(CASHFIN)5 个企业特征指标来估计融资约束程度，其中现金储备、运营现金流和股利分配可以反映企业可利用的内源资金水平，企业拥有的内源资金越多，其遭受的融资约束越轻；财务杠杆体现了企业的债务负担，债务负担越高，企业越可能遭受融资约束；托宾 Q 反映了企业拥有的投资机会，拥有较多投资机会的企业往往需要更多资金，从而更加可能受到融资约束。利用全样本，我们可以得到融资约束的测度估计式为②

$$\mathrm{KZ}_{i,t} = -12.15\mathrm{CF}_{i,t} - 5.40\mathrm{CASH}_{i,t} + 3.31\mathrm{LEV}_{i,t} + 0.33\mathrm{TQ}_{i,t} - 57.93\mathrm{CASHFIN}_{i,t} \tag{9-45}$$

表 9-1 给出了所有变量的具体定义及说明。

表 9-1 变量定义与指标测度

类型	变量名	符号	定义及说明
被解释变量	是否并购	MA_dummy	未来一年内企业至少发起一次并购取 1，否则取 0
	并购次数	MA_num	未来一年内企业进行并购的次数
	预期收益率	ER	下一年度考虑现金红利再投资的个股或组合月度收益率
解释变量	现金持有率	CASHHOLD	利用回归式(9-45)估计得到的残差
控制变量	账面市值比	B/M	所有者权益除以股票市值，再取自然对数，其中非流通股价值为股数乘以流通股股价
	总资产报酬率	ROA	净利润除以总资产
	代理冲突	MANASHARE	利用高管持股比例作为代理变量，即董事、监事、高级管理人员持股数与流通总股数之比予以测度

---

① 相关指标的具体测度指标如下：a. 现金储备，现金及现金等价物余额除以总资产，其中现金及现金等价物余额为货币资金加上交易性金融资产或短期投资，非现金资产等于总资产减去现金及现金等价物余额；b. 市值规模，股票市值取自然对数；c. 运营现金流，经营活动产生的现金流量净额除以总资产；d. 现金替代物，现金替代物除以总资产，其中现金替代物为流动资产减去流动负债，再减去现金及现金等价物余额；e. 资本支出，购建固定资产、无形资产和其他长期资产支付的现金，除以总资产进行标准化作为资本支出强度的测度；f. 财务杠杆，总负债除以总资产；g. 托宾 Q，股票市值与总负债之和除以总资产；h. 筹资活动现金流出，分配股利、利润或偿付利息支付的现金除以总资产。

② 参照 Kaplan 和 Zingales(1997)的做法，通过如下 4 个步骤构造 KZ 指数衡量融资约束。

第一步，分别按照现金储备、运营现金流、财务杠杆、托宾 Q 和筹资活动现金流出 5 个企业特征的中位数，将全样本各分为高低两组。

第二步，针对每个企业特征的高低分组，定义 0/1 虚拟变量。对于现金储备、运营现金流和筹资活动现金流出 3 个与融资约束负相关的特征，虚拟变量在高组的企业中为 0，低组中为 1；对于财务杠杆和托宾 Q 两个与融资约束正相关的特征，虚拟变量在低组企业中为 0，高组中为 1。进一步，将每年每家企业的 5 个特征的虚拟变量加总得

$$\mathrm{KZ\_}I_{i,t} = \mathrm{CF\_}I_{i,t} + \mathrm{CASH\_}I_{i,t} + \mathrm{LEV\_}I_{i,t} + \mathrm{TQ\_}I_{i,t} + \mathrm{CASHFIN\_}I_{i,t}$$

第三步，利用次序 Logit 模型，将上一步得到的 KZ_I 变量作为因变量，5 个企业特征变量作为自变量，进行如下回归：

$$\mathrm{Logit}\left[\Pr\left(\mathrm{KZ\_}I_{i,t} \leqslant k \middle| \mathrm{CF,CASH,LEV,TQ,DIV}\right)\right] = \alpha_k + \beta_1\mathrm{CF}_{i,t} + \beta_2\mathrm{CASH}_{i,t} + \beta_3\mathrm{LEV}_{i,t} + \beta_4\mathrm{TQ}_{i,t} + \beta_5\mathrm{CASHFIN}_{i,t}$$，其中 k=1、2、3、4。

第四步，在每个年度，利用上一步的次序 Logit 模型得到的回归估计系数，根据企业的 5 个特征的具体变量取值，计算出每家企业的 KZ 指数：

$$\mathrm{KZ}_{i,t} = \beta_1\mathrm{CF}_{i,t} + \beta_2\mathrm{CASH}_{i,t} + \beta_3\mathrm{LEV}_{i,t} + \beta_4\mathrm{TQ}_{i,t} + \beta_5\mathrm{CASHFIN}_{i,t}$$

9.4.3　实证模型与方法

针对第一个理论预示，采用式(9-46)控制年份和个体固定效应的Logit模型进行回归检验，其中被解释变量为MA_dummy，解释变量为现金持有(CASHHOLD)及其与KZ指数(KZ)的交互项，控制变量则包括总资产报酬率(ROA)、投资机会(TQ)、市值规模(SIZE)、财务杠杆(LEV)、资本支出(CAP)。

$$
\begin{aligned}
&\text{Logit}\left[\Pr\left(\text{MA\_dummy}_{i,t}=1\middle|\text{CASHHOLD},\text{KZ},\text{ROA},\text{TQ},\text{SIZE},\text{LEV},\text{CAP}\right)\right]\\
&=\alpha_i+\alpha_t+\alpha_1\text{CASHHOLD}_{i,t-1}+\alpha_2\text{KZ}_{i,t-1}+\alpha_3\text{CASHHOLD}_{i,t-1}\times\text{KZ}_{i,t-1}\\
&\quad+\alpha_4\text{ROA}_{i,t-1}+\alpha_5\text{TQ}_{i,t-1}+\alpha_6\text{SIZE}_{i,t-1}+\alpha_7\text{LEV}_{i,t-1}+\alpha_8\text{CAP}_{i,t-1}+\varepsilon_{i,t}
\end{aligned}
\tag{9-46}
$$

其中，$\text{Logit}(p)=\ln[p/(1-p)]$为Logit函数；$\alpha_t$和$\alpha_i$分别为年份效应和个体效应。

针对现金持有加强并购对风险溢价影响的第二个理论预示，我们通过如下3个步骤构造的等权投资组合，比较并购和无并购两个组合的预期收益率差异。

第一步是考察并购对股票预期收益率的影响方向。在每一个会计年度，首先根据企业是否在过去5年内发起过并购，构造“并购组合”和“无并购组合”两个等权组合。其次，比较两个组合预期收益率的大小关系，以及通过“持有并购组合、卖空无并购组合”构造对冲组合，检验对冲组合的预期收益率是否异于0。

第二步是考察现金持有对并购影响程度的增强作用。在每一个会计年度，首先根据现金持有的中位数，将全样本划分为“高现金持有”和“低现金持有”两组子样本。其次，针对每组子样本，同样构造“持有并购组合、卖空无并购组合”的对冲组合，比较两组子样本中对冲组合的预期收益率大小。

第三步是检验现金持有对并购影响程度的增强作用是否与融资摩擦有关。首先，在每一个会计年度，同时根据现金持有和融资约束KZ指数的中位数，独立二维分组将样本划分为4组子样本。其次，针对每组子样本，同样构造“持有并购组合、卖空无并购组合”的对冲组合，比较4组子样本中对冲组合预期收益率的差异。

针对上述3个步骤，除使用原始收益率外，针对前述分组的各个投资组合，也可以采用Fama-French三因子模型(Fama and French，1993)，利用组合收益率的历史数据，进行如下的时间序列回归，回归估计得到的截距项α_0即为经三因子调整后的组合超额收益率：

$$
\text{ER}_t=\alpha_0+\beta_1\text{MKT}_{t-1}+\beta_2\text{SMB}_{t-1}+\beta_3\text{HML}_{t-1}+\varepsilon_t \tag{9-47}
$$

其中，MKT_t为市场组合的超额收益率，测度为考虑现金红利再投资的月市场回报率(总市值加权平均法)与月无风险利率之差(央行公布三月定存基准利率)；SMB_t和HML_t分别为市值规模因子和账面市值比因子，是根据市值规模中位数和账面市值比30%、70%分位数，独立二维分组构造2×3个投资组合计算而来①。

① SMB为高、中、低3个账面市值比组合中，小规模股票组合预期收益率与大规模股票组合预期收益率之差的均值；HML为大和小两个市值规模组合中，高账面市值比股票组合预期收益率与低账面市值比企业组合预期收益率之差的均值。

9.5 实证结果及分析

9.5.1 描述性统计

根据样本企业在样本期内每一年发起并购的次数，表 9-2 统计了并购次数分组下样本企业的现金持有和融资约束均值。可以看出：并购次数越多，现金持有越高，这意味着现金持有多的企业更加可能发起并购。

表 9-2　并购次数分组下样本企业的现金持有和融资约束

并购次数	样本数	现金持有	KZ 指数
0	17,616	−0.049	−0.489
1	5,153	−0.033	−0.595
2	1,289	−0.015	−0.612
⩾3	490	0.033	−0.387
总计	24,548	−0.042	−0.516

在每个会计年度，根据现金持有的中位数对样本进行高低分组，表 9-3 给出了现金持有高低分组下主要变量的描述性统计和高低两组子样本变量的差异性检验结果。可以看出：无论是并购次数还是并购虚拟变量的均值，现金持有高组均显著高于现金持有低组，即现金持有越多，企业越倾向于发起并购，且并购次数也越多，初步支持理论预示。此外，从两组子样本的 KZ 指数来看，现金持有低组的融资约束显著大于现金持有高组。

表 9-3　主要变量的描述性统计及现金持有高低分组下的差异性检验

现金持有分组		MA_num	MA_dummy	CASHHOLD	*B/M*	SIZE	KZ
全样本	均值	0.386	0.282	−0.042	0.425	22.108	−0.516
	中位数	0.000	0.000	−0.074	0.355	22.018	−0.370
	标准差	0.745	0.450	0.257	0.297	1.060	1.953
	样本数	24,548	24,548	24,548	24,548	24,548	24,548
现金持有低组	均值	0.347	0.266	−0.215	0.445	22.038	−0.410
	中位数	0.000	0.000	−0.198	0.370	21.944	−0.333
	标准差	0.665	0.442	0.110	0.314	1.047	1.777
	样本数	12,268	12,268	12,268	12,268	12,268	12,268
现金持有高组	均值	0.425	0.299	0.131	0.404	22.179	−0.621
	中位数	0.000	0.000	0.067	0.340	22.090	−0.411
	标准差	0.816	0.458	0.246	0.277	1.067	2.109
	样本数	12,280	12,280	12,280	12,280	12,280	12,280
高组—低组	均值差异	0.069***	0.032***	0.335***	−0.039***	0.126***	−0.186***
		(5.078)	(4.268)	(34.384)	(−8.853)	(6.388)	(−5.075)

注：括号内为 *t* 值，***、**、*分别表示在 1%、5%和 10%的显著性水平上显著，下同。

9.5.2　现金持有对并购概率的影响检验

在每个会计年度，根据现金持有和 KZ 指数两个变量各自 30%和 70%的分位数，表 9-4 对全样本进行截面二维分组，统计给出各组样本中下一年发生并购的企业占比情况。其中，“全样本”行(列)展示了仅按照现金持有(KZ 指数)分组的统计结果，最后“高—低”一列是现金持有高低两组子样本中并购企业占比的差异性检验。

针对全样本，表 9-4“全样本”一行显示，现金持有高组中未来一年进行并购的企业占比显著地高，即现金持有高的企业更倾向于发起并购。进一步结合融资约束二维分组下的差异性检验来看，最后一列显示，无论是从均值差异来看，还是从均值差异检验的 t 值来看，现金持有高低两组发生并购的企业占比差异在 KZ 指数最高组中最大，说明现金持有对并购概率的正向影响更加可能在存在融资约束的企业中予以体现。

表 9-4　现金持有和融资约束二维分组下并购企业的占比统计

现金持有和融资约束分组		全样本	现金持有			
			低	中	高	高—低
全样本			0.248	0.271	0.298	0.050*** (5.790)
KZ 指数	低	0.2902	0.269	0.300	0.294	0.025** (2.208)
	中	0.2777	0.265	0.269	0.308	0.043*** (3.192)
	高	0.2461	0.199	0.249	0.286	0.086*** (4.885)

为了控制并购概率的其他影响因素，表 9-5 将是否并购的 0/1 虚拟变量 MA_dummy 作为被解释变量，将现金持有(CASHHOLD)及其与融资约束的交互项(CASHHOLD×KZ)作为解释变量，控制相关因素及年份效应与个体固定效应，给出了二元 Logit 的面板回归结果。无论是否控制个体效应，模型 1 和模型 3 一致表明：现金持有对并购概率具有显著的正向影响，不仅与理论预示和表 9-4 的描述性统计结果一致，而且这一影响具有很高的经济显著性：平均而言，现金持有每提升 1%，模型 1 和模型 3 中的并购概率将分别提升 $\exp(0.2940\times1\%)-1=0.29\%$和 $\exp(0.3266\times1\%)-1=0.33\%$。

模型 2 和模型 4 分别在模型 1 和模型 3 的基础上，进一步加入现金持有与融资约束的交互项，结果发现，交互项 CASHHOLD×KZ 的系数都显著为正，即现金持有对并购概率的正向影响在融资约束严重的企业中更为明显。张芳芳和刘淑莲(2015)的研究指出，并购概率和现金持有的正向关系是由股东与管理层的代理冲突所导致的。Arikan 和 Stulz (2016)也认为，企业持有的现金越多，管理层越倾向于进行更多的并购，因为他们可以从企业的成长中获益。

为了排除代理冲突视角的竞争性解释，利用高管持股比例(MANASHARE)作为管理层代理问题的代理变量，将该变量及其与现金持有的交互项加入模型 5 和模型 6，回归结果显示：高管持股比例并未对现金持有与并购概率的关系产生显著影响。相反，即便控制管理层代理问题可能的影响，模型 7 中交互项 CASHHOLD×KZ 的回归系数依然显著为正。因此，可以认为，融资摩擦才是现金持有促进并购概率的合理解释，因为在融资摩擦的环境下，现金持有可以有效降低融资约束企业进行并购所需承担的外部融资成本。

表 9-5 现金持有和融资约束影响并购概率的 Logit 回归结果

变量	模型 1	模型 2	模型 3	模型 4	模型 5	模型 6	模型 7
CASHHOLD	0.294***	0.499***	0.327***	0.489***	0.331***	0.364***	0.504***
	(4.832)	(6.523)	(3.404)	(4.221)	(3.442)	(3.529)	(4.242)
CASHHOLD×KZ		0.101***		0.079**			0.077**
		(4.398)		(2.510)			(2.392)
MANASHARE					−0.443	−0.390	−0.421
					(−1.068)	(−0.929)	(−1.003)
CASHHOLD×MANASHARE						−0.468	−0.225
						(−0.881)	(−0.415)
KZ	0.011	0.008	−0.003	−0.003	−0.004	−0.004	−0.003
	(1.098)	(0.805)	(−0.249)	(−0.239)	(−0.253)	(−0.258)	(−0.245)
ROA	2.450***	2.292***	1.293***	1.222***	1.309***	1.294***	1.233***
	(7.495)	(6.974)	(3.200)	(3.014)	(3.236)	(3.197)	(3.037)
TQ	−0.028***	−0.023**	0.025	0.026	0.025	0.024	0.026
	(−2.656)	(−2.138)	(1.521)	(1.617)	(1.526)	(1.506)	(1.609)
SIZE	0.105***	0.099***	0.177***	0.170***	0.177***	0.176***	0.169***
	(5.782)	(5.434)	(4.312)	(4.108)	(4.307)	(4.268)	(4.090)
LEV	0.187*	0.116	−0.573***	−0.619***	−0.575***	−0.590***	−0.627***
	(1.951)	(1.188)	(−3.495)	(−3.750)	(−3.510)	(−3.578)	(−3.786)
CAP	0.206	0.198	−0.932**	−0.997***	−0.912**	−0.922**	−0.979**
	(0.752)	(0.725)	(−2.462)	(−2.625)	(−2.406)	(−2.430)	(−2.575)
截距项	−3.997***	−3.822***					
	(−10.061)	(−9.571)					
个体效应	未控制	未控制	控制	控制	控制	控制	控制
年份	控制	控制	控制	控制	控制	控制	控制
观测值	22,304	22,304	19,241	19,241	19,241	19,241	19,241
伪拟合优度 (Pseudo R^2)	0.022	0.023	0.021	0.022	0.022	0.022	0.022

9.5.3 现金持有分组下并购对股票预期收益率的影响检验

本小节检验现金持有对并购引起的并购方风险溢价变化的影响，以及融资约束在其中发挥的作用。在每个会计年度，根据企业过去 5 年的并购行为，首先构造并购和无并购两个等权投资组合，其中并购组合包括过去 5 年中至少进行过一次并购的企业，无并购组合由过去 5 年中从未进行并购的企业组成。其次，根据企业每年的现金持有水平，同样构造现金持有高和低两个等权投资组合。最后，针对 2×2 二维分组下的每个等权组合，利用下一年度 1～12 月的月度收益率测度组合的原始预期收益率，以及利用 Fama-French 三因子模型估计组合的超额预期收益率。

表 9-6 展示了是否并购和现金持有高低二维分组下等权组合预期收益率的(时间序列)均值，以及并购与无并购两个组合预期收益率均值的差异性检验。表中“全样本”行展示了仅按照是否并购一维分组的结果，“均值差异”列展示了“持有并购组合、卖空无并购组合”构造的对冲组合的平均收益率。针对全样本，无论是原始收益率，还是经 Fama-French 三因子模型调整的超额收益率，最后一列显示，并购组合与无并购组合的预期收益率存在显著差异。进一步结合融资约束二维分组的结果来看，并购与无并购两个组合预期收益率的差异仅在现金持有高组才在统计意义上显著，表明现金持有会增强并购对风险溢价的影响，很好地支持了理论预示。

表 9-6　是否并购和现金持有二维分组下的组合预期收益率及差异性检验

是否并购和现金持有分组	并购组合	无并购组合	均值差异
面板 A：原始收益率			
全样本	0.014**	0.016**	−0.001**
	(2.321)	(2.516)	(−2.244)
高现金持有	0.014**	0.016***	−0.002***
	(2.297)	(2.611)	(−2.785)
低现金持有	0.015**	0.015**	−0.001
	(2.335)	(2.423)	(−1.030)
面板 B：经 Fama-French 三因子模型调整的超额收益率			
全样本	0.011*	0.012*	−0.001**
	(1.681)	(1.877)	(−2.153)
高现金持有	0.011*	0.013**	−0.002***
	(1.656)	(1.990)	(−2.903)
低现金持有	0.011*	0.011*	−0.001
	(1.699)	(1.770)	(−0.778)

进一步，现金持有之所以会增强并购对股票预期收益率的影响，前述理论结果认为，是融资约束条件下现金持有可以降低并购方外部融资成本所导致的。为此，在表 9-6 的基础上，进一步根据融资约束强弱分组，表 9-7 给出了是否并购、融资约束强弱和现金持有高低三维分组下的组合预期收益率。结果显示：无论是原始收益率，还是经 Fama-French 三因子模型调整的超额预期收益率，并购和无并购两个组合预期收益率的差异，仅现金持有高且融资约束强的组合间存在统计意义上显著。因此，可以认为，与现金持有的预防性动机假说一致，融资约束可以很好地解释现金持有作用于并购对风险溢价影响的机理。

表 9-7　是否并购、现金持有和融资约束三维分组下的组合预期收益率及差异性检验

是否并购、现金持有和融资约束分组		并购组合	无并购组合	均值差异
面板 A：原始收益率				
融资约束强	高现金持有	0.013**	0.0160**	−0.003***
		(2.048)	(2.481)	(−2.750)
	低现金持有	0.016***	0.016***	−0.000
		(2.652)	(2.663)	(−0.126)
融资约束弱	高现金持有	0.014**	0.015**	−0.001
		(2.125)	(2.319)	(−1.446)
	低现金持有	0.014**	0.013**	0.001
		(2.314)	(2.185)	(0.622)
面板 B：经 Fama-French 三因子模型调整的超额收益率				
融资约束强	高现金持有	0.009	0.012*	−0.003***
		(1.390)	(1.883)	(−3.115)
	低现金持有	0.003*	0.002	0.001
		(1.808)	(1.408)	(0.594)
融资约束弱	高现金持有	0.010	0.011	−0.001
		(1.468)	(1.638)	(−1.223)
	低现金持有	0.000	−0.001	0.001
		(0.171)	(−0.580)	(1.218)

9.5.4　稳健性检验

除影响未来一年内的并购概率外，现金持有还可能对未来三年、五年内的并购概率也具有影响。类似于表 9-4，表 9-8 统计了未来三年和五年内样本年企业发生并购的企业占比情况。结果同样显示，只有在 KZ 指数中组和高组，即融资约束严重的条件下，现金持有高低两组子样本未来三年和五年内发生并购的企业占比才存在显著差异。

表 9-8　现金持有和融资约束二维分组下未来三年和五年内的并购企业占比

现金持有和融资约束分组		全样本	现金持有			
			低	中	高	高—低
面板 A：未来三年内的并购企业占比						
全样本		0.700	0.653	0.682	0.716	0.063*** (6.406)
KZ 指数	低	0.716	0.697	0.723	0.721	0.024 (1.448)
	中	0.690	0.671	0.681	0.725	0.053*** (3.411)
	高	0.640	0.580	0.647	0.692	0.112*** (5.031)

续表

现金持有和融资约束分组		全样本	现金持有			
			低	中	高	高一低
面板 B：未来五年内的并购企业占比						
全样本		0.817	0.783	0.799	0.834	0.052*** (6.084)
KZ 指数	低	0.826	0.815	0.827	0.832	0.017 (1.578)
	中	0.812	0.793	0.801	0.849	0.056*** (4.198)
	高	0.773	0.732	0.771	0.817	0.083*** (4.256)

现金持有不仅会影响企业是否进行并购的概率，还会进一步影响企业进行并购的频率。为此，借鉴 Arikan 和 Stulz(2016)的方法，我们利用一年中企业发生的并购事件数，测度并购次数指标(MA_num)，作为被解释变量，以现金持有及其与 KZ 指数的交互项作为解释变量。由于被解释变量为不小于 0 的计数值，因此采用负二项方法对全样本进行回归。表 9-9 的回归结果显示：无论是现金持有对并购次数的显著正向影响，还是现金持有与 KZ 指数交互项显著为正的回归系数，都与表 9-5 中关于并购概率的二元 Logit 回归结果一致，同样很好地支持了前述理论预示。

表 9-9　现金持有影响并购次数的负二项回归结果

变量	模型 1	模型 2	模型 3	模型 4	模型 5
CASHHOLD	0.256*** (3.866)	0.366*** (4.574)	0.255*** (3.838)	0.292*** (4.027)	0.384*** (4.618)
CASHHOLD×KZ		0.054** (2.401)			0.050** (2.219)
MANASHARE			0.072 (0.294)	0.119 (0.479)	0.100 (0.402)
CASHHOLD×MANASHARE				−0.419 (−1.236)	−0.290 (−0.840)
KZ	−0.001 (−0.117)	−0.002 (−0.225)	−0.001 (−0.117)	−0.001 (−0.123)	−0.002 (−0.225)
ROA	1.239*** (3.992)	1.183*** (3.808)	1.234*** (3.975)	1.219*** (3.924)	1.172*** (3.769)
TQ	0.023** (1.999)	0.024** (2.090)	0.023** (1.989)	0.023* (1.956)	0.024** (2.052)
SIZE	0.128*** (4.495)	0.123*** (4.287)	0.128*** (4.501)	0.127*** (4.447)	0.122*** (4.270)
LEV	−0.393*** (−3.360)	−0.423*** (−3.593)	−0.392*** (−3.348)	−0.407*** (−3.460)	−0.430*** (−3.641)

续表

变量	模型 1	模型 2	模型 3	模型 4	模型 5
CAP	−0.414	−0.450	−0.419	−0.432	−0.462*
	(−1.504)	(−1.634)	(−1.520)	(−1.564)	(−1.671)
截距项	−1.766***	−1.620***	−1.776***	−1.736***	−1.612***
	(−2.899)	(−2.648)	(−2.911)	(−2.841)	(−2.628)
个体效应	控制	控制	控制	控制	控制
年份	控制	控制	控制	控制	控制
观测值	19,335	19,335	19,335	19,335	19,335

9.6　小结

在融资摩擦环境下，现金持有对并购资金缺口以及外部融资成本具有重要影响，进而对企业捕捉最优并购时机、最大化并购溢价，以及对并购方风险溢价的变化产生影响。与代理理论和信号传递等分析视角不同，本章基于融资摩擦的情形，从现金持有的预防性功效出发，首先构建融资约束条件下并购决策的实物期权模型，理论上分析现金持有对并购决策的影响；其次，在局部均衡框架，利用定价核技术从影响方向和影响程度两个层面，讨论现金持有对并购引起的风险溢价变化的影响，并利用面板回归和投资组合分析进行实证检验。

研究结果表明：通过降低并购所需的外部融资成本，现金持有对并购具有促进作用，这为现金持有和并购发生率具有正向关系的已有证据提供了融资约束视角的新解释。从并购对并购方风险溢价的动态影响来看，现金持有并不会影响并购方风险溢价的变化方向，但会加强并购对并购方风险溢价的影响程度。实证证据方面，即便控制管理层代理问题，现金持有对并购概率仍具有显著的正向影响，而且这种影响对融资约束严重的企业更为明显。无论是利用原始收益率，还是利用 Fama-French 三因子模型调整的超额收益率，并购和无并购两个等权组合的对比结果表明：只有现金持有高、融资约束强的子样本中，两个组合的预期收益率才存在统计意义上的显著差异。

附录 9A　现金持有与并购对风险溢价影响程度的关系推导

由 9.3.2 小节表达式(9-42)可知，并购对风险溢价影响程度为

$$
\begin{aligned}
f\left(s,Q^*,\xi^*\right)&=\frac{(1-\alpha)K_T}{V^M\left(Q^*\right)}+\frac{g\left(s,\xi^*\right)(\gamma_1-1)}{g\left(s,\xi^*\right)+\gamma_1 K_B}\\
&=\frac{(1-\alpha)K_T}{V^M\left(Q^*\right)}+\frac{(\gamma_1-1)}{1+\dfrac{\gamma_1 K_B}{g\left(s,\xi^*\right)}}
\end{aligned}
\tag{9A-1}
$$

显然，式(9A-1)中第一项与并购临界值负相关，考虑到现金持有率越高，并购临界值越小，因此第一项随现金持有率单调递增。而式(9A-1)中第二项，仅有函数 $g(s,\ \xi)$ 与现

金持有率相关，将 g 对现金持有率 s 求偏导有

$$\frac{\partial g}{\partial s}=\lambda K_B-\frac{(1+\lambda)(K_B+\alpha K_T)\lambda K_B\left[\lambda(1+\omega)(K_B+\alpha K_T)+(\alpha+\omega)K_B\right]}{\left[(\alpha+\omega)(1-\lambda s)K_B+\lambda(1+\omega)(K_B+\alpha K_T)+\lambda s K_B+\alpha K_T\right]^2}$$

$$=\lambda K_B[\lambda^2\omega(1+\omega)(K_B+\alpha K_T)^2+(\alpha+\omega-1)\left[(\alpha+\omega)(K_B-\lambda s K_B)^2-(\lambda s K_B+\alpha K_T)^2\right]$$

$$+(\alpha+\omega)\alpha^2K_T^2+(K_B+\alpha K_T)\left[2\lambda(1+\omega)(\alpha+\omega-1)(1-\lambda s)K_B+\lambda(1-\alpha)K_B+\lambda(1+\omega)\alpha K_T\right]$$

$$+\frac{\alpha(\alpha+\omega)K_BK_T}{\left[(\alpha+\omega)(1-\lambda s)K_B+\lambda(1+\omega)(K_B+\alpha K_T)+\lambda s K_B+\alpha K_T\right]^2} \tag{9A-2}$$

显然式(9A-2)中的分子除$1-\lambda s$外均大于 0，而$1-\lambda s>0$的充分条件为 $2\lambda s<1$ 且 $\alpha K_T<K_B$，即融资摩擦系数小于 0.5 且目标方资本水平低于并购方。事实上，现实中这一条件在绝大多数情况下均成立，因此有

$$\frac{\partial f}{\partial s}>0 \tag{9A-3}$$

第 10 章　资产剥离对资产风险溢价的影响

自 Boudreaux (1975) 首次结合股票市场反应考察资产剥离以来，作为母公司处置或出售资产、设施、生产线、附属机构或业务部门的一种决策行为 (Moschieri and Mair, 2008)，资产剥离及其对企业的影响一直是学术研究的热点。相关研究可概括为两个方向：一类文献主要利用美国 (Lang et al.,1995; John and Ofek, 1995)、欧洲 (Kaiser and Stouraitis, 1995)、韩国 (Shin, 2008) 等不同市场的数据，实证考察资产剥离的短期市场反应，并总体上发现剥离行为对母公司股价具有正向影响的证据；另一类文献主要从剥离冗余资产有利于优化治理结构与节约管理成本 (Comment and Jarrell, 1995; 张曦, 2016)、调整规模便于应对经济技术的外部环境变化 (Mulherin and Boone, 2000; 郭强等, 2014)、剥离所得及管理资源可以重新聚焦新的资产或核心资产 (Bates, 2005; Huang, 2014) 等多个角度①，从理论上分析资产剥离在改善企业盈利状况和提升企业价值方面的作用。

需要指出的是，无论是关于短期市场反应的实证考察，还是资产剥离影响企业价值的机理研究，都未涉及资产剥离行为如何作用于资产的风险-收益特征。事实上，企业总资产可分解为在位资产和增长期权两个部分，已有关于资本支出 (Berk et al., 1999; Carlson et al., 2004; Anderson and Garcia-Feijóo, 2006) 和 R&D 投资 (Kumar and Li, 2016) 影响资产风险溢价的相关研究表明：投资决策可以通过改变资产的相对构成而影响资产的风险-收益特征。对于资产剥离决策而言，无论是收缩资产规模还是直接出售资产，都会影响或改变在位资产内部的相对构成和总资产中在位资产的相对构成，进而影响资产的风险-收益特征。仅有 Cooper 和 Priestley (2011)、张莹春 (2016) 给出资产负增长对股票预期收益率具有正向影响的实证证据，但嵌入于在位资产的剥离决策灵活性到底如何作用于资产的风险-收益特征，目前尚缺乏相关的理论研究。

Hackbarth 和 Johnson (2015) 将资产出售刻画为一种本质为看跌期权的实物期权，从理论上指出了收缩和扩张两种运营决策会共同对资产风险溢价产生动态影响。然而，不同于被刻画为看跌期权的资产出售行为②，现实中企业在进行资产剥离时，通常会同时考虑如何将剥离所回收的资本、管理资源等重新聚焦于核心资产。从这个意义上讲，已有研究讨论的资产出售只是资产剥离的一种特殊情形，一般的资产剥离本质上更是适合被看作是一种交换期权：标的资产为剥离带来的核心资产价值增量，执行价格为拟剥离的非核心资产价值。相应地，资产剥离行为对风险溢价的动态影响应该由剥离前资产的相对构成及各部分资产风险溢价的相对大小，以及交换期权的灵活性价值来共同决定。进一步，由于资产剥离是针对在位资产的一种决策，那么，企业是否拥有剥离的决策灵活性，以及在位资

---

① 一些企业也会利用资产剥离所得进行股票回购与分红 (Berchtold, 2014)。

② 在关于资产剥离决策的相关理论文献中，Lambrecht 和 Myers (2007)、Warusawitharana (2008) 以及 Fuchs 等 (2016) 也通常将资产出售或收缩行为刻画为一种看跌期权。

产和增长期权构成比例在企业不同生命周期阶段的不同，都会使得资产剥离对风险溢价的影响表现不同。

鉴于已有关于资产剥离影响风险溢价的理论文献尚为缺乏，同时注意到现实中资产剥离并非只是简单地进行资产出售，本章考虑企业通过剥离非核心资产而聚焦核心资产的情形，将资产剥离决策视作一种交换期权，从影响方向和影响程度两个层面，从理论上剖析资产剥离作用于风险溢价的机理，并利用中国沪深两市 1998～2016 年 1,342 家发生资产处置的非金融类 A 股上市公司数据，进行实证检验。研究结果表明：资产剥离是提升还是降低风险溢价，取决于非核心和核心资产风险溢价的相对大小，如果核心资产的风险溢价高于非核心资产，则资产剥离将提升风险溢价；反之降低风险溢价。进一步，资产剥离的影响程度由剥离前资产总价值中两类资产的相对价值占比和交换期权的价值占比共同决定：两类资产的价值占比差异越大，资产剥离的影响越大；交换期权的价值占比越高，资产剥离的影响越弱。此外，扩展研究的结论表明：延迟等待的剥离决策灵活性会削弱资产剥离的影响；在资产剥离能提升风险溢价的前提下，年轻阶段进行资产剥离更加可能对风险溢价具有提升作用。

10.1 基本假设

考虑一家代表性企业，总资产由盈利能力不同的 1 个单位核心资产和 1 个单位非核心资产构成，两类资产的现金流过程分别服从：

$$\mathrm{d}X = \hat{\mu}_X X\mathrm{d}t + \sigma_X X\mathrm{d}z_X \tag{10-1}$$

$$\mathrm{d}Y = \hat{\mu}_Y Y\mathrm{d}t + \sigma_Y Y\mathrm{d}z_Y \tag{10-2}$$

其中，$\hat{\mu}_X$ 和 σ_X 分别为 X 的期望增长率和波动程度；$\hat{\mu}_Y$ 和 σ_Y 分别为 Y 的期望增长率和波动程度；d $\mathrm{d}z_X$ 和 $\mathrm{d}z_Y$ 为标准维纳过程。

假设企业剥离 1 个单位非核心资产的同时，会将剥离回收的资本和管理资源等重新投入核心资产[①]，剥离完成后的核心资产现金流 $X(t)$ 将提升至原来的 1+k 倍，参数 k 的大小可以反映资产剥离提升核心资产盈利能力的效果，具体取值由剥离成功的概率、剥离所需付出的成本，以及剥离后企业的整合能力等共同决定。完成非核心资产的剥离后，企业价值仅由盈利能力提高了的一个单位核心资产构成，从而资产剥离决策可以视作一个交换期权：标的资产为盈利能力提高所带来的核心资产的价值增量，执行价格为被剥离掉的一个单位非核心资产的价值。

假设外生的定价核服从：

$$\mathrm{d}\Lambda = -r\Lambda\mathrm{d}t + \theta\Lambda\mathrm{d}w \tag{10-3}$$

其中，r 为无风险利率。

令 ρ_X 和 ρ_Y 为 $\mathrm{d}w$ 分别与 $\mathrm{d}z_X$ 和 $\mathrm{d}z_Y$ 的相关系数，ρ 为 $\mathrm{d}z_X$ 和 $\mathrm{d}z_Y$ 的相关系数，式(10-1)和式(10-2)分别在风险中性概率测度下可重新表示为

① 更为一般地，如果企业只剥离部分非核心资产，剥离前后核心和非核心资产的相对构成将发生变化，相应的资产价值和风险溢价求解详见附录 10A。在此一般化的扩展情形下，关于剥离影响的主要结论并不改变。

$$\mathrm{d}X = \mu_X X\mathrm{d}t + \sigma_X X\mathrm{d}z_X \tag{10-4}$$

$$\mathrm{d}Y = \mu_Y Y\mathrm{d}t + \sigma_Y Y\mathrm{d}z_Y \tag{10-5}$$

其中，$\mu_X = \hat{\mu}_X - \varphi_X$ 和 $\mu_Y = \hat{\mu}_Y - \varphi_Y$ 表示风险中性概率测度下的漂移率；$\varphi_X \equiv -\rho_X\sigma_X\theta$ 和 $\varphi_Y \equiv -\rho_Y\sigma_Y\theta$ 分别为核心资产现金流 X 和非核心资产现金流 Y 的风险溢价。

10.2 理论模型

10.2.1 基于交换期权的资产剥离决策模型

企业进行资产剥离之前，核心资产和拟剥离的非核心资产价值分别为各自现金流 X 与 Y 的永续折现值：

$$V^P(X) = \frac{X}{r-\mu_X} \tag{10-6}$$

$$V^U(Y) = \frac{Y}{r-\mu_Y} \tag{10-7}$$

对于非核心资产，一旦其现金流相对于核心资产现金流低于某个水平，企业将择机进行剥离，而后将剥离所得投资于核心资产。该决策可以视作一种交换期权，其中标的资产为核心资产的价值增量，执行价格为剥离掉的非核心资产价值。借鉴 Dixit 和 Pindyck（1994）的做法，交换期权的价值满足贝尔曼方程：

$$V^D(X,Y) = \max\left\{e^{-r\mathrm{d}t}E_t\left[V^D(X+\mathrm{d}X, Y+\mathrm{d}Y)\right], \frac{kX}{r-\mu_X} - \frac{Y}{r-\mu_Y}\right\} \tag{10-8}$$

式中，第一部分表示继续等待时机以执行交换期权的价值；第二部分表示立即执行交换期权的价值。

运用伊藤引理展开并化简式（10-8）可得偏微分方程：

$$\begin{aligned}&\frac{1}{2}\sigma_X^2X^2V_{XX}^D(X,Y) + \frac{1}{2}\sigma_Y^2Y^2V_{YY}^D(X,Y) + \rho\sigma_X\sigma_Y V_{XY}^D(X,Y)\\&+\mu_X XV_X^D(X,Y) + \mu_Y YV_Y^D(X,Y) - rV^D(X,Y) = 0\end{aligned} \tag{10-9}$$

其中，V_X^D 和 V_Y^D 分别为交换期权 $V^D(X, Y)$ 对 X 和 Y 的一阶偏导数；V_{XX}^D 和 V_{YY}^D 分别为二阶偏导数；V_{XY}^D 为交换期权对两类资产现金流的交叉偏导数。

尽管该偏微分方程涉及两个随机变量，但注意到执行后期权价值为两种资产现金流 X 和 Y 的齐次线性函数，参照 Hackbarth 和 Morellec（2008）、穆庆榜（2016）等的求解方法，令 $Q=X/Y$，交换期权表达式可以转化为 $V^D(X, Y)=YV^D(Q)$，式（10-9）相应地可变形为二阶常微分方程：

$$0.5\left(\sigma_X^2 - 2\rho\sigma_X\sigma_Y + \sigma_Y^2\right)Q^2V_{QQ}^D(Q) + (\mu_X - \mu_Y)QV_Q^D(Q) - (r-\mu_Y)V^D(Q) = 0 \tag{10-10}$$

且满足边界条件：

$$V^D(Q^*) = \frac{kQ^*}{r-\mu_X} - \frac{1}{r-\mu_Y} \tag{10-11}$$

$$V_Q^D\left(Q^*\right)=\frac{k}{r-\mu_X} \tag{10-12}$$

$$\lim_{Q\to 0}V^D\left(Q\right)=0 \tag{10-13}$$

其中：V_Q^D 和 V_{QQ}^D 分别为交换期权 $V^D(Q)$ 对 Q 的一阶和二阶偏导数；式(10-11)和式(10-12)分别为 $V^D(Q)$ 在交换期权执行临界 Q^* 处的价值匹配和平滑粘贴条件；式(10-13)说明核心资产现金流的增加幅度相对于非核心资产非常小时，交换期权价值为 0。

根据 3 个边界条件式(10-11)～式(10-13)，式(10-10)的交换期权价值为

$$V^D\left(X,Y\right)=\begin{cases}\dfrac{1}{\gamma_1-1}\dfrac{Y}{r-\mu_Y}\left(\dfrac{Q}{Q^*}\right)^{\gamma_1}, & Q<Q^* \\ \dfrac{kX}{r-\mu_X}-\dfrac{Y}{r-\mu_Y}, & Q\geqslant Q^*\end{cases} \tag{10-14}$$

式中，上半支表示现金流比值低于执行临界值时，企业继续等待剥离时机的期权价值；下半支表示当现金流比值超过临界值后，企业立即执行交换期权的价值；$\gamma_1>1$ 为特征方程 $0.5\left(\sigma_X^2-2\rho\sigma_X\sigma_Y+\sigma_Y^2\right)\gamma\left(\gamma-1\right)+\left(\mu_X-\mu_Y\right)\gamma-\left(r-\mu_Y\right)=0$ 的正根，交换期权的执行临界为

$$Q^*=\frac{\gamma_1}{k\left(\gamma_1-1\right)}\frac{r-\mu_X}{r-\mu_Y} \tag{10-15}$$

至此，进行资产剥离前拥有交换期权的企业价值可以表示为[①]

$$\begin{aligned}V_0\left(X,Y\right)&=V^P\left(X\right)+V^U\left(Y\right)+V^D\left(X,Y\right)\\&=\frac{X}{r-\mu_X}+\frac{Y}{r-\mu_Y}+\frac{1}{\gamma_1-1}\frac{Y}{r-\mu_Y}\left(\frac{Q}{Q^*}\right)^{\gamma_1}\end{aligned} \tag{10-16}$$

式中，$\left(Q/Q^*\right)^{\gamma_1}$ 反映企业进行资产剥离的概率，其大小由拟剥离的非核心资产和核心资产的现金流特征共同决定。

特别地，在剥离执行临界值点 Q^*处，容易有 $\partial V_0/\partial Q\big|_{Q=Q^*}>0$，表明剥离非核心资产会导致企业价值提升，这可以解释已有文献中资产剥离导致短期市场正向反应的实证证据。

剥离非核心资产之后，企业资产由盈利能力提高为原来 $1+k$ 倍的一个单位核心资产构成，相应的企业价值为

$$V_1\left(X\right)=\frac{\left(1+k\right)X}{r-\mu_X} \tag{10-17}$$

参照 Carlson 等(2004)、Dixit 和 Pindyck(1994)的做法，设定基本参数：$Y=5$, $\mu_X=0.02$, $\mu_Y=-0.01$, $\sigma_X=\sigma_Y=0.2$, $r=0.05$, $\rho=0.2$, $k=1$，图 10-1 给出了资产剥离前后企业价值及其各部分构成动态变化的数值示例。由图可见：给定非核心资产的现金流水平，随着核心资产现金流水平的增加，剥离前核心资产和交换期权的价值逐渐增加；一旦企业于剥离临界值 $Q^*=1.7472$ 处执行交换期权后，总资产将全部由核心资产构成。

---

① $V^D(X, Y)$ 取自式(10-14)中未执行交换期权的上半支。

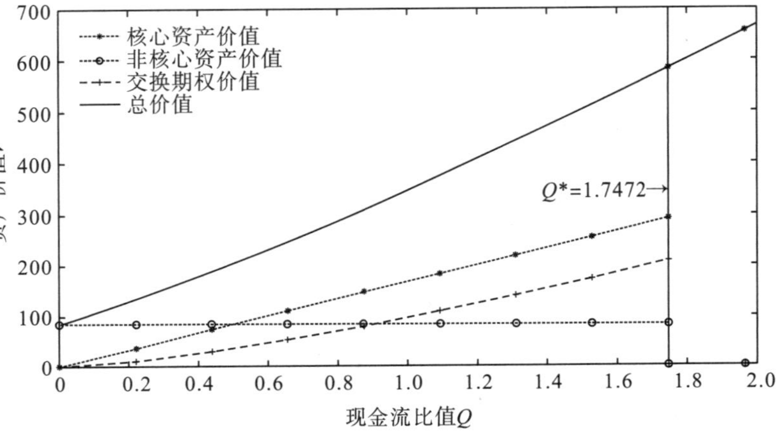

图 10-1　资产剥离前后企业价值及构成分随核心资产现金流水平的变化

10.2.2　资产剥离对风险溢价的动态影响

10.2.2.1　NPV 法则下的基准情形

在得到企业总资产及各部分价值的基础上，本节将采用随机贴现因子方法计算相应的风险溢价。根据 Cochrane(2009)的研究，价值为 V 的任意资产的风险溢价表达式为

$$\mathrm{E}(R)\mathrm{d}t = -\mathrm{E}\left(\frac{\mathrm{d}V}{V}\frac{\mathrm{d}\Lambda}{\Lambda}\right) \tag{10-18}$$

将式(10-6)和式(10-7)分别代入式(10-18)，并运用伊藤引理化简可得核心资产和非核心资产的风险溢价分别为

$$\mathrm{E}\left(R^{P}\right) = \varphi_X \tag{10-19}$$

$$\mathrm{E}\left(R^{U}\right) = \varphi_Y \tag{10-20}$$

作为对照基准，首先考虑企业没有延迟剥离决策灵活性的特殊情形。在该情形下，企业利用净现值(NPV)法则立即做出是否剥离的决策，此时交换期权的价值 $V^D=0$。将各部分风险溢价表达式(10-19)和式(10-20)按其相应价值占比进行加权平均有

$$\begin{aligned}\mathrm{E}\left(R_0\right) &= \frac{V^P}{V_0}\mathrm{E}\left(R^P\right) + \frac{V^U}{V_0}\mathrm{E}\left(R^U\right)\\ &= \frac{V^P}{V_0}\varphi_X + \frac{V^U}{V_0}\varphi_Y\end{aligned} \tag{10-21}$$

一旦完成资产剥离，企业总资产全部为核心资产，相应的风险溢价为

$$\begin{aligned}\mathrm{E}\left(R_1\right) &= \mathrm{E}\left(R^P\right)\\ &= \varphi_X\end{aligned} \tag{10-22}$$

将式(10-22)和式(10-21)做差，可将资产剥离对风险溢价的动态影响表示为

$$\begin{aligned}\Delta\mathrm{E}(R)&=\frac{V^U}{V_0}(\varphi_X-\varphi_Y)\\&=\frac{W}{1+W}(\varphi_X-\varphi_Y)\end{aligned}\tag{10-23}$$

其中，$W=\dfrac{\dfrac{Y}{r-\mu_Y}}{\dfrac{X}{r-\mu_X}}$，反映剥离前非核心和核心两类资产的相对价值占比。

可以发现，在 NPV 法则下，资产剥离的影响方向取决于核心和非核心两类资产风险溢价的相对大小，影响程度则只取决于剥离前两类资产相对的价值占比。

10.2.2.2　考虑交换期权的情形

在企业可以延迟做出剥离决策的情形下，将式(10-14)的上半支代入式(10-18)，并运用伊藤引理化简可得交换期权的风险溢价为

$$\mathrm{E}\left(R^D\right)=\gamma_1\varphi_X+\left(1-\gamma_1\right)\varphi_Y\tag{10-24}$$

可以看出：交换期权的风险溢价正是非核心和核心两类资产风险溢价的加权平均，权重分别为 γ_1 和 $1-\gamma_1$；而且，由于 $\gamma_1>1$，“做空非核心资产、做多核心资产”的交换期权具有杠杆特征，γ_1 的值可以反映杠杆倍数。特别地，若 $\varphi_X=0$，式(10-24)的 $\mathrm{E}(R^D)<0$，表明交换期权的风险溢价为负，模型将退化为 Lambrecht 和 Myers(2007)讨论的企业停止运营的极端情形，交换期权也相应地退化为看跌期权。

将各部分风险溢价表达式(10-19)、式(10-20)、式(10-24)按其在剥离前企业价值表达式(10-16)中的价值占比进行加权平均有

$$\begin{aligned}\mathrm{E}(R_0)&=\frac{V^P}{V_0}\varphi_X+\frac{V^U}{V_0}\varphi_Y+\frac{V^D}{V_0}\left[\gamma_1\varphi_X+\left(1-\gamma_1\right)\varphi_Y\right]\\&=\left(\frac{V^P}{V_0}+\gamma_1\frac{V^D}{V_0}\right)\varphi_X+\left[\frac{V^U}{V_0}-\left(\gamma_1-1\right)\frac{V^D}{V_0}\right]\varphi_Y\end{aligned}\tag{10-25}$$

可以看出：交换期权正是通过影响非核心和核心两类资产现金流波动对总资产风险的贡献而发挥杠杆作用，具体方向取决于 φ_X 和 φ_Y 的相对大小：若 $\varphi_X\geqslant\varphi_Y$，则交换期权的杠杆对总资产风险溢价具有正向作用；反之，若 $\varphi_X<\varphi_Y$，交换期权具有负向作用。从式(10-25)第二行 φ_X 和 φ_Y 前面的系数还可以一致发现，γ_1 越大、交换期权价值占比越高，交换期权对两类资产现金流波动对总资产风险的贡献的影响越大。而一旦完成资产剥离，企业风险溢价的价值表达为式(10-22)。

在图 10-1 的基础上，进一步设定参数：$\theta=0.4$，$\rho_Y=-0.5$，$\rho_X=-0.45$ ($\varphi_X<\varphi_Y$)，$\rho_X=-0.55$ ($\varphi_X>\varphi_Y$)，图 10-2 针对 $\varphi_X<\varphi_Y$ 和 $\varphi_X>\varphi_Y$ 两种情形，给出了资产剥离前后风险溢价动态变化的数值示例。给定 Y，随着 X 的增大 $Q=X/Y$ 逐渐增大，总资产风险溢价在 $\varphi_X<\varphi_Y$ 和 $\varphi_X>\varphi_Y$ 两种情形下分别会逐渐降低和提高，究其原因在于：在 $\varphi_X>\varphi_Y$ 的情形下，交换期权的杠杆作用使得 $\mathrm{E}(R^D)\geqslant\varphi_X\geqslant\varphi_Y$，同时随着 Q 的增大，交换期权的价值占比逐渐增大，进而剥离前风险溢价呈现上升的趋势，并在资产剥离后维持在核心资产的风险溢价水平；$\varphi_X<\varphi_Y$

的情形反之。

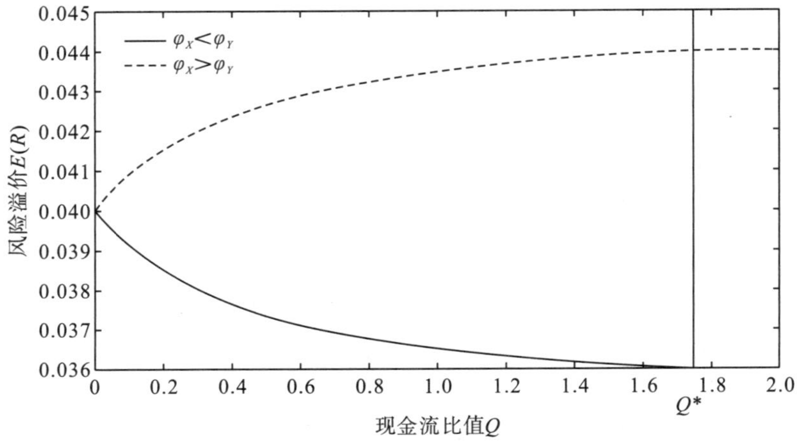

图 10-2　资产剥离前后风险溢价随核心资产现金流水平的变化

将式(10-22)和式(10-25)做差，可进一步将资产剥离对风险溢价的动态影响表示为

$$\begin{aligned}\Delta \mathrm{E}(R) &\equiv \mathrm{E}(R_1)-\mathrm{E}(R_0)\\ &=\left[\frac{V^U}{V_0}-(\gamma_1-1)\frac{V^D}{V_0}\right](\varphi_X-\varphi_Y)\\ &=\frac{W^{\gamma_1}-\left[\dfrac{k(\gamma_1-1)}{\gamma_1}\right]^{\gamma_1}}{W^{\gamma_1-1}+W^{\gamma_1}+\dfrac{1}{\gamma_1-1}\left[\dfrac{k(\gamma_1-1)}{\gamma_1}\right]^{\gamma_1}}(\varphi_X-\varphi_Y)\end{aligned} \tag{10-26}$$

其中，k 为资产剥离对核心资产现金流的提升效果[①]；γ_1 为交换期权的杠杆倍数。

3 个关键参数共同决定了资产剥离对风险溢价变化的影响，包括两个层面。其一，资产剥离到底是提升还是降低风险溢价，取决于非核心和核心两类资产风险溢价的相对大小。特别地，如果核心资产的风险溢价高于拟剥离的非核心资产(即 $\varphi_X \geqslant \varphi_Y$)，则资产剥离将提升风险溢价，即 $\Delta\mathrm{E}(R) \geqslant 0$，这可以解释已有文献关于资产负增长和股票预期收益率具有正向关系的实证证据(Cooper et al., 2008; Cooper and Priestley, 2011; 张莹春, 2016)。其二，资产剥离的影响程度取决于剥离前资产的相对构成。记式(10-26)中资产剥离的影响程度为

$$f(W,k,\gamma_1)\equiv\frac{W^{\gamma_1}-\left[\dfrac{k(\gamma_1-1)}{\gamma_1}\right]^{\gamma_1}}{W^{\gamma_1-1}+W^{\gamma_1}+\dfrac{1}{\gamma_1-1}\left[\dfrac{k(\gamma_1-1)}{\gamma_1}\right]^{\gamma_1}} \tag{10-27}$$

① k 与交换期权价值及占比具有正向关系，即 $\dfrac{\partial V^D}{\partial k}>0$ 和 $\dfrac{\partial\left(\dfrac{V^D}{V_0}\right)}{\partial k}>0$ 。

容易证明：

$$\frac{\partial f}{\partial W}>0 \tag{10-28}$$

$$\frac{\partial f}{\partial k}<0 \tag{10-29}$$

式(10-28)表明，剥离前非核心和核心两类资产价值占比的差异 W 越大，剥离对风险溢价的影响程度越大；式(10-29)则表明，k 越大，剥离前交换期权价值及其占比越高，在交换期权降低非核心资产风险贡献的作用下，剥离非核心资产导致其对总资产风险贡献的消失所造成的影响越小。此外，对于参数 γ_1，尽管杠杆倍数本身越大，但交换期权价值及其价值占比越小，γ_1 对资产剥离影响程度的作用并不确定。

对比NPV法则下剥离对资产风险溢价的影响表达式(10-23)和实物期权决策法则下剥离对资产风险溢价的影响表达式(10-26)，可以发现式(10-26)中 $\varphi_X-\varphi_Y$ 前的系数多了 $-(\gamma_1-1)V^D/V_0$，即在实物期权法则下，由于交换期权及其杠杆作用的存在，资产剥离对风险溢价的影响程度更小，从这个意义上讲，延迟等待的剥离决策灵活性会削弱资产剥离的影响。

10.2.3　不同生命周期阶段资产剥离影响的比较

上节的结论表明，资产剥离会通过改变核心和非核心资产的相对构成而对风险溢价产生影响。更为一般的情形下，除了在位资产，企业总资产通常还包括未来有待投资的一系列增长期权(Myers, 1977)，二者相对构成随企业生命周期推进的不断变化，也会使得嵌入于在位资产的资产剥离对风险溢价的影响将在不同生命周期阶段表现得有所不同。

为此，本节将企业生命周期阶段划分为资产构成比例不同的年轻和成熟两个阶段，扩展比较不同阶段资产剥离对总资产风险溢价的影响。在年轻阶段，企业资产包括 1 个单位核心在位资产、1 个单位拟剥离的非核心在位资产，以及 1 个单位待投资的增长期权。简化起见，假设增长期权标的资产的现金流过程与核心在位资产相同。伴随着增长期权的执行，企业由年轻进入成熟阶段，届时总资产由 2 个单位核心在位资产和 1 个单位非核心在位资产构成。

对于标的资产与核心在位资产现金流特征相同的增长期权，其价值满足贝尔曼方程：

$$V^G(X)=\max\left\{e^{-rdt}\mathrm{E}_t\left[V^G(X+\mathrm{d}X)\right],V^P(X)-I\right\} \tag{10-30}$$

式中，第一部分表示继续等待时机以执行增长期权的价值；第二部分表示立即执行增长期权的价值。

运用伊藤引理展开式(10-30)可得微分方程：

$$\frac{1}{2}\sigma_X^2X^2V_{XX}^G+\mu_XXV_X^G-rV^G=0 \tag{10-31}$$

且满足边界条件：

$$V^G(X^*)=\frac{X^*}{r-\mu_X} \tag{10-32}$$

$$V_X^G\left(X^*\right)=\frac{1}{r-\mu_X} \tag{10-33}$$

$$\lim_{X\to 0} V^G\left(X\right)=0 \tag{10-34}$$

其中：V_X^G、V_{XX}^G 分别为增长期权对现金流 X 的一阶和二阶导数；X^*为增长期权的执行临界值；式(10-32)和式(10-33)分别为价值匹配和平滑粘贴条件；条件(10-34)则保证了当现金流入为 0 时，企业的增长期权价值也相应为零。

结合 3 个边界条件，求解微分方程(10-31)可得增长期权的价值为

$$V^G\left(X\right)=\begin{cases}\dfrac{1}{\beta-1}I\left(\dfrac{X}{X^*}\right)^\beta, & X<X^*\\ \dfrac{X}{r-\mu_X}-I, & X\geqslant X^*\end{cases} \tag{10-35}$$

其中，上半支表示增长期权等待执行的价值；下半支为立即执行的价值。

执行临界值和待定系数 β 分别为

$$X^*=\frac{\beta}{\beta-1}\left(r-\mu_X\right)I \tag{10-36}$$

$$\beta=\frac{1}{\sigma_X^2}\left[\frac{1}{2}\sigma_X^2-\mu_X+\sqrt{\left(\mu_X-\frac{1}{2}\sigma_X^2\right)^2+2r\sigma_X^2}\right]>1 \tag{10-37}$$

在生命周期的年轻阶段，资产剥离前的企业价值可以表示为

$$\begin{aligned}V_0^J\left(X,Y\right)&=V^P\left(X\right)+V^U\left(Y\right)+V^G\left(X\right)+V^D\left(X,Y\right)\\&=\frac{X}{r-\mu_X}+\frac{Y}{r-\mu_Y}+\frac{I}{\beta-1}\left(\frac{X}{X^*}\right)^\beta+\frac{1}{\gamma_1-1}\frac{Y}{r-\mu_Y}\left(\frac{Q}{Q^*}\right)^{\gamma_1}\end{aligned} \tag{10-38}$$

其中，$V^G(X)$ 和 $V^D(X,Y)$ 分别取自式(10-35)和式(10-14)的上半支。

一旦企业剥离非核心资产，年轻阶段的企业价值为现金流提高后的核心在位资产和增长期权价值之和：

$$V_1^J\left(X\right)=\frac{\left(1+k\right)X}{r-\mu_X}+\frac{I}{\beta-1}\left(\frac{X}{X^*}\right)^\beta \tag{10-39}$$

类似地，在生命周期晚期的成熟阶段，资产剥离前后的企业价值分别为

$$\begin{aligned}V_0^M\left(X,Y\right)&=2V^P\left(X\right)+V^U\left(Y\right)+V^D\left(X,Y\right)\\&=\frac{2X}{r-\mu_X}+\frac{Y}{r-\mu_Y}+\frac{1}{\gamma-1}\frac{Y}{r-\mu_Y}\left(\frac{Q}{Q^*}\right)^{\gamma_1}\end{aligned} \tag{10-40}$$

$$\begin{aligned}V_1^M\left(X,Y\right)&=\left(2+k\right)V^P\left(X\right)\\&=\frac{\left(2+k\right)X}{r-\mu_X}\end{aligned} \tag{10-41}$$

采用与上节类似的方法，将式(10-35)上半支代入式(10-18)，容易得到年轻阶段增长期权的风险溢价为

$$\mathrm{E}\left(R^G\right)=\beta\varphi_X \tag{10-42}$$

根据资产剥离前后各部分资产的价值占比，可将企业年轻阶段资产剥离前后的风险溢价分别表示为

$$\begin{aligned}\mathrm{E}\left(R_0^J\right)&=\frac{V^P}{V_0^J}\varphi_X+\frac{V^U}{V_0^J}\varphi_Y+\frac{V^G}{V_0^J}\beta\varphi_X+\frac{V^D}{V_0^J}\left[\gamma\left(\varphi_X-\varphi_Y\right)+\varphi_Y\right]\\&=\varphi_X+\frac{V^G}{V_0^J}(\beta-1)\varphi_X+\frac{V^D\left(\gamma-1\right)-V^U}{V_0^J}\left(\varphi_X-\varphi_Y\right)\end{aligned}\tag{10-43}$$

$$\begin{aligned}\mathrm{E}\left(R_1^J\right)&=\frac{\left(1+k\right)V^P}{V_1^J}\varphi_X+\frac{V^G}{V_1^J}\beta\varphi_X\\&=\varphi_X+\frac{V^G}{V_1^J}\left(\beta-1\right)\varphi_X\end{aligned}\tag{10-44}$$

进而年轻阶段进行资产剥离对风险溢价的动态影响为

$$\begin{aligned}\Delta\mathrm{E}\left(R^J\right)&=\mathrm{E}\left(R_1^J\right)-\mathrm{E}\left(R_0^J\right)\\&=\frac{V^U}{V_0^J}\left[1-\left(\frac{Q}{Q^*}\right)^\gamma\right]\left(\varphi_X-\varphi_Y\right)+\left(\frac{V^G}{V_1^J}-\frac{V^G}{V_0^J}\right)\left(\beta-1\right)\varphi_X\end{aligned}\tag{10-45}$$

对比式(10-45)和不考虑增长期权情形下的式(10-26)，可以看出：拥有增长期权的年轻企业进行资产剥离的作用，既受剥离前在位资产中非核心和核心两类资产相对构成的影响，也受总资产中增长期权和在位资产相对构成的影响，分别由式(10-45)第二行的第一项和第二项表示。其中，对于式(10-45)中的第二项，在 $Q\leqslant Q^*$ 的条件下，由于 $V_1^J\leqslant V_0^J$ [①]，资产剥离会通过提升增长期权在总资产中的价值占比而对风险溢价具有正向影响。

同理，在生命周期晚期的成熟阶段，企业进行资产剥离对风险溢价的动态影响为

$$\begin{aligned}\Delta\mathrm{E}\left(R^M\right)&=\mathrm{E}\left(R_1^M\right)-\mathrm{E}\left(R_0^M\right)\\&=\frac{V^U+V^D-\gamma V^D}{V_0^M}\left(\varphi_X-\varphi_Y\right)\\&=\frac{V^U}{V_0^M}\left[1-\left(\frac{Q}{Q^*}\right)^\gamma\right]\left(\varphi_X-\varphi_Y\right)\end{aligned}\tag{10-46}$$

对比式(10-45)和式(10-46)可以看出：伴随增长期权的执行，企业进入成熟阶段，资产剥离对风险溢价的影响仅取决于在位资产内部非核心和核心两类资产的相对构成。因此，从企业生命周期的角度来看，相对于成熟阶段，企业在年轻阶段进行资产剥离更加可能对风险溢价产生正向影响。

在图 10-2 的基础上，给定增长期权执行成本 I=150，图 10-3 给出了年轻和成熟阶段进行资产剥离对风险溢价的影响随 Q 动态变化的数值示例。对比年轻和成熟两种情形可以发现，不管 φ_X 和 φ_Y 的相对大小关系如何，年轻阶段进行资产剥离导致的风险溢价的变化曲线都在成熟阶段的上方，说明企业在年轻阶段进行资产剥离更加可能对风险溢价产生正向影响。此外，对比 $\varphi_X>\varphi_Y$ 和 $\varphi_X<\varphi_Y$ 两种情形，图 10-3(a)和 10-3(b)中资产剥离分别

① 容易证明 $V^D\geqslant kV^U-V^P$，从而剥离前的企业价值始终不低于剥离后的价值。

具有正向和负向影响，而且，随着 $Q=X/Y$ 的逐渐增大，在位资产中非核心和核心两类资产价值占比的差异 W 逐渐降低，根据式(10-26)，资产剥离对风险溢价的影响程度将逐渐减弱，表现为图 10-3(a)和 10-3(b)中风险溢价的变化分别从负向和正向逐渐趋近于 0。

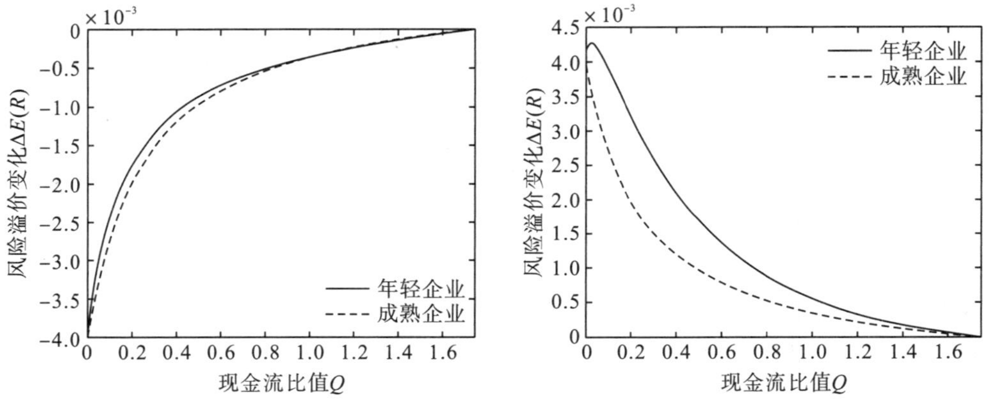

(a) $\varphi_X<\varphi_Y$的情形　　(b) $\varphi_X>\varphi_Y$的情形

图 10-3　不同生命周期阶段资产剥离对风险溢价的影响随现金流比值 Q 的变化

10.3　实证设计

上节将企业在位资产分解为非核心和核心两类资产，得到如下几点理论预示：第一，两类资产价值占比的差异越大，剥离非核心资产对资产预期收益率的影响越大；第二，相对于立即剥离，等待剥离的决策灵活性会削弱剥离对资产预期收益率的影响；第三，相对而言，企业生命周期早期阶段进行资产剥离，更加可能对股票预期收益率产生正向影响。本节将利用我国沪深两市 A 股上市公司数据，进行实证检验。具体而言，首先考察资产剥离对股票预期收益率的影响方向；其次，分别按照核心资产价值占比、剥离决策等待灵活性、企业生命周期进行分组，通过对比子样本回归结果，考察相关因素对资产剥离对股票预期收益率影响方向与程度的作用。

10.3.1　数据与样本

本节利用 1998～2016 年发生资产剥离的 1,342 家沪深两市非金融类 A 股上市企业数据①，剔除退市、净资产小于 0 和所有变量有缺失的样本，并参照徐虹(2012)的做法，剔除剥离金额在 1,000 万以下的样本，以及对所有连续变量进行首尾 1%的缩尾处理，最终得到 1,342 家企业 216 个月共 52,843 个企业-月度观测值。相关数据均来自国泰安 CSMAR 数据库。

10.3.2　变量与指标

在变量定义与测度方面，个股预期收益率利用下一个财务年度 1～12 月的考虑现金红利再投资的月度收益率测度；关于资产剥离，利用处置固定资产、无形资产和其他长期资

---

① 其中，财务数据区间为 1998～2015 年，股票收益率数据区间为 1999～2016 年。

产所收回的现金净额，将其除以总资产进行标准化处理来剥离强度。与此同时，由于无法获知样本企业核心和非核心的资产构成，我们利用总营收中非营业外收入所占的比例，作为非核心和核心两类资产价值占比差异的代理变量，该比例越高说明非核心与核心资产的价值占比差异越大。资产剥离的决策灵活性方面，我们利用固定资产占总资产的比例作为代理变量，该比例越高表示企业越可能进行剥离，进而剥离决策的灵活性价值越大。企业生命周期的测度方面，利用企业 IPO 上市至考察年度的年份之差度量的企业年龄予以测度。控制变量方面，包括市场贝塔系数、账面市值比和市值规模(Fama and French, 1992)。所有变量的具体定义详见表 10-1。

表 10-1 变量定义与指标测度

类型	变量名	符号	定义及说明
被解释变量	股票预期收益率	ER	下一个财务年度 1～12 月的考虑现金红利再投资的月度收益率
	资产剥离强度	DIVEST	处置固定资产、无形资产和其他长期资产所收回的现金净额除以总资产
	营业内收入占比	MSR	总营业收入减去营业外收入，然后除以营业外收入
解释变量	固定资产占比	FIX	固定资产净额除以总资产
	企业上市年龄	AGE	考察年份与 IPO 年份之差，再加 1
控制变量	市场贝塔系数	BETA	当月之前 36 个月的月度超额收益数据与市场月度超额收益 OLS 回归所得
	账面市值比	*B*/*M*	股东权益除以股票总市值，而后取自然对数，其中非流通股价值为股数乘以流通股股价
	市值规模	SIZE	股票总市值取自然对数

10.4 实证结果及分析

10.4.1 描述性统计

在每个财务年度，首先分别按照营业收入占比、固定资产占比、企业上市年龄三个指标的中位数对该年度的样本进行高低分组；其次，进一步根据该年度资产剥离强度的中位数，进行二维分组，并据此分别构造 2×2 的 4 个等权投资组合，计算组合下一财务年度 1～12 月的月度收益率测度组合的预期收益率，结果见表 10-2。

由表 10-2 可以看出：相对而言，剥离强度大的子样本的股票预期收益率总是高于剥离强度较低的企业；而对于营业收入占比低、固定资产占比低、上市年龄小的组合，剥离强度大小差异导致的组合预期收益率的差异相对较大，且在上市年龄小的子样本中，剥离强度大小不同的组合预期收益率的差异在统计意义上是显著的，初步支持本章的理论预示。

表 10-2 2×2 等权组合预期收益率的描述性统计

二维分组		营业收入	固定资产	上市年龄
高组	剥离强度大	0.017** (2.484)	0.018** (2.598)	0.019** (2.189)
	剥离强度小	0.015 (2.282)	0.015 (2.235)	0.016 (2.024)
	均值差异	0.002 (0.827)	0.004 (1.385)	0.002 (0.952)

续表

二维分组		营业收入	固定资产	上市年龄
低组	剥离强度大	0.019 (2.644)	0.019 (2.612)	0.019 (2.746)
	剥离强度小	0.016 (2.347)	0.015 (2.293)	0.015 (2.256)
	均值差异	0.003 (1.263)	0.004 (1.443)	0.004* (1.655)

注：括号内为 t 值，***、**、*分别表示在 1%、5%和 10%的显著性水平上显著，下同。

10.4.2　多元回归分析

表 10-3 利用 Fama-MacBeth 两步截面回归方法(Fama and MacBeth, 1973)，控制 Fama-French 三因子，给出全样本和不同子样本下资产剥离影响股票预期收益率的 OLS 回归结果，整体上得到支持前述理论预示的实证证据。

针对全样本的模型 1 回归结果表明：整体而言，资产剥离强度和股票预期收益率具有显著的正向关系，与已有文献的实证结果一致(Cooper et al., 2008; Cooper and Priestley, 2011; 张莹春, 2016)。进一步，模型 2 针对营业收入占比高低分组的子样本回归结果显示：剥离对股票预期收益率的正向影响仅在营业收入占比较低的组别中才显著，这意味着剥离前非核心和核心两类资产价值占比的差异越大，剥离对风险溢价的影响程度越大。模型 3 基于固定资产占比高低分组的子样本的回归结果显示：剥离对股票预期收益率的正向影响也仅在固定资产占比较低的子样本中显著，说明剥离对风险溢价的影响在剥离灵活性价值较低的情况下更大；换言之，剥离灵活性反而会削弱剥离的影响。模型 4 根据企业上市年龄分组的子样本的结果显示：剥离对股票预期收益率的影响仅在上市年龄较小的子样本中显著，即年轻企业进行的资产剥离更加可能提升风险溢价。

表 10-3　资产剥离影响股票预期收益率的回归结果

变量	模型 1	模型 2		模型 3		模型 4	
	全样本	营业收入占比		固定资产占比		上市年龄	
		低	高	低	高	低	高
DIVEST	0.059** (2.030)	0.134* (1.880)	0.073 (1.087)	0.061* (1.671)	0.049 (0.761)	0.082** (2.508)	−0.009 (−0.275)
BETA	0.001 (0.145)	0.000 (0.011)	−0.003 (−0.726)	−0.001 (−0.161)	0.002 (0.322)	0.000 (0.113)	−0.001 (−0.225)
B/M	0.004*** (2.874)	0.003 (1.249)	0.006*** (2.943)	0.003 (1.297)	0.005** (2.066)	0.005** (2.282)	0.003 (0.558)
SIZE	−0.005*** (−2.857)	−0.004 (−1.474)	−0.004** (−2.252)	−0.006** (−2.567)	−0.004** (−2.595)	−0.004*** (−2.610)	−0.005** (−2.595)
截距项	0.123*** (3.249)	0.101* (1.769)	0.109*** (2.777)	0.148*** (2.930)	0.113*** (2.890)	0.115*** (3.044)	0.128*** (2.833)
观测值	47,017	23,636	23,261	23,356	23,661	19,576	27,441
月份数	216	216	216	216	216	216	180
调整的拟合优度	0.064	0.056	0.075	0.071	0.080	0.077	0.055

10.5　小结

剥离非核心资产并将资源重新配置于核心资产的资产剥离，可以通过改变资产构成而影响总资产的风险-收益特征。本章将资产剥离模型化为一种交换期权，分析了资产剥离影响风险溢价的理论机理，并从决策灵活性和生命周期两个角度扩展讨论了企业特征差异导致的资产剥离影响作用的不同，并利用沪深 A 股上市公司数据进行实证检验。

研究结果表明：资产剥离对风险溢价的影响方向取决于非核心和核心两类资产风险溢价的相对大小，影响程度则由两类资产价值占比的差异和交换期权的价值占比共同决定。两类资产的价值占比差异越大，资产剥离对风险溢价的影响程度越大；嵌入于企业价值中的交换期权价值占比越高，资产剥离的影响越弱。此外，相对于 NPV 法则下立即资产剥离的情形，等待剥离的决策灵活性对资产剥离的影响具有削弱作用，年轻阶段较之成熟阶段进行资产剥离更加可能提升资产风险溢价。相关结论不仅为资产剥离短期市场反应和剥离影响股票预期收益率的已有实证证据提供了理性定价视角的一种新解释，还丰富和扩展了企业运营决策和资产定价关系的研究。

附录 10A　剥离部分非核心资产的情形

更为一般地，假设企业并非将全部非核心资产剥离，而是仅将其中的 h 个单位剥离，其中 $0\leqslant h\leqslant 1$；剥离后企业资产仍然由非核心和核心两类资产共同构成。在此情形下，交换期权相当于利用 h 个单位非核心资产将核心资产现金流提升至原来的 $1+k$ 倍，期权价值的贝尔曼方程为：

$$V^{PD}\left(X,Y\right)=\max\left\{e^{-r\mathrm{d}t}\mathrm{E}_t\left[V^{PD}\left(X+\mathrm{d}X,Y+\mathrm{d}Y\right)\right],\frac{kX}{r-\mu_X}-\frac{hY}{r-\mu_Y}\right\} \tag{10A-1}$$

同样令 $Q=X/Y$，式(10A-1)可变换为二阶常微分方程：

$$\frac{1}{2}\left(\sigma_X^2-2\rho\sigma_X\sigma_Y+\sigma_Y^2\right)Q^2V_{QQ}^{PD}\left(Q\right)+\left(\mu_X-\mu_Y\right)QV_Q^{PD}\left(Q\right)-\left(r-\mu_Y\right)V^{PD}\left(Q\right)=0 \tag{10A-2}$$

且满足边界条件：

$$V^{PD}\left(Q^*\right)=\frac{kQ^*}{r-\mu_X}-\frac{h}{r-\mu_Y} \tag{10A-3}$$

$$V_Q^{PD}\left(Q^*\right)=\frac{k}{r-\mu_X} \tag{10A-4}$$

$$\lim_{Q\to 0}V^{PD}\left(Q\right)=0 \tag{10A-5}$$

据此容易求得交换期权价值为

$$V^{PD}\left(X,Y\right)=\begin{cases}\dfrac{hY}{\left(\gamma_1-1\right)\left(r-\mu_Y\right)}\left(\dfrac{Q}{Q^*}\right)^{\gamma_1}, & Q<Q^*\\ \dfrac{kX}{r-\mu_X}-\dfrac{hY}{r-\mu_Y}, & Q\geqslant Q^*\end{cases} \tag{10A-6}$$

其中，交换期权的执行临界值为

$$Q^* = \frac{h\gamma_1}{k(\gamma_1 - 1)} \frac{r - \mu_X}{r - \mu_Y} \tag{10A-7}$$

将非核心资产价值表达式(10-6)、核心资产价值表达式(10-7)和交换期权价值表达式(10A-6)加和，即得剥离前的总资产价值：

$$\begin{aligned} V_0(X,Y) &= V^P(X) + V^U(Y) + V^{PD}(X,Y) \\ &= \frac{X}{r-\mu_X} + \frac{Y}{r-\mu_Y} + \frac{hY}{(\gamma_1 - 1)(r-\mu_Y)} \left(\frac{Q}{Q^*}\right)^{\gamma_1} \end{aligned} \tag{10A-8}$$

剥离部分非核心资产之后，总资产由现金流提高为原来1+k倍的1个单位核心资产和1−h个单位非核心资产构成，即

$$V_1(X, Y) = \frac{(1+k)X}{r-\mu_X} + \frac{(1-h)Y}{r-\mu_Y} \tag{10A-9}$$

进一步，资产剥离前后的风险溢价可以分别表达为

$$\begin{aligned} \mathrm{E}(R_0) &= \frac{V^P}{V_0}\varphi_X + \frac{V^U}{V_0}\varphi_Y + \frac{V^{PD}}{V_0}\left[\gamma_1\varphi_X + (1-\gamma_1)\varphi_Y\right] \\ &= \varphi_X + \frac{V^{PD}(\gamma_1 - 1) - V^U}{V_0}(\varphi_X - \varphi_Y) \end{aligned} \tag{10A-10}$$

$$\begin{aligned} \mathrm{E}(R_1) &= \frac{(1+k)V^P}{V_1}\varphi_X + \frac{(1-h)V^U}{V_1}\varphi_Y \\ &= \varphi_X - \frac{(1-h)V^U}{V_1}(\varphi_X - \varphi_Y) \end{aligned} \tag{10A-11}$$

相应地，资产剥离带来的风险溢价变化为

$$\begin{aligned} \Delta\mathrm{E}(R^{PD}) &= \left[\frac{V^U - V^{PD}(\gamma_1 - 1)}{V_0} - \frac{(1-h)V^U}{V_1}\right](\varphi_X - \varphi_Y) \\ &= \left\{\frac{W^{\gamma_1} - h^{1-\gamma_1}\left[\frac{k(\gamma_1 - 1)}{\gamma_1}\right]^{\gamma_1}}{W^{\gamma_1 - 1} + W^{\gamma_1} + \frac{h^{1-\gamma_1}}{\gamma_1 - 1}\left[\frac{k(\gamma_1 - 1)}{\gamma_1}\right]^{\gamma_1}} - \frac{(1-h)W}{(1+k)+(1-h)W}\right\}(\varphi_X - \varphi_Y) \\ &\equiv f^{PD}(W,k,\gamma_1,h)(\varphi_X - \varphi_Y) \end{aligned} \tag{10A-12}$$

对比(10A-12)和完全剥离情形下的式(10-26)，可以发现：通过影响交换期权的执行价格，剥离比率h将作用于剥离对风险溢价的影响。容易证明：f^{PD}是h的单调增函数，且h=0时，f^{PD}=0表示不进行剥离的情形；h=1时，f^{PD}=f即为式(10-26)表达的完全剥离的情形。在0≤h≤1的一般情况下，必有0≤f^{PD}≤f，因此，当企业仅剥离部分非核心资产时，剥离对风险溢价的影响方向同样取决于核心和非核心两类资产风险溢价的相对大小，且部分剥离对风险溢价的影响程度始终不高于完全剥离的情形。综合来看，企业剥离部分非核心资产的一般情形下，剥离影响资产风险溢价的主要结论仍然成立。

第 11 章　交叉持股对股票收益-波动关系的影响

经济社会中，经济个体(如个人或企业)会因各种关系联接而形成社会网络，而嵌入于网络中的个体的经济行为会受其在网络中网络位置特征的影响(Granovetter, 1985)。特别地，作为介于市场和科层组织之间的一类组织形式，战略联盟、分包制、企业集团等各种形式的企业网络化组织相继诞生并快速发展，通过网络获取机会、资源共享、优势互补、风险共担，已经成为企业实现成长的一种重要战略(Peng and Heath, 1996; Gulati, 1999; Lubatkin et al., 2006)。尤其是在传统文化深厚的中国，文化蕴含或衍生出的“关系”是法律和金融等正式制度之外的一种替代机制，是我国企业高速发展的助推器(Xin and Pearce, 1996; Allen et al., 2005)。

从历史上来看，无论是战后日本经济快速复苏的成功经验(庞德良, 1998)，还是我国深化国有企业股份制改造等实践[①]，以及关于交叉持股效应的经验证据(Sheard, 1989; Morck and Nakamura, 1999)，都一致表明，企业通过直接或间接股权投资而形成的交叉持股网络(cross-shareholding network)(赵翠, 2012)，不仅可通过整合和优化配置资源为成员企业带来新的战略机遇(冉明东, 2011)，还有助于企业在不确定环境下充分发挥经营决策的灵活性。对于交叉持股网络中的特定成员企业而言，无论是战略机遇的创造，还是运营决策的灵活性，都可被抽象为企业价值增长中的增长期权。换言之，交叉持股网络可视作企业创造增长期权的一种活动。

相关研究方面，现有文献主要关注企业交叉持股的动机及对公司治理的影响(储一昀和陈郑文, 2006)，尚未注意到交叉持股网络创造增长期权的作用及其对股票风险-收益特征的影响。事实上，嵌入于社会网络中的每一个企业都有它独特的网络位置特征，Tsai(2001)的研究表明：占据网络的中心位置有利于企业获取更多新知识和信息，并有效促进企业的创新活动。Zahher 和 Bell(2005)也指出，具有优越网络位置结构(占据结构洞位置多)的企业能够更好地开发企业的内部创新能力，从而提升企业绩效。

基于此，本章从交叉网络持股创造增长期权的视角，利用企业在交叉持股网络中的网络位置特征作为增长期权的代理变量，借鉴 Grullon 等(2012)的做法，通过考察网络位置特征对股票收益率与波动率变化关系的影响，检验交叉持股网络创造增长期权的作用。具体而言，利用网络中心性和结构洞作为企业在交叉持股网络中的网络位置特征，首先分别考察二者对个股收益率与波动率变化正向关系的影响，其次考虑到企业创造增长期权的能力的异质性，进一步比较国有企业与民营企业、年轻企业与成熟企业子样本中网络位置特征影响程度的不同。研究结果表明：网络中心性和结构洞两个增长期权代理变量都对个股

① 1999 年 8 月 26 日，广发证券与辽宁成大相互持股获得了中国证监会的审核批准，成为我国首例交叉持股的案例(储一均和王伟志, 2001)。截至 2014 年底，沪深两市涉及交叉持股的 A 股上市公司多达 1,070 家，占上市公司总数的 42%，资产规模达 2,900 亿元。

收益率与波动率变化的正向关系具有显著的增强作用；而且，相对而言，民营企业较之国有企业、年轻企业较之成熟企业，网络位置特征对个股收益率与波动率变化关系的增强作用更明显。

11.1 理论分析与研究假设

交叉持股可为成员企业建立一种特殊的社会关系网络。已有关于社会网络的大量研究为交叉持股的研究提供了新的视角，Morck 和 Nakamura(1999)、Amundsen 和 Beergman(2002)等也指出，交叉持股对于规避交易风险、抵制恶意收购、获取垄断利润等具有重要的积极作用。

对于嵌入于交叉持股网络中的每个成员企业，其网络位置特征是社会网络分析中的关键变量(刘军, 2009)，其中网络中心性和结构洞是最广泛被使用的两个指标：前者是指网络成员在网络中的重要程度，通常用与该网络成员有直接联系的其他网络成员的个数来度量；后者则指该网络成员作为其他成员间联系纽带的丰富程度。钱锡红等(2010)指出，网络中心性越高的企业，越容易汇聚不同企业的互补性技能，以及越能争取到与优秀企业合作的机会。Zahher 和 Bell(2005)也认为，占据网络中心位置的企业更加能够获取新知识或信息，并因此促使企业从事更多的创新活动。Burt(1992)指出，处在结构洞位置的企业可以通过接触彼此之间没有直接联系的企业而获得更多更新的异质信息，从而具有保持和控制信息的优势。因此，无论是利用网络中心性还是结构洞衡量网络位置特征，也无论是合作机会还是知识或信息的获取，都表明社会网络是企业捕捉或创造发展机遇的一种重要手段，可被视作企业的一种增长期权创造活动。

特别是在复杂多变的市场竞争环境下，柔性化能力更是企业应对环境动态变化、处理不确定性和有效管理风险的重要能力(赵华和张鼎祖, 2010)。曾爱民等(2011, 2013)针对我国上市公司的研究发现，财务灵活性强的企业在金融危机发生后具有更强的资源获取与调用能力，从而更少受到融资约束的影响，更好地把握投资机会，并为其投资活动提供资金支持。杨智等(2010)也指出，当市场环境发生变化时，交叉持股网络中的成员企业更加能够及时调整战略定位和未来经营决策，即交叉持股网络赋予企业战略和经营决策的灵活性。此外，研发型企业也可以通过交叉持股建立合作联盟，通过协作研发而获得研发投资的决策灵活性。

从企业价值创造及实现的角度来看，无论是为成员企业带来新的发展机遇，还是帮助企业建立或发挥战略或经营决策的灵活性，都意味着一系列可视作实物期权的决策灵活性嵌入于交叉持股网络。Grullon 等(2012)从股票收益率和收益率波动变化的角度，为实物期权对股票风险-收益特征的影响提供了一种检验方法。根据期权定价理论(Black and Scholes, 1973)，期权价值和标的资产价值波动率之间具有正向关系，因此，在期权定价机制下，如果企业拥有的增长期权越多，则企业市场估值和资产波动率之间进而股票收益率和收益率波动变化之间应该呈现正向关系。换言之，增长期权及其创造可以解释或增强股票收益率和收益率波动变化之间的正向关系。具体到交叉持股网络而言，成员企业在网络中的中心性越高、结构洞越丰富，企业通过持股网络能够获得或创造的增长期权越多，从而股票收益率和收益率波动变化之间的正向关系越强。基于此，我们做如下假设。

假设 H1：在交叉持股网络中，企业网络中心性越高、结构洞越丰富，股票收益率与收益率波动变化之间的正向关系越明显。

尽管交叉持股网络能够为企业创造增长期权或经营决策的灵活性，但不同企业利用交叉持股网络的能力存在异质性。在我国，国有企业固然拥有“先天”的资源优势，但因政府干预、代理问题、过度投资等问题(Chen H J et al., 2011)，其及时捕捉增长机会的能力和经营过程的决策灵活性会受到一定程度的限制。相反，民营企业相对更易遭受法律保护、金融发展等正式体制的约束(Chan et al., 2012; 邓建平和曾勇, 2011)，因而更加需要寻求非正式的替代机制来弥补“先天不足”；而且，民营企业通常较之国有企业具有更好的资源配置效率(祝继高和陆正飞, 2011)。从这个意义上讲，相对于国有企业，民营企业不仅更有动力也更有能力利用交叉网络持股来创造增长机会。换言之，交叉持股网络为民营企业捕捉或创造增长期权的作用更大，因此，我们做如下假设。

假设 H2：相对于国有企业，民营企业在交叉持股网络中的中心性和结构洞更加能够增强股票收益率与收益率波动变化之间的正向关系。

对于特定的企业而言，其在生命周期不同阶段拥有的增长期权及其实现增长期权价值的能力并不相同，这使得交叉持股网络在企业不同生命周期阶段的重要性及作用也不同。通常而言，在生命周期的早期阶段，企业“名义上”拥有的增长机会似乎更多、经营决策的灵活性也更大，但由于易遭受融资约束，企业总体的风险抵御能力也差，此时交叉持股网络帮助年轻企业获取并实现增长机会价值的作用更为重要。对于处于生命周期晚期的成熟企业而言，即便交叉持股网络能为企业带来机会或资源，但由于组织僵化或管理层动力不足(Loderer et al., 2016)，这些机会或资源转化为价值的难度或可能性都可能有限，进而交叉持股网络创造增长期权的效果更难显现。基于此，我们做如下假设。

假设 H3：相对于成熟企业，年轻企业在交叉持股网络中的中心性和结构洞更加能够增强股票收益率与收益率波动变化之间的正向关系。

11.2　实证设计

11.2.1　数据与样本

本章初始样本包括 2005 年 1 月～2013 年 12 月中国沪深 A 股的上市公司，剔除金融业、PT/ST 企业及数据缺失的样本，以及剔除样本期内上市首月的观测值，最终样本包括 749 家企业 108 个月共 69,122 个非平衡的企业-月度观测值。交叉持股数据来源于 Wind 数据库，其余数据来源于 CSMAR 数据库。

11.2.2　变量与指标

首先是股票收益率和波动率的度量。本章采用考虑现金红利再投资的月度个股超额收益率来测度股票收益率，其中月度无风险收益率由月度化的三月期银行短期存款利率来度量。关于收益率的波动测度，参考 Duffee(1995)和 Ang 等(2009)的做法，利用企业 i 在第 t 月内的股票日收益率的标准差来度量，具体公式如下：

$$\mathrm{VOL}_{i,t}=\sqrt{\frac{\sum_{\tau\in t}(r_{i,\tau}-\overline{r}_{i,t})^2}{n_t-1}} \tag{11-1}$$

其中：$r_{i,\tau}$ 为企业 i 在第 τ 天的股票日对数收益率；$\overline{r}_{i,t}$ 为企业 i 在第 t 月的股票平均日收益率，n_t 是第 i 月非缺失的股票日收益率的观测值数。

进一步，将第 t 和第 t-1 月的股票日收益率的波动率做差，测度股票收益率波动的变化：

$$\Delta\mathrm{VOL}_{i,t}=\mathrm{VOL}_{i,t}-\mathrm{VOL}_{i,t-1} \tag{11-2}$$

其次是基于交叉持股网络的增长期权的测度，包括网络中心性和结构洞两个网络特征值指标。同时，由于网络特征值都是年度指标，我们将第 t-1 年的指标值赋给第 t 年的每个月，用来和第 t 年的相关数据进行匹配。具体而言，网络中心性测度由与企业 i 具有交叉持股关系的关系数值来度量，即

$$\mathrm{NDEGREE}_i=\frac{\sum a_{i,j}}{n-1} \tag{11-3}$$

其中，当企业 i 和企业 j 之间存在交叉持股关系时，交叉持股网络关系矩阵中 $a_{i,j}=1$，否则为 0①；n 表示企业 i 所处的交叉持股网络中企业的数量，除以 n-1 是进行标准化处理。

结构洞利用限制度指标予以度量，表示网络成员在网络中拥有运用结构洞的能力。网络成员的限制度越高，表明其拥有的结构洞越少。例如，节点 i 受到节点 j 的限制度可表示如下：

$$\mathrm{CONSTRA}_{i,j}=\left(p_{i,j}+\sum_q p_{i,q}p_{q,j}\right)^2 \tag{11-4}$$

可以看出：企业 i 受到企业 j 的限制度包括直接投入和间接投入两个部分。$p_{i,j}$ 为直接投入部分，表示在企业 i 的全部交叉持股关系中，投入企业 j 的关系数占其总关系数的比例。$\sum_q p_{i,q}p_{q,j}$ 为间接投入部分，其中 $p_{i,q}$ 表示在企业 i 的全部交叉持股关系中，投入企业 q 的关系数的占比，$p_{q,j}$ 则为企业 q 的全部交叉持股关系中，投入企业 j 的关系数的占比；进一步，所有联系企业 j 得到的总和即为企业 i 在网络中的机会受到的总限制。需要特别说明的是，由于限制度的取值最大为 1，方便起见，利用 1 与限制度之差来反映网络成员拥有结构洞位置的丰富程度。

控制变量方面，借鉴 Cooper 等(2008)和 Grullon 等(2012)的通常做法，包括个股的市场贝塔系数系数(BETA)、权益账面市值比(BM)、市值规模(SIZE)、滞后 6 个月的个股短期动量收益率(MOM)和个股交易量(VOLUME)。所有变量的定义及测度详见表 11-1。

表 11-1 变量定义与指标测度

变量名	符号	定义及说明
股票收益率	EXRET	考虑现金红利再投资的个股月收益率减去月度无风险利率
波动率的变化	ΔVOL	本期和滞后期股票收益率的波动率之差

① 本章构建的交叉持股网络的关系矩阵是一个 $n\times n$ 的 0/1 对称矩阵，矩阵元素 1 和 0 的取值分别表示有和无持股关系。

续表

变量名	符号	定义及说明
网络中心性	NDEGREE	网络节点的程度中心性
结构洞	CONSTRA	1 减去网络节点的限制度，表示结构洞的丰富程度
个股贝塔系数	BETA	利用市场模型回归估计得到的市场组合的回归系数
账面市值比	BM	权益账面市值比取自然对数，其中账面价值等于总资产减去负债；市场价值为个股总市值
市值规模	SIZE	个股总市值取自然对数
动量收益率	MOM	滞后 6 个月的个股持有到期收益率
交易量	VOLUME	个股年交易量除以发行在外的流通股数

11.2.3　实证模型与方法

针对股票收益率和同期收益率波动变化的关系，首先利用 Fama 和 MacBeth(1973)两步横截面回归方法，进行式(11-6)的回归：

$$\begin{aligned}\mathrm{EXRET}_{i,t} = {} & \alpha_t + \beta_{1t}\Delta\mathrm{VOL}_{i,t} + \beta_{2t}\mathrm{BM}_{i,t} + \beta_{3t}\mathrm{SIZE}_{i,t} + \beta_{4t}\mathrm{BETA}_{i,t} \\ & + \beta_{5t}\mathrm{MOM}_{i,t} + \beta_{6t}\mathrm{VOLUME}_{i,t} + \varepsilon_{i,t}\end{aligned} \tag{11-5}$$

进一步，引入衡量增长期权的网络特征指标及其与波动率变化的交互项，进行式(11-6)的回归：

$$\begin{aligned}\mathrm{EXRET}_{i,t} = {} & \alpha_t + \beta_{1t}\Delta\mathrm{VOL}_{i,t} + \gamma_t\Delta\mathrm{VOL}_{i,t}\times\mathrm{NETWORK}_{i,t} + v_t\mathrm{NETWORK}_{i,t} \\ & + \beta_{2t}\mathrm{BM}_{i,t} + \beta_{3t}\mathrm{SIZE}_{i,t} + \beta_{4t}\mathrm{BETA}_{i,t} + \beta_{5t}\mathrm{MOM}_{i,t} + \beta_{6t}\mathrm{VOLUME}_{i,t} + \varepsilon_{i,t}\end{aligned} \tag{11-6}$$

其中，变量 $\mathrm{NETWORK}_{i,t}$ 为网络特征指标，具体包括程度中心性 $\mathrm{NDEGREE}_{i,t}$ 和限制度 $\mathrm{CONSTRA}_{i,t}$ 两个指标；交互项 $\Delta\mathrm{VOL}_{i,t}\times\mathrm{NETWORK}_{i,t}$ 的回归系数 γ_t 预期符号为正。

11.3　实证结果及分析

11.3.1　描述性统计

表 11-2 给出了相关变量的描述性统计结果。可以看出：样本企业的股票月均超额收益率为 2.56%；收益率的波动率平均为 3.78%、中位数为 3.12%；个股收益率的波动率的变化平均为-0.04%、标准差为 2.42%。作为增长期权代理变量的两个交叉持股网络特征，网络中心性和限制度的均值分别为 0.384 和 0.346。

表 11-2　主要变量的描述性统计

变量	均值	标准差	中位数	最大值	最小值
EXRET	0.026	0.197	0.015	21.904	−0.831
VOL	0.038	0.013	0.031	0.739	0.000
ΔVOL	−0.000	0.024	−0.019	0.594	−0.623
NDEGREE	0.384	0.609	0.215	8.852	0.110
CONSTRA	0.346	0.172	0.463	0.985	0.000

表 11-3 给出了样本企业的年度分布情况。其中，第 2 列是全样本涉及交叉持股的企业年度分布，可以看出：每年平均有 696 家企业涉及交叉持股。进一步，将样本分为国有企业和民营企业两类子样本，分别统计各年度交叉持股网络特征的平均值，可以看出：平均每年有 446 家国有上市公司涉及交叉持股，而涉及交叉持股的民营企业每年只有 223 家；而且，无论是网络中心性还是结构洞，国有企业子样本的均值都高于民营企业子样本。

表 11-3 样本的分布情况

年份	全样本	国有企业			民营企业		
		子样本数	中心性	结构洞	子样本数	中心性	结构洞
2005	651	468	0.536	0.365	160	0.401	0.300
2006	656	460	0.533	0.371	175	0.377	0.292
2007	593	407	0.534	0.376	162	0.398	0.303
2008	723	494	0.350	0.368	210	0.288	0.287
2009	724	487	0.382	0.370	212	0.253	0.244
2010	665	404	0.347	0.320	244	0.271	0.264
2011	732	441	0.312	0.362	266	0.237	0.274
2012	768	432	0.306	0.357	285	0.2219	0.283
2013	749	419	0.328	0.373	293	0.247	0.279
平均值	696	446	0.404	0.363	223	0.286	0.279

11.3.2 多元回归分析

参照 Grullon 等(2012)的做法，本节在控制相关因素的基础上，采用 Fama 和 MacBeth(1973)两步横截面回归法，首先检验股票收益率和同期波动率变化的关系，其次进一步考察交叉持股网络特征对二者关系的影响。

表 11-4 给出了股票收益率和同期波动率变化关系的回归结果。模型 1 是股票收益率对 Fama-French 三因子的回归结果，可以看出：个股贝塔系数与股票超额收益率呈显著的正相关关系，即个股市场风险越高，股票的收益率越高，与 Cooper 等(2008)的结果一致；市值规模与股票超额收益率呈显著的负相关关系，与范龙振和王海涛(2003)的实证结果一致；账面市值比的回归系数符合预期，但统计意义上并不显著。在模型 1 的基础上，模型 2 加入了波动率的同期变化 ΔVOL，其回归系数显著为正，与 Grullon 等(2012)的实证结果一致。类似地，在依次进一步控制滞后的短期收益率 MOM 的模型 3 和交易量 VOLUME 的模型 5 的基础上，模型 4 和模型 6 进一步引入 ΔVOL 的回归结果依然一致显示，个股波动率的同期变化与股票收益率呈显著的正向关系。

表 11-4 股票收益率和波动率变化的关系

变量	模型 1	模型 2	模型 3	模型 4	模型 5	模型 6
BETA	0.015^{***} (2.974)	0.024^{***} (4.615)	0.012^{***} (2.736)	0.023^{***} (4.572)	0.006^{*} (1.729)	0.020^{***} (4.018)
BM	0.003 (1.115)	0.001 (0.411)	0.003 (1.362)	0.001 (0.584)	-0.004^{***} (−2.392)	-0.004^{***} (−2.486)
SIZE	-0.005^{*} (−1.673)	-0.005^{*} (−1.651)	-0.005^{*} (−1.666)	-0.005^{*} (−1.659)	-0.017^{***} (−5.735)	-0.016^{***} (−5.187)
MOM			0.001 (0.173)	0.006 (0.981)	0.001 (0.081)	0.006 (1.013)

续表

变量	模型 1	模型 2	模型 3	模型 4	模型 5	模型 6
VOLUME					0.012^{***} (6.351)	0.010^{***} (5.175)
ΔVOL		1.646^{***} (7.617)		1.667^{***} (8.027)		1.515^{***} (6.276)
截面平均样本数	640	640	640	640	640	640
调整的拟合优度	0.067	0.116	0.085	0.141	0.120	0.162

注：***、**、*分别表示在 1%、5%和 10%的显著性水平上显著；调整的拟合优度为各个月截面回归调整的拟合优度在时间序列的平均值，下同。

表 11-5 在表 11-4 模型 6 的基础上，进一步引入作为增长期权代理变量的交叉持股网络特征，考察其对个股收益率与波动率变化关系的影响。针对全样本，模型 7 和模型 8 分别利用结构洞 CONSTRA 和程度中心性 NDEGREE 衡量交叉持股网络的位置特征，二者分别与波动率变化 ΔVOL 的交互项，都在 1%的显著性水平上显著为正。该结果表明：企业在交叉持股网络占据的结构洞位置越丰富、网络位置越中心，个股收益率与波动率变化之间的正向关系越强，即增长期权对二者的正向关系具有加强作用，支持研究假设 H1。

进一步，将样本分为国有企业和民营企业两类子样本，表 11-5 模型 8 与模型 10、模型 9 与模型 11 的对比结果还显示：无论是利用结构洞还是利用程度中心性刻画交叉持股网络的位置特征，交互项 ΔVOL × NETWORK 的回归系数只有在民营企业子样本中才显著为正。因此，可以认为，相对于国有企业而言，经营决策灵活性强的民营企业交叉网络持股更能加强个股收益率与波动率变化之间的正向关系，支持研究假设 H2。

表 11-5　交叉持股网络特征对个股收益率与波动率变化关系的影响

变量	全样本		国有企业		民营企业	
	中心性	结构洞	中心性	结构洞	中心性	结构洞
	模型 7	模型 8	模型 9	模型 10	模型 11	模型 12
BETA	0.019^{***} (3.782)	0.019^{***} (3.871)	0.021^{***} (3.972)	0.021^{***} (4.022)	0.023^{***} (2.871)	0.023^{***} (2.870)
BM	-0.003^{**} (−2.102)	-0.003^{**} (−2.165)	-0.003^{***} (−2.314)	-0.003^{***} (−2.325)	0.001 (0.825)	0.001 (0.796)
SIZE	-0.015^{***} (−5.218)	-0.015^{***} (−5.004)	-0.014^{***} (−4.568)	-0.014^{***} (−4.484)	-0.015^{***} (−3.229)	-0.015^{***} (−3.376)
MOM	0.008 (1.245)	0.008 (1.208)	0.005 (0.702)	0.005 (0.716)	0.011 (1.479)	0.011 (1.553)
VOLUME	0.009^{***} (3.986)	0.009^{***} (3.978)	0.010^{***} (4.396)	0.010^{***} (4.405)	0.009^{***} (3.369)	0.009^{***} (3.395)
ΔVOL	1.464^{***} (5.615)	1.387^{***} (4.972)	1.722^{***} (5.673)	1.663^{***} (5.164)	1.451^{***} (6.036)	1.193^{***} (4.272)
NETWORK	0.002 (0.9970)	0.002 (0.8306)	−0.002 (−0.7627)	−0.002 (−0.5813)	−0.001 (−0.6233)	0.004 (0.8249)
ΔVOL×NETWORK	0.873^{***} (3.188)	0.702^{***} (4.781)	0.384 (1.352)	0.472 (1.580)	1.073^{***} (3.569)	1.386^{***} (3.773)
截面平均样本数	640	640	640	640	640	640
调整的拟合优度	0.187	0.181	0.217	0.212	0.205	0.206

此外，参照 DeAngelo 等(2006)的做法，我们利用留存收益占总资产的比重测度的留存比率(RE/TA)作为企业生命周期的代理变量。在每个财务年度，按照留存比率高低将样本分为 3 组子样本，分组考察不同生命周期阶段下交叉持股网络中企业的网络位置特征对个股收益率与波动率变化关系的影响，结果见表 11-6。可以看出：无论是利用结构洞还是利用网络中心性刻画交叉持股网络中企业的网络位置特征，交互项 ΔVOL × NETWORK 的回归系数均为正，但只在年轻阶段的子样本中才显著为正。因此，相比于成熟阶段的企业，年轻阶段企业在交叉持股网络中的结构洞位置越丰富、网络位置越中心，个股收益率与波动率变化之间的正向关系越强，即这与年轻阶段企业的增长机会更多和经营决策灵活性更大有关，支持研究假设 H3。

表 11-6　生命周期分组下交叉持股网络特征对个股收益率与波动率变化关系的影响

变量	年轻阶段		成熟阶段	
	中心性	结构洞	中心性	结构洞
	模型 13	模型 14	模型 15	模型 16
BETA	0.015* (2.153)	0.015* (2.097)	0.030*** (3.411)	0.029*** (3.325)
BM	−0.009*** (−2.842)	−0.098*** (−2.865)	−0.004* (−1.734)	−0.004* (−1.893)
SIZE	−0.016*** (−5.274)	−0.016*** (−5.366)	−0.011*** (−3.511)	−0.011*** (−3.692)
MOM	0.005 (0.976)	0.005 (1.004)	0.004 (0.692)	0.004 (0.689)
VOLUME	0.012*** (4.974)	0.012*** (5.015)	0.011*** (5.623)	0.011*** (5.517)
ΔVOL	1.317*** (5.204)	1.114*** (4.081)	2.226*** (7.195)	2.181*** (6.852)
NETWORK	−0.006 (−0.798)	−0.002 (−0.291)	0.001 (0.648)	0.003 (1.003)
ΔVOL×NETWORK	1.432*** (3.072)	1.443*** (3.196)	0.195 (0.809)	0.094 (0.278)
截面平均样本数	640	640	640	640
调整的拟合优度	0.222	0.215	0.208	0.204

11.3.3　稳健性检验

11.3.3.1　网络位置特征作为增长期权代理变量的合理性检验

本章利用交叉持股网络中企业的网络位置特征作为增长期权的代理变量，但网络位置特征作为代理变量的合理性上值得进一步考察。检验的思路分为如下两个步骤。

第一步，利用托宾 Q(或资产报酬率 ROA)作为增长期权的代理变量，将全样本分为高、中、低 3 组子样本；进一步，针对高低两组子样本，分别进行表 11-4 模型 6 的回归，得到ΔVOL 的两个回归系数，而后对两个回归估计系数的均值进行差异性检验。如果增长期权对个股收益率与波动率变化的关系具有加强作用，则预期两组子样本下 ΔVOL 的回归系数存在显著差异。

第二步，在第一步回归模型的基础上，进一步将网络中心性 NDEGREE 及其与波动率变化的交互项ΔVOL×NDEGREE 引入回归，利用两组子样本再次分别进行回归估计。由于无论是托宾 Q(或资产报酬率 ROA)高组还是低组的子样本，加入网络中心性及其与波动率变化的交互项进行回归，其中的交互项某种程度上控制了增长期权对个股收益率与波动率变化关系的影响，那么波动率变化ΔVOL 的回归系数在两组子样本中将不存在显著差异，从而间接说明网络中心性用以刻画增长期权的合理性。

如表 11-7 所示，可以发现，无论是使用托宾 Q 还是使用 ROA 作为增长期权的代理变量进行子样本分组，未加入网络中心性与波动率变化的交互项的第一步回归中，两组子样本中ΔVOL 的回归系数均值存在显著差异。但是，一旦加入网络中心性与波动率变化的交互项，两组子样本第二步回归的ΔVOL 回归系数的均值将不存在统计意义上的差异。

表 11-7　网络位置特征反映增长期权的合理性的间接检验

增长期权分组		未加入网络中心性与波动率变化的交互项		加入网络中心性与波动率变化的交互项	
		ΔVOL 回归系数	均值差异	ΔVOL 回归系数	均值差异
托宾 Q	高组	1.827	0.466*** (2.709)	1.710	0.106 (1.024)
	低组	1.361		1.605	
ROA	高组	1.545	−0.839** (−2.165)	1.806	−0.307 (−0.963)
	低组	2.384		2.113	

注：均值的差异性检验采用 T 检验，括号中的数字为相应的统计量值，***、**、*分别表示在 1%、5%和 10%的显著性水平上显著。

11.3.3.2　上市年龄作为企业生命周期代理变量的证据

表 11-6 生命周期分组下的实证结果表明：网络位置特征对个股收益率与波动率变化关系的调节作用对于年轻阶段的企业更为明显。除利用留存比率衡量企业生命周期外，企业上市年龄也是常用的生命周期代理变量(Pástor and Veronesi, 2003)。为此，我们利用样本考察年份和企业 IPO 年份之间的年数作为企业上市年龄的测度，每个财务年度将样本分为高、中、低 3 组子样本，同样针对高低两组子样本，对比网络位置特征对个股收益率与波动率变化关系的影响，结果见表 11-8。

由表 11-8 可见：与表 11-6 的结果一致，无论是利用结构洞还是利用网络中心性刻画交叉持股网络中企业的网络位置特征，交互项ΔVOL×NETWORK 的回归系数均为正，但同样只在上市年龄小且年轻阶段的子样本中才显著为正，即增长期权对个股收益率与波动率变化的加强作用在企业生命周期的早期阶段更为明显，很好地通过了稳健性检验。

表 11-8　企业上市年龄分组下的稳健性检验结果

变量	年轻阶段		成熟阶段	
	中心性	结构洞	中心性	结构洞
	模型 17	模型 18	模型 19	模型 20
BETA	0.014** (2.105)	0.013* (1.775)	0.025*** (4.351)	0.026*** (4.525)

续表

变量	年轻阶段		成熟阶段	
	中心性	结构洞	中心性	结构洞
	模型 17	模型 18	模型 19	模型 20
BM	−0.011*** (−2.7416)	−0.011*** (−2.6952)	−0.004 (−1.483)	−0.004 (−1.511)
SIZE	−0.013*** (−4.857)	−0.009*** (−3.173)	−0.010*** (−3.487)	−0.011*** (−4.284)
MOM	0.017* (1.863)	0.016* (1. 716)	0.001 (0.354)	0.003 (0.918)
VOLUME	0.014*** (5.472)	0.014*** (5.001)	0.014*** (5.577)	0.014*** (5.575)
ΔVOL	1.524*** (4.727)	1.476*** (4.315)	2.281*** (6.895)	2.318*** (7.004)
NETWORK	−0.002 (−0.413)	−0.001 (−0.262)	0.005 (0.865)	0.005 (0.912)
ΔVOL×NETWORK	0.974** (2.009)	0.733*** (3.805)	0.368 (1.167)	0.517 (1.339)
截面平均样本数	640	640	640	640
调整的拟合优度	0.224	0.223	0.195	0.194

11.4　小结

本章从社会关系网络的独特视角，将交叉持股视作企业把握或创造增长期权的一种手段，利用交叉持股网络中企业的网络中心性和结构洞两个网络位置特征指标作为增长期权的代理变量，在个股收益率与收益率波动变化正向关系的基础上，通过考察两个网络位置特征对这种正向关系的影响，提供了交叉持股网络创造增长期权进而影响股票风险-收益特征的经验证据，并对不同所有权性质、不同生命周期阶段的企业交叉持股网络的作用进行对比分析。

研究结果表明：个股收益率与同期波动率的变化之间具有显著的正向关系，而无论是网络中心性和结构洞的网络位置特征指标，由于体现了交叉持股网络创造的增长期权或创造增长期权的能力，都对个股收益率与同期波动率变化的正向关系具有显著的增强作用。企业在交叉持股网络中的位置越中心、占据的结构洞越丰富，越能利用网络创造增长期权，进而使得个股收益率与同期波动率变化的正向关系越明显。进一步，相对而言，民营企业较之国有企业、年轻企业较之成熟企业，交叉持股网络中企业的网络位置特征更加能够创造增长期权，进而网络中心性和结构洞更加能够增强个股收益率与同期波动率变化的正向关系。

第五篇

扩 展 篇

第 12 章 在位资产收缩对资产风险溢价的影响

为了推进供给侧结构性改革，2016 年发布的《政府工作报告》和《“十三五”规划纲要》将“去产能、去库存、去杠杆、降成本、补短板”作为经济结构转型发展的重要举措，其中“去产能”被视作五大任务之首(席鹏辉等, 2017)。直观而言，对于产能过剩的企业而言，维持运营需要长期承担固定运营成本，进而导致运营杠杆，这一方面可以帮助企业及时捕获外部经济环境向好的机会，另一方面也会放大经济下行或市场环境恶化对企业的负向冲击，尤其是企业无法适时进行资产收缩时进行更易遭受重大打击。从这个意义上讲，去产能正是企业通过合理、适时的资产收缩来应对经济或市场环境变化的一种决策灵活性，收缩能力或灵活性价值的高低将决定企业去产能的效果。进一步，在存在固定运营成本的情况下，无论是运营杠杆，还是资产收缩决策，都会通过影响或改变企业运营的未来现金流及其与经济环境的关联程度，从而最终共同作用于资产的风险-收益特征。

在运营杠杆和资产定价关系的研究方面，Mandelker 和 Rhee(1984)关于美国市场和吴武清等(2012)关于中国市场的实证证据一致表明：运营杠杆和股票预期收益率具有正向关系。Carlson 等(2004)从理论上指出，运营杠杆可以解释资产定价中的账面市值比效应，并得到运营杠杆同时与账面市值比和股票预期收益率具有正向关系的证据支撑(Garcia-Feijóo and Jorgensen, 2010)。Resutek(2016)针对持续 R&D 投入所需固定成本导致的运营杠杆，研究发现，运营杠杆对系统风险具有放大作用，这很好地解释了 R&D 投资和股票预期收益率正向关系的实证证据(Kumar and Li, 2016; Gu, 2016)。进一步，针对价值型企业较之成长型企业具有更高收益的价值溢价现象[①]，Novy-Marx(2011)和 Obreja(2013)一致认为，高账面市值比的价值型企业通常拥有更多的在位资产，而嵌入于在位资产的运营杠杆对风险溢价的放大作用会提高价值型企业的风险溢价，进而导致账面市值比和股票预期收益率间呈现正向关系。

现实中，为了避免或减轻外部环境变差带来的负向冲击，运营状况恶化的企业往往会择机收缩部分在位资产。因此，收缩期权的本质为一种看跌期权：当经济环境较好时，企业收缩的可能性较小，因此收缩期权价值较小；反之，一旦经济环境变差，企业收缩资产的可能性变大，因此收缩期权的价值较大。从资产定价的角度来看，收缩期权价值和经济环境的反向关系意味着收缩期权的贝塔系数为负。Trigerois 和 Lambertides(2014)将在位资产扩张与收缩，以及未来增长机会等各种实物期权统称为增长期权，但由于忽略了收缩期权贝塔系数为负的特征，得到增长期权价值占比和股票预期收益率具有负向关系的结论。Cooper 和 Priestley(2011)也实证发现，资产剥离对股票预期收益率具有正向影响，

① 除基于风险补偿的理性定价解释外，学者也从非理性错误定价(Piotroski and So, 2012)和数据偏差(Conrad et al., 2003)等角度对价值溢价现象给出了不同的解释，较为详细的研究综述可参见 Pätäri 和 Leivo(2017)的相关成果。

而资产剥离本质上就是收缩期权的执行。Zhang(2005)和Cooper(2006)认为，相对于成长型企业，在位资产较多的价值型企业应对经济环境变差的有限运营灵活性会使得其风险溢价和股票预期收益率更高，而有限运营灵活性也正意味着收缩期权价值较小，可以为价值溢价现象给出一种新的解释。

需要指出的是，以上两类文献分别单独研究了运营杠杆和收缩期权对资产风险溢价的影响，但忽略了运营杠杆和收缩期权之间的内在关联关系。事实上，运营杠杆和收缩期权同时嵌入于在位资产：一方面，运营杠杆水平的高低决定了企业进行资产收缩的可能性，进而决定了收缩期权的价值；另一方面，收缩期权的执行反过来可以降低固定运营成本，进而降低运营杠杆(肖土盛等, 2016; Reinartz and Schmid, 2016)。Hackbarth和Johnson(2015)同时考虑运营杠杆和收缩期权，发现二者对资产风险溢价具有相反的影响。Guthrie(2011)和Gu等(2018)则发现，当企业停止运营的灵活性较大时，运营杠杆与股票预期收益率的正向关系将不复存在。Guthrie(2014)的数值仿真结果也表明：给定运营杠杆水平，只有当收缩期权价值较小时才存在价值溢价现象。Novy-Marx(2011)更是明确指出，高运营杠杆和有限运营灵活性是价值溢价的两个充分条件。

尽管上述少数文献注意到运营灵活性对运营杠杆与股票预期收益率正向关系的调节作用，并据此对价值溢价现象给出了可能的理论解释，但对于运营灵活性何以具有调节作用，运营杠杆和收缩灵活性如何共同影响资产定价和价值溢价，现有研究尚不足以揭示其中的理论机理。本章在连续时间框架下，首先利用实物期权方法和定价核技术得到资产风险溢价的解析表达式，然后通过比较静态分析，从理论上剖析收缩期权、运营杠杆，进而研究二者共同作用于资产风险溢价的机理。研究发现：通过放大在位资产现金流的风险溢价，运营杠杆对总资产风险溢价具有放大作用；由于贝塔系数为负，收缩期权价值占比高的企业具有低的风险溢价。

进一步，在得到运营杠杆和收缩期权对风险溢价具有相反影响的结论的基础上，不同于Novy-Marx(2011)通过外生假设资产收入贝塔系数远大于成本贝塔系数来刻画有限运营灵活性的做法，本章利用收缩期权刻画运营灵活性，通过内生确定的收缩期权价值及其重要参数对价值溢价的比较静态分析，为有限运营灵活性影响价值溢价的机理提供了一种严谨的理论解释与证明：在运营杠杆较高且企业价值中收缩期权价值占比较小的情况下，价值溢价现象才会产生；反之，如果收缩期权的价值占比较大，则高运营杠杆未必导致价值溢价。实证证据方面，利用2001～2017年中国沪深两市非金融A股上市企业的数据，通过投资组合分析的实证证据很好地支持理论预示：运营杠杆高或收缩灵活性低的投资组合的预期收益率具有统计上显著的高预期收益率；但是，结合账面市值比进行二维分组发现，一旦控制投资组合之间运营杠杆或收缩灵活性的差异，高账面市值比和低账面市值比两个组合之间的预期收益率差异导致的价值溢价将消失或减弱。

此外，通过分解资产风险溢价表达式中收缩期权和运营杠杆对账面市值比和市值规模两个定价的影响，研究发现：收缩期权会减弱市值规模效应；运营杠杆则不仅可以放大账面市值比效应，还会通过收缩期权而间接减弱市值规模效应。

12.1　基本假设

考虑一家全权益融资企业，正在运营 k 个已投项目构成的在位资产，假设每个项目的现金流入服从如下几何布朗运动：

$$dY = \hat{\mu}Ydt + \sigma Ydz \tag{12-1}$$

其中，漂移项参数 $\hat{\mu}$ 和波动项参数 σ 分别表示现金流入 Y 的瞬时增长率和波动程度；dz 为标准维纳过程增量。

假设 k 个已投项目的固定运营成本为 f_H，企业单位时间内的净现金流相应为 $kY - f_H$。在净现金流为负的情形下，企业可以通过支付一次性的调整成本 C [①]，择机收缩 $1-h$ $(h<1)$ 比例的已投项目，从而收缩后的固定运营成本将降为 f_L，且满足 $hkY - f_L > kY - f_H$。除了在位资产，企业还拥有投资于与在位资产现金流特征完全相同的未来增长机会的权利，即增长期权。简化起见，假设增长期权的执行成本标准化为 1，且不存在资产调整成本。

给定外生的定价核服从：

$$d\Lambda = -r\Lambda dt + \theta\Lambda dw \tag{12-2}$$

其中，r 为无风险利率；θ 表示市场收益的波动。

假设 dw 和 dz 的相关系数为 ρ，现金流入 Y 的风险溢价（或市场价格）为

$$\begin{aligned}\varphi &\equiv -\mathrm{E}\left[\frac{d\Lambda}{\Lambda}\frac{dY}{Y}\right]\frac{1}{dt}\\ &= -\mathrm{E}\left[(-rdt + \theta dw)(\hat{\mu}dt + \sigma dz)\right]\frac{1}{dt}\\ &= -\mathrm{E}[-r\hat{\mu}(dt)^2 - r\sigma dtdz + \theta\hat{\mu}dwdt + \theta\sigma dwdz]\frac{1}{dt}\\ &= -\sigma\theta\rho\end{aligned} \tag{12-3}$$

记用于复制现金流入过程（12-1）的实物资产的便利收益或金融资产的红利收益为 $\delta = r + \varphi - \hat{\mu}$ [②]，令 $\mu \equiv r - \delta = \hat{\mu} - \varphi$，则风险中性世界里式（12-1）可相应重新表示为[③]

$$dY = \mu Ydt + \sigma Ydz \tag{12-4}$$

12.2　理论模型

本节同样首先运用实物期权方法，分别估计考虑收缩期权的在位资产价值和增长期权价值，然后利用定价核方法得到总资产风险溢价的解析表达式，并重点分析其构成。相关符号表示中，下角标 A 和 G 分别表示在位资产和增长期权，0 和 1 分别表示企业收缩在位资产前后。

---

① 严格来讲，该成本应该为收缩所需调整成本和收缩后项目残值之差。简化起见，如果项目残值为零，则执行成本 C 即为收缩所需的调整成本，后文对二者不再区分。

② 换言之，利用式（12-1）确定的资产和用于复制的实物资产（或金融资产）可以构造一个无风险资产组合，如果式（12-1）为实物资产（或金融资产）的价格过程，则 δ 对应于便利收益（或红利收益），且 $\delta>0$ 以保证资产的价值收敛。对此更严格和更一般的讨论参见 Gibson 和 Schwartz（1990）的相关研究。

③ 在此过程下，进行资产估值时对未来现金流折现所适用的折现率为无风险利率 r。

12.2.1 在位资产价值

当在位资产的现金流入较小时，企业拥有择机收缩部分在位资产的权利。一旦执行收缩期权，在位资产数量将缩减为 hk 个单位，并使得固定运营成本下降为 f_L。收缩后的在位资产价值可以表示为

$$V_{1,A}(Y)=hk\frac{Y}{r-\mu}-\frac{f_L}{r} \tag{12-5}$$

进行在位资产收缩之前，含有收缩期权的在位资产价值的贝尔曼方程为

$$V_{0,A}(Y)=\max\{V_{1,A}(Y)-C,(kY-f_H)\mathrm{d}t+e^{-r\mathrm{d}t}\mathrm{E}[V_{0,A}(Y+\mathrm{d}Y)]\} \tag{12-6}$$

其中，右端最大算子的第一部分表示企业立即执行收缩期权的价值；第二部分表示收缩期权执行前的价值。

运用伊藤引理将式(12-6)的第二部分展开，可得在位资产价值的常微分方程

$$\frac{1}{2}\sigma^2Y^2\frac{\mathrm{d}^2V_{0,A}(Y)}{\mathrm{d}Y^2}+\mu Y\frac{\mathrm{d}V_{0,A}(Y)}{\mathrm{d}Y}-rV_{0,A}(Y)+kY-f_H=0 \tag{12-7}$$

且满足边界条件：

$$V_{0,A}(Y_C)=V_{1,A}(Y_C)-C \tag{12-8}$$

$$V'_{0,A}(Y_C)=V'_{1,A}(Y_C) \tag{12-9}$$

$$\lim_{Y\to\infty}V_{0,A}(Y)=V_{1,A}(Y) \tag{12-10}$$

其中，式(12-8)和式(12-9)分别为价值匹配和光滑粘贴条件；式(12-10)表示当现金流入很大时企业将持续运营在位资产而不会收缩。

将式(12-5)带入式(12-8)～式(12-10)容易得到由 k 个已投项目构成且含有收缩期权的在位资产价值为

$$V_{0,A}(Y)=\begin{cases}\dfrac{hkY}{r-\mu}-\dfrac{f_L}{r}-C, & Y<Y_C\\[2ex] \dfrac{kY}{r-\mu}-\dfrac{f_H}{r}+BY^{\beta_2}, & Y\geqslant Y_C\end{cases} \tag{12-11}$$

式中，上半支表示支出 C 的收缩调整成本立即执行收缩期权的价值；下半支表示等待执行收缩期权的价值，$\beta_2=0.5-\mu/\sigma^2-\sqrt{(\mu/\sigma^2-0.5)^2+2r/\sigma^2}<0$，为二次方程 $\sigma^2\beta(\beta-1)/2+\mu\beta-r=0$ 的负根。

收缩期权的执行临界值和收缩期权价值分别为

$$Y_C=\frac{\frac{f_H}{r}}{k}\left(\frac{\frac{f_H}{r}-\frac{f_L}{r}}{\frac{f_H}{r}}-\frac{C}{\frac{f_H}{r}}\right)\frac{-\beta_2}{1-\beta_2}\frac{r-\mu}{1-h}$$

$$BY^{\beta_2}=\frac{\frac{f_H-f_L-rC}{r}}{1-\beta_2}\left(\frac{Y}{Y_C}\right)^{\beta_2}$$

可以看出：给定 f_H，收缩后固定运营成本 f_L、调整成本 C 和收缩比例 $1-h$ 越小，收

缩临界值越小，收缩期权价值越大。

12.2.2　增长期权价值

对于增长期权而言，其标的项目的净现金流为 Y、投资成本为 1，同理通过写出贝尔曼方程及边界条件，容易求得增长期权的价值为

$$V_G(Y)=\begin{cases} AY^{\beta_1}, & Y<Y^* \\ \dfrac{Y}{r-\mu}-1, & Y\geqslant Y^* \end{cases} \tag{12-12}$$

其中，上半支和下半支分别表示等待和立即执行增长期权的价值；$\beta_1=0.5-\mu/\sigma^2+\sqrt{(\mu/\sigma^2-0.5)^2+2r/\sigma^2}>1$，为二次方程 $\sigma^2\beta(\beta-1)/2+\mu\beta-r=0$ 的正根；系数 $A=\dfrac{1}{\beta_1-1}(Y^*)^{-\beta_1}$；$Y^*=\dfrac{\beta_1}{\beta_1-1}(r-\mu)$，为增长期权的执行临界值。

12.2.3　资产风险溢价及构成

对于“正在运营 k 个在位资产、同时拥有增长期权”的企业而言，在位资产价值由式(12-11)下半支中运营项目永续净现金流现值和收缩期权价值两部分组成；增长期权价值则由式(12-12)上半支表示，从而企业总资产的价值为

$$\begin{aligned} V &\equiv V_{0,A}(Y)+V_G(Y) \\ &=\left(\frac{kY}{r-\mu_Y}-\frac{f_H}{r}+BY^{\beta_2}\right)+AY^{\beta_1} \end{aligned} \tag{12-13}$$

进一步，根据 Cochrane(2001)的做法，利用定价核技术，企业总资产的风险溢价可以表示为

$$\begin{aligned} R &= -\mathrm{E}\left[\frac{\mathrm{d}V}{V}\frac{\mathrm{d}\Lambda}{\Lambda}\right]\frac{1}{\mathrm{d}t} \\ &= -\mathrm{E}\left[\left[\left(\mu YV_Y+\frac{1}{2}\sigma^2Y^2V_{YY}\right)\mathrm{d}t+\sigma YV_Y\mathrm{d}z\right](-r\mathrm{d}t+\theta\mathrm{d}w)\right]\frac{1}{V}\frac{1}{\mathrm{d}t} \\ &= -\mathrm{E}\left[\sigma\theta YV_Y\mathrm{d}z\mathrm{d}w\right]\frac{1}{V}\frac{1}{\mathrm{d}t} \\ &= \frac{V_YY}{V}\varphi \\ &= \frac{\dfrac{kY}{r-\mu}-\dfrac{f_H}{r}}{V}\left(1+\frac{\dfrac{\frac{f_H}{r}}{k}}{\dfrac{Y}{r-\mu}-\dfrac{\frac{f_H}{r}}{k}}\right)\varphi+\frac{BY^{\beta_2}}{V}\beta_2\varphi+\frac{AY^{\beta_1}}{V}\beta_1\varphi \end{aligned} \tag{12-14}$$

容易看出：总资产风险溢价正是在位资产和增长期权两部分资产风险溢价的加权平均，其中在位资产风险溢价为永续现金流现值和收缩期权风险溢价的加权平均，分别由第一项和第二项表示；第三项则表示增长期权风险溢价为 $\beta_1\varphi\geqslant\varphi$。具体来看，式(12-14)的

第一项永续现金流现值的风险溢价表达中，固定成本与在位资产账面价值之比$(f_H/r)/k$可以刻画(账面)运营杠杆，从而$1+\dfrac{\dfrac{\frac{f_H}{r}}{k}}{\dfrac{Y}{r-\mu}-\dfrac{\frac{f_H}{r}}{k}}>1$很好地反映了运营杠杆对在位资产现金流风险溢价的放大作用。式(12-14)第二项中的$\beta_2\varphi<0$，说明收缩期权的风险溢价为负，这是由于收缩期权价值与外部经济环境的反向关系所导致的：外部经济环境越好进而现金流入Y越大，企业收缩在位资产的可能性进而收缩期权的价值反而越小。

特别地，如果既不考虑运营杠杆，又不考虑收缩期权，则式(12-14)中在位资产的风险溢价为φ，小于增长期权风险溢价(Bernardo et al., 2007)，从而增长期权价值占比越高，总资产风险溢价越大，并因此使得增长期权执行通过降低其价值占比而对风险溢价具有负向影响，这与Berk等(1999)和Gomes等(2003)的理论预示，以及Anderson和Garcia-Feijóo(2006)、Koussis和Makrominas(2015)等的实证结果一致。然而，如果考虑运营杠杆对在位资产风险溢价具有的放大作用，增长期权执行未必会降低风险溢价。Trigerois和Lambertides(2014)实证发现：企业价值中增长期权的相对比例与股票预期收益率具有显著的负向关系，并据此对增长期权较之其标的资产系统风险更高的结论提出质疑。显然，如果忽略收缩期权和增长期权的贝塔系数分别为负和为正的区别，而将两种本质上分别为看跌和看涨的实物期权都简单地统称为增长期权，则式(12-14)第二项和第三项的风险溢价之和确实可能为负。

12.2.4 收缩期权和运营杠杆对资产风险溢价的影响

在得到总资产风险溢价的基础上，本小节进一步通过比较静态分析，分析同时嵌入于在位资产的收缩期权和运营杠杆及二者共同作用于资产风险溢价的机理。其中，与收缩期权相关的重要参数包括收缩所需调整成本C、收缩比例$1-h$和收缩后的固定运营成本f_L；运营杠杆则由收缩前的固定运营成本f_H决定。

12.2.4.1 收缩期权的影响

由式(12-14)第二项可以看出，由于贝塔系数为负，收缩期权价值大小和总资产风险溢价具有负向关系，这与Hackbarth和Johnson(2015)的理论结果一致。进一步，就收缩期权的负向影响程度而言，取决于影响收缩期权价值BY^{β_2}的收缩所需的调整成本C、收缩比例$1-h$和收缩后固定运营成本f_L三个参数。具体来看，由$\dfrac{\partial(BY^{\beta_2})}{\partial C}<0$，$\dfrac{\partial(BY^{\beta_2})}{\partial h}>0$和$\dfrac{\partial(BY^{\beta_2})}{\partial f_L}<0$分别容易得到

$$\frac{\partial R}{\partial C}=\frac{\partial(BY^{\beta_2})}{\partial C}\frac{\beta_2\left[\left(\dfrac{kY}{r-\mu}-\dfrac{f_H}{r}\right)+AY^{\beta_1}\right]-\left(\dfrac{kY}{r-\mu}+AY^{\beta_1}\beta_1\right)}{V^2}\varphi>0 \tag{12-15}$$

$$\frac{\partial R}{\partial h}=\frac{\partial(BY^{\beta_2})}{\partial h}\frac{\beta_2\left[\left(\dfrac{kY}{r-\mu}-\dfrac{f_H}{r}\right)+AY^{\beta_1}\right]-\left(\dfrac{kY}{r-\mu}+AY^{\beta_1}\beta_1\right)}{V^2}\varphi<0 \tag{12-16}$$

$$\frac{\partial R}{\partial f_L}=\frac{\partial(BY^{\beta_2})}{\partial f_L}\frac{\beta_2\left[\left(\frac{kY}{r-\mu}-\frac{f_H}{r}\right)+AY^{\beta_1}\right]-\left(\frac{kY}{r-\mu}+AY^{\beta_1}\beta_1\right)}{V^2}\varphi>0 \tag{12-17}$$

即在位资产收缩所需的调整成本越大、收缩比例越小、收缩后的运营成本越大，总资产风险溢价越高①。

一旦企业选择执行收缩期权，总资产风险溢价重新可以表示为

$$\tilde{R}=\frac{\frac{hkY}{r-\mu}-\frac{f_L}{r}}{\tilde{V}}\left(1+\frac{\frac{f_L}{r}}{\frac{hkY}{r-\mu}-\frac{f_L}{r}}\right)\varphi+\frac{AY^{\beta_1}}{\tilde{V}}\beta_1\varphi \tag{12-18}$$

其中，$\tilde{V}=\frac{hkY}{r-\mu_Y}-\frac{f_L}{r}+AY^{\beta_1}$，为收缩后总资产的价值。

对比收缩前的风险溢价式(12-14)和收缩后的风险溢价式(12-18)，可以得到收缩期权执行动态影响资产风险溢价的重要启示：一方面，企业总价值的提高使得增长期权的价值占比降低，进而增长期权部分的风险溢价降低；另一方面，尽管在位资产的价值占比提高，但收缩期权执行对在位资产部分的风险溢价的影响并不确定②。综合两个方面，收缩期权执行到底是提升还是降低资产风险溢价，其影响方向并不确定。

12.2.4.2　运营杠杆的影响

由式(12-14)可以看出，运营杠杆参数 f_H 既直接影响各部分资产的价值占比，还会通过影响运营杠杆的大小而影响在位资产净现金流的风险溢价。接下来，在不考虑收缩期权的简化情形下，讨论运营杠杆对资产风险溢价的影响机理。

如果不考虑在位资产的收缩，则式(12-14)第二项收缩期权对总资产风险溢价的影响不再存在，企业资产由已投项目永续净现金流的现值和增长期权两部分构成。容易证明：随着固定运营成本 f_H 的增加，尽管在位资产的价值占比和在位资产现金流贝塔系数分别会逐渐减少和增大③，但式(12-14)第一项中二者乘积对风险溢价的净影响依然为正，即

---

① 考虑工会对企业的约束作用，Chen H J 等(2011)指出，工会的存在会增加企业进行调整的成本，进而降低企业运营灵活性，其结果是工会的存在将提升企业的资本成本，很好地支持了式(12-15)的比较静态分析结果。

② 具体而言，贝塔系数为负的收缩期权的执行对在位资产的风险溢价有直接和间接两个方面的影响：一方面，收缩期权的执行意味着收缩期权对在位资产的负向影响不再存在，这将提高在位资产的风险溢价；另一方面，收缩灵活性高的企业通常具有高的运营杠杆(Wong, 2009)，而收缩期权的执行会降低固定运营成本进而运营杠杆，从而间接使得在位资产的风险溢价下降。直接和间接两个方面的相反作用最终使得收缩期权执行后在位资产风险溢价的变化并不确定。

③ 具体分别为 $\frac{\partial\left(\frac{\frac{kY}{r-\mu}-\frac{f_H}{r}}{V}\right)}{\partial f_H}=-\frac{1}{r}\frac{AY^{\beta_1}}{V^2}<0$ 和 $\frac{\partial\left(1+\frac{\frac{\frac{f_H}{r}}{k}}{\frac{Y}{r-\mu}-\frac{\frac{f_H}{r}}{k}}\right)}{\partial f_H}=\frac{1}{r}\frac{\frac{kY}{r-\mu}}{\left(\frac{kY}{r-\mu}-\frac{f_H}{r}\right)^2}>0$。

$$\frac{\partial\left(\frac{\frac{kY}{r-\mu}}{V}\right)}{\partial f_H}=\frac{kY}{r-\mu}\frac{1}{V^2}\frac{1}{r}>0 \tag{12-19}$$

与此同时，通过提高增长期权价值占比，固定运营成本的增加还对式(12-14)第三项增长期权风险溢价的影响也为正，即

$$\frac{\partial\left(\frac{AY^{\beta_1}}{V}\right)}{\partial f_H}=\frac{AY^{\beta_1}}{V^2}\frac{1}{r}>0 \tag{12-20}$$

由于固定运营成本的增加对在位资产和增长期权两部分资产的风险溢价都具有正向影响，其与总资产风险溢价之间具有正向关系，这可以从理论上很好地支持 Mandelker 和 Rhee(1984)以及吴武清等(2012)关于运营杠杆会放大资产贝塔系数进而股票预期收益率的实证证据。

12.2.4.3　收缩期权和运营杠杆的共同影响

现实中，固定运营成本既会导致运营杠杆，还会赋予企业择机收缩在位资产的权利，进而运营杠杆和收缩期权会共同嵌入于在位资产，并共同影响资产风险溢价。在考虑在位资产收缩的情形下，在位资产价值由已投项目永续净现金流现值和贝塔系数为负的收缩期权价值两个部分构成。容易证明：固定运营成本对两部分资产的价值占比都具有正向影响，即

$$\frac{\partial\left(\frac{\frac{kY}{r-\mu}}{V}\right)}{\partial f_H}=\left[1-\left(\frac{Y}{Y_C}\right)^{\beta_2}\right]\frac{kY}{r-\mu}\frac{1}{V^2}\frac{1}{r}>0 \tag{12-21}$$

$$\frac{\partial\left(\frac{BY^{\beta_2}}{V}\right)}{\partial f_H}=\frac{\left(\frac{Y}{Y_C}\right)^{\beta_2}V-BY^{\beta_2}\left[\left(\frac{Y}{Y_C}\right)^{\beta_2}-1\right]}{rV^2}>0 \tag{12-22}$$

特别需要强调的是，针对固定运营成本对收缩期权风险溢价的影响，由于收缩期权贝塔系数为负，固定运营成本和收缩期权价值的正向关系意味着，固定运营成本越高，收缩期权对总资产风险溢价的负向影响越大。基于此，固定运营成本的增加对资产风险溢价将产生两个方面的影响：一方面，通过提高运营杠杆而放大在位资产净现金流的风险溢价；另一方面，通过提高收缩期权价值而增强收缩期权对风险溢价的负向影响。因此，如果考虑固定运营成本通过影响收缩期权价值而对风险溢价的作用，运营杠杆和总资产风险溢价的正向关系未必成立，甚至高的收缩期权价值会使得二者可能呈现负向关系。换言之，收缩期权会削弱运营杠杆对资产风险溢价的放大作用，该结论既可对 Guthrie(2011)的数值仿真结果，也可对 Gu 等(2018)和乔国荣(2017)的实证证据给予严格的理论支撑。

为了直观地说明运营杠杆和收缩期权的关联关系及二者对风险溢价的共同作用，针

对式(12-14)中决定运营杠杆高低的固定运营成本 f_H 和影响收缩期权价值大小的调整成本 C 两个关键参数，图 12-1 给出了收缩调整成本高和成本低两种情形下，总资产风险溢价及各构成部分随固定运营成本变化的数值示例。基本参数的设定参照 Guthrie(2011, 2014)的做法：$r=5\%$，$\mu=0$，$\sigma=0.2$，$\varphi=0.02$，$k=10$，$h=0.5$，$0.06=Y_C<Y=0.075<Y^*=0.09$，$f_H=0.5$，$f_L=0$。

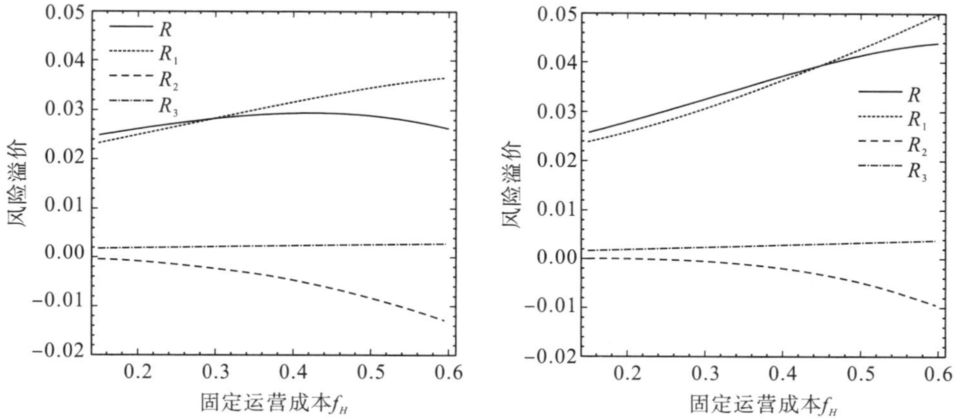

(a) 低调整成本(C=0)　　(b) 高调整成本(C=3)

图 12-1　资产风险溢价及其构成随固定运营成本的变化

图 12-1 中 R 是式(12-14)表示的总资产风险溢价，R_1、R_2 和 R_3 分别是在位资产现金流现值、收缩期权和增长期权 3 部分资产的风险溢价。由图可见：无论何种情形，给定其他参数，随着固定运营成本 f_H 进而运营杠杆的增加，在位资产永续现金流现值的风险溢价 R_1 和增长期权风险溢价 R_3 都逐渐增加，但由于固定运营成本的增加还会同时提高贝塔系数为负的收缩期权在总资产中的价值占比，收缩期权部分的风险溢价 R_2 反而逐渐降低。

更为重要的是，对比图 12-1(a)和图 12-1(b)两种情形可以发现：图 12-1(a)中，在收缩调整成本较小而收缩期权价值较大的情形下($C=0$)，随着固定运营成本的增加，运营杠杆进而 R_1 逐渐增加的同时，由于收缩期权对风险溢价的负向影响也逐渐增加，其结果是总资产风险溢价 R 随运营杠杆增加并非单调变化，甚至出现递减的趋势；相反，图 12-1(b)中，在收缩调整成本较大而收缩期权价值较小的情形下($C=3$)，运营杠杆对风险溢价的提升作用占主导，总资产风险溢价随着固定运营成本的增加而单调递增。

12.3　价值溢价的机理分析

Carlson 等(2004)通过建立运营杠杆和账面市值比因子的联系，首次从运营杠杆的角度对价值溢价现象给出一种理论解释。然而，Novy-Marx(2011)和 Guthrie(2014)的研究指出，运营杠杆能否解释价值溢价现象，还需进一步考虑运营灵活性的作用。借鉴 Novy-Marx(2011)的做法，将式(12-14)各部分同乘同除以 k，简单变形可得

$$R=(M+N)\frac{k}{V}+\beta_1\varphi \tag{12-23}$$

其中，$N=\frac{BY^{\beta_2}}{k}(\beta_2\varphi-\beta_1\varphi)$；$M=\left(\frac{Y}{r-\mu}-\frac{f_H}{kr}\right)\left[\left(1+\frac{\frac{f_H}{kr}}{\frac{Y}{r-\mu}-\frac{f_H}{kr}}\right)\varphi-\beta_1\varphi\right]$。

由式(12-23)可以看出：如果每个已投项目的投资成本均为1，则k个已投项目构成的在位资产的资产账面价值即为k，从而k/V正好可以刻画资产的账面市值比；进一步，若系数$M+N$为正，则表示存在价值溢价现象，即账面市值比越大，资产预期收益率越高。

在简化不考虑收缩期权的情形下，式(12-23)可化简为

$$R=M\frac{k}{V}+\beta_1\varphi \tag{12-24}$$

显然，如果$1+\frac{\frac{f_H}{kr}}{\frac{Y}{r-\mu}-\frac{f_H}{kr}}>\beta_1$，则$M>0$，从而运营杠杆对在位资产现金流风险溢价的放大作用，不仅会导致价值溢价现象，还会使得在位资产风险溢价高于增长期权风险溢价。

在进一步考虑收缩期权的情形下，即便运营杠杆作用下在位资产现金流的风险溢价大于增长期权风险溢价，由于贝塔系数为负的收缩期权会降低在位资产整体的贝塔系数，其结果是，式(12-23)中账面市值比前$M+N$为正还是为负并不确定。换言之，价值溢价是否存在，需要取决于运营杠杆和收缩期权两个方面的共同作用①：给定增长期权风险溢价，只有在运营杠杆f_H/kr较大或者收缩期权价值BY^{β_2}较小的情况下，$M+N$才可能为正，进而存在价值溢价现象。特别地，如果收缩调整成本C较高，那么收缩期权价值及其对风险溢价的负向影响则较小，进而运营杠杆对在位资产现金流风险溢价的放大作用即可导致价值溢价。该结果不仅支持Zhang(2005)从调整成本角度对价值溢价的解释，还为Novy-Marx(2011)关于价值溢价所需的有限运营灵活性条件给出了一种严格的理论解释与证明。

针对不考虑和考虑收缩期权两种情形，图12-2给出总资产风险溢价随账面市值比k/V变化关系的数值示例，其中横轴的k/V随外生现金流入水平Y的增加而单调递减。可以看出：在不考虑收缩期权的情形下，运营杠杆放大作用下在位资产风险溢价高于增长期权风险溢价②，总资产风险溢价随账面市值比的增大而单调递增，存在价值溢价现象；

---

① 从式(12-23)可以看出，如果增长期权的风险溢价$\beta_1\varphi$很大，则价值溢价现象也难以出现。因此，严格来讲，价值溢价现象能否出现需取决于运营杠杆、收缩期权和增长期权的共同作用。

② 若不考虑收缩期权，给定现金流入$0.06=Y_C\leqslant Y\leqslant Y^*=0.09$，则由图12-2的相关参数容易有$\left(1+\frac{\frac{f_H}{kr}}{\frac{Y}{r-\mu}-\frac{f_H}{kr}}\right)\varphi\in[0.04,0.12]\geqslant\beta_1\varphi=0.04$。

在考虑收缩期权且收缩调整成本较小的情形下（对应图中调整成本 $C=0$），由于贝塔系数为负的收缩期权在总资产价值中的占比较大，不仅总资产风险溢价的整体水平更低，而且总资产风险溢价随着账面市值比的增大反而呈现递减趋势，不存在价值溢价现象。在考虑收缩期权但调整成本较大进而收缩灵活性有限的情形下（对应图中调整成本 $C=3$），图 12-2 的结果表明：运营杠杆对风险溢价的放大作用超过收缩期权的负向影响，进而价值溢价现象依然存在，但总资产风险溢价的整体水平同样低于不考虑收缩期权的情形。

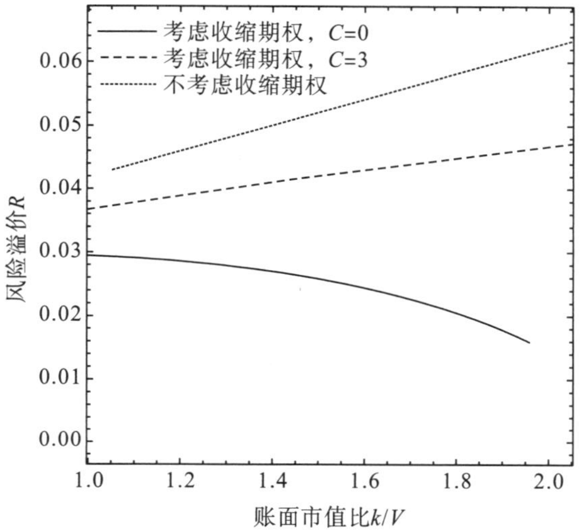

图 12-2　资产风险溢价随账面市值比的变化

12.4　账面市值比效应和市值规模效应

借鉴 Carlson 等（2004）的做法，式（12-14）可以重新表达为如下 Fama-French 三因子模型的形式：

$$R=\varphi+\left[BY^{\beta_2}(\beta_2-1)\varphi+AY^{\beta_1}(\beta_1-1)\varphi\right]\frac{1}{V}+\frac{f_H}{kr}\varphi\frac{k}{V} \tag{12-25}$$

其中，k/V 和 $1/V$ 分别为账面市值比因子和市值规模因子，二者前面的系数即为相应的因子载荷。

显然，如果不考虑在位资产的收缩，即收缩期权价值 $BY^{\beta_2}=0$，则式（12-25）第二项中市值规模的因子载荷由增长期权及其风险溢价所决定；第三项中账面市值比的因子载荷则由运营杠杆所解释。

然而，一旦考虑与运营杠杆同时嵌入于在位资产的收缩期权，由于 $\beta_2-1<0$，收缩期权价值越高，第二项市值规模的因子载荷越小；而且，由于收缩期权价值大小与固定运营成本及运营杠杆有关，从而运营杠杆也可通过影响收缩期权价值而作用于市值规模效应。因此，随着运营杠杆的增加，其对资产风险溢价的影响可以总结为两个方面：一方面，直接放大账面市值比的因子载荷，进而导致账面市值比效应；另一方面，收缩期权价值随运营杠杆的提高而增加，进而市值规模的因子载荷将降低[①]。

① 可由式（12-21）看出，固定运营成本对收缩期权价值的正向影响。

12.5 实证设计

前述理论结论表明：运营杠杆会放大在位资产现金流的风险溢价，收缩期权的风险溢价为负，因此，运营杠杆和收缩期权分别与资产风险溢价存在正向和负向关系；进一步，运营杠杆和收缩期权对资产风险溢价的共同影响可以解释价值溢价现象。本小节将利用中国上市公司数据检验相关的理论预示。

12.5.1 数据与样本

本小节利用 2001～2017 年中国沪深两市非金融 A 股上市企业的数据，实证检验运营杠杆和收缩灵活性分别对股票预期收益率的影响，以及检验二者共同对价值溢价的解释力。剔除所有者权益小于零、ST 或*ST 以及财务数据缺失的观测样本，并为了排除极端值的影响，对所有变量进行了前后 1%的截尾处理，最终样本包含 2,024 家企业。

12.5.2 变量与指标

本章用于解释资产风险溢价的核心变量包括运营杠杆和收缩非灵活性，其中运营杠杆的测度包括如下两种方法。

一种方法由 Gu 等(2018)提出，估计过程包括两个步骤。第一步，根据回归方程(12-26)，利用季度数据，将滞后一期的运营成本、当期和滞后一期的营业收入对运营成本进行窗口期为 5 年的滚动 OLS 回归：

$$\text{Cost}_{i,q} = a_i + b_i\text{Cost}_{i,q-1} + c_i\text{Sales}_{i,q} + d_i\text{Sales}_{i,q-1} + \varepsilon_{i,q} \tag{12-26}$$

其中，运营成本 $\text{Cost}_{i,q}$ 为企业 i 在第 q 个季度的销售成本和销售及一般管理费用之和；$\text{Sales}_{i,q}$ 分别为企业 i 在第 q 个季度的营业收入；$\text{Cost}_{i,q-1}$ 和 $\text{Sales}_{i,q-1}$ 分别为滞后一个季度的运营成本和营业收入。

第二步，利用式(12-26)估计得到回归系数 a_i、b_i 和 d_i，以及滞后一年的运营成本和营业收入的季度平均值，即可估算得考察年度的固定运营成本，将其除以滞后一年的营业收入进行标准化处理，运营杠杆(DOL)最终可以被测度为

$$\text{DOL}_{i,t} = \frac{a_i + b_i\text{Costmean}_{i,t-1} + d_i\text{Salesmean}_{i,t-1}}{\text{Salesmean}_{i,t-1}} \tag{12-27}$$

其中，$\text{Costmean}_{i,t-1}$ 和 $\text{Salesmean}_{i,t-1}$ 分别为企业 i 在 t-1 年 4 个季度平均的运营成本和营业收入。

另一种估计运营杠杆的方法最早由 Mandelker 和 Rhee(1984)提出，后经 O’Brien 和 Vanderheiden(1987)改进，通过如下两阶段回归予以估计。第一阶段回归是针对每只股票，分别去除 EBIT 和营业收入的时间趋势，得到回归残差项 μ_t^{EBIT} 和 μ_t^{Sales} 。

$$\ln\text{EBIT}_t = \ln\text{EBIT}_0 + tg_{\text{EBIT}} + \mu_t^{\text{EBIT}} \tag{12-28}$$

$$\ln\text{Sales}_t = \ln\text{Sales}_0 + tg_{\text{sales}} + \mu_t^{\text{Sales}} \tag{12-29}$$

其中，EBIT_0 和 Sales_0 分别表示样本期内期初的 EBIT 和营业收入；g_{EBIT} 和 g_{Sales} 分别表示 EBIT 和营业收入随时间的增长率；μ_t^{EBIT} 和 μ_t^{Sales} 分别表示 EBIT 和营业收入去时间趋势后

的变化率。

第二阶段回归是将 u_t^{EBIT} 和 μ_t^{Sales} 分别作为被解释变量和解释变量，进行如下单变量回归，回归系数(DOL_MO)即为运营杠杆：

$$\mu_t^{\text{EBIT}} = \text{DOL\_MO}\mu_t^{\text{Sales}} + \varepsilon_t \tag{12-30}$$

对于收缩非灵活性的测度，同样借鉴 Gu 等(2018)的做法，针对每家样本企业，在样本初始年度至考察年度的期间内，首先计算运营成本与营业收入之比的最大值与最小值之差，然后将其除以运营成本与营业收入之比的季度增长率的标准差，作为收缩非灵活性(INFLX)的测度：

$$\text{INFLX}_{i,t} = \frac{\max\limits_{i,0,t}\left(\dfrac{\text{Cost}}{\text{Sales}}\right) - \min\limits_{i,0,t}\left(\dfrac{\text{Cost}}{\text{Sales}}\right)}{\text{std}_{i,0,t}\Delta\log\left(\dfrac{\text{Sales}}{\text{Assets}}\right)} \tag{12-31}$$

所有变量的定义及指标测度具体见表 12-1。

表 12-1　变量定义与指标测度

类型	变量名	符号	定义及说明
被解释变量	股票预期收益率	ER	下一个财务年度考虑现金红利再投资的月度收益率
	运营杠杆	DOL	根据 Gu 等(2018)的估计方法进行估计
		DOL_MO	根据 Mandelker 和 Rhee(1984)和 O' Brien 和 Vanderheiden(1987)的两阶段回归方法进行估计
解释变量	收缩非灵活性	INFLX	运营成本与营业收入之比的最大和最小值之差，除以运营成本与营业收入对数变化的标准差(Gu et al., 2018)
	账面市值比	BM	股东权益除以股票总市值后再取自然对数，其中非流通股价值为股份数乘以流通股股价
控制变量	市场贝塔系数	BETA	将当月前 48 个月的历史月度超额收益率和市场月度超额收益率逐月进行 OLS 回归所得回归系数，直接下载自国泰安数据库
	市值规模	SIZE	企业股票总市值的自然对数

12.6　实证结果及分析

12.6.1　描述性统计

表 12-2 所示为各主要变量的描述性统计。可以看出：根据 Gu 等(2018)的方法估计得到的运营杠杆和收缩非灵活性的均值分别为 0.017 和 0.918；根据 O' Brien 和 Vanderheiden (1987)两阶段回归方法估计得到的运营杠杆 DOL_MO 的均值和中位数分别为 1.712 和 1.026，其中中位数与 Garcia-Feijóo 和 Jorgensen(2010)、Cao(2015)的估计结果接近。

表 12-3 列出了各主要变量间的相关性。可以看出：两个运营杠杆指标 DOL 和 DOL_MO 以及收缩非灵活性(INFLX)都与股票预期收益率存在负相关关系；账面市值比(BM)则与股票预期收益率正相关；收缩非灵活性(INFLX)与运营杠杆 DOL 和 DOL_MO 都具有较高的正相关关系，表明收缩灵活性越差，运营杠杆越高。

表 12-2　相关变量的描述性统计

变量	平均值	标准差	最小值	P25	中位数	P75	最大值
ER	0.017	0.145	−0.782	−0.066	0.007	0.088	2.672
DOL	0.017	0.085	−0.163	−0.012	0.002	0.023	0.556
DOL_MO	1.712	4.973	−15.951	0.819	1.026	1.366	18.012
INFLX	0.918	2.890	0.040	0.170	0.309	0.574	24.499
BM	−1.130	0.714	−3.500	−1.550	−1.064	−0.628	0.257
BETA	0.997	0.250	0.361	0.841	1.001	1.153	1.701
SIZE	22.158	1.077	19.993	21.370	22.085	22.844	25.094

表 12-3　主要变量间的相关系数

变量	ER	DOL	DOL_MO	INFLX	BM	BETA	SIZE
ER	1						
DOL	−0.002	1					
DOL_MO	−0.009	0.222	1				
INFLX	−0.001	0.202	0.044	1			
BM	0.095	−0.139	−0.142	−0.140	1		
BETA	0.001	0.094	0.151	0.052	−0.126	1	
SIZE	−0.117	−0.059	−0.156	−0.035	−0.067	−0.261	1

12.6.2　投资组合分析

12.6.2.1　根据运营杠杆分组构建组合

根据运营杠杆 DOL 的高低，每个年度将所有股票分为 5 组，分别构造等权和市值加权的投资组合，表 12-4 的结果显示：无论是等权还是市值加权，组合预期收益率都随运营杠杆的呈上升的趋势；而且，按照等权方法构造的投资组合中，运营高杠杆高和低两个投资组合的预期收益率在 5%显著性水平上存在差异。

表 12-4　运营杠杆 DOL 分组下的组合预期收益率及差异性检验

DOL 分组					高—低
低	2	3	4	高	
面板 A：等权组合					
0.020**	0.020**	0.022**	0.023**	0.023**	0.003**
(2.090)	(2.094)	(2.251)	(2.348)	(2.281)	(2.265)
面板 B：市值加权组合					
0.014	0.014	0.016*	0.016*	0.016*	0.002
(1.573)	(1.649)	(1.788)	(1.808)	(1.690)	(0.940)

注：括号内为 t 值，***、**、*分别表示在 1%、5%和 10%的显著性水平上显著，下同。

类似地，表 12-5 给出了根据运营杠杆 DOL_MO 分组的结果，其中等权方法下运营杠杆高和低两个投资组合的预期收益率之差显著为正。因此，表 12-4 和表 12-5 的结果一致表明：运营杠杆和股票预期收益率之间存在正向关系，支持运营杠杆放大资产风险溢价的理论预示。

表 12-5　运营杠杆分组下的组合预期收益率及差异性检验

运营杠杆(DOL_MO)					高—低
低	2	3	4	高	
面板 A：等权组合					
0.015**	0.015**	0.016**	0.016**	0.017**	0.002*
(1.986)	(2.110)	(2.226)	(2.223)	(2.176)	(1.900)
面板 B：市值加权组合					
0.011	0.013**	0.012*	0.012*	0.013*	0.002
(1.526)	(1.981)	(1.903)	(1.826)	(1.677)	(1.145)

12.6.2.2　根据收缩期权分组构建组合

根据收缩非灵活性(INFLX)的高低，分别构造等权和市值加权的 5 个投资组合，表 12-6 的结果显示：等权组合中，收缩非灵活性高低两个组合的预期收益率的差异在 5%的显著性水平上显著为正，说明收缩非灵活性越高或收缩灵活性越低，组合预期收益率越高，很好地支持了收缩期权和资产风险溢价间具有负向关系的理论预示。

表 12-6　收缩非灵活性分组下的组合预期收益率及差异性检验

收缩费灵活性(INFLX)					高-低
低	2	3	4	高	
面板 A：等权组合					
0.016**	0.016**	0.016**	0.016**	0.022***	0.006**
(2.208)	(2.244)	(2.177)	(2.154)	(2.721)	(2.078)
面板 B：市值加权组合					
0.011	0.012*	0.014**	0.011	0.010	-0.000
(1.635)	(1.835)	(2.101)	(1.596)	(1.430)	(-0.111)

12.6.2.3　运营杠杆和收缩期权对价值溢价的影响检验

根据账面市值比的高低，由低到高构造 5 组等权或加权投资组合，表 12-7 的结果显示：无论是利用等权还是利用加权方法构造投资组合，组合预期收益率都随账面市值比的增大而单调增加，且高低两组的组合预期收益率的差异在 5%的显著性水平上显著，存在明显的价值溢价现象。

为了检验运营杠杆对价值溢价的解释作用，表 12-8 进一步根据运营杠杆和账面市值比进行 5×5 的二维分组，在控制运营杠杆的条件下考察账面市值高低导致的组合预期收益率的差异。由表可见：一旦控制运营杠杆的影响，除了市值加权投资组合中的低 DOL 组，其他 DOL 组中高账面市值比和低账面市值比两个组合的预期收益率并不存在统计意义上的显著差异。换言之，通过二维分组控制投资组合的运营杠杆的高低差异，账面市值比效应将减弱或消失，从而运营杠杆可为价值溢价现象给出一种解释，与 Novy-Marx （2011）和 Obreja(2013)的结论相一致。

表 12-7　账面市值比分组下的组合预期收益率及差异性检验

账面市值比(BM)					高一低
低	2	3	4	高	
面板 A：等权组合					
0.012*	0.015**	0.017**	0.017**	0.018**	0.006**
(1.659)	(2.030)	(2.223)	(2.269)	(2.476)	(2.155)
面板 B：市值加权组合					
0.008	0.010	0.013*	0.013*	0.016**	0.008**
(1.187)	(1.499)	(1.854)	(1.915)	(2.221)	(1.992)

表 12-8　运营杠杆和账面市值比二维分组下的组合预期收益率及差异性检验

运营杠杆(DOL)分组	账面市值比(BM)					高一低
	低	2	3	4	高	
面板 A：等权组合						
低	0.017*	0.020**	0.018*	0.022**	0.024**	0.007
	(1.778)	(2.015)	(1.944)	(2.193)	(2.396)	(1.617)
2	0.016*	0.021**	0.020**	0.022**	0.022**	0.005
	(1.747)	(2.112)	(2.030)	(2.152)	(2.224)	(1.189)
3	0.017*	0.020**	0.023**	0.023**	0.024**	0.007
	(1.859)	(2.135)	(2.239)	(2.225)	(2.497)	(1.608)
4	0.021**	0.022**	0.023**	0.024**	0.025**	0.005
	(2.117)	(2.177)	(2.307)	(2.336)	(2.455)	(0.928)
高	0.022**	0.023**	0.025**	0.023**	0.024**	0.002
	(2.162)	(2.206)	(2.435)	(2.194)	(2.387)	(0.469)
面板 B：市值加权组合						
低	0.011	0.012	0.013	0.015	0.020**	0.010*
	(1.230)	(1.298)	(1.539)	(1.597)	(2.030)	(1.694)
2	0.012	0.014	0.015	0.015	0.018*	0.006
	(1.346)	(1.475)	(1.573)	(1.630)	(1.793)	(0.915)
3	0.015*	0.017*	0.015	0.017*	0.019**	0.004
	(1.678)	(1.867)	(1.546)	(1.779)	(1.985)	(0.646)
4	0.016*	0.014	0.017*	0.017*	0.020*	0.003
	(1.767)	(1.564)	(1.806)	(1.749)	(1.920)	(0.479)
高	0.013	0.017	0.020**	0.017*	0.020**	0.008
	(1.313)	(1.616)	(2.003)	(1.756)	(2.054)	(1.326)

类似地，表 12-9 根据收缩非灵活性和账面市值比进行 5×5 的二维分组，在控制收缩灵活性的条件下考察账面市值比高低导致的组合预期收益率的差异。由表可见：在等权组合中，除了低 INFLX 组，其他 INFLX 组中高账面市值比和低账面市值比两个组合的预期收益率并不存在统计意义上的显著差异。因此，一旦通过分组控制收缩灵活性的差异，账面市值比效应将减弱或消失，表明收缩灵活性也对价值溢价具有重要影响。

表 12-9　收缩非灵活性和账面市值比二维分组下的组合预期收益率及差异性检验

收缩非灵活性（INFLX）	账面市值比（BM）					高—低
	低	2	3	4	高	
面板 A：等权组合						
低	0.010	0.014*	0.016**	0.015**	0.025***	0.015***
	(1.428)	(1.926)	(2.037)	(1.996)	(3.134)	(2.936)
2	0.013*	0.015*	0.016**	0.015**	0.018**	0.004
	(1.867)	(1.934)	(2.124)	(1.987)	(2.281)	(0.805)
3	0.011	0.014*	0.016**	0.017**	0.019**	0.009
	(1.382)	(1.864)	(1.998)	(2.184)	(2.493)	(1.646)
4	0.015*	0.014*	0.017**	0.013*	0.019**	0.004
	(1.939)	(1.731)	(2.126)	(1.732)	(2.370)	(1.028)
高	0.013	0.016**	0.018**	0.021**	0.017**	0.005
	(1.622)	(2.069)	(2.213)	(2.337)	(2.095)	(1.203)
面板 B：市值加权组合						
低	0.008	0.010	0.014*	0.013*	0.022***	0.014**
	(1.137)	(1.454)	(1.841)	(1.754)	(2.727)	(2.192)
2	0.013*	0.011	0.013*	0.009	0.018**	0.004
	(1.971)	(1.441)	(1.810)	(1.303)	(2.304)	(0.689)
3	0.009	0.011	0.013*	0.014*	0.017**	0.008
	(1.145)	(1.524)	(1.669)	(1.925)	(2.214)	(1.187)
4	0.009	0.009	0.013	0.011	0.019**	0.010*
	(1.165)	(1.183)	(1.630)	(1.454)	(2.367)	(1.884)
高	0.004	0.012	0.016*	0.020**	0.012	0.008*
	(0.596)	(1.534)	(1.921)	(2.149)	(1.533)	(1.857)

12.7　小结

企业运营已投项目构成的在位资产的过程中，由于固定运营成本的存在，一方面会导致运营杠杆，另一方面也赋予企业择机收缩资产的权利，而且运营杠杆和收缩期权都对资产的风险收益特征具有重要影响。紧密围绕运营杠杆和收缩期权共同嵌入于在位资产的事实，本章利用实物期权方法和定价核技术，在分别求得企业资产价值和风险溢价解析表达式的基础上，从理论上揭示了收缩期权和运营杠杆分别影响资产风险溢价的机理所在，并据此为二者共同作用导致的价值溢价现象给出一种严格的理论解释与证明，以及利用我国沪深 A 股上市公司数据，通过投资组合分析进行实证检验。理论和实证结果一致表明：运营杠杆和收缩期权分别会提高和降低资产风险溢价，而价值溢价现象只有在运营杠杆高且收缩期权价值低的情况下才会存在。进一步，从理论上指出收缩期权和运营杠杆分别对账面市值比与市值规模两个定价因子因子载荷的影响：收缩期权会减弱市值规模效应；运营杠杆则会放大账面市值比效应和减弱市值规模效应。

本章研究结论对于供给侧结构性改革背景下企业的现实决策具有重要的指导价值。维持企业运营所需的固定成本的存在，一方面有助于企业及时捕捉经济环境向好的先机，但另一方面也要求企业能够择机进行资产收缩去除过剩产能，以降低经济下行或市场环境恶化的负向冲击。通过优化组织管理、加强技术创新和争取政策支持等降低资产收缩的调整成本，提高收缩决策的灵活性价值，是企业合理利用运营杠杆过程中降低风险暴露的一种有效手段。政策层面，通过搭建资产重组平台和健全并购市场，既直接有利于降低企业收缩调整的成本，同时也便于企业“盯住市场”做出合理、适时的收缩决策，从而有效发挥市场手段在企业去产能决策中的重要作用。

第 13 章　增长期权视角下资本结构随生命周期的变化趋势

从生物学发展出来的企业生命周期理论，在管理学科的诸多领域得到广泛的应用与发展。金融领域的大量文献发现，在企业由年轻到成熟的发展过程中，无论是企业规模(Evans, 1987)、资本支出(Anthony and Ramesh, 1992; Faff et al., 2016)、现金流量(Dickinson, 2011)和股利支付(DeAngelo et al., 2006; 宋福铁和屈文洲, 2010)等企业财务特征，还是资本市场上的企业估值(Pástor and Veronesi, 2003; Loderer et al., 2016; Liu et al., 2018)、股票贝塔系数(Clarkson and Thompson, 1990; Chincarini et al., 2020; Saravia et al., 2016)和资产风险溢价(Hasan et al., 2015; 李准等, 2018)等市场特征，都会随企业生命周期的不断推进呈现出规律性的变化。针对这些变化规律，尽管学者关注的角度和相应的理论解释不尽相同，但较为一致的认识是，未来增长机会及企业成长性，是这些特征随企业生命周期呈现规律性变化的关键因素。

如果将企业总资产分解为在位资产和增长期权(Myers, 1977)，那么增长期权不断执行和在位资产逐渐累积，进而两类资产相对构成的变化，不仅是企业生命周期推进的体现，更可以解释企业相关特征随生命周期的规律性变化。然而，自 Modigliani 和 Miller(1958)提出资本结构无关性的 MM 定理以来，尽管现代资本结构理论已相当成熟，部分文献也指出盈利能力与股价表现(Hovakimian et al., 2001)、代理问题(Titman and Tsyplakov, 2007)等的动态变化会导致目标财务杠杆的不断变化，但此方向的研究尚少关注资本结构随企业生命周期的变化规律。

从两类资产的基本特征来看，厂房、设备等能够带来即期现金流的资产可以理解为在位资产，价值相对易于评估和证实的特点使其能够作为债务融资的抵押品。与之不同，无形资产、R&D 项目等增长期权类资产，不仅中断和重启的调整成本较高(Brown and Petersen, 2011)，而且系统风险相对更大(Galai and Masulis, 1976; Bernardo et al., 2007; 朱宏泉等, 2012)，一旦企业清算或破产，增长期权清算或破产的成本相对更高。因此，根据资本结构权衡理论(Stiglitz, 1969; Kraus and Litzenberer, 1973)，总资产构成中增长期权的相对占比越高，企业整体越难进行或提高债务融资。更为重要的是，随着企业由年轻逐渐走向成熟，前述关于企业财务特征和市场特征的大量证据共同表明，企业可利用的增长期权随生命周期通常会逐渐减少，加之增长期权向在位资产不断转换，进一步的预期是，财务杠杆随生命周期推进将可能呈现上升趋势。

除资产特征进而破产成本的角度外，增长期权执行过程中还存在代理问题，这也会影响财务杠杆随企业生命周期的变化。针对股东-债权人代理冲突导致的过度投资(Jensen and Meckling, 1976)和投资不足(Myers, 1977)，Mello 和 Parsons(1992)、Leland(1998)、

Mauer 和 Ott(2000)、李强和曾勇(2009)、彭程等(2011)等投融资交互关系的文献，通过构建投资决策的实物期权模型，理论上揭示了两种非效率投资行为的形成机理。然而，该方向的现有研究仍然存在两点缺憾。其一，它们关注的重点是资本结构如何影响投资行为，并未反过来回答投资决策是否以及如何导致最优资本结构的动态变化。其二，如 Sundaresan 等(2015)所言，现有文献大多是在给定增长机会集的前提下展开讨论，忽略了增长机会进而企业投融资决策随生命周期的动态变化。特别地，与本章最类似的文献 Sundaresan 等(2015)，同样利用实物期权方法得到最优财务杠杆随生命周期呈现递增趋势的结论，但该文无法回答到底是破产成本还是代理问题导致这一规律性的变化；而且，由于假设企业每期都需借新债还旧债，根据李强和曾勇(2009)的观点，Sundaresan 等(2015)所发现的非效率投资的规律性变化本质上属于过度投资[①]。

基于此，本章假设增长期权的不断执行会推动企业由年轻逐渐走向成熟，首先在资本结构权衡理论框架下，通过刻画两类资产破产成本的特征差异，理论上揭示出最优资本结构随生命周期呈现的递增趋势。其次，假设增长期权执行所需的资金全部由股东提供，通过比较企业价值最大化和股东价值最大化两种投资决策目标下的最优资本结构，扩展考虑代理冲突对最优资本结构的影响，结果发现投资不足导致的代理成本会随生命周期呈现递减的趋势。实证方面，利用 1998～2018 年中国沪深两市非金融 A 股上市公司数据，提供了支持理论预示的经验证据：财务杠杆随企业上市年龄整体上呈现上升趋势。进一步，从债务的来源构成和期限构成两个角度，提供了债务结构具有治理作用的证据：提高总负债中银行贷款或短期负债的相对占比，可以通过缓解股东-债权人代理冲突对财务杠杆具有提升作用。

13.1　基本假设

借鉴 Sundaresan 等(2015)和李准等(2018)的做法，根据总资产中增长期权和在位资产的相对构成，企业生命周期可以划分为年轻和成熟两个阶段。在年轻阶段，总资产包括 k 个已投项目构成的在位资产和未来有待投资的 h 个增长期权，其中每个增长期权所需的一次性投资成本为 1，通过权益融资获得；在成熟阶段，h 个增长期权均被执行，总资产为 $k+h$ 个已投项目构成的在位资产。显然，给定企业初创之时的增长期权总数或成熟之时的在位资产总数，k 和 h 的相对大小 $l=k/(k+h)$ 可以刻画企业所处的生命周期阶段，相对大小的动态变化则体现了生命周期的推进。例如，给定 $k+h=30$，$k=0$、$h=30$(即 $l=0$)表示企业处于初创阶段；$k=30$、$h=0$(即 $l=1$)表示企业处于成熟阶段。随着 k 逐渐增加和 h 逐渐减少，l 的逐渐增加即表示企业生命周期不断推进。

假设增长期权标的项目的现金流服从几何布朗运动：

$$\mathrm{d}Y=\mu Y\mathrm{d}t+\sigma Y\mathrm{d}z \tag{13-1}$$

其中，μ 和 σ 分别表示现金流的瞬时增长率和波动率；$\mathrm{d}z$ 为标准维纳过程增量。

① 除了股东和债权人之间的代理冲突，Kieschnick 和 Moussawi(2018)实证发现，管理层和股东之间的代理冲突会随企业生命周期推进而愈来愈严重，进而导致资本结构呈现递减的趋势。

资本结构方面，简化起见，假设企业债务为永生性债务，每期需要偿还的固定利息水平为 c。给定企业所得税税率为 τ，企业持续经营直至净资产为零时，股东因资不抵债而选择破产。破产之时，参照 Leland(1994)的做法，假设债权人接管并持续经营企业，但是由于破产成本的存在，债权人只能获得部分的在位资产价值和增长期权价值，二者比例分别为 $1-\xi_A$ 和 $1-\xi_G$，且假设 $0<\xi_A<\xi_G\leqslant 1$，表示增长期权的破产成本更高或清算价值更低。

13.2　理论模型

13.2.1　成熟阶段的企业价值

13.2.1.1　权益价值

在成熟阶段，企业执行所有增长期权，总资产价值即为由 $k+h$ 个已投项目构成的在位资产价值。对于股东而言，扣除债务利息 c，每期可获得税后现金流为 $(1-\tau)[(k+h)Y-c]$，从而权益价值满足：

$$V_1^E\left(Y,c\right)=\left(1-\tau\right)\left[\left(k+h\right)Y-c\right]\mathrm{d}t+e^{-r\mathrm{d}t}\mathrm{E}\left[V_1^E\left(Y+\mathrm{d}Y,c\right)\right] \tag{13-2}$$

其中，下角标 1 表示成熟阶段；上角标 E 表示股东权益。

运用伊藤引理展开式(13-2)有

$$\frac{1}{2}\sigma^2Y^2\frac{\mathrm{d}^2V_1^E\left(Y,c\right)}{\mathrm{d}Y^2}+\mu Y\frac{\mathrm{d}V_1^E\left(Y,c\right)}{\mathrm{d}Y}-rV_1^E\left(Y,c\right)+\left(1-\tau\right)\left[\left(k+h\right)Y-c\right]=0 \tag{13-3}$$

容易得到该微分方程的解为

$$V_1^E\left(Y,c\right)=\left(1-\tau\right)\left[\left(k+h\right)\frac{Y}{r-\mu}-\frac{c}{r}\right]+A_1Y^{\beta_1}+B_1Y^{\beta_2} \tag{13-4}$$

其中，右端第一项表示企业持续经营情况下股东的权益价值，为税后现金流的现值之和；第二和第二项为方程(13-3)的通解；$\beta_1>1$ 和 $\beta_2<0$ 为二次方程 $\sigma^2\beta(\beta-1)/2+\mu\beta-r=0$ 的根。

未来，一旦股东权益价值降低至零以下，企业将资不抵债，承担有限责任的股东将选择破产，因此，股东权益价值满足如下边界条件：

$$V_1^E\left(Y_{d_1},c\right)=0 \tag{13-5}$$

$$\left.\frac{\partial V_1^E\left(Y,c\right)}{\partial Y}\right|_{Y=Y_{d_1}}=0 \tag{13-6}$$

$$\lim_{Y\to\infty}V_1^E\left(Y,c\right)=\left(1-\tau\right)\left[\left(k+h\right)\frac{Y}{r-\mu}-\frac{c}{r}\right] \tag{13-7}$$

其中，Y_{d_1} 为最优的破产临界值；式(13-5)为价值匹配条件，表示当现金流降至破产临界值时，股东价值为零，股东将选择破产；式(13-6)为平滑粘贴条件，保证股东的破产决策为最优决策；式(13-7)则表示，当现金流非常大时，企业不可能破产，进而股东价值等于永续性税后现金流的现值之和。

将式(13-4)带入式(13-5)～式(13-7)，最终可得成熟阶段股东的权益价值和最优破产临界值分别为

$$V_1^E(Y,c)=\begin{cases}(1-\tau)\left[(k+h)\dfrac{Y}{r-\mu}-\dfrac{c}{r}\right]+\dfrac{1-\tau}{1-\beta_2}\dfrac{c}{r}\left(\dfrac{Y}{Y_{d_1}}\right)^{\beta_2}, & Y\geqslant Y_{d_1}\\ 0, & Y<Y_{d_1}\end{cases} \tag{13-8}$$

$$Y_{d_1}=\frac{\beta_2}{\beta_2-1}\frac{r-\mu}{r}\frac{c}{k+h} \tag{13-9}$$

13.2.1.2　债务价值

企业破产之前，债权人每期可获得的利息水平为 c，从而债务价值满足：

$$V_1^D(Y,c)=c\mathrm{d}t+e^{-r\mathrm{d}t}\mathrm{E}\left[V_1^D(Y+\mathrm{d}Y,c)\right] \tag{13-10}$$

其中，下角标 1 表示成熟阶段；上角标 D 表示债权人的债务。

运用伊藤引理展开可得

$$\frac{1}{2}\sigma^2Y^2\frac{\mathrm{d}^2V_1^D(Y,c)}{\mathrm{d}Y^2}+\mu Y\frac{\mathrm{d}V_1^D(Y,c)}{\mathrm{d}Y}-rV_1^D(Y,c)+c=0 \tag{13-11}$$

方程相应的解为

$$V_1^D(Y,c)=\frac{c}{r}+C_1Y^{\beta_1}+D_1Y^{\beta_2} \tag{13-12}$$

破产之时，债权人接管企业并持续经营 $k+h$ 个在位资产，但由于破产成本的存在，只能获得 $1-\xi_A$ 比例的在位资产价值，因此，在破产临界值处，债务价值满足如下条件：

$$V_1^D(Y_{d_1},c)=(1-\xi_A)(1-\tau)\frac{(k+h)Y_{d_1}}{r-\mu} \tag{13-13}$$

此外，若现金流趋于无穷大，则企业将不会破产，债务价值为永生性债务的账面价值 c/r，即

$$\lim_{Y\to\infty}V_1^D(Y,c)=\frac{c}{r} \tag{13-14}$$

联立式(13-12)～式(13-14)可求得债务价值为

$$V_1^D(Y,c)=\begin{cases}\dfrac{c}{r}+\left(V_1^D(Y_{d_1},c)-\dfrac{c}{r}\right)\left(\dfrac{Y}{Y_{d_1}}\right)^{\beta_2}, & Y\geqslant Y_{d_1}\\ (1-\xi_A)(1-\tau)\dfrac{(k+h)Y}{r-\mu}, & Y<Y_{d_1}\end{cases} \tag{13-15}$$

将式(13-8)和式(13-15)的上半支加总，破产之前成熟企业的总价值可以表示为[①]

① 破产之后的企业价值可由式(13-8)下半支和式(13-15)下半支相加得到，为 $k+h$ 个在位资产永续性税后现金流的现值之和。

$$\begin{aligned}V_1(Y,c) &\equiv V_1^E(Y,c)+V_1^D(Y,c)\\ &=(1-\tau)(k+h)\frac{Y}{r-\mu}\\ &+\tau\frac{c}{r}\left[1-\left(\frac{Y}{Y_{d_1}}\right)^{\beta_2}\right]\\ &-\xi_A(1-\tau)(k+h)\frac{Y_{d_1}}{r-\mu}\left(\frac{Y}{Y_{d_1}}\right)^{\beta_2}\end{aligned} \tag{13-16}$$

其中，第一项是全权益融资企业的价值，为 $k+h$ 个在位资产税后现金流的现值之和；第二项表示企业不破产条件下的债务利息税盾，$1-\left(\frac{Y}{Y_{d_1}}\right)^{\beta_2}$ 即为企业不破产的概率；第三项表示企业破产条件下债权人所需承担的破产成本，其大小为债权人在临界值 $Y=Y_{d_1}$ 处接管企业并持续全权益运营企业的价值的一定比例，$\left(\frac{Y}{Y_{d_1}}\right)^{\beta_2}$ 为企业破产的概率。

通过最大化式(13-16)，即可得到成熟阶段最优的债务利息水平[①]。

13.2.2 年轻阶段的企业价值和最优资本结构

在年轻阶段，企业总资产由 k 个在位资产和 h 个增长期权构成。同时，杠杆企业拥有两种实物期权：一是等待经济状况变好时择机执行增长期权的权利；二是经济情况不好的条件下股东选择破产的权利。类似于上小节的做法，容易将年轻阶段杠杆企业的股东权益价值和债务价值分别表达为

$$V_0^E(Y,c,h)=(1-\tau)\left(\frac{kY}{r-\mu}-\frac{c}{r}\right)+A_0Y^{\beta_1}+B_0Y^{\beta_2} \tag{13-17}$$

$$V_0^D(Y,c,h)=\frac{c}{r}+C_0Y^{\beta_1}+D_0Y^{\beta_2} \tag{13-18}$$

其中，下角标 0 表示年轻阶段；式(13-17)中的 3 项依次表示年轻企业持续经营 k 个在位资产的现金流现值之和、h 个增长期权的价值、股东拥有的破产期权价值；式(13-18)第一项表示无风险债务的价值，第二和第三项共同表示增长期权执行和企业破产对债务价值的影响；A_0、B_0、C_0 和 D_0 为待定系数。

针对增长期权的执行决策，不考虑和考虑股东-债权人之间在执行决策上的代理冲突，企业的决策目标将有所不同。企业价值最大化目标下，尽管增长期权执行成本需要股东全部承担，但其会基于权益和债务的价值之和最大化来选择最优执行时机；相反，股东价值最大化决策目标下，股东仅会根据权益价值最大化确定执行时机。通过对比两种情形，我们可以分析代理冲突对增长期权执行决策和股东破产决策的影响，进而分析其对企业总价值和最优资本结构的影响。后续相关符号系统中，我们在式(13-17)和式(13-18)相应参数

① 由于本书重点讨论最优资本结构随生命周期的动态变化，成熟阶段的最优债务水平可在给定 $k+h$ 且令 $l=k/(k+h)=1$ 的条件下，利用年轻阶段的最优债务水平式(13-25)或式(13-33)予以确定。

的上角标处标注 F 和 S，用以分别表示企业价值最大化和股东价值最大化两种情形。

13.2.2.1　企业价值最大化的情形

在此情形下，企业根据企业价值最大化确定最优的增长期权执行临界值，以及股东在权益价值降为零时选择破产。记内生确定的增长期权执行临界值和破产临界值分别为 $Y_I^F(h)$ 和 $Y_{d_0}^F(h)$，式(13-17)和式(13-18)还需满足如下边界条件：

$$V_0^{E,F}\left(Y_I^F(h),c,h\right)=V_1^E\left(Y_I^F(h),c\right)-h \tag{13-19}$$

$$V_0^{D,F}\left(Y_I^F(h),c,h\right)=V_1^D\left(Y_I^F(h),c\right) \tag{13-20}$$

$$\left.\frac{\partial V_0^{E,F}\left(Y,c,h\right)}{\partial Y}\right|_{Y=Y_I^F(h)}+\left.\frac{\partial V_0^{D,F}\left(Y,c,h\right)}{\partial Y}\right|_{Y=Y_I^F(h)}=\left.\frac{\partial V_1^F\left(Y,c\right)}{\partial Y}\right|_{Y=Y_I^F(h)} \tag{13-21}$$

$$V_0^{E,F}\left(Y_{d_0}^F(h),c,h\right)=0 \tag{13-22}$$

$$\left.\frac{\partial V_0^{E,F}\left(Y,c,h\right)}{\partial Y}\right|_{Y=Y_{d_0}^F(h)}=0 \tag{13-23}$$

$$V_0^{D,F}\left(Y_{d_0}^F(h),c,h\right)=\left(1-\xi_A\right)\left(1-\tau\right)\frac{kY_{d_0}^F(h)}{r-\mu}+\left(1-\xi_G\right)V^*\left(Y_{d_0}^F(h),h\right) \tag{13-24}$$

其中，式(13-19)和式(13-20)为增长期权执行临界值处权益价值和债务价值分别需要满足的价值匹配条件①；式(13-21)为增长期权执行临界值处企业总价值的光滑粘贴条件，表示根据企业价值最大化确定最优的增长期权执行时机；式(13-22)和式(13-23)分别为破产之时股东权益的价值匹配与光滑粘贴条件；式(13-24)为破产之时债权人接管企业，并全权益持续经营 k 个在位资产和 h 个未被执行的增长期权，且两类资产都因破产成本的存在而损失一定比例的价值，其中 $V^*\left(Y_{d_0}^F(h),h\right)$ 为 $Y=Y_{d_0}^F(h)$ 处全权益融资企业的 h 个增长期权的价值②。联立式(13-19)～式(13-24)共 6 个边界条件，可以确定企业价值最大化目标下年轻企业的增长期权执行临界值 Y_I^F、破产临界值 $Y_{d_0}^F$，以及待定系数 A_0^F、B_0^F、C_0^F 和 D_0^F 共 6 个未知数。

记年轻企业的总价值为 $V_0^F\left(Y,c,h\right)\equiv V_0^{E,F}\left(Y,c,h\right)+V_0^{D,F}\left(Y,c,h\right)$，进一步通过选择债务水平 c 来最大化企业价值，可以得到最优的债务水平和(市场)财务杠杆分别为

$$c^F(h)=\arg\max_c V_0^F\left(Y,c,h\right) \tag{13-25}$$

$$\mathrm{LEV}^F(h)=\frac{V_0^{D,F}\left(Y,c^F(h),h\right)}{V_0^F\left(Y,c^F(h),h\right)} \tag{13-26}$$

① 将两个等式的左端和右端分别加总，即可得到企业总价值在增长期权执行临界值处的价值匹配条件。

② 参照 Dixit 和 Pindyck(1994)的做法，全权益融资企业的 h 个增长期权价值及其执行临界值分别为

$$V^*(Y,h)=\left[\left(1-\tau\right)\frac{hY_I^*}{r-\mu}-h\right]\left(\frac{Y}{Y_I^*}\right)^{\beta_1}$$

$$Y_I^*=\frac{\beta_1}{\beta_1-1}\frac{r-\mu}{1-\tau}$$

13.2.2.2　股东价值最大化的情形

考虑股东-债权人代理冲突的情形下，企业将通过最大化股东价值来确定最优的增长期权执行时机，从而权益价值和债务价值需满足的边界条件可以重新表示为

$$V_0^{E,S}\left(Y_I^S(h),c,h\right)=V_1^E\left(Y_I^S(h),c\right)-h \tag{13-27}$$

$$V_0^{D,S}\left(Y_I^S(h),c,h\right)=V_1^D\left(Y_I^S(h),c\right) \tag{13-28}$$

$$\left.\frac{\partial V_0^{E,S}\left(Y,c,h\right)}{\partial Y}\right|_{Y=Y_I^S(h)}=\left.\frac{\partial V_1^E\left(Y,c\right)}{\partial Y}\right|_{Y=Y_I^S(h)} \tag{13-29}$$

$$V_0^{E,S}\left(Y_{d_0}^S(h),c,h\right)=0 \tag{13-30}$$

$$\left.\frac{\partial V_0^{E,S}\left(Y,c,h\right)}{\partial Y}\right|_{Y=Y_{d_0}^S(h)}=0 \tag{13-31}$$

$$V_0^{D,S}\left(Y_{d_0}^S(h),c,h\right)=\left(1-\xi_A\right)\left(1-\tau\right)\frac{kY_{d_0}^S(h)}{r-\mu}+\left(1-\xi_G\right)V^*\left(Y_{d_0}^S(h)\right) \tag{13-32}$$

对比企业价值最大化和股东价值最大化两种目标下相应的边界条件，式(13-29)和式(13-21)有所不同，式(13-29)正是股东基于自身价值最大化选择最优的增长期权执行临界值 Y_I^S，并因此导致破产临界值 $Y_{d_0}^S$ 也有所不同。类似地，6 个边界条件可以确定两个决策临界值及 A_0^S、B_0^S、C_0^S 和 D_0^S 共 6 个未知数，进而该情形下的企业价值可以表示为 $V_0^S\left(Y,c,h\right)\equiv V_0^{E,S}\left(Y,c,h\right)+V_0^{D,S}\left(Y,c,h\right)$。进一步，同理最大化企业价值，可以确定该情形下的最优债务水平和(市场)财务杠杆分别为

$$c^S(h)=\arg\max_c V_0^S\left(Y,c,h\right) \tag{13-33}$$

$$\mathrm{LEV}^S(h)=\frac{V_0^{D,S}\left(Y,c^S(h),h\right)}{V_0^S\left(Y,c^S(h),h\right)} \tag{13-34}$$

13.3　数字示例

针对前述两种情形，由于无法获得决策临界值和最优债务水平的解析表达式，本小节将通过数值示例，重点讨论两个理论预示：其一，最优财务杠杆如何随企业生命周期动态变化；其二，股东-债权人代理冲突如何影响这种变化趋势。

参照 Dixit 和 Pindyck(1994)、李强和曾勇(2009)和 Sundaresan 等(2015)的做法，进行基本参数设定：无风险利率 $r=0.05$，现金流的漂移率和波动率分别为 $\mu=3\%$ 和 $\sigma=0.3$，所得税税率 $\tau=0.35$。关键参数方面，给定企业初创时增长期权总数或成熟时的在位资产总数为 $k+h=30$；破产之时，在位资产和增长期权的价值损失比例分别为 $\xi_A=0.5$ 和 $\xi_G=0.7$，当前外生的现金流水平为 $Y=0.07$[①]。

① 结合理论模型的推导，该参数的设定需大于破产临界值，但小于增长期权执行临界值。

13.3.1　最优资本结构随生命周期的变化

给定前述参数，依次设定 k=0、h=30；k=1、h=29；…；k=30、h=0[①]。分别针对企业价值最大化和股东价值最大化两种情形，图 13-1 给出了最优利息水平和财务杠杆随企业生命周期的动态变化，其中横轴为企业生命周期 $l=k/(k+h)$，取值范围为 0～1，l 逐渐增大表示增长期权不断执行推进在位资产逐渐累积，进而企业逐渐成熟；纵轴为利用式(13-25)和式(13-33)确定的最优债务利息水平，以及利用式(13-26)和式(13-34)确定的最优财务杠杆；实线和虚线分别对应企业价值最大化和股东价值最大化两种情形。

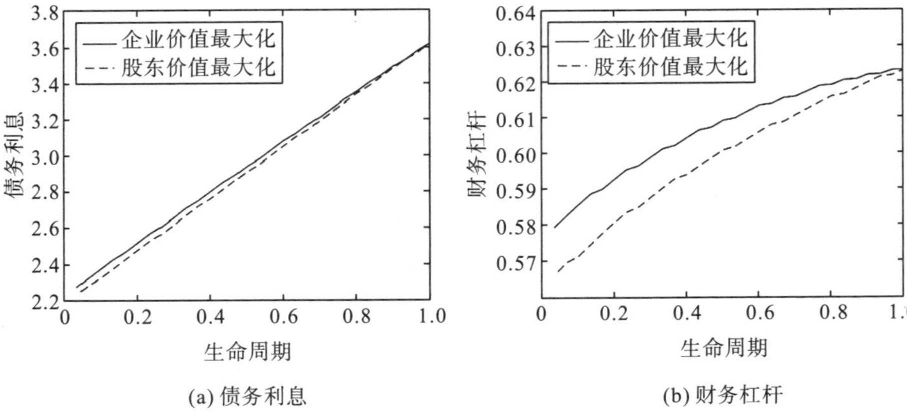

图 13-1　最优债务利息和财务杠杆随企业生命周期推进的动态变化

由图 13-1 可见：无论何种决策目标，图 13-1(a)的债务利息和图 13-1(b)的财务杠杆都随企业逐渐成熟而呈现递增的趋势。究其原因在于：破产之时，增长期权相对于在位资产将遭受更大的价值损失，即增长期权的破产成本相对更高，因此，按照资本结构的权衡理论，在增长期权较多、在位资产较少的生命周期早期阶段，企业总的破产成本较高，进而最优债务水平较低；随着增长期权不断执行、在位资产逐渐累积，企业总的破产成本逐渐降低，进而最优债务利息随企业生命周期的推进呈现上升的趋势，这与 Faff 等(2016)的实证证据和 Sundaresan 等(2015)的理论预示一致。

此外，对比两种情形还可发现：相对于企业价值最大化的情形，股东价值最大化情形下股东-债权人代理冲突使得最优债务利息和财务杠杆都更低，即代理冲突会降低企业的债务融资能力。然而，随着企业逐渐走向成熟，可供执行的增长期权越来越少，从而两种情形下的债务利息和财务杠杆都将逐渐趋于相同。

13.3.2　代理冲突的影响分析

如果考虑股东和债权人在增长期权执行决策上的代理冲突，将会导致非效率投资。不同于 Sundaresan 等(2015)假设企业通过动态调整债务水平来为增长期权融资的做法，我们假设增长期权执行所需资金全部通过权益融资获得，根据 Myers(1977)、Mauer 和

---

① k=30 和 h=0 即为成熟阶段的情形。

Ott(2000)、李强和曾勇(2009)的理论预示，股东-债权人代理冲突将导致投资不足的非效率投资。图 13-2 给出了两种情形下增长期权执行临界值随企业生命周期推进的动态变化。

由图 13-2(a)可见：相对于企业价值最大化的基准情形，股东价值最大化情形下的执行临界值总是要高一些，即股东会等待更高的临界值才愿意执行增长期权，存在明显的投资不足。进一步，图 13-2(a)的结果还显示，伴随企业生命周期的推进，两种情形下增长期权的执行临界值具有不同的变化趋势：企业价值最大化情形下，投资临界值随生命周期推进逐渐降低，而股东价值最大化情形下的投资临界值逐渐升高。事实上，在不考虑代理冲突的企业价值最大化情形下，随着增长期权不断转化为在位资产，不仅企业总体的破产成本逐渐降低，而且最优的债务利息水平进而利息税盾还会逐渐增加，其结果是，利息税盾和破产成本权衡的净好处将逐渐增加，这将激励企业在更低的投资临界值上尽早执行增长期权。相反，在股东价值最大化情形下，增长期权越多，股东为了通过执行增长期权获得更多收益，会尽早执行，随着企业生命周期的推进，增长期权减少，执行增长期权可为股东带来的好处越来越少，从而使得投资临界值随企业生命周期的推进呈现递增的趋势。

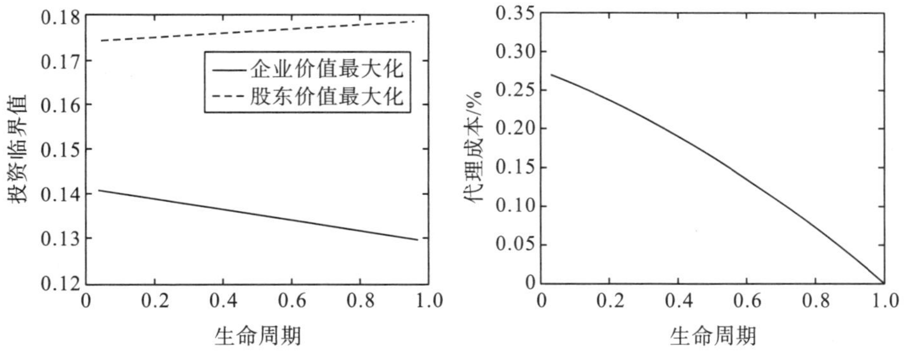

(a) 投资临界值　　(b) 代理成本

图 13-2　投资临界值和代理成本随企业生命周期推进的动态变化

进一步，借鉴 Mauer 和 Ott(2000)、Mauer 和 Sarkar(2005)的做法①，定义股东-债权人代理冲突导致的代理成本为

$$\mathrm{AC}(h)=\frac{V_0^F\left(Y,c^F(h),h\right)-V_0^S\left(Y,c^S(h),h\right)}{V_0^S\left(Y,c^F(h),h\right)} \tag{13-35}$$

图 13-2(b)的结果表明，随着增长期权不断执行进而企业生命周期的推进，剩余有待执行的增长期权数量，从而股东所需提供的投资资金逐渐减少，这将减弱股东和债权人之间的代理冲突，使投资不足导致的代理成本呈现递减的趋势。

① Mello 和 Parsons(1992)将代理成本定义为 $\mathrm{AC}(h)=\frac{V_0^F\left(Y,c^F(h),h\right)-V_0^S\left(Y,c^S(h),h\right)}{V_0^F\left(Y,c^F(h),h\right)}$，根据该定义测度的代理成本，其随生命周期的变化趋势与图 13-2(b)一致。

13.4 实证设计

13.4.1 数据与样本

本小节利用 1998～2018 年中国沪深两市非金融业 A 股上市公司数据，对最优财务杠杆随企业生命周期变化的理论预示进行实证检验。在剔除 ST 或*ST、所有者权益小于零、数据缺失的观测值，以及对所有变量进行 1%的截尾处理后，最终样本包含 3,253 家企业共 36,041 个企业-年度观测值，具体的样本情况详见表 13-1。所有数据都来自国泰安 CSMAR 数据库。

表 13-1 样本的年度分布情况

年度	初始样本	剔除样本			最终样本
		ST 或*ST	所有者权益小于零	数据缺失	
1998	807	72	2	1	732
1999	904	80	8	0	816
2000	1,037	89	7	0	941
2001	1,111	87	10	0	1,014
2002	1,173	80	15	4	1,074
2003	1,234	81	19	4	1,130
2004	1,325	75	27	1	1,222
2005	1,329	64	58	14	1,193
2006	1,381	63	60	23	1,235
2007	1,488	64	53	52	1,319
2008	1,562	66	46	22	1,428
2009	1,656	68	57	16	1,515
2010	1,993	71	43	30	1,849
2011	2,269	74	37	35	2,123
2012	2,417	72	22	28	2,295
2013	2,415	72	3	53	2,287
2014	2,538	71	8	125	2,334
2015	2,752	70	8	162	2,512
2016	2,966	70	1	112	2,783
2017	3,273	70	11	126	3,066
2018	3,266	66	21	6	3,173
总计	38,896	1,525	516	814	36,041

13.4.2 变量与指标

财务杠杆的测度方面，包括账面财务杠杆（LEV）和市场财务杠杆（MLEV）两个指标，其中前者定义为总负债除以总资产，后者定义为债务账面价值除以债务账面价值和权益市场价值之和。企业生命周期的测度方面，借鉴 Pástor 和 Veronesi(2003)、Loderer 等(2016)的做法，利用企业 IPO 上市后的年数测度企业上市年龄(AGE)。

此外，由于股东和债权人之间的代理冲突难以观测和测度，根据 Gilje(2016)和 Wang 等(2020)等关于债务结构治理机制的预示，从总债务的来源结构和期限结构两个维度进行指标设计：来源结构方面，利用银行借款占总负债的比例(BL)予以测度，定义为考察年度较上一年度新增加的短期和长期贷款之和除以考察年度总负债；期限结构方面，利用短期负债占比(SL)予以测度，定义为考察年度较上一年度新增加的流动负债除以考察年度总负债。银行借款的占比越高、短期负债的占比越高，股东-债权人代理冲突及其对资本结构的负向影响越弱。所有变量的定义见表 13-2。

表 13-2　变量定义与指标测度

变量名	符号	定义及说明
账面财务杠杆	LEV	总负债除以总资产
市场财务杠杆	MLEV	总负债除以总负债账面价值和权益市值之和
企业上市年龄	AGE	考察年份减去企业 IPO 年份再加 1
银行借款占比	BL	考察年度较上一年度新增的短期和长期贷款除以总负债
短期负债占比	SL	考察年度较上一年度新增的流动负债除以总负债

13.5　实证结果及分析

在每个企业年龄分组下，分别统计账面和市场两个财务杠杆指标的中位数，图 13-3 给出了两个杠杆指标随企业上市年龄的变化趋势。可以看出，无论是账面财务杠杆，还是市场财务杠杆，都随着企业年龄的增加整体上呈现出递增的趋势，很好地支持了理论预示。

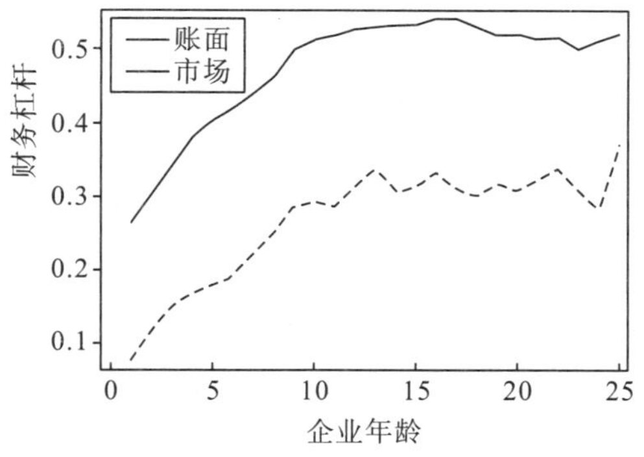

图 13-3　财务杠杆随企业上市年龄的变化

前述理论预示的数值示例结果还表明，增长期权执行过程中，股东和债权人之间代理冲突导致的投资不足，会因代理成本而降低最优财务杠杆。针对该问题，Gilje(2016)和 Wang 等(2020)从债务结构自身治理作用的角度分别指出，短期负债和银行借款有助于缓解股东与债权人之间的代理冲突，提高总负债中短期负债或银行借款的比例可以降低代理成本。为此，在每个企业年龄分组下，进一步将同一年龄的样本分为银行借款占比高和低两组，图 13-4 给出了两组子样本分别随企业年龄的变化趋势。可以看出：无论是图 13-4(a)表示的账面财务杠杆，还是图 13-4(b)表示的市场财务杠杆，相对而言，总负债中银行借款占比高组的财务杠杆更高，提供了增加银行借款占比有助于通过缓解代理冲突而提高财务杠杆的间接证据。

类似地，图 13-5 给出了短期负债高低分组下财务杠杆随企业年龄的变化趋势，结果同样显示，与 Wang 等(2020)的理论预示一致，增加短期负债占比有助于通过股东-债权人代理冲突而提高财务杠杆。

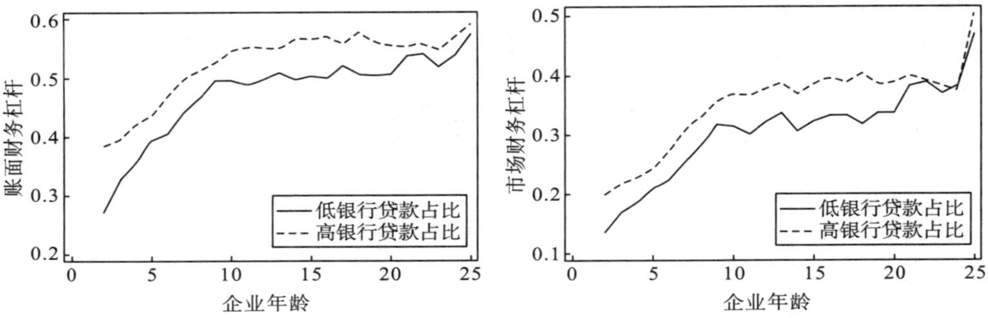

(a) 账面财务杠杆　　(b) 市场财务杠杆

图 13-4　银行借款占比高低分组下财务杠杆随企业上市年龄的变化

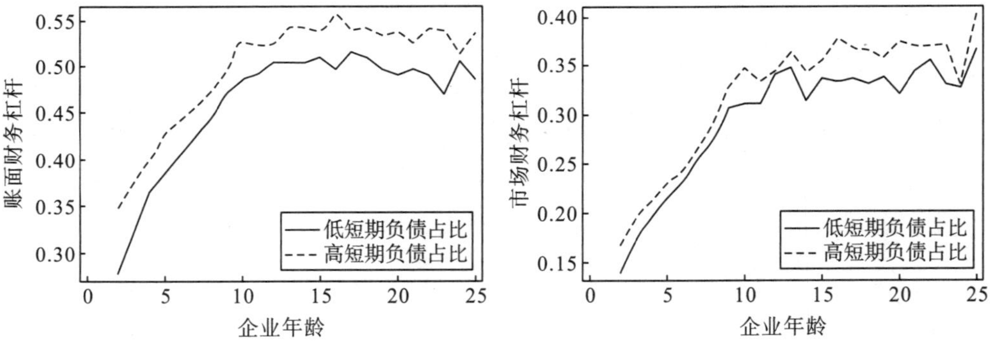

(a) 账面财务杠杆　　(b) 市场财务杠杆

图 13-5　短期负债占比高低分组下财务杠杆随企业年龄的变化趋势

13.6　小结

增长期权的执行会改变总资产中增长期权和在位资产的相对比例，而由于两类资产破产成本不同及增长期权执行过程中股东和债权人之间存在代理冲突，最优资本结构会因增长期权不断执行而随生命周期呈现规律性的变化。本章利用总资产中增长期权和在位资产的相对数目刻画企业生命周期，构建了同时考虑增长期权执行决策和杠杆企业破产决策的实物期权模型，并扩展考虑股东和债权人代理冲突导致的投资不足，从企业生命周期的视角揭示了最优资本结构的变化趋势，并提供了基于我国沪深 A 股上市公司的经验证据。

研究结果表明：随着增长期权的不断执行和在位资产的逐渐累积，杠杆企业的最优财务杠杆随生命周期的推进呈上升的趋势；进一步，股东和债权人代理冲突导致增长期权的执行存在投资不足的问题，这会降低最优财务杠杆，但随着企业逐渐走向成熟，代理成本将随增长期权的减少而逐渐降低。实证证据方面，账面财务杠杆和市场财务杠杆随企业生命周期的推进整体上呈现递增的趋势，很好地支持了理论预示；而且，提高总负债中银行借款或短期负债的比例，有助于通过债务治理机制而提高财务杠杆。

第 14 章　在位资产收缩对资本结构的影响

2008 年，源自美国的次贷危机最终演变为全球性的经济危机。学者从不同的角度讨论了此次危机的深层次原因，其中一种观点认为，企业自身糟糕的运营管理与公司治理是导致此次危机的本质原因（Acharya et al., 2009; Thomsen, 2013; Gorton, 2014; Chang et al., 2015）。经济合作与发展组织（Organization for Economic Cooperation and Development, OECD）2009 年发布的《公司治理与金融危机：主要结论与重要信息》报告中指出，企业层面风险的忽视可能是金融危机爆发的最主要原因。

直观而言，工人工资、设备维修费用、债务利息等各种固定运营成本的存在，会导致高的运营杠杆或财务杠杆，这将可能致使企业在经济形势差的时候陷入危机，因为运营杠杆和财务杠杆都会增大企业的破产概率。但是，如果高杠杆企业能够提前削减部分产能或降低财务杠杆，它们兴许也能够避免危机或转危为安。2016 年开始，中国中央政府实施供给侧结构性改革（Woo, 2016），包括钢铁、水泥和玻璃等产业的国有企业被明确要求去产能和去杠杆。而且，如张茉楠（2013）所言，去杠杆目标的实现还将依赖于去产能的完成，因为过剩产能如不能顺利从实体经济中出清，去杠杆的任务也可能难以完成。

在运营杠杆和财务杠杆关系的研究方面，Mandelker 和 Rhee（1984）、Kahl 等（2014）的研究表明，运营杠杆会放大杠杆企业的破产风险，因此运营杠杆和财务杠杆之间存在替代关系。Serfling（2016）和 Simintzi 等（2015）分别利用美国和多个发达国家加强劳动保护的自然实验事件，实证指出，在更为严格的劳动保护下，用工成本的增加会提高企业的运营杠杆，而为了防止破产风险或财务危机企业会选择降低财务杠杆。

为了减弱运营杠杆的不利影响，拥有运营灵活性的企业通常会在经济形势差的环境下收缩部分资产来降低固定运营成本，因此运营杠杆的降低使得杠杆企业可以选择高的财务杠杆。相关研究方面，关于运营灵活性如何影响投资决策（Abel and Eberly, 1996）和资产定价（Zhang, 2005; Cooper, 2006; Gu et al., 2018）的文献较为丰富，但生产和运营等灵活性是否以及如何影响资本结构是近年来才引起学者的关注。Sarkar（2014）、Chod 和 Zhou（2014）的研究表明：通过降低可能的运营损失，生产灵活性的提升有助于提升财务杠杆，并得到 Reinartz 和 Schmid（2016）的实证证据的支持。除了生产灵活性，MacKay（2003）和 Kuzmina（2018）也提供了劳动者雇佣灵活性可以提高财务杠杆的证据，D’Acunto 等（2018）则指出价格灵活性也可以提高财务杠杆。

然而，需要指出的是，尽管运营灵活性通过减少运营损失而有助于降低杠杆企业的破产风险，但在股东承担有限责任的杠杆企业中，由于股东-债权人之间代理冲突的存在，不仅股东最大化自身利益做出的投资和破产决策会损害债权人利益，还会致使运营的灵活性决策也对企业具有不利影响。通过构建实物期权决策模型，Mello 和 Parsons（1992）从理论上证明：矿产开发决策中股东与债权人之间的代理冲突会导致高昂的代理成本。Mauer

和 Ott（2000）假设增长期权的执行成本全部由股东承担，利用实物期权方法研究发现，股东-债权人代理冲突会导致投资不足的问题。Mauer 和 Sarkar（2005）则考虑增长期权执行成本可以通过债务融资获取的情形，研究发现股东-债权人代理冲突反而会导致过度投资的问题。李强和曾勇（2019）在统一的实物期权框架下指出，新旧债务相对比例可以作为投资不足和过度投资的一种辨别条件。

鉴于此，本章借鉴 Morellec（2001）的模型框架，重点考虑企业在位资产收缩决策中股东-债权人代理冲突，扩展讨论嵌入于在位资产的运营杠杆和收缩灵活性对最优资本结构的影响机理。具体而言，假设股东在破产之前拥有一系列收缩部分在位资产的收缩期权；破产之后，债权人接管并继续运营该企业，且拥有进一步彻底停止运营企业的决策灵活性。在股东价值最大化的条件下，首先内生确定一系列收缩期权的收缩临界值和破产临界值，其次基于企业价值最大化确定最优的债务水平和财务杠杆。数值分析结果表明：尽管收缩灵活性可以帮助企业避免运营损失，但如果股东与债权人在收缩决策中其代理问题的负面影响占主导作用，则收缩灵活性的增强反而会降低财务杠杆；而且，在给定收缩灵活性的情况下，运营杠杆和财务杠杆之间存在负向关系。实证方面，利用 2007～2016 年中国 905 家沪深 A 股上市企业数据，实证结果不仅很好地支持了理论预示，还从缓解代理问题的角度指出了债务治理的作用：企业债务结构中银行贷款和长期负债占比的提高，有助于减轻收缩灵活性对财务杠杆的不利影响。进一步，控制收缩灵活性和财务杠杆之间的内生性问题，利用 2008 年我国开始实施《劳动合同法》的自然实验事件，构建双重差分模型（简称 DID 模型），同样得到了支撑理论预示的实证证据。

本章主要有如下 3 个方面的贡献。第一，扩展了生产灵活性（Sarkar, 2014; Chod and Zhou, 2014; Reinartz and Schmid, 2016）和雇佣灵活性（MacKay, 2003; Kuzmina, 2018）等运营决策灵活性与财务杠杆之间的相关研究。已有实证为主的研究只认识到运营灵活性可以通过减少运营损失而降低破产风险和增大财务杠杆的好处，本章则通过构建同时考虑收缩决策和破产决策的实物期权模型，理论上指出在位资产收缩决策中股东-债权人代理冲突导致收缩灵活性和财务杠杆之间的负向关系，并在参考 Gu 等（2018）直接测度收缩灵活性的基础上，以及利用实施《劳动合同法》降低企业收缩灵活性的自然实验事件，实证检验了相关的理论预示。

第二，本章丰富了债务治理机制缓解代理问题的相关研究。Jensen 和 Meckling（1976）、Myers（1977）、Smith 和 Warner（1979）等的早期理论研究指出，合理的债务结构和精心设计的债务契约有助于减弱股东和债权人之间的利益冲突。但是，由于代理成本难以量化测度，相关的实证证据还较少。Gilje（2016）和 Wang 等（2020）的近期研究表明：短期借款和银行贷款都有助于缓解股东与债权人之间的代理冲突，但是这些研究仍聚焦于投资而非运营决策中的代理问题。在运营决策代理问题的相关研究中，仅有 Iancu 等（2017）的相关研究从理论上分析了债务契约设计缓解库存决策中代理问题的作用，但缺乏相应的实证证据。针对代理问题可能导致收缩灵活性与财务杠杆之间的负向关系，本章从来源结构和期限结构两个方面，给出了债务治理缓解代理问题的证据：银行贷款或长期债务较多的企业中，收缩灵活性导致的股东-债权人代理冲突对财务杠杆的负向影响更小。这是因为：在拥有较多短期负债的企业中，频繁的还本付息压力会致使股东更加可能做出损害债权人利益的收缩决策；而在银行贷款较多的企业中，由于银行贷款较之商业信用更加能够限制或约束企业，股东与债权人之间的代理冲突也会更轻。

第三，本章扩展了运营杠杆与财务杠杆关系的相关研究。本章的研究结论表明，只有在考虑收缩灵活性的情况下，运营杠杆和财务杠杆之间的负向关系才更为显著，这一方面支持运营杠杆和财务杠杆之间存在替代关系的已有证据(Mandelker and Rhee, 1984; Kahl et al., 2014)，另一方面也基于运营杠杆和收缩灵活性共同嵌入于在位资产的事实，丰富了固定运营成本影响财务杠杆的机理研究，即运营杠杆与财务杠杆关系的考察须同时考虑收缩灵活性的影响。

14.1　基本假设

在竞争性市场和风险中性环境下，假设某杠杆企业的初始资本水平为$\bar{K}$，单位时间的债务利息为d。借鉴 Hackbarth 和 Johnson(2015)的做法，给定初始资本水平$\bar{K}$，企业单位时间的税前运营收益为

$$\pi(Y,\bar{K}) = \bar{K}^{\alpha} Y - f\bar{K} \tag{14-1}$$

其中，$\alpha \in (0,1)$，反映资本报酬率边际递减；f为运营单位资本所需的固定运营成本，外生的市场需求Y服从如下几何布朗运动：

$$\mathrm{d}Y = \mu Y \mathrm{d}t + \sigma Y \mathrm{d}z \tag{14-2}$$

其中，漂移项参数μ和波动项参数σ分别表示需求Y的瞬时增长率和波动程度；$\mathrm{d}z$为风险中性测度下的标准维纳过程增量。

为保证最优解的存在，假设漂移项μ小于无风险利率r，即$\mu<r$。

在市场需求较差的情况下，企业的运营收益将降低，并在考虑固定运营成本的情况下运营净收益可能为负。为了避免过低的运营收益，股东拥有一系列收缩已有资产的期权(即收缩期权)，收缩单位资产的收缩成本为c。给定企业所得税税率为τ，股东将在权衡收缩带来的税后运营净收益的边际增加值和收缩成本的基础上，做出最优收缩决策。当资本水平收缩至内生确定的某个水平$\underline{K}$时，承担有限责任的股东将选择破产，债权人接管企业并继续运营剩余资产，当市场需求足够小时，债权人也将彻底停止运营企业。借鉴 Leland(1994)的做法，假设债权人在破产时只能获得企业价值的$1-\xi$，其中$0<\xi<1$表示破产成本。

14.2　理论模型

14.2.1　全权益融资企业价值

对于初始资本水平为$\bar{K}$的全权益融资企业而言，如果市场需求足够低，则股东拥有放弃继续运营企业的权利，相应的企业价值可以表示为

$$
\begin{aligned}
V^U(Y,K) &= (1-\tau)\mathrm{E}^Y\left[\int_0^{T_a(K)} e^{-rt}\pi(Y,K)\mathrm{d}t\right] \\
&= (1-\tau)\mathrm{E}^Y\left[\int_0^{+\infty} e^{-rt}\pi(Y,K)\mathrm{d}t\right] - (1-\tau)\mathrm{E}^Y\left[\int_{T_a(K)}^{+\infty} e^{-rt}\pi(Y,K)\mathrm{d}t\right] \\
&= \Pi(Y,K) - \Pi(Y_a(K),K)\left(\frac{Y}{Y_a(K)}\right)^\beta
\end{aligned} \tag{14-3}
$$

其中，$T_a(K)$为市场需求 Y 首次降至资本水平 K 之下时最优放弃临界值$Y_a(K)$对应的时间；$\Pi(Y,K)=(1-\tau)\left(\frac{K^\alpha Y}{r-\mu}-\frac{fK}{r}\right)$为资本水平 K 下税后运营收益的现值；$\beta=\frac{1}{2}-\frac{\mu}{\sigma^2}-\sqrt{\left(\frac{1}{2}-\frac{\mu}{\sigma^2}\right)^2+\frac{2r}{\sigma^2}}<0$。

根据式(14-3)全权益融资企业价值在放弃临界值处的光滑粘贴条件：

$$
\left.\frac{\partial V^U(Y,K)}{\partial Y}\right|_{Y=Y_a(K)}=0 \tag{14-4}
$$

容易得到最优的放弃临界值为

$$
Y_a(K)=\frac{-\beta}{1-\beta}(r-\mu)\frac{fK^{1-\alpha}}{r} \tag{14-5}
$$

14.2.2　杠杆企业价值

对于初始资本水平为$\bar{K}$的杠杆企业而言，股东拥有逐步收缩已有资产的一系列收缩期权；而且，一旦资本水平收缩至内生确定的最低水平$\underline{K}$，如果市场需求不好，则承担有限责任的股东将进一步择机破产。根据 Morellec(2001)的相关研究成果，股东的权益价值由式(14-6)中的 3 部分组成，其中第一部分为初始资本水平$\bar{K}$下永续股利的现值；第二部分为扣除收缩成本后资本收缩的净收益；第三部分为股东因选择破产而无法继续获得股利的现值。

$$
\begin{aligned}
V^E(Y,\bar{K},d) &= (1-\tau)\mathrm{E}^Y\left[\int_0^{+\infty} e^{-rt}\left[\pi(Y,\bar{K})-d\right]\mathrm{d}t\right] \\
&\quad +\int_{\underline{K}}^{\bar{K}}\left(-(1-\tau)\mathrm{E}^Y\left[\int_{T_c(K)}^{+\infty} e^{-rt}\pi_K(Y,K)\mathrm{d}t\right]-c\mathrm{E}^Y\left[e^{-rT_c(K)}\right]\right)\mathrm{d}K \\
&\quad -(1-\tau)\mathrm{E}^Y\left[\int_{T_d}^{+\infty} e^{-rt}\left[\pi(Y,\underline{K})-d\right]\mathrm{d}t\right]
\end{aligned} \tag{14-6}
$$

其中，K为在初始资本水平$\bar{K}$和破产资本水平$\underline{K}$之间的任意资本水平，$K\in\left[\underline{K},\bar{K}\right]$；$T_c(K)$为市场需求 Y 首次降至破产临界值的时间；T_d为资本水平收缩至$\underline{K}$时市场需求 Y 首次降至破产临界值的时间；$-\pi_K(Y,K)=-\frac{\partial\pi(Y,K)}{\partial K}=f-\alpha YK^{\alpha-1}$为资产收缩的瞬时边际收益。

根据本章附录 14A.1，可将股东的权益价值最终表示为

$$V^E\left(Y,\bar{K},d\right)=\Pi\left(Y,\bar{K},d\right)-\Pi\left(Y_d,\underline{K},d\right)\left(\frac{Y}{Y_d}\right)^{\beta}+\frac{1}{1-\beta}\frac{1}{1-(1-\alpha)\beta}\left[(1-\tau)\frac{f}{r}-c\right]\left[\bar{K}\left(\frac{Y}{Y_c\left(\bar{K}\right)}\right)^{\beta}-\underline{K}\left(\frac{Y}{Y_c\left(\underline{K}\right)}\right)^{\beta}\right] \tag{14-7}$$

其中，$\Pi\left(Y,K,d\right)=(1-\tau)\left(\frac{K^{\alpha}Y}{r-\mu}-\frac{fK}{r}-\frac{d}{r}\right)$，为资本水平$K$所产生的永续股利的折现值。

任意资本水平$K\in\left[\underline{K},\bar{K}\right]$下的最优收缩临界值和资本水平$\underline{K}$下的破产临界值分别为

$$Y_c\left(K\right)=\frac{-\beta}{1-\beta}\frac{\frac{(1-\tau)f}{r}-c}{\alpha(1-\tau)}(r-\mu)K^{1-\alpha} \tag{14-8}$$

$$Y_d=\frac{-\beta}{1-\beta}\frac{f\underline{K}+d}{r}(r-\mu)\underline{K}^{-\alpha} \tag{14-9}$$

特别地，一旦资本水平收缩至最低水平$\underline{K}$，资产收缩和破产均是股东的最优选择，即收缩决策与破产决策无差异。因此，根据条件$Y_c\left(\underline{K}\right)=Y_d$，可以确定企业破产之时的资本水平为

$$\underline{K}\equiv\underline{K}(d)=\frac{\frac{\alpha(1-\tau)d}{r}}{\frac{(1-\alpha)(1-\tau)f}{r}-c} \tag{14-10}$$

由于企业破产时的资本水平$\underline{K}$不会高于初始资本水平$\bar{K}$，即$\underline{K}\leqslant\bar{K}$，因此，单位收缩成本需满足条件$c\leqslant(1-\alpha)(1-\tau)f/r-\alpha(1-\tau)d/\left(r\bar{K}\right)$。

对于债权人而言，企业破产前单位时间内可获得的固定债务利息为c，企业破产并接管企业时可获得的价值为企业总价值的一定比例。因此，根据附录14A.2债务价值等于企业破产前固定利息的折现值和破产时可获得的价值之和，即

$$\begin{aligned}V^D\left(Y,\bar{K},d\right)&=\mathrm{E}^Y\left[\int_0^{T_d}e^{-rt}d\mathrm{d}t\right]+(1-\xi)(1-\tau)\mathrm{E}^Y\left[\int_{T_d}^{T_a(\underline{K})}e^{-rt}\pi\left(Y,\underline{K}\right)\mathrm{d}t\right]\\&=\frac{d}{r}\left[1-\left(\frac{Y}{Y_d}\right)^{\beta}\right]+(1-\xi)V^U\left(Y_d,\underline{K}\right)\left(\frac{Y}{Y_d}\right)^{\beta}\\&=\frac{d}{r}\left[1-\left(\frac{Y}{Y_d}\right)^{\beta}\right]+(1-\xi)(1-\tau)\left(\frac{\underline{K}^{\alpha}Y_d}{r-\mu}-\frac{f\underline{K}}{r}\right)\left(\frac{Y}{Y_d}\right)^{\beta}\\&\quad+(1-\xi)(1-\tau)\frac{1}{1-\beta}\frac{f\underline{K}}{r}\left(\frac{Y}{Y_a\left(\underline{K}\right)}\right)^{\beta}\end{aligned} \tag{14-11}$$

最后，将式(14-7)的权益价值和式(14-11)的债务价值加总，可得到初始资本水平为$\bar{K}$的杠杆企业总价值为

$$
\begin{aligned}
V\left(Y,\bar{K},d\right) &\equiv V^{E}\left(Y,\bar{K},d\right)+V^{D}\left(Y,\bar{K},d\right) \\
&= V^{U}\left(Y,\bar{K}\right)+\tau\frac{d}{r}\left[1-\left(\frac{Y}{Y_d}\right)^{\beta}\right]-\xi V^{U}\left(Y_d,\underline{K}\right)\left(\frac{Y}{Y_d}\right)^{\beta} \\
&\quad +\frac{1}{1-\beta}\frac{1}{1-(1-\alpha)\beta}\left[(1-\tau)\frac{f}{r}-c\right]\left[\bar{K}\left(\frac{Y}{Y_c(\bar{K})}\right)^{\beta}-\underline{K}\left(\frac{Y}{Y_c(\underline{K})}\right)^{\beta}\right] \\
&\quad -(1-\tau)\frac{1}{1-\beta}\frac{f}{r}\left[\bar{K}\left(\frac{Y}{Y_a(\bar{K})}\right)^{\beta}-\underline{K}\left(\frac{Y}{Y_a(\underline{K})}\right)^{\beta}\right]
\end{aligned}
\tag{14-12}
$$

式中，第二个等式右边第一部分为考虑放弃期权的全权益企业的价值；第二部分和第三部分分别表示税盾价值和破产成本；第四部分为收缩灵活性的价值；第五部分表示资产收缩对放弃期权价值的负向影响。

本章附录 14A.3 证明第四部分的收缩灵活性价值会随收缩成本单调递减，而随固定运营成本单调递增，因此，后续数值示例中，我们可以利用收缩成本 c 反映收缩灵活性，c 越大收缩灵活性越差。

为了体现收缩灵活性的影响，我们首先分析不考虑收缩灵活性的极端情况，作为后续分析为对照基准。收缩成本极高进而股东不再拥有收缩资产的灵活性的极端情况下，股东的最优决策是直接选择破产而不再收缩资产。具体而言，当收缩成本增加至 $(1-\alpha)(1-\tau)f/r-\alpha(1-\tau)d/(r\bar{K})$ 时，股东的最优决策是选择破产，从而式(14-7)中第三部分的收缩灵活性的价值将降为零。因此，对于没有收缩灵活性的杠杆企业而言，式(14-7)的股东权益价值将退化为

$$
\tilde{V}^{E}\left(Y,\bar{K},d\right)=\Pi\left(Y,\bar{K},d\right)-\Pi\left(\tilde{Y}_d,\bar{K},d\right)\left(\frac{Y}{\tilde{Y}_d}\right)^{\beta} \tag{14-13}
$$

其中，上波浪线表示不考虑收缩灵活性的情形；最优破产临界值为 $\tilde{Y}_d=\dfrac{-\beta}{1-\beta}\dfrac{f\bar{K}+d}{r}(r-\mu)\bar{K}^{-\alpha}$；同时，由于企业在破产前未进行资产收缩，所以债权人接管的企业的资本水平仍为初始资本水平 $\bar{K}$。

因此，不考虑收缩灵活性的极端情形下的债务价值可以表示为

$$
\tilde{V}^{D}\left(Y,\bar{K},d\right)=\frac{d}{r}\left[1-\left(\frac{Y}{\tilde{Y}_d}\right)^{\beta}\right]+(1-\xi)V^{U}\left(\tilde{Y}_d,\bar{K}\right)\left(\frac{Y}{\tilde{Y}_d}\right)^{\beta} \tag{14-14}
$$

从而该情形下的杠杆企业价值为

$$
\tilde{V}\left(Y,\bar{K},d\right)=V^{U}\left(Y,\bar{K}\right)+\tau\frac{d}{r}\left[1-\left(\frac{Y}{\tilde{Y}_d}\right)^{\beta}\right]-\xi V^{U}\left(\tilde{Y}_d,\bar{K}\right)\left(\frac{Y}{\tilde{Y}_d}\right)^{\beta} \tag{14-15}
$$

14.2.3　最优财务杠杆

通过最大化初始资本水平为 $\bar{K}$ 的杠杆企业价值，可以得到考虑和不考虑收缩灵活性两

种情形下的最优债务水平 d^* 和 $\tilde{d}^*$ 分别为

$$\left.\frac{\partial V\left(Y,\bar{K},d\right)}{\partial d}\right|_{d=d^*}=0 \tag{14-16}$$

$$\left.\frac{\partial \tilde{V}\left(Y,\bar{K},d\right)}{\partial d}\right|_{d=\tilde{d}^*}=0 \tag{14-17}$$

相应的最优(市场)财务杠杆可被分别定义为

$$L=\frac{V^D\left(Y,\bar{K},d^*\right)}{V\left(Y,\bar{K},d^*\right)} \tag{14-18}$$

$$\tilde{L}=\frac{\tilde{V}^D\left(Y,\bar{K},\tilde{d}^*\right)}{\tilde{V}\left(Y,\bar{K},\tilde{d}^*\right)} \tag{14-19}$$

14.3　数字示例

由于无法得到最优债务水平 d^* 和 $\tilde{d}^*$ 的解析表达式，本小节将采用数值方法分析收缩灵活性和运营杠杆对最优财务杠杆的影响。参照 Morellec(2001)的做法，进行基本参数设定：市场需求的平均增长率及波动率分别为 $\mu=0$ 和 $\sigma=0.3$；无风险利率 $r=0.05$；初始资本水平 $\bar{K}=2$；规模报酬率 $\alpha=0.65$；需求水平 $Y=3$；单位资本的固定运营成本 $f=3$；单位收缩成本 $c=0.5$；企业所得税税率 $\tau=0.2$；破产成本 $\xi=0.5$。

通过适时收缩部分资产，企业可避免过多的运营损失，其收缩灵活性也有助于增强企业的债务能力。但是，在股东-债权人代理冲突的条件下，股东最大化自身利益而做出的收缩决策可能会损害债权人利益，而越多的收缩灵活性反而对杠杆企业价值的损害越大。因此，收缩灵活性对财务杠杆的影响可以概括为正反两个方面：有利的一面是通过避免损失而有助于提高企业债务能力，进而最优财务杠杆提高；不利的一面是股东和债权人在收缩和破产决策中的代理问题反而会降低财务杠杆。显然，如果不利的影响占主导，则拥有收缩灵活性的企业反而较之无收缩灵活性的企业具有更低的财务杠杆。

利用收缩成本 c 刻画收缩灵活性，图 14-1 给出考虑和不考虑收缩灵活性两种情形下最优债务水平和财务杠杆随收缩成本的变化趋势。可以看出：在考虑收缩灵活性的情形下，最优债务水平和财务杠杆都会随着收缩成本的增加而单调递增，这是因为：一方面，股东进行资产收缩的可能随着收缩成本的增加而降低，从而收缩导致的代理问题减弱；另一方面，资产收缩可能性的降低还将使得债权人于企业破产时接管企业所能获得的资产更多。

对比图 14-1 中的两种情形，还可以看出：在考虑收缩灵活性的情形下，最优债务水平和财务杠杆都在收缩成本较小的区域相对更低，而在收缩成本较大的区域相对更高。在收缩成本较小的区域，股东-债权人代理问题较为严重，收缩灵活性对资本结构的负向影响将占主导；随着收缩成本的增大，代理问题逐渐减弱，收缩灵活性通过避免运营损失而具有的正向影响占主导，从而考虑收缩灵活性情形下的最优债务水平和财务杠杆更高。

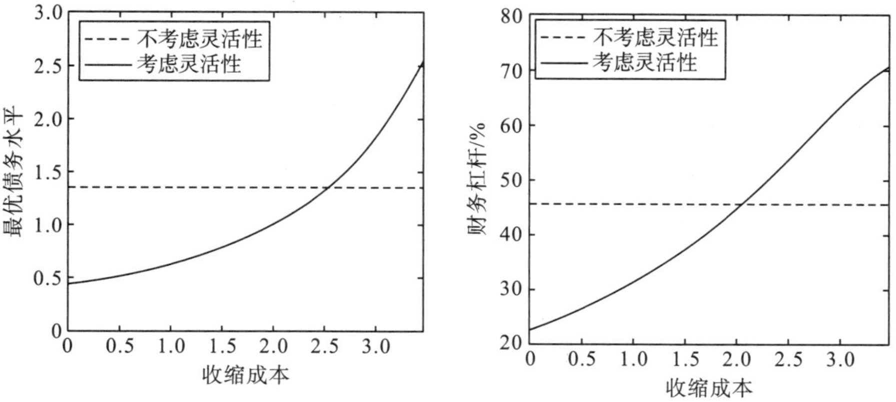

(a) 债务水平　　(b) 财务杠杆

图 14-1　最优债务水平和财务杠杆随收缩成本的变化

除了股东与债权人之间的代理冲突，利息税盾和破产成本间的权衡也可能是影响财务杠杆的重要途径。沿用图 14-1 的相关参数设定，图 14-2 的结果显示：利息税盾价值和预期破产成本之差的净价值并不随收缩成本 c 的增加而单调递增，而图 14-1 中财务杠杆随收缩成本 c 的单调递增变化是由代理冲突而非税盾与破产成本间的权衡所致。

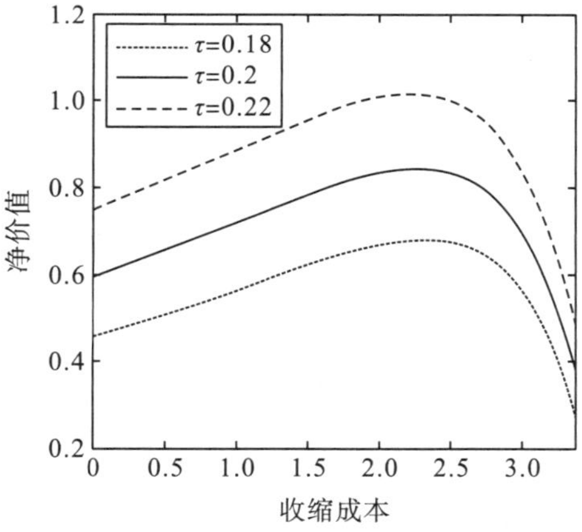

图 14-2　利息税盾和破产成本的净价值随收缩成本的变化

参照 Hackbarth 和 Johnson(2015) 的做法，图 14-3 利用单位资本固定运营成本 f 刻画运营杠杆，给出最优债务水平和财务杠杆随固定运营成本的变化。图 14-3(a) 显示，不管是否考虑收缩灵活性，最优债务水平都随运营杠杆的增加单调递减。事实上，本章附录 14A.3 证明发现，除了直接影响运营杠杆，固定运营成本还对收缩灵活性的价值具有正向影响，从而也会通过影响代理问题而进一步影响最优债务水平。给定其他条件，随着固定运营成本的增加，进行资产收缩能够避免的运营损失更大，进而股东进行收缩的可能性更大，其结果是更为严重的代理问题使得最优债务水平更低。从这个意义上讲，收缩灵活性使得固定运营成本和最优债务水平之间的负向关系更为明显。

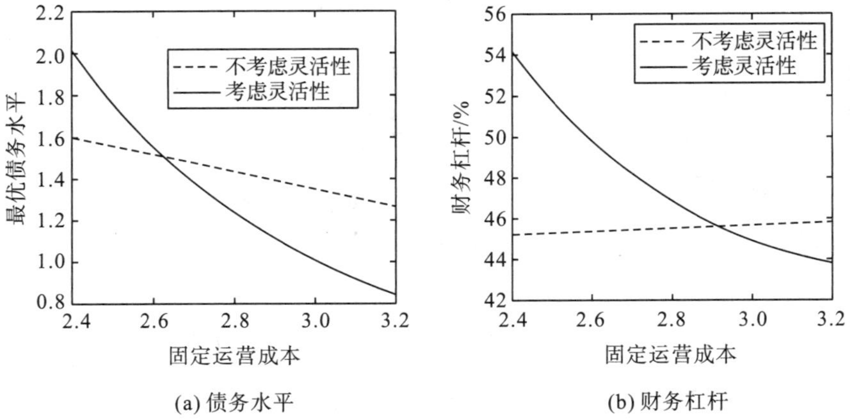

图 14-3　最优债务水平和财务杠杆随固定运营成本的变化

在图 14-3(b) 考虑收缩灵活性的情形下，最优财务杠杆随着固定运营成本的增加而单调降低，这与运营杠杆和财务杠杆存在负向关系的已有证据一致(Mandelker and Rhee, 1984; Kahl et al., 2014)。但是，如果不考虑收缩灵活性，则运营杠杆和财务杠杆反而可能呈现正向关系(Glover and Hambusch, 2014; Sarkar, 2020)，因此，对于运营杠杆和财务杠杆关系的考察，务必需要考虑收缩灵活性的影响。

14.4　实证设计

本小节利用我国沪深两市 A 股上市公司数据实证检验 3 个重要理论预示：第一，由于在位资产收缩过程存在股东-债权人代理问题，收缩灵活性对最优财务杠杆具有负向影响；第二，在考虑收缩灵活性的条件下，运营杠杆和财务杠杆之间具有负向关系；第三，股东-债权人代理冲突的缓解，可以减弱收缩灵活性和财务杠杆之间的负向关系。

14.4.1　数据与样本

本节所用初始样本为 2007～2016 年中国非金融 A 股上市企业 22,399 个企业-年度观测值。借鉴 Reinartz 和 Schmid(2016)的做法，首先删除了 325 个资产负债率小于 0 或大于 1，以及 ROA 小于−1 的企业-年度观测值，并对所有财务指标进行了前后 1%的缩尾处理以排除极端值的影响。其次，为了筛选拥有资产收缩期权的样本，我们要求：其一，滞后一年或者两年的资产增长率为负；其二，固定资产占资产的比例需大于同期截面样本相应比例的中位数。最后，删除数据缺失的 2,887 个观测值，最终得到包括 905 家企业的 2,334 个企业-年度观测值。相关数据来自国泰安 CSMAR 数据库，样本选择过程及最终观测值的年度分布情况详见表 14-1。

表 14-1　样本的年度分布情况

年度	初始样本	删除样本				最终样本
		数据错误	滞后一年和两年的固定资产增长率为正	固定资产占比低	变量缺失	
2007	1,508	56	540	456	456	0
2008	1,562	51	583	464	464	0
2009	1,709	58	693	479	479	0
2010	2,059	51	976	516	516	0
2011	2,290	40	1,082	584	152	432
2012	2,417	25	1,111	640	155	486
2013	2,462	9	1,043	705	232	473
2014	2,578	16	1,001	780	283	498
2015	2,766	11	1,565	595	150	445
2016	3,048	8	3,040	0	0	0
总计	22,399	325	11,634	5,219	2,887	2,334

注：各年度的样本数即为企业数量，最后一行为样本期内所有年度的观测值总数。

14.4.2　变量与指标

关于被解释变量市场财务杠杆(MLEV)，定义为债务账面价值除以债务账面价值和权益市场价值之和，解释变量则包括收缩非灵活性和运营杠杆，均借鉴 Gu 等(2018)的做法进行测度。

收缩非灵活性(INFLX)的指标测度具体如下：针对每家样本企业，在样本初始年度至考察年度的期间内，首先计算运营成本与营业收入之比的最大值与最小值，进而得到二者之差；然后将二者之差除以运营成本与营业收入之比的季度增长率的标准差。其中，运营成本为销售成本和销售及一般管理费用之和。

运营杠杆(DOL)则利用如下方法予以估计：首先，利用季度数据，将滞后一期的运营成本、当期和滞后一期的营业收入对运营成本进行窗口期为 5 年的滚动 OLS 回归，根据回归得到的回归系数，利用滞后一年的运营成本和营业收入，估算得到考察年度每家企业的固定运营成本；其次，将估计得到的固定运营成本除以滞后一年的营业收入进行标准化处理，作为运营杠杆的测度；最后，如果算得的运营杠杆为负，则参考 Garcia-Feijóo 和 Jorgensen(2010)的做法，对其进行取绝对值处理。

控制变量包含托宾 Q、盈利能力、资产规模、固定资产占比和折旧率(Frank and Goyal, 2009; Reinartz and Schmid, 2016)，其中固定资产占比被定义为固定资产与总资产之比(Cao, 2015)。

针对股东与债权人之间的代理冲突，分别使用来源和期限两个维度下的债务结构予以测度：来源方面，利用银行贷款与总负债的比值(BL)进行测度；期限方面，利用短期负债与总负债的比值(SL)进行测度。Smith 和 Warner(1979)指出，加强债权人对企业运营决策的控制，可有效减轻股东-债权人代理冲突。现实中，相对于企业上下游企业的商业信用融资，银行贷款更加能够约束企业的代理行为。同时，如果企业的短期负债较多，则频繁的还本付息压力更加可能迫使企业做出损害债权人利益的收缩决策，所以，长期负债相对于短期负债也可能有助于缓解收缩灵活性所导致的代理冲突。所有变量的定义见表 14-2。

表 14-2 变量定义与指标测度

类型	变量名	符号	定义及说明
被解释变量	市场财务杠杆	MLEV	总负债除以总负债账面价值和权益市值之和
解释变量	收缩非灵活性	INFLX	运营成本与营业收入之比的最大和最小值之差除以运营成本与营业收入对数变化的标准差（Gu et al., 2018）
	运营杠杆	DOL	根据 Gu 等（2018）的估计方法进行计算
	银行贷款占比	BL	短期和长期贷款之和除以总负债
	短期负债占比	SL	流动负债除以总负债
控制变量	托宾 Q	Q	权益市值和债务账面价值之后除以总资产
	资产报酬率	ROA	息税前利润除以总资产
	资产规模	SIZE	总资产的自然对数
	固定资产占比	TANG	固定资产净值除以总资产
	折旧率	DEP	资产折旧除以上一年末固定资产净值（Cao, 2015）

14.5 实证结果及分析

14.5.1 描述性统计

表 14-3 中面板 A 给出所有变量的描述性统计。可以看出：样本企业的市场财务杠杆(MLEV)的平均值和中位数分别为 33.8%和 30.9%；托宾 Q 和 ROA 的平均值分别为 2.237 和 1.7%；总资产自然对数的平均值为 22.1%，其中总资产中的 39.1%为固定资产，并且固定资产以平均每年 10.4%的速度进行折旧。同时，银行贷款和短期负债在总负债中的平均占比分别为 37.1%和 78.4%。

面板 B 给出所有变量之间的相关性，可以看出：收缩非灵活性和运营杠杆呈正相关关系，而运营杠杆和市场财务杠杆呈负相关关系。

表 14-3 主要变量的描述性统计

项目	MLEV	INFLX	DOL	Q	ROA	SIZE	TANG	DEP	BL	SL
面板 A：描述性统计										
均值	0.338	0.410	0.040	2.237	0.017	22.100	0.391	0.104	0.371	0.784
标准差	0.210	0.900	0.074	1.747	0.056	1.284	0.146	0.079	0.234	0.205
最小值	0.009	0.016	0.000	0.921	−0.166	19.231	0.186	0.035	0.000	0.097
P25	0.160	0.136	0.008	1.256	0.002	21.182	0.267	0.072	0.186	0.663
中位数	0.309	0.224	0.019	1.668	0.017	21.960	0.363	0.091	0.387	0.849
P75	0.491	0.376	0.041	2.474	0.043	22.872	0.490	0.116	0.547	0.955
最大值	0.801	9.504	0.759	12.666	0.206	25.751	0.732	0.919	1.131	1.000
样本数	2334	2334	2334	2334	2334	2334	2334	2334	2334	2334

续表

项目	MLEV	INFLX	DOL	Q	ROA	SIZE	TANG	DEP	BL	SL
面板 B：相关系数										
MLEV	1									
INFLX	−0.066	1								
DOL	−0.131	0.378	1							
Q	−0.614	0.206	0.199	1						
ROA	−0.224	−0.094	−0.097	0.003	1					
SIZE	0.670	−0.114	−0.146	−0.539	0.059	1				
TANG	0.284	0.077	0.066	−0.147	−0.079	0.244	1			
DEP	−0.041	0.088	0.139	0.004	0.053	0.000	−0.067	1		
BL	0.428	−0.018	−0.059	−0.260	−0.213	0.222	0.267	−0.023	1	
SL	−0.304	−0.046	−0.063	0.184	0.001	−0.368	−0.361	0.060	−0.263	1

14.5.2　多元回归分析

表 14-4 将市场财务杠杆作为被解释变量，收缩非灵活性和运营杠杆依次作为解释变量，控制相关因素及年度和行业效应，进行 OLS 面板回归。模型 1 和模型 2 分别将收缩非灵活性和运营杠杆单独引入回归，INFLX 的回归系数和 DOL 的回归系数在 10%的显著性水平上分别显著为正和为负，说明收缩灵活性的增强和运营杠杆的增加对财务杠杆具有负向影响，这与前述理论预示一致。模型 3 同时将收缩非灵活性和运营杠杆加入回归模型，结果显示，无论是回归系数大小还是其显著性水平，运营杠杆和收缩非灵活性对财务杠杆的影响都更为明显。

模型 4 进一步加入收缩非灵活性与运营杠杆的交互项，其显著为正的回归系数表明，收缩灵活性对运营杠杆与财务杠杆之间的负向关系具有增强作用，即如果考虑收缩灵活性的影响，则运营杠杆与财务杠杆之间的负向关系将更为显著，与前述理论预示一致。现实中，固定资产占比高的企业更加可能收缩资产，从而收缩灵活性对财务杠杆的影响应该更大。模型 5 引入收缩非灵活性与固定资产占比的交互项，其回归系数在 5%的显著性水平上显著为正，即收缩灵活性与财务杠杆之间的负向关系在固定资产占比高的企业中更为明显，同样支持理论预示。

表 14-4　收缩非灵活性和运营杠杆影响财务杠杆的回归结果

变量	模型 1	模型 2	模型 3	模型 4	模型 5
INFLX	0.005^{*}		0.008^{**}	0.004	0.005
	(1.790)		(2.445)	(1.186)	(1.458)
DOL		-0.065^{*}	-0.095^{**}	-0.179^{***}	-0.090^{**}
		(−1.734)	(−2.405)	(−3.866)	(−2.270)
DOL×INFLX				0.045^{***}	
				(3.458)	
INFLX×TANG					0.053^{**}
					(2.319)

续表

变量	模型 1	模型 2	模型 3	模型 4	模型 5
Q	−0.016***	−0.015***	−0.016***	−0.016***	−0.016***
	(−8.106)	(−7.603)	(−7.877)	(−7.990)	(−7.818)
ROA	−0.835***	−0.854***	−0.843***	−0.851***	−0.846***
	(−17.177)	(−17.590)	(−17.326)	(−17.510)	(−17.398)
SIZE	0.108***	0.107***	0.107***	0.107***	0.108***
	(39.438)	(39.223)	(39.273)	(39.167)	(39.367)
TANG	0.093***	0.098***	0.095***	0.096***	0.094***
	(4.549)	(4.808)	(4.672)	(4.715)	(4.631)
DEP	−0.072**	−0.057*	−0.060*	−0.068**	−0.059*
	(−2.120)	(−1.675)	(−1.778)	(−2.007)	(−1.749)
常数项	−1.984***	−1.975***	−1.973***	−1.957***	−1.978***
	(−31.144)	(−30.929)	(−30.933)	(−30.654)	(−31.021)
年度效应	控制	控制	控制	控制	控制
行业效应	控制	控制	控制	控制	控制
观测值	2,334	2,334	2,334	2,334	2,334
调整的拟合优度	0.654	0.654	0.655	0.656	0.655

注：括号内数值为 t 值，*、**和***分别表示在 10%、5%和 1%的显著性上水平，下同。

前述理论结果表明：收缩灵活性与财务杠杆之间的负向关系是由股东和债权人之间的代理冲突所导致的。然而，现实中，由于代理成本难以测度，对该理论预示的直接检验比较困难。为此，基于债务治理作用的已有研究（Gilje, 2016; Wang et al., 2020），分别利用来源构成和期限构成两个方面，定义银行贷款占比（BL）和短期负债占比（SL）两个指标，作为债务治理进而代理成本的代理变量，通过检验债务治理如何调节收缩灵活性对财务杠杆的影响，得到股东-债权人代理冲突影响收缩灵活性和财务杠杆负向关系的间接证据。

在表 14-4 的基础上，表 14-5 中的模型 6 和模型 7 分别引入银行贷款占比（BL）及其与收缩非灵活性的交互项 INFLX×BL，结果发现：交互项回归系数显著为负，表明收缩非灵活性与财务杠杆之间的关系在银行贷款占比高的企业中相对更弱，即提高负债构成中的银行贷款比例对收缩决策导致的代理冲突具有削弱作用。类似地，模型 8 和模型 9 分别引入短期负债占比（SL）及其与收缩非灵活性的交互项 INFLX×SL，其中交互项显著为正的回归系数表明负债构成中短期负债比例的提高将会进一步恶化收缩灵活性对财务杠杆的负向影响。

需要指出的是，对于投资决策和收缩决策中的股东-债权人代理冲突，短期负债的作用可能并不相同。根据 Jensen 和 Meckling（1976）、Myers（1977）和 Gilje（2016）的研究，短期负债有助于缓解投资过程中股东和债权人之间的代理问题。但是，对于收缩决策而言，更多的短期负债会迫使企业为了按时还本付息而不得不变卖资产，这无疑会加重收缩决策中股东和债权人之间的代理问题；相反，长期债务有助于降低运营过程中资产收缩所导致的代理问题。

此外，表 14-4 和表 14-5 的回归结果还显示，托宾 Q 和 ROA 都与财务杠杆具有显著的负相关关系，而企业规模(SIZE)和固定资产占比(TANG)与财务杠杆具有显著的正相关关系，这与 Lang 等(1996)、Booth 等(2001)和 Frank 和 Goyal(2009)等的结论一致。同时，折旧率(DEP)与财务杠杆呈显著的负相关关系，与 DeAngelo 和 Masulis(1980)的结论一致。

表 14-5 债务治理影响收缩非灵活性与财务杠杆关系的回归结果

变量	模型 6	模型 7	模型 8	模型 9
INFLX	0.007**	0.009***	0.008**	0.009***
	(2.374)	(2.770)	(2.390)	(2.714)
DOL	−0.072*	−0.103***	−0.101**	−0.112***
	(−1.860)	(−2.591)	(−2.543)	(−2.791)
BL	0.120***	0.121***		
	(9.728)	(9.775)		
INFLX×BL		−0.046***		
		(−3.606)		
SL			−0.038**	−0.040***
			(−2.500)	(−2.635)
INFLX×SL				0.026*
				(1.833)
Q	−0.014***	−0.014***	−0.016***	−0.017***
	(−7.011)	(−7.183)	(−7.916)	(−8.098)
ROA	−0.735***	−0.729***	−0.838***	−0.832***
	(−15.010)	(−14.904)	(−17.209)	(−17.082)
SIZE	0.104***	0.104***	0.106***	0.105***
	(38.663)	(38.788)	(37.417)	(37.213)
TANG	0.065***	0.064***	0.088***	0.087***
	(3.226)	(3.187)	(4.256)	(4.205)
DEP	−0.062*	−0.061*	−0.056*	−0.056
	(−1.868)	(−1.827)	(−1.658)	(−1.642)
常数项	−1.959***	−1.959***	−1.899***	−1.887***
	(−31.320)	(−31.391)	(−26.991)	(−26.732)
年度效应	控制	控制	控制	控制
行业效应	控制	控制	控制	控制
观测值	2,334	2,334	2,334	2,334
调整的拟合优度	0.668	0.670	0.655	0.656

14.5.3 控制内生性问题的进一步检验

前述实证结果表明：收缩灵活性对财务杠杆具有显著的负向影响。但是，反过来看，可能正是由于财务杠杆低企业才拥有高的收缩灵活性，即收缩灵活性和财务杠杆的关系检验可能因反向因果关系而存在内生性问题。为此，本小节借鉴 Serfling（2016）和 Simintzi 等（2015）的做法，利用自然实验事件构建双重差分模型的做法，进一步检验收缩灵活性对财务杠杆的影响。

2008 年 1 月 1 日起，我国开始施行《劳动合同法》。该法律从试用期制度、无固定期限劳动合同、解除和终止劳动合同的经济补偿等多个方面，加强对劳动者权益的立法保护。根据 MacKay（2003）和 Kuzmina（2018）的观点，解雇员工的难易程度正是企业运营灵活性的重要体现。可以预期：《劳动合同法》实施之后，企业裁减员工的成本更高、难度更大，即法律实施降低了企业在运营困难时裁减员工的决策灵活性，但该法律对企业的财务杠杆并无直接影响，适于作为自然实验事件来控制收缩灵活性和财务杠杆之间的内生关系。

具体而言，本小节以 2005～2010 年中国 1,254 家沪深两市非金融 A 股上市企业为样本，利用我国 2008 年实施《劳动合同法》的自然实验事件，以及根据事件前企业的劳动密集度构造实验和对照样本，构建了双重差分（DID）模型。为了保证事件前后样本的可比性，我们要求所有样本均在 2008 年之前上市，且上市前后至少有一年的观测值。在剔除净资产小于零、ST 或*ST、财务数据缺失的观测值，以及对所有连续变量进行 1%的缩尾处理的基础上，最终得到 6,914 个企业-年度观测值。

双重差分模型的构建方面，以 2008 年开始实施《劳动合同法》的外生事件为基准，定义事件前后的 0/1 虚拟变量 LCLAW：若样本观测值所属年份为 2008～2010 年，则 LCLAW 取 1；否则取 0。该法律实施前和实施后分别反映劳动保护弱和劳动保护强，代表第一重差分。对于第二重差分中的实验组和对照组样本，首先参照倪骁然和朱玉杰（2016）的做法定义劳动密集度指标 LABORINT：支付给职工以及为职工支付的现金的自然对数与营业收入自然对数之比作为测度指标；其次，尽管《劳动合同法》是一部全国性法律，但其对劳动密集型的企业更具影响，因此，借鉴卢闯等（2015）和 Cui 等（2018）的做法，根据《劳动合同法》实施前一年样本企业的劳动密集度，将劳动密集度高和低的子样本分别作为实验组和对照组。在控制个体固定效应和年份的基础上，最终的 DID 回归模型如下：

$$\mathrm{MLEV}_{i,t}=\alpha_0+\alpha_1\mathrm{LCLAW}_t\times\mathrm{LABORINT}_i+\beta X_{i,t}+\nu_i+\omega_t+\varepsilon_{i,t} \tag{14-20}$$

其中，i 和 t 分别代表企业和年份；ν_i 和 ω_t 分别为个体固定效应和时间固定效应；在解释变量的交互项中，$\mathrm{LABORINT}_i$ 为企业 i 的劳动密集度，LCLAW_t 为《劳动合同法》实施前后的 0/1 虚拟变量。

需要说明的是，由于个体固定效应变量 ν_i 和时间固定效应变量 ω_t 分别控制了样本企业的截面差异和时间趋势，回归模型中不再单独包括变量 $\mathrm{LABORINT}_i$ 和 LCLAW_t。

14.5.3.1　DID 回归结果

表 14-6 将财务杠杆作为被解释变量，将《劳动合同法》实施前后的虚拟变量 LCLAW、劳动密集度（LABORINT）以及二者的交互项作为解释变量，控制相关因素，给出 DID 回归结果。

模型 10～模型 12 为未控制个体效应的混合回归结果，可以看出：劳动密集度和财务杠杆具有负向关系，《劳动合同法》的实施则会减弱二者的负向关系。模型 13 控制个体效应的面板回归结果显示，交互项 LCLAW×LABORINT 的回归系数依然在 5%的显著性水平上显著为正，说明《劳动合同法》的实施促使劳动保护的加强，且能够显著地提升劳动密集度高的企业的财务杠杆。

表 14-6　劳动保护影响市场财务杠杆的 DID 模型回归结果

变量	模型 10	模型 11	模型 12	模型 13
LCLAW	−0.117***		−0.249***	
	(−22.281)		(−3.404)	
LABORINT		−0.318***	−0.396***	
		(−6.959)	(−6.310)	
LCLAW×LABORINT			0.151*	0.151**
			(1.810)	(2.692)
Q	−0.044***	−0.044***	−0.044***	−0.020***
	(−37.004)	(−36.680)	(−36.704)	(−17.165)
ROA	−0.682***	−0.681***	−0.683***	−0.443***
	(−24.090)	(−24.119)	(−24.172)	(−18.771)
SIZE	0.070***	0.070***	0.070***	0.114***
	(46.098)	(45.793)	(45.825)	(34.549)
TANG	−0.009	−0.003	−0.003	0.042***
	(−1.007)	(−0.325)	(−0.314)	(3.442)
DEP	−0.009	−0.010	−0.008	−0.001
	(−0.480)	(−0.533)	(−0.411)	(−0.086)
DIV	−0.036***	−0.037***	−0.037***	−0.021***
	(−11.218)	(−11.280)	(−11.279)	(−7.017)
常数项	−1.045***	−0.755***	−0.689***	−1.968***
	(−30.316)	(−13.979)	(−10.541)	(−27.675)
行业	控制	控制	控制	
省份	控制	控制	控制	
时间固定效应	控制	控制	控制	控制
个体固定效应				控制
观测值	7,200	6,914	6,914	6,914
调整的拟合优度	0.645	0.647	0.648	0.641

进一步来看，加强劳动保护对企业财务杠杆的提升作用是否是因限制企业的收缩灵活性所致，我们根据如下两个指标体现企业收缩灵活性的间接指标，进行子样本的分组检验与结果比较。第一个指标是企业所处区域的法治水平。相对于法治水平高的地区，低法治水平地区的企业解雇员工的成本相对更低、灵活性相对更大，因此，《劳动合同法》的实施对低法治水平地区的企业的收缩灵活性的限制效果更明显，进而对企业财务杠杆的提升作用更易显现。第二个指标是企业的固定资产占比。相对而言，固定资产占比越高，企业

越可能雇佣多的员工，进而通过解雇员工而进行收缩的可能性越大，因此，《劳动合同法》的实施对固定资产占比高的企业的收缩灵活性具有限制作用，因而对财务杠杆的提升作用更易显现。

14.5.3.2 地区法治水平分组的子样本检验

利用樊纲等(2011)编制的“市场中介组织的发育和法律制度环境”指标衡量每个地区的法治水平高低，并参考卢闯等(2015)、倪骁然和朱玉杰(2016)等的做法，根据《劳动合同法》实施前一年(2007 年)企业所属地区的法治水平的中位数，将样本企业分为所处地区法治水平高和所处地区法治水平低两组子样本，进行表 14-7 所示的分组回归。

表 14-7　法治水平分组下劳动保护影响企业财务杠杆的回归结果

变量	模型 14		模型 15	
	法治水平高	法治水平低	法治水平高	法治水平低
LCLAW	-0.152	-0.383***		
	(-1.565)	(-3.501)		
LABORINT	-0.228**	-0.625***		
	(-2.745)	(-6.477)		
LCLAW×LABORINT	0.052	0.290**	0.100	0.248**
	(0.465)	(2.312)	(1.358)	(2.867)
Q	-0.045***	-0.041***	-0.020***	-0.018***
	(-25.500)	(-25.250)	(-12.068)	(-10.948)
ROA	-0.719***	-0.652***	-0.532***	-0.391***
	(-16.694)	(-17.725)	(-14.837)	(-12.615)
SIZE	0.068***	0.072***	0.114***	0.116***
	(32.255)	(33.147)	(23.476)	(25.315)
TANG	-0.070***	0.061***	-0.006	0.093***
	(-5.301)	(4.914)	(-0.327)	(5.628)
DEP	0.000	-0.039	0.041*	-0.102***
	(0.014)	(-1.221)	(1.959)	(-3.523)
DIV	-0.038***	-0.035***	-0.021***	-0.017***
	(-8.331)	(-7.792)	(-5.143)	(-4.224)
常数项	-0.815***	-0.542***	-1.972***	-2.001***
	(-9.128)	(-5.545)	(-18.743)	(-20.450)
行业	控制	控制		
省份	控制	控制		
年份	控制	控制	控制	控制
个体固定效应			控制	控制
观测值	3,606	3,308	3,606	3,308
调整的拟合优度	0.639	0.670	0.618	0.670

表 14-7 中模型 14 的混合回归结果显示：交互项 LCLAW×LABORINT 的回归系数仅在低法治水平子样本中才显著为正，而在高法治水平子样本中并不显著，说明《劳动合同法》实施对低法治水平地区的企业的财务杠杆更具提升作用，这是因为该法实施更加能够限制低法治水平地区企业的收缩灵活性，而收缩灵活性的降低有助于企业提升财务杠杆。模型 15 控制个体固定效应的回归结果中，交互项 LCLAW×LABORINT 的回归系数也只在低法治水平子样本中显著，结果稳健。

14.5.3.3　固定资产占比分组的子样本检验

表 14-8 针对固定资产占比高低两类子样本，就《劳动合同法》实施对企业财务杠杆的影响进行分组检验与比较分析。可以看出：无论是模型 16 的混合回归，还是模型 17 控制个体固定效应的面板回归，交互项 LCLAW×LABORINT 的回归系数仅在固定资产占比高的子样本中才显著为正，而在固定资产占比低的子样本中并不显著。究其原因，即便《劳动合同法》可能会对所有企业的运营灵活性都具有影响，但由于固定资产占比越高，企业进行资产收缩的可能性较小，因此收缩灵活性的价值越大，其结果是法律通过限制此类企业的收缩而更易显现对财务杠杆的提升作用。

表 14-8　固定资产占比分组下劳动保护影响企业财务杠杆的回归结果

变量	模型 16		模型 17	
	占比高	占比低	占比高	占比低
LCLAW	−0.404***	−0.136		
	(−3.552)	(−1.439)		
LABORINT	−0.301**	−0.335***		
	(−3.110)	(−3.992)		
LCLAW×LABORINT	0.339**	0.011	0.350***	0.042
	(2.612)	(0.105)	(3.818)	(0.555)
Q	−0.048***	−0.040***	−0.019***	−0.018***
	(−27.317)	(−24.246)	(−10.773)	(−10.836)
ROA	−0.651***	−0.682***	−0.465***	−0.393***
	(−16.823)	(−16.712)	(−13.917)	(−10.926)
SIZE	0.067***	0.070***	0.119***	0.113***
	(31.863)	(30.943)	(20.778)	(24.102)
TANG	0.055***	−0.027	0.077***	0.059
	(3.489)	(−0.857)	(4.087)	(1.607)
DEP	−0.030	−0.014	−0.096**	0.040**
	(−0.781)	(−0.608)	(−2.636)	(1.982)
DIV	−0.043***	−0.028***	−0.024***	−0.014***
	(−9.487)	(−6.290)	(−5.851)	(−3.377)
常数项	−0.789***	−0.704***	−2.094***	−1.946***
	(−7.980)	(−7.945)	(−16.872)	(−19.300)
行业	控制	控制		

续表

变量	模型 16		模型 17	
	占比高	占比低	占比高	占比低
省份	控制	控制		
年份	控制	控制	控制	控制
个体固定效应			控制	控制
观测值	3503	3411	3503	3411
调整的拟合优度	0.660	0.657	0.655	0.638

14.6 小结

已有研究考察了运营灵活性提升企业债务能力的积极作用，但忽略了资产收缩决策中股东与债权人代理冲突的存在，可能导致收缩灵活性对财务杠杆具有负向影响。本章同时考虑股东择机进行资产收缩和选择破产的两种决策灵活性，理论上研究了收缩灵活性对最优资本结构及对运营杠杆和财务杠杆关系的影响，并利用中国沪深 A 股上市公司数据进行实证检验。

研究结果表明：由于股东和债权人在资产收缩决策过程中存在代理冲突，收缩灵活性反而会降低企业的最优债务水平与财务杠杆；而且，由于运营杠杆和收缩灵活性共同嵌入于在位资产，收缩灵活性对运营杠杆和财务杠杆间的负向关系具有增强作用。实证证据方面，无论是在直接测度收缩灵活性和运营杠杆的基础上的检验，还是利用《劳动合同法》实施的自然实验事件控制内生性问题的 DID 模型回归结果，都很好地支持了理论预示。此外，实证结果还提供了债务治理通过缓解股东-债权人代理冲突而缓解收缩灵活性负向影响的证据，即提高债务构成中银行贷款或长期债务的比例，能够有效抑制收缩灵活性对财务杠杆的负向影响。

附录 14A.1　权益价值、收缩和破产临界值的求解

在市场需求变差的情况下，股东拥有一系列收缩资产的权利，直至权益价值降至 0 时，股东选择破产。给定企业初始的资本水平为 $K\in\left[\underline{K},\bar{K}\right]$，股东的权益价值可以表示为

$$\begin{aligned}V^{E}(Y,K,d)=&(1-\tau)\mathrm{E}^{Y}\left[\int_{0}^{+\infty}e^{-rt}\left[\pi(Y,K)-d\right]\mathrm{d}t\right]\\&+\int_{\underline{K}}^{K}\left\{-(1-\tau)\mathrm{E}^{Y}\left[\int_{T_c(\kappa)}^{+\infty}e^{-rt}\pi_{\kappa}(Y,\kappa)\mathrm{d}t\right]-c\mathrm{E}^{Y}\left[e^{-rT_c(\kappa)}\right]\right\}\mathrm{d}\kappa\\&-(1-\tau)\mathrm{E}^{Y}\left\{\int_{T_d}^{+\infty}e^{-rt}\left[\pi(Y,\underline{K})-d\right]\mathrm{d}t\right\}\end{aligned}\tag{14A-1}$$

具体来看，式(14A-1)右端第一部分为永续税后股息 $(1-\tau)\left[\pi(Y,K)-d\right]$ 的折现值，其值等于

$$\varPi(Y,K,d)=(1-\tau)\left(\frac{K^{\alpha}Y}{r-\mu}-\frac{fK}{r}-\frac{d}{r}\right)\tag{14A-2}$$

第二部分为收缩期权的价值，其中 $\pi_{\kappa}(Y,\kappa)$ 和 c 分别为边际收益和收缩成本，$T_c(K)$ 为随机需求 Y 首次降至收缩临界值 $Y_c(K)$ 的时间。进一步化简可得收缩期权价值为

$$\begin{aligned}&\int_{\underline{K}}^{K}\left(-(1-\tau)\mathrm{E}^{Y}\left[\int_{T_c(\kappa)}^{+\infty}e^{-rt}\pi_{\kappa}(Y,\kappa)\mathrm{d}t\right]-c\mathrm{E}^{Y}\left[e^{-rT_c(\kappa)}\right]\right)\mathrm{d}\kappa\\&=-\int_{\underline{K}}^{K}\left[(1-\tau)\left(\frac{\alpha Y_c(\kappa)\kappa^{\alpha-1}}{r-\mu}-\frac{f}{r}\right)+c\right]\left(\frac{Y}{Y_c(\kappa)}\right)^{\beta}\mathrm{d}\kappa\end{aligned}\tag{14A-3}$$

第三部分表示破产期权的价值，其中 T_d 为资本水平缩减至 $\underline{K}$ 后随机需求 Y 首次降至破产临界值 Y_d 的时间。化简可得破产期权价值为

$$\begin{aligned}&-(1-\tau)\mathrm{E}^{Y}\left[\int_{T_d}^{+\infty}e^{-rt}\left[\pi(Y,\underline{K})-d\right]\mathrm{d}t\right]\\&=-(1-\tau)\mathrm{E}^{Y}\left[e^{-rT_d}\right]\mathrm{E}^{Y_d}\left[\int_{0}^{+\infty}e^{-rt}\left[\pi(Y,\underline{K})-d\right]\mathrm{d}t\right]\\&=-\left(\frac{Y}{Y_d}\right)^{\beta}\Pi(Y_d,\underline{K},d)\end{aligned}\tag{14A-4}$$

在初始资本水平 $\bar{K}$ 和破产资本水平 $\underline{K}$ 之间的任意资本水平 $K\in[\underline{K},\bar{K}]$，股东选择的最优收缩临界值需满足如下的超链接条件(Dumas, 1991)

$$\left.\frac{\partial^2V^E(Y,K,d)}{\partial K\partial Y}\right|_{Y=Y_c(K)}=0\tag{14A-5}$$

由此可以求得资本水平 $K\in[\underline{K},\bar{K}]$ 下的最优收缩临界值为

$$Y_c(K)=\frac{-\beta}{1-\beta}\frac{\frac{(1-\tau)f}{r}-c}{\alpha(1-\tau)}(r-\mu)K^{1-\alpha}\tag{14A-6}$$

将式(14A-6)中的最优收缩临界值带入式(14A-3)，然后将式(14A-2)、式(14A-3)和(14A-4)带入式(14A-1)，可以将股东的权益价值最终表示为

$$\begin{aligned}V^E(Y,K,d)=&\Pi(Y,K,d)-\Pi(Y_d,\underline{K},d)\left(\frac{Y}{Y_d}\right)^{\beta}\\&+\frac{1}{1-\beta}\frac{1}{1-(1-\alpha)\beta}\left[(1-\tau)\frac{f}{r}-c\right]\\&\left[K\left(\frac{Y}{Y_c(K)}\right)^{\beta}-\underline{K}\left(\frac{Y}{Y_c(\underline{K})}\right)^{\beta}\right]\end{aligned}\tag{14A-7}$$

当资本水平收缩至最低水平 $\underline{K}$，一旦市场需求 Y 降至某个水平，股东的最优决策是选择破产，即

$$\left.\frac{\partial V^E(Y,\underline{K},d)}{\partial Y}\right|_{Y=Y_d}=0\tag{14A-8}$$

据此可得最优的破产临界值为

$$Y_d = \frac{-\beta}{1-\beta}\frac{f\underline{K}+d}{r}(r-\mu)\underline{K}^{-\alpha} \tag{14A-9}$$

特别地，在企业破产时有 $Y_c(\underline{K}) = Y_d$，由此可进一步内生确定企业破产时的最低资本水平 $\underline{K}$。

附录 14A.2　债务价值的求解

杠杆企业的债务价值由两部分组成：一部分为企业破产之前，债权人获得的固定债务利息的折现值之和；另一部分为企业破产之时，债权人所能获得的企业的残值，具体分别为

$$\mathrm{E}^Y\left[\int_0^{T_d} e^{-rt} d\mathrm{d}t\right] = \frac{d}{r}\left[1-\left(\frac{Y}{Y_d}\right)^{\beta}\right] \tag{14A-10}$$

$$\begin{aligned}&(1-\xi)(1-\tau)E^Y\left[\int_{T_d}^{T_a(\underline{K})} e^{-rt}\pi(Y,\underline{K})\mathrm{d}t\right]\\ &=(1-\xi)(1-\tau)\left(\frac{\underline{K}^{\alpha}Y_d}{r-\mu}-\frac{f\underline{K}}{r}\right)\left(\frac{Y}{Y_d}\right)^{\beta}\\ &+(1-\xi)(1-\tau)\frac{1}{1-\beta}\frac{f\underline{K}}{r}\left(\frac{Y}{Y_a(\underline{K})}\right)^{\beta}\end{aligned} \tag{14A-11}$$

其中，$T_a(\underline{K})$ 为债权人接管企业之后，随机需求 Y 首次降至停产临界值 $Y_a(\underline{K})$ 的时间。

将式(14A-10)和式(14A-11)中的两部分价值加和，可得到债务价值为

$$\begin{aligned}&V^D(Y,\bar{K},d)\\ &=\frac{d}{r}\left[1-\left(\frac{Y}{Y_d}\right)^{\beta}\right]+(1-\xi)(1-\tau)\left(\frac{\underline{K}^{\alpha}Y_d}{r-\mu}-\frac{f\underline{K}}{r}\right)\left(\frac{Y}{Y_d}\right)^{\beta}\\ &+(1-\xi)(1-\tau)\frac{1}{1-\beta}\frac{f\underline{K}}{r}\left(\frac{Y}{Y_a(\underline{K})}\right)^{\beta}\end{aligned} \tag{14A-12}$$

附录 14A.3　收缩灵活性价值随收缩成本和固定运营成本的单调变化

式(14-12)中第四部分的收缩灵活性价值受两个关键模型参数的影响：一是收缩成本 c，二是固定运营成本 f。给定其他参数，两个参数和收缩灵活性价值的关系可由下式判断：

$$\begin{aligned}&\left(\frac{(1-\tau)f}{r}-c\right)\left[\bar{K}\left(\frac{Y}{Y_c(\bar{K})}\right)^{\beta}-\underline{K}\left(\frac{Y}{Y_c(\underline{K})}\right)^{\beta}\right]\\ &=Y^{\beta}\left[\frac{-\beta}{1-\beta}\frac{r-\mu}{\alpha(1-\tau)}\right]^{-\beta}\left[\frac{(1-\tau)f}{r}-c\right]^{1-\beta}\left[\bar{K}^{1-\beta(1-\alpha)}-\underline{K}^{1-\beta(1-\alpha)}\right]\end{aligned} \tag{14A-13}$$

容易看出：由于 $\beta<0$，$\left[\dfrac{(1-\tau)f}{r}-c\right]^{1-\beta}$ 随 c 单调递减和随 f 单调递增；同时，由于最低资本水平 $\underline{K}=\dfrac{\alpha(1-\tau)\dfrac{d}{r}}{(1-\alpha)(1-\tau)\dfrac{f}{r}-c}$ 随 c 单调递增和随 f 单调递减，$\overline{K}^{1-\beta(1-\alpha)}-\underline{K}^{1-\beta(1-\alpha)}$ 随 c 单调递减和随 f 单调递增。因此，收缩灵活性的价值和两个参数都存在单调关系：收缩成本 c 越小、固定运营成本 f 越大，收缩灵活性的价值越大。

参 考 文 献

陈国进, 胡超凡, 王景, 2009. 异质信念与股票收益——基于我国股票市场的实证研究[J]. 财贸经济, (3): 26-31.

陈国进, 钟灵, 首陈霄, 2017. 企业 R&D 投资与股票收益——理论建模与实证检验[J]. 经济学动态, (7): 88-99.

储一昀, 陈政文, 2006. 交叉持股对上市公司财务行为的经济影响分析[J]. 会计论坛, (2): 22-33.

储一昀, 王伟志, 2001. 我国第一起交互持股案例引发的思考[J]. 管理世界, (5): 173-186.

邓建平, 曾勇, 2011. 金融关联能否缓解民营企业的融资约束[J]. 金融研究, (8): 78-92.

丁善礼, 2009. 深圳证券市场的 CAPM 模型实证分析[J]. 科学技术与工程, (11): 3029-3031.

樊纲, 王小鲁, 朱恒鹏, 2011. 中国市场化指数: 各地区市场化相对进程 2011 年报告[M]. 北京: 经济科学出版社.

范龙振, 王海涛, 2003. 上海股票市场股票收益率因素研究[J]. 管理科学学报, 6(1): 60-67.

付鸣, 刘启亮, 李祎, 2015. 异质信念、财务报表质量与特质波动率——基于差分模型的研究[J]. 投资研究, (9): 146-159.

古志辉, 郝项超, 张永杰, 2011. 卖空约束、投资者行为和 A 股市场的定价泡沫[J]. 金融研究, (2): 129-148.

谷晓燕, 何锋, 蔡晨, 2011. 风险条件下基于实物期权的研发项目多阶段评价模型[J]. 中国管理科学, 19(4): 68-75.

郭强, 赵晚花, 孙勇, 2014. 考虑利润和效率的企业输出部门剥离决策[J]. 运筹与管理, (6): 92-101.

黄芬红, 王志强, 2014. 中国股市价值溢价的特征分析: 兼论中美股市溢价特征差异[J]. 投资研究, (8): 109-124.

李济航, 2018. 华为公司研发国际化的区位选择研究[D]. 天津: 天津商业大学.

李井林, 刘淑莲, 2016. 企业并购中的现金持有动态调整行为研究 [J]. 金融学季刊, 10(2): 52-95.

李强, 曾勇, 2009. 基于实物期权的技术创新非效率投资行为[J]. 系统工程理论与实践, 29(2): 18-29.

李强, 纪佳君, 曾勇, 2018. R&D 投资、一般性资本支出与股票收益: 增长期权的视角[J]. 管理工程学报, 32(1): 196-203.

李强, 谢媛, 曾勇, 2016. 增长期权、价值揭示与创业板公司估值[J]. 证券市场导报, (4): 49-55.

李善民, 曾昭灶, 2003. 质量差异化与产品互补型企业兼并问题[J]. 管理科学学报, 6(6): 54-60.

李小荣, 张瑞君, 2014. 股权激励影响风险承担: 代理成本还是风险规避?[J]. 会计研究, (1): 57-63.

李逸, 买忆媛, 2016. 新创企业的品牌资产提升: 广告投入还是研发投入[J]. 管理工程学报, 30(3): 81-89.

李准, 李强, 曾勇, 2018. 增长期权的执行、创造与资产风险溢价——企业生命周期的视角[J]. 中国管理科学, 26(10): 1-9.

林祺, 2016. 资本市场效率与资产增长异象——最优投资效应假说 VS. 错误定价假说[J]. 经济学(季刊), (2): 767-796.

刘军, 2009. 整体网分析讲义[M]. 上海: 上海人民出版社.

刘笑萍, 黄晓薇, 郭红玉, 2009. 产业周期、并购类型与并购绩效的实证研究[J]. 金融研究, (3): 135-153.

刘秀玲, 2009. 上市公司成长性与规模、上市年龄关系研究——基于福建省上市公司面板数据[J]. 福州大学学报(哲学社会科学版), 23(3): 43-47.

卢闯, 唐斯圆, 廖冠民, 2015. 劳动保护、劳动密集度与企业投资效率[J]. 会计研究, (6): 42-47.

罗琦, 李辉, 2015. 企业生命周期, 股利决策与投资效率[J]. 经济评论, (2): 115-125.

罗婷, 朱青, 李丹, 2009. 解析 R&D 投入和公司价值之间的关系[J]. 金融研究, (6): 100-110.

孟庆斌, 黄清华, 2018. 卖空机制是否降低了股价高估?——基于投资者异质信念的视角[J]. 管理科学学报, 21(04): 43-66.

穆庆榜, 2016. 基于泊松跳跃的最佳并购时机比较研究[J]. 运筹与管理, 25(3): 225-231.

倪骁然, 朱玉杰, 2016. 劳动保护、劳动密集度与企业创新——来自 2008 年《劳动合同法》实施的证据[J]. 管理世界, (7):

154-167.

庞德良, 1998. 论日本法人相互持股制度与公司治理结构[J]. 世界经济, (12): 56-60.

彭程, 杨红, 黄荣, 2011. 基于税收利益与破产成本的企业投融资决策互动关系研究[J]. 中国管理科学, 19(3): 46-54.

钱锡红, 杨永福, 徐万里, 2010. 企业网络位置、吸收能力与创新绩效——一个交互效应模型[J]. 管理世界, (5): 118-129.

乔国荣, 2017. 运营杠杆影响股票预期收益的实证研究[D]. 成都: 电子科技大学.

冉明东, 2011. 论企业交叉持股的“双刃剑效应”——基于公司治理框架的案例研究[J]. 会计研究, 32(5): 78-96.

尚尔霄, 赵世媛, 2013. 基于预期和未预期投资分解的我国资产增长异象分析[J]. 东北财经大学学报, (3): 27-31.

史习民, 戴娟萍, 2014. 宝钢股份资产剥离: 支撑抑或掏空?[J]. 财会月刊, 17: 53-56.

宋常, 刘司慧. 2011. 中国企业生命周期阶段划分及其度量研究[J]. 商业研究, (1): 1-10.

宋福铁, 梁新颖, 2010. 企业生命周期理论与上市公司现金股利分配实证研究[J]. 财经研究, 36(9): 123-133.

宋福铁, 屈文洲, 2010. 基于企业生命周期理论的现金股利分配实证研究[J]. 中国工业经济, (2): 140-149.

苏涛, 詹原瑞, 刘家鹏, 2007. 基于马尔科夫状态转换下的 CAPM 实证研究[J]. 系统工程理论与实践, 27(6): 21-26.

谭跃, 夏芳. 2011. 股价与中国上市公司投资——盈余管理与投资者情绪的交叉研究[J]. 会计研究, (8), 32-41+97.

唐清泉, 巫岑, 2014. 基于协同效应的企业内外部 R&D 与创新绩效研究[J]. 管理科学, (5): 12-23.

王炳成, 2011. 企业生命周期研究述评[J]. 技术经济与管理研究, (4): 52-55.

王晋斌, 2004. 价值溢价: 中国股票市场 1994-2002[J]. 金融研究, (3): 79-89.

王艳, 李善民, 2017. 社会信任是否会提升企业并购绩效?[J]. 管理世界, (12): 125-140.

魏春燕, 王生年, 2011. 生命周期、企业资源与并购的行业模式[J]. 中大管理研究, 6(4): 80-99.

魏志华, 曾爱民, 李博, 2014. 金融生态环境与企业融资约束——基于中国上市公司的实证研究[J]. 会计研究, (5): 73-80.

吴超鹏, 吴世农, 郑方镳, 2008. 管理者行为与连续并购绩效的理论与实证研究[J]. 管理世界, (7): 126-133, 188.

吴武清, 陈暮紫, 黄德龙, 等, 2012. 系统风险的会计决定: 企业财务风险、经营风险、系统风险的时变关联[J]. 管理科学学报, 15(4): 71-80.

席鹏辉, 梁若冰, 谢贞发, 等, 2017. 财政压力、产能过剩与供给侧改革[J]. 经济研究, (9): 86-102.

肖土盛, 靳庆鲁, 陈信元, 2016. 行业竞争与公司成本黏性: 基于实物期权视角[J]. 管理科学学报, 19(3): 48-63.

熊熊, 高雅, 冯绪, 2017. 卖空交易与异质信念: 基于中国股票市场的证据[J]. 系统工程理论与实践, 37(08): 1937-1948.

宿成建, 2014. 股票非预期收益定价的三因素模型研究——基于中国股票市场的检验[J]. 系统工程理论与实践, 34(3): 600-612.

徐虹, 2012. 市场化进程、产权配置与上市公司资产剥离业绩——基于同属管辖交易视角的研究[J]. 南开管理评论, 15(3): 110-121.

杨朝军, 蔡明超, 傅继波, 2001. 上海股票市场资本资产定价的横截面研究[J]. 系统工程理论与实践, 10(2): 66-70.

杨智, 邓炼金, 方二, 2010. 市场导向、战略柔性与企业绩效: 环境不确定性的调节作用[J]. 中国软科学, (9): 131-139.

姚益龙, 赵慧, 王亮, 2009. 企业生命周期与并购类型关系的实证研究——基于中国上市公司的经验研究[J]. 中大管理研究, 4(4): 35-49.

叶建华, 周铭山, 2013. 有限套利能否解释 A 股市场资产增长异象[J]. 南开管理评论, (1): 41-48.

殷丽萍, 2013. 诺基亚, 失败的创新者[J]. 中外管理, (8): 34-35.

于团叶, 陈翩翩, 宋小满, 2012. 基于生命周期的中小企业股权结构对绩效的影响[J]. 同济大学学报(自然科学版), 40(6): 955-959.

曾爱民, 傅元略, 魏志华, 2011. 金融危机冲击、财务柔性储备和企业融资行为——来自中国上市公司的经验证据[J]. 金融研究, (10): 155-169.

曾爱民, 张纯, 魏志华, 2013. 金融危机冲击、财务柔性储备与企业投资行为——来自中国上市公司的经验证据[J]. 管理世界, (4): 1-14.

翟进步, 王玉涛, 李丹, 2011. 上市公司并购融资方式选择与并购绩效: “功能锁定”视角[J]. 中国工业经济, (12): 100-110.

张芳芳, 刘淑莲, 2015. 现金持有、并购决策与并购绩效[J]. 山西财经大学学报, 37(4): 103-114.

张茉楠. [2013-8-2]. 实体经济“去杠杆”应着重“去产能”[N]. 中国证券报.

张维, 张永杰, 2006. 异质信念、卖空限制与风险资产价格[J]. 管理科学学报, 9(4): 58-64.

张曦, 2016. 古诺市场上的资产剥离措施有效吗?——成本不对称视角[J]. 南开经济研究, (3): 21-51.

张信东, 刘旭东, 杨婷, 2010. R&D 投入与公司价值的相关性分析——以生物制药行业和电子信息行业的上市公司为例[J]. 科技进步与对策, 27(23): 59-63.

张学平, 2008. 外资并购绩效的实证研究[J]. 管理世界, (10): 169-170.

张学勇, 柳依依, 罗丹, 等, 2017. 创新能力对上市公司并购业绩的影响[J]. 金融研究, (3): 159-175.

张莹春, 2016. 资本支出, 资产剥离与股票收益: 增长期权的视角[D]. 成都: 电子科技大学.

赵翠, 2012. 上市公司交叉持股的股价效应研究——基于公允价值计量模式视角[D]. 保定: 河北大学: 43-58.

赵浩雪, 叶松勤, 2013. 基于诺基亚帝国没落的案例分析[J]. 西部财会, (12): 60-62.

赵华, 张鼎祖, 2010. 企业财务柔性的本原属性研究[J]. 会计研究, (6): 62-69.

赵蒲, 孙爱英, 2005. 资本结构与产业生命周期: 基于中国上市公司的实证研究[J]. 管理工程学报, 19(3): 42-46.

赵山, 黄运成, 2006. 托宾 Q、增长机会与公司资本结构关系的实证研究[J]. 哈尔滨工业大学学报(社会科学版), (5): 93-97.

周铭山, 王春伟, 黄世海, 2013. 国有控股公司控制权转移对投资绩效的影响——基于投资支出-股票收益关系的视角[J]. 国际金融研究, (10): 74-85.

周铭山, 叶建华, 2012. 资本支出、公司规模与账面市值比效应——基于 A 股上市公司的研究[J]. 投资研究, (6): 118-132.

朱宏泉, 范露萍, 舒兰, 2012. 成长性, 现有资产与 β 关系的上市公司实证研究[J]. 管理学报, 9(2): 303-314.

朱宏泉, 余江, 陈林, 2016. 异质信念、卖空限制与股票收益——基于中国证券市场的分析[J]. 管理科学学报, 19(7): 115-126.

朱兆珍, 2016. 企业生命周期视角下财务危机预警研究[D]. 南京: 东南大学.

祝继高, 陆正飞, 2011. 产权性质、股权再融资与资源配置效率[J]. 金融研究, (1): 131-148.

Abel A B, Eberly J C, 1996. Optimal investment with costly reversibility[J]. Review of Economic Studies, 63(4): 581-593.

Acemoglu D, Cao D, 2015. Innovation by entrants and incumbents[J]. Journal of Economic Theory, (157): 255-294.

Acharya V, Philippon T, Richardson M, et al., 2009. The financial crisis of 2007-2009: causes and remedies[J]. Financial Markets, Institutions & Instruments, 18(2): 89-137.

Adam T, Goyal V K, 2008. The investment opportunity set and its proxy variables[J]. Journal of Financial Research, 31(1): 41-63.

Adizes I, 1989. Corporate lifecycles: How and Why Corporations Grow and Die and What to do About it[M]. New Jersey: Prentice Hall.

Agrawal A, Jaffe J F, Mandelker G N, 1992. The post-merger performance of acquiring firms: a re-examination of an anomaly[J]. Journal of Finance, 47(4): 1605-1621.

Ai H, Kiku D, 2013. Growth to value: option exercise and the cross section of equity returns[J]. Journal of Financial Economics, 107(2): 325-349.

Allen F, Qian J, Qian M, 2005. Law, finance, and economic growth in China[J]. Journal of Financial Economics, 77(1): 57-116.

Almeida H, Campello M, Weisbach M S, 2004. The cash flow sensitivity of cash[J]. Journal of Finance, 59(4): 1777-1804.

Amundsen E S, Beergman L, 2002. Will cross-ownership re-establish market power in the Nordic power market[J]. The Energy Journal, 23(2): 73-95.

Anderson C W, Garcia-Feijóo L, 2006. Empirical evidence on capital investment, growth options, and security returns[J]. Journal of Finance, 61(1): 171-194.

Ang A, Hodric R, Xing Y H, etal., 2009. High idiosyncratic volatility and expected returns: international and further U. S. evidence[J]. Journal of Financial Economics, 91(1): 1-23.

Anthony J H, Ramesh K, 1992. Association between accounting performance measures and stock prices: a test of the life cycle hypothesis[J]. Journal of Accounting and Economics, 15(2-3): 203-227.

Aretz K, Pope P F, 2018. Real options models of the firm, capacity overhang, and the cross-section of stock returns[J]. Journal of Finance, 73(3): 1363-1415.

Arikan A M, Stulz R M, 2016. Corporate acquisitions, diversification, and the firm's life cycle[J]. Journal of Finance, 71(1): 139-194.

Armstrong C S, Core J E, Taylor D J, et al., 2011. When does information asymmetry affect the cost of capital?[J]. Journal of Accounting Research, 49(1): 1-40.

Atanassov J, 2013. Do hostile takeovers stifle innovation? evidence from antitakeover legislation and corporate patenting[J]. Journal of Finance, 68(3): 1097-1131.

Bakshi G S, Chen Z, 1996. The spirit of capitalism and stock-market prices[J]. American Economic Review, 86(1): 133-157.

Banz R W, 1981. The relationship between return and market value of common stocks[J]. Journal of Financial Economics, 9(1): 3-18.

Barber B M, Lyon J D, 1997. Detecting long-run abnormal stock returns: the empirical power and specification of test statistics[J]. Journal of Financial Economics, 43(3): 341-372.

Barclay M J , Smith C W , Watts R L, 1995. The determinants of corporate leverage and dividend policies[J]. Journal of Applied Corporate Finance, 7(4): 4-19.

Barclay M J, Smith C W, Morellec E, 2006. On the debt capacity of growth options[J]. Journal of Business, 79(1): 37-60.

Barron O E, 1995. Trading volume and belief revisions that differ among individual analysts[J]. Accounting Review, 70(4): 581-597.

Barron O E, Stuerke P S, 1998. Dispersion in analysts' earnings forecasts as a measure of uncertainty[J]. Journal of Accounting, Auditing & Finance, 13(3): 245-270.

Basu S, 1977. Investment performance of common stocks in relation to their price-earnings ratios: a test of the efficient market hypothesis[J]. Journal of Finance, 32(3): 663-682.

Bates T W, 2005. Asset sales, investment opportunities, and the use of proceeds[J]. Journal of Finance, 60(1): 105-135.

Bena J, Li K, 2014. Corporate innovations and mergers and acquisitions[J]. Journal of Finance, 69(5): 1923-1960.

Berchtold D, 2014. Corporate aging and investment decisions[D]. Bern: University of Bern.

Berk J B, Green R C, Naik V, 1999. Optimal investment, growth options, and security returns[J]. Journal of Finance, 54(5): 1553-1607.

Berk J B, Green R C, Naik V, 2004. Valuation and return dynamics of new ventures[J]. Review of Financial Studies, 17(1): 1-35.

Bernardo A E, Chowdhry B, Goyal A, 2007. Growth options, beta, and the cost of capital[J]. Financial Management, 36(2): 1-13.

Bertrand M, Mullainathan S, 2003. Enjoying the quiet life? corporate governance and managerial preferences[J]. Journal of Political Economy, 111(5): 1043-1075.

Bessembinder H, Cooper M J, Zhang F, 2019. Characteristic-based benchmark returns and corporate events[J]. Review of Financial

Studies, 32(1): 75-125.

Bessembinder H, Zhang F, 2013. Firm characteristics and long-run stock returns after corporate events[J]. Journal of Financial Economics, 109(1): 83-102.

Bessembinder H, Zhang F, 2017. Long run stock returns after corporate events revisited[J]. Critical Finance Review, 10(1-2): Forthcoming

Bhandari L C, 1988. Debt/equity ratio and expected common stock returns: empirical evidence[J]. Journal of Finance, 43(2): 507-528.

Black E L, 1998. Life-cycle impacts on the incremental value-relevance of earnings and cash flow measures[J]. Journal of Financial Statement Analysis, (4): 40-57.

Black F, 1993. Beta and return[J]. Journal of Portfolio Management, 20(1): 8-18.

Black F, Scholes M, 1973. The pricing of options and corporate liabilities[J]. Journal of Political Economy, 81(3): 637-654.

Blume M E, Friend I, 1973. A new look at the capital asset pricing model[J]. Journal of Finance, 28(1): 19-34.

Boateng A, Bi X, 2014. Acquirer characteristics and method of payment: evidence from Chinese mergers and acquisitions[J]. Managerial & Decision Economics, 35(8): 540-554.

Boehme R D, Danielsen B R, Sorescu S M, 2006. Short-sale constraints, differences of opinion, and overvaluation[J]. Journal of Financial and Quantitative Analysis, 41(2): 455-487.

Boone A L, Lie E, Liu Y, 2014. Time trends and determinants of the method of payment in M&As[J]. Journal of Corporate Finance, 27: 296-304.

Booth L, Aivazian V, Demirguc-Kunt A, et al., 2001. Capital structures in developing countries[J]. Journal of Finance, 56(1): 87-130.

Boudreaux K J, 1975. Divestiture and share price[J]. Journal of Financial and Quantitative Analysis, 10(4): 619-626.

Boyle G W, Guthrie G A, 2003. Investment, uncertainty, and liquidity[J]. Journal of Finance, 58(5): 2143-2166.

Bradley M, Jarrell G A, Kim E H, 1984. On the existence of an optimal capital structure: theory and evidence[J]. Journal of Finance, 39(3): 857-878.

Branch B S, Chichirau C, 2010. Mispricing vs risk premia in R&D-intensive firms[J]. International Review of Financial Analysis, 19(5): 358-367.

Breeden D T, 1979. An intertemporal asset pricing model with stochastic consumption and investment opportunities[J]. Journal of Financial Economics, 7(3): 265-296.

Breen W J, Korajczyk R A, 1995. On selection biases in book-to-market based tests of asset pricing models[R]. Working Paper, Northwestern University. https://www.kellogg.northwestern.edu/faculty/korajczy/htm/wp167.pdf.

Brown J R, Petersen B C, 2011. Cash holdings and R&D smoothing[J]. Journal of Corporate Finance, 17(3): 694-709.

Burt R S, 1992. Structural Holes: the Social Structure of Competition[M]. Cambridge: Harvard University Press.

Campbell J Y, Cochrane J H, 2000. Explaining the poor performance of consumption-based asset pricing models[J]. Journal of Finance, 55(6): 2863-2878.

Cao C, Simin T, Zhao J, 2006. Can growth options explain the trend in idiosyncratic risk?[J]. Review of Financial Studies, 21(6): 2599-2633.

Cao V N, 2015. What explains the value premium? the case of adjustment costs, operating leverage and financial leverage[J]. Journal of Banking & Finance, 59: 350-366.

Cao Y, Chen X, 2012. An agent-based simulation model of enterprises financial distress for the enterprise of different life cycle stage[J]. Simulation Modelling Practice and Theory, 20(1): 70-88.

Carhart M M, 1997. On persistence in mutual fund performance[J]. Journal of Finance, 52(1): 57-82.

Carlson M, Fisher A, Giammarino R, 2004. Corporate investment and asset price dynamics: implications for the cross-section of returns[J]. Journal of Finance, 59(6): 2577-2603.

Carlson M, Fisher A, Giammarino R, 2006. Corporate investment and asset price dynamics: implications for SEO event studies and long-run performance[J]. Journal of Finance, 61(3): 1009–1034.

Carlson M, Fisher A, Giammarino R, 2010. SEO risk dynamics[J]. Review of Financial Studies, 23(11): 4026-4077.

Chambers D, Jennings R, Thompson R B, 2002. Excess returns to R&D-intensive firms[J]. Review of Accounting Studies, (7): 133-158.

Chan H, Chang X, Faff R, Wong G, 2010. Financial constraints and stock returns — evidence from Australia[J]. Pacific-Basin Finance Journal, 18(3): 306-318.

Chan K S, Dang V Q T, Yan I K M, 2012. Financial reform and financing constraints: some evidence from listed Chinese firms[J]. China Economic Review, 23(2): 482-497.

Chan L K C, Lakonishok J, Sougiannis T, 2001. The stock market valuation of research and development expenditures[J]. Journal of Finance, 56(6): 2431-2456.

Chang C S, Yu S W, Hung C H, 2015. Firm risk and performance: the role of corporate governance[J]. Review of Managerial Science, 9(1): 141-173.

Charalambakis E C, Psychoyios D, 2012. What do we know about capital structure? revisiting the impact of debt ratios on some firm-specific factors[J]. Applied Financial Economics, 22(20): 1727-1742.

Chay J B, Kim H, Suh J, 2015. Firm age and valuation: evidence from Korea[J]. Asia-pacific Journal of Financial Studies, 44(5): 721-761.

Chen H J, Kacperczyk M, Ortiz-Molina H, 2011. Labor unions, operating flexibility, and the cost of equity[J]. Journal of Financial and Quantitative Analysis, 46(1): 25-58.

Chen L, Novy-Marx R, Zhang L, 2011. An alternative three-factor model[R]. SSRN Working Paper, Social Science Electronic Publishing, https://papers.ssrn.com/sol3/papers.cfm?abstract_id=1418117.

Chen S, Sun Z, Tang S, Wu D H, 2011. Government intervention and investment efficiency: evidence from China[J]. Journal of Corporate Finance, 17(2): 259-271.

Chen X, Kim K A, Yao T, Yu T, 2010. On the predictability of Chinese stock returns[J]. Pacific-Basin Finance Journal, 18(4): 403-425.

Chi J D, Su X, 2017. The dynamics of performance volatility and firm valuation[J]. Journal of Financial and Quantitative Analysis, 52(1): 111-142.

Chincarini L B, Kim D, Moneta F, 2020. Beta and firm age[J]. Journal of Empirical Finance, 58: 50-74.

Chod J, Zhou J, 2014. Resource flexibility and capital structure[J]. Management Science, 60(3): 708-729.

Choi J, 2013. What drives the value premium? the role of asset risk and leverage[J]. Review of Financial Studies, 26(11): 2845-2875.

Chowdhury J, Fink J, 2017. How does CEO age affect firm risk?[J]. Asia-Pacific Journal of Financial Studies, 46(3): 381-412.

Chung K H, Charoenwong C, 1991. Investment options, assets in place, and the risk of stocks[J]. Financial Management, 20(3): 21-33.

Chung K. H, Pruitt S W, 1994. A simple approximation of Tobin's q[J]. Financial Management, 23(3): 70-74.

Clarkson P M, Thompson R, 1990. Empirical estimates of beta when investors face estimation risk[J]. Journal of Finance, 45(2): 431-453.

Cloodt M, Hagedoorn J, Van Kranenburg H, 2006. Mergers and acquisitions: their effect on the innovative performance of companies in high-tech industries[J]. Research Policy, 35(5): 642-654.

Cochrane J H, 1991. Production-based asset pricing and the link between stock returns and economic fluctuations[J]. Journal of Finance, 46(1): 209-237.

Cochrane J H, 2001. Asset Pricing[M]. New Jersey: Princeton University Press.

Cochrane J H, 2009. Asset Pricing (Revised Edition) [M]. New Jersey: Princeton University Press.

Cohen L, Diether K, Malloy C, 2013. Misvaluing innovation[J]. Review of Financial Studies, 26(3): 635-666.

Cohen R B, Gompers P A, Vuolteenaho T, 2002. Who underreacts to cash-flow news? evidence from trading between individuals and institutions[J]. Journal of Financial Economics, 66(2): 409-462.

Collins D M, Kothari S R, 1989. An analysis of intertemporal and cross-sectional determinants of earnings response coefficients[J]. Journal of Accounting and Economics, 11(2-3): 143-181.

Comanor W S, Scherer F M, 2013. Mergers and innovation in the pharmaceutical industry[J]. Journal of Health Economics, 32(1): 106-113.

Comment R, Jarrell G A, 1995. Corporate focus and stock returns[J]. Journal of Financial Economics, 37(1): 67-87.

Connolly R A, Hirschey M, 2005. Firm size and the effect of R&D on Tobin' s q[J]. R&D Management, 35(2): 217-223.

Connor G, 1984. A unified beta pricing theory[J]. Journal of Economic Theory, 34(1): 13-31.

Conrad J, Cooper M, Kaul G, 2003. Value versus glamour[J]. Journal of Finance, 58(5): 1969-1995.

Cooley T F, Quadrini V, 2001. Financial markets and firm dynamics[J]. American Economic Review, 91(5): 1286-1310.

Cooper I, 2006. Asset pricing implications of nonconvex adjustment costs and irreversibility of investment[J]. Journal of Finance, 61(1): 139-170.

Cooper I, Priestley R, 2011. Real investment and risk dynamics[J]. Journal of Financial Economics, 101(1): 182-205.

Cooper M J, Gulen H, Schill M J, 2008. Asset growth and the cross-section of stock returns[J]. Journal of Finance, 63(4): 1609-1651.

Cornaggia K J, Franzen L A, Simin T T, 2013. Bringing leased assets onto the balance sheet[J]. Journal of Corporate Finance, 22: 345-360.

Cornell B, 1999. Risk, duration, and capital budgeting: new evidence on some old questions[J]. Journal of Business, 72(2): 183-200.

Cui C Y, John K, Pang J, Wu H, 2018. Employment protection and corporate cash holdings: evidence from China' s labor contract law[J]. Journal of Banking & Finance, 92: 182-194.

D' Acunto F, Liu R, Pflueger C, Weber M, 2018. Flexible prices and leverage[J]. Journal of Financial Economics, 129(1): 46-68.

Da Z, Guo R J, Jagannathan R, 2012. CAPM for estimating the cost of equity capital: Interpreting the empirical evidence[J]. Journal of Financial Economics, 103(1): 204-220.

Daniel K, Titman S, 1997. Evidence on the characteristics of cross sectional variation in stock returns[J]. Journal of Finance, 52(1), 1-33.

Danthine J P, Donaldson J B, 2002. Labour relations and asset returns[J]. Review of Economic Studies, 69(1): 41-64.

Davis J L, 1994. The cross-section of realized stock returns: the pre-COMPUSTAT evidence[J]. Journal of Finance, 49(5): 1579-1593.

Davis J L, Fama E F, French K R, 2000. Characteristics, covariances, and average returns: 1929 to 1997[J]. Journal of Finance, 55(1):

389-406.

De Bondt W F, Thaler R H, 1985. Does the stock market overreact[J]. Journal of Finance, 40(3): 793-805.

De Bondt W F, Thaler R H, 1987. Further evidence on investor overreaction and stock market seasonality[J]. Journal of Finance, 42(3): 557-581.

DeAngelo H, DeAngelo L, Stulz R M, 2006. Dividend policy and the earned/contributed capital mix: a test of the life-cycle theory[J]. Journal of Financial Economics, 81(2): 227-254.

DeAngelo H, Masulis R W, 1980. Optimal capital structure under corporate and personal taxation[J]. Journal of Financial Economics, 8(1): 3-29.

Dechow P M, Sloan R G, Soliman M T, 2004. Implied equity duration: a new measure of equity risk[J]. Review of Accounting Studies, 9(2-3): 197-228.

Denis D J, 1994. Investment opportunities and the market reaction to equity offerings[J]. Journal of Financial and Quantitative Analysis, 29(2): 159-177.

Dickinson V, 2011. Cash flow patterns as a proxy for firm life cycle[J]. Accounting Review, 86(6): 1969-1994.

Diether K B, Malloy C J, Scherbina A, 2002. Differences of opinion and the cross section of stock returns[J]. Journal of Finance, 57(5): 2113-2141.

Dixit A K, Pindyck R S, 1994. Investment under Uncertainty[M]. New Jersey: Princeton University Press.

Dogan F G, 2016. Non-cancellable operating leases and operating leverage[J]. European Financial Management, 22(4): 576-612.

Donangelo A, 2014. Labor mobility: implications for asset pricing[J]. Journal of Finance, 69(3): 1321-1346.

Donangelo A, 2016. Labor leverage and the value premium[R]. SSRN Working Paper, https: //papers. ssrn. com/sol3/papers. cfm? abstract_id=2668359.

Donangelo A, 2021. Untangling the value premium with labor shares[J]. Review of Financial Studies, 34(1): 451-508.

Donangelo A, Gourio F, Kehrig M, et al, 2018. The cross-section of labor leverage and equity returns[J]. Journal of Financial Economics, forthcoming.

Donangelo A, Gourio F, Kehrig M, Palacios M, 2019. The cross-section of labor leverage and equity returns[J]. Journal of Financial Economics, 132(2): 497-518.

Douglas G W, 1968. Risk in the equity markets: An empirical appraisal of market efficiency[D]. New Haven: Yale University.

Downs A, 1967. Inside Bureaucracy[M]. Illnois: Wavel & Press, Inc.

Duffee G, 1995. Stock return and volatility: a firm-level analysis[J]. Journal of Financial Economics, 37(3): 399-420.

Dutta A, Knif J, Kolari J W, Pynnonen S, 2018. A robust and powerful test of abnormal stock returns in long-horizon event studies[J]. Journal of Empirical Finance, 47: 1-24.

Dutta S, Jog V, 2009. The long-term performance of acquiring firms: a re-examination of an anomaly[J]. Journal of Banking & Finance, 33(8): 1400-1412.

Dybvig P H, Ingersoll J E, 1982. Mean-variance theory in complete markets[J]. Journal of Business, 55(2): 233-251.

Eberhart A C, Maxwell W F, Siddique A R, 2004. An examination of long-term abnormal stock returns and operating performance following R&D increases[J]. Journal of Finance, 59(2): 623-650.

Erickson T, Whited T M, 2006. On the accuracy of different measures of Q[J]. Financial Management, 35(3): 5-33.

Evans D S, 1986. The relationship between firm growth, size, and age: estimates for 100 manufacturing industries[J]. Journal of Industrial Economics, 35(4): 567-581.

Evans D S, 1987. Tests of alternative theories of firm growth[J]. Journal of Political Economy, 95(4): 657-674.

Faff R, Kwof W C, Podolski E J, Wong G, 2016. Do corporate policies follow a life-cycle?[J]. Journal of Banking & Finance, 69: 95-107.

Fairfield P M, Whisenant J S, Yohn T L, 2003. Accrued earnings and growth: implications for future profitability and market mispricing[J]. Accounting Review, 78(1): 353-371.

Fama E F, French K R, 1992. The cross-section of expected stock returns[J]. Journal of Finance, 47(2): 427-465.

Fama E F, French K R, 1993. Common risk factors in the returns on stocks and bonds[J]. Journal of Financial Economics, 33(1): 3-56.

Fama E F, French K R, 1995. Size and book to market factors in earnings and returns[J]. Journal of Finance, 50(1): 131-155.

Fama E F, French K R, 1996. Multifactor explanations of asset pricing anomalies[J]. Journal of Finance, 51(1): 55-84.

Fama E F, French K R, 1998. Value versus growth: the international evidence[J]. Journal of Finance, 53(6): 1975-1999.

Fama E F, French K R, 2001. Disappearing dividends: changing firm characteristics or lower propensity to pay?[J]. Journal of Financial Economics, 60(1): 3-43.

Fama E F, French K R, 2004. The capital asset pricing model: theory and evidence[J]. Journal of Economic Perspectives, 18(3): 25-46.

Fama E F, French K R, 2010. Luck versus skill in the cross-section of mutual fund returns[J]. Journal of Finance, 65(5): 1915-1947.

Fama E F, French K R, 2015. A five-factor asset pricing model[J]. Journal of Financial Economics, 116(1): 1-22.

Fama E F, MacBeth J D, 1973. Risk, return, and equilibrium: empirical tests[J]. Journal of Political Economy, 81(3): 607-636.

Farinas J C, Moreno L, 2000. Firms' growth, size and age: a nonparametric approach[J]. Review of Industrial organization, 17(3): 249-265.

Favilukis J, Lin X, 2016. Does wage rigidity make firms riskier? evidence from long-horizon return predictability[J]. Journal of Monetary Economics, 78: 80-95.

Ferrett B, Poyago-Theotoky J, 2016. Horizontal agreements and R&D complementarities: merger versus RJV[J]. International Journal of the Economics of Business, 23(1): 87-107.

Ferri M G, Jones W H, 1979. Determinants of financial structure: a new methodological approach[J]. The Journal of Finance, 34(3): 631-644.

Frank M Z, Goyal V K, 2009. Capital structure decisions: which factors are reliably important?[J] Financial Management, 38(1): 1-37.

Fuchs W, Green B, Papanikolaou D, 2016. Adverse selection, slow-moving capital, and misallocation[J]. Journal of Financial Economics, 120(2): 286-308.

Gahlon J M, 1981. Operating leverage as a determinant of systematic risk[J]. Journal of Business Research, 9(3): 297-308.

Gahlon J M, Gentry J A, 1982. On the relationship between systematic risk and the degrees of operating and financial leverage[J]. Financial Management, 11(2): 15-23.

Galai D, Masulis R W, 1976. The option pricing model and the risk factor of stock[J]. Journal of Financial Economics, 3(1): 53-81.

Garcia-Feijóo L, Jorgensen R D, 2010. Can operating leverage be the cause of the value premium?[J]. Financial Management, 39(3): 1127-1154.

Gaver J J, Gaver K M, 1995. Compensation policy and the investment opportunity set[J]. Financial Management, 24(1): 19-32.

Giannopoulos G, Holt A, Khansalar E, Mogoya P, 2017. The long-run performance of US bidding firms in the post M&A period: the impact of bid type, payment method and industry specialisation[J]. International Journal of Business and Management, 12(2): 230-245.

Gibson R, Schwartz E S, 1990. Stochastic convenience yield and the pricing of oil contingent claims[J]. Journal of Finance, 45(3): 959-976.

Gilje E P, 2016. Do firms engage in risk-shifting? empirical evidence[J]. Review of Financial Studies, 29(11): 2925-2954.

Glove R K J, Hambusch G, 2014. The trade-off theory revisited: On the effect of operating leverage[J]. International Journal of Managerial Finance, 10(1): 2-22.

Gollin D, 2002. Getting income shares right[J]. Journal of Political Economy, 110(2): 458-474.

Gomes J F, Kogan L, Zhang L, 2003. Equilibrium cross-section of returns[J]. Journal of Political Economy, 111(4): 693-732.

Gomes J, Schmid L, 2010. Levered returns[J]. Journal of Finance, 65(2): 467-494.

Gorbenko A S, Malenko A, 2017. The timing and method of payment in mergers when acquirers are financially constrained[J]. Review of Financial Studies, 31(10): 3937-3978.

Gorton G, 2014. Some reflections on the recent financial crisis[J]. In: Acharyya R., Marjit S. (eds) Trade, Globalization and Development. Springer, India: 161-184.

Gourio F, 2007. Labor leverage, firms' heterogeneous sensitivities to the business cycle, and the cross-section of expected returns[R]. Boston University Working Paper, http: //www. academia. edu/download/30745602/xspaper. pdf.

Goyal V K, Lehn K, Racic S, 2002. Growth opportunities and corporate debt policy: the case of the U. S. defense industry[J]. Journal of Financial Economics, 64(1): 35-59.

Graham B, Dodd D, 1934. Security analysis[M]. New York: McGraw-Hill Companies.

Graham J R, Harvey C R, 2001. The theory and practice of corporate finance: evidence from the field[J]. Journal of Financial Economics, 60(2): 187-243.

Graham J R, Rogers D A, 2002. Do firms hedge in response to tax incentives?[J]. Journal of Finance, 57(2): 815-839.

Granovetter M, 1985. Economic action and social structure: the problem of embeddedness[J]. American Journal of Sociology, 91(3): 481-510.

Gray P, Johnson J, 2011. The relationship between asset growth and the cross-section of stock returns[J]. Journal of Banking & Finance, 35(3): 670-680.

Greiner L E, 1972. Evolution and revolution as organizations grow[J]. Harvard Business Review, (50): 37-46.

Grullon G, Lyandres E, Zhdanov A, 2012. Real options, volatility, and stock returns[J]. Journal of Finance, 67(4): 1499-1537.

Grullon G, Michaely R, Swaminathan B, 2002. Are dividend changes a sign of firm maturity?[J]. Journal of Business, 75(3): 387-423.

Gu L, 2016. Product market competition, R&D investment, and stock returns[J]. Journal of Financial Economics, 119(2): 441-455.

Gu L, Hackbarth D, Johnson T, 2018. Inflexibility and stock returns[J]. Review of Financial Studies, 31(1): 278-321.

Gul F A, 1999. Growth opportunities, capital structure and dividend policies in Japan[J]. Journal of Corporate Finances, 5(2): 141-168.

Gulati R, 1999. Network location and learning: the influence of network resources and firm capabilities on alliance formation[J]. Strategic Management Journal, 20(5): 397-420.

Gulen H, Xing Y, Zhang L, 2011. Value versus growth: time-varying expected stock returns[J]. Financial Management, 40(2): 381-407.

Guo B, Zhang W, Zhang Y, et al., 2017. The five-factor asset pricing model tests for the Chinese stock market[J]. Pacific-Basin Finance Journal, (43): 84-106.

Guthrie G, 2011. A note on operating leverage and expected rates of return[J]. Finance Research Letters, 8 (2): 88-100.

Guthrie G, 2013. A value premium without operating leverage[J]. Finance Research Letters, 10 (1): 1-11.

Guthrie G, 2014. Real options and the cross-section of expected stock returns[J]. Journal of Economic Surveys, 28 (2): 265-283.

Hackbarth D, Johnson T, 2015. Real options and risk dynamics[J]. Review of Economic Studies, 82 (4): 1449-1482.

Hackbarth D, Morellec E, 2008. Stock returns in mergers and acquisitions[J]. Journal of Finance, 63 (3): 1213-1252.

Haire M, 1959. Modern organization theory[M]. Oxford, U. K. : Wiley.

Hanks S H, Watson C J, Jansen E, et al., 1993. Tightening the life-cycle construct: a taxonomic study of growth stage configurations in high-technology organizations[J]. Entrepreneurship Theory & Practice, 18 (2): 5-29.

Harford J, 1999. Corporate cash reserves and acquisitions[J]. Journal of Finance, 54 (6): 1969-1997.

Hasan M M, Hossain M, Cheung A, et al., 2015. Corporate life cycle and cost of equity capital[J]. Journal of Contemporary Accounting & Economics, 11 (1): 46-60.

Hasan M M, Hossain M, Habib A, 2015. Corporate life cycle and cost of equity capital[J]. Journal of Contemporary Accounting & Economics, 11 (1): 46-60.

Haugen R A, Baker N L, 1996. Commonality in the determinants of expected stock returns[J]. Journal of Financial Economics, 41 (3): 401-439.

Hirshleifer D, Hsu P H, Li D, 2013. Innovative efficiency and stock returns[J]. Journal of Financial Economics, 107 (3): 632-654.

Ho Y K , Xu Z, Yap C M, 2004. R&D investment and systematic risk[J]. Accounting and Finance , 44 (3): 393-418.

Hou K, Xue C, Zhang L, 2015. Digesting anomalies: an investment approach[J]. Review of Financial Studies, 28 (3): 650-705.

Houmes R E, MacArthur J B, Stranahan H, 2012. The operating leverage impact on systematic risk within a context of choice[J]. Managerial Finance, 38 (12): 1184-1202.

Hovakimian A, Opler T, Titman S, 2001. The debt-equity choice[J]. Journal of Financial and Quantitative Analysis, 36 (1): 1-24.

Hsu P H, 2009. Technological innovations and aggregate risk premiums[J]. Journal of Financial Economics, 94 (2): 264-279.

Huang L, Kang Q, 2018. Information, investment adjustment, and the cost of capital[J]. Journal of Financial and Quantitative Analysis, 53 (4): 1715-1754.

Huang S, 2014. Managerial expertise, corporate decisions and firm value: evidence from corporate refocusing[J]. Journal of Financial Intermediation, 23 (3): 348-375.

Huang Z, Heian J B, Zhang T, 2011. Differences of opinion, overconfidence, and the high-volume premium[J]. Journal of Financial Research, 34 (1): 1-25.

Huffman S P, 1989. The impact of the degrees of operating and financial leverage on the systematic risk of common stocks: another look[J]. Quarterly Journal of Business and Economics, 28 (1): 83-100.

Hund J, Monk D, Tice S, 2010. Uncertainty about average profitability and the diversification discount[J]. Journal of Financial Economics, 96 (3): 463-484.

Hwang S, Rubesam A, 2013. A behavioral explanation of the value anomaly based on time-varying return reversals[J]. Journal of Banking & Finance, 37 (7): 2367-2377.

Iancu D A, Trichakis N, Tsoukalas G, 2017. Is operating flexibility harmful under debt?[J]. Management Science, 63 (6): 1730-1761.

Jacquier E, Titman S, Yalçin A, 2010. Predicting systematic risk: implications from growth options[J]. Journal Empirical Finance,

17(5): 991-1005.

Jain B A, Kini O, 1994. The post-issue operating performance of IPO firms[J]. Journal of Finance, 49(5): 1699-1726.

Jegadeesh N, Titman S, 1993. Returns to buying winners and selling losers: Implications for stock market efficiency[J]. Journal of Finance, 48(1): 65-91.

Jensen M C, 1945. The performance of mutual funds in the period –1964[J]. Journal of Finance, 1968, 23(2): 389-416.

Jensen M C, 1986. Agency cost of free cash flow, corporate finance, and takeovers[J]. American Economic Review, 76(2): 323-329.

Jensen M C, Black F, Scholes M S, 1972. The capital asset pricing model: some empirical tests[A]. //Jensen M C. Studies in the Theory of Capital Markets. New York: Praeger Publishers Inc.

Jensen M C, Meckling W H, 1976. Theory of the firm: managerial behavior, agency costs and ownership structure[J]. Journal of Financial Economics, 3(4): 305-360.

Jensen-Vinstrup M, Rigamonti D, Wulff J, 2018. European cross-border acquisitions: long-run stock returns and firm characteristics[J]. Journal of Multinational Financial Management, 47-48: 31-45.

John K, Ofek E, 1995. Asset sales and increase in focus[J]. Journal of Financial Economics, 37(1): 105-126.

Kahl M, Lunn G, Nilsson M, 2014. Operating leverage and corporate financial policies[R]. SSRN Working Paper, https://papers.ssrn.com/sol3/Papers.cfm?abstract_id=1787184.

Kaiser K, Stouraitis A, 1995. Value creation through corporate restructuring: European divestitures[J]. European Management Journal, 13(2): 164-174.

Kallapur S, Trombley M A, 1999. The association between investment opportunity set proxies and realized growth[J]. Journal of Business Finance and Accounting, 26(3-4): 505-519.

Kaplan S N, Zingales L, 1997. Do investment-cash flow sensitivities provide useful measures of financing constraints?[J]. Quarterly Journal of Economics, 112(1): 169-215.

Kieschnick R, Moussawi R, 2018. Firm age, corporate governance, and capital structure choices[J]. Journal of Corporate Finance, 48: 597-614.

Kieso D E, Weygandt J J, Warfield T D, 2010. Intermediate Accounting: IFRS edition[M]. New York: John Wiley & Sons.

Kimmel P D, Weygandt J J, Kieso D E, 2009. Financial Accounting: Tools for Business Decision Making[M]. New York: John Wiley & Sons.

Kosowski R, 2011. Do mutual funds perform when it matters most to investors? US mutual fund performance and risk in recessions and expansions[J]. Quarterly Journal of Finance, 1(3): 607-664.

Kothari S P, Shanken J, Sloan R G, 1995. Another look at the cross-section of expected stock returns[J]. Journal of Finance, 50(1): 185-224.

Koussis N, Makrominas M, 2015. Growth options, option exercise and firms' systematic risk[J]. Review of Quantitative Finance and Accounting, 44(2): 243-267.

Kraft H, Schwartz E, Weiss F, 2018. Growth options and firm valuation[J]. European Financial Management, 24(2): 209-238.

Kraus A, Litzenberer R, 1973. A state-preference model of optimal financial leverage[J]. Journal of Finance, 28(4): 911-922.

Kumar P, Li D M, 2016. Capital investment, innovative capacity, and stock returns[J]. Journal of Finance, 71(5): 2059-2094.

Kumar P, Yerramilli V, 2018. Optimal capital structure and investment with real options and endogenous debt costs[J]. Review of Financial Studies, 31(9): 3452-3490.

Kuzmina O, 2018. Employment flexibility and capital structure: evidence from a natural experiment[R]. SSRN Working Paper.

Lakonishok J, Shapiro A C, 1986. Systematic risk, total risk and size as determinants of stock market returns[J]. Journal of Banking & Finance, 10(1): 115-132.

Lakonishok J, Shleifer A, Vishny R W, 1994. Contrarian investment, extrapolation, and risk[J]. Journal of Finance, 49(5): 1541-1578.

Lam F Y E C, Wei K C J, 2011. Limits-to-arbitrage, investment frictions, and the asset growth anomaly[J]. Journal of Financial Economics, 102(1): 127-149.

Lambrecht B M, 2004. The timing and terms of mergers motivated by economies of scale[J]. Journal of Financial Economics, 72(1): 41-62.

Lambrecht B M, Myers S C, 2007. A theory of takeovers and disinvestment[J]. Journal of Finance, 62(2): 809-845.

Lamont O, Polk C, Saá-Requejo J, 2001. Financial constraints and stock returns[J]. Review of Financial Studies, 14(2): 529-554.

Lang L, Ofek E, Stulz R, 1996. Leverage, investment, and firm growth[J]. Journal of Financial Economics, 40(1): 3-29.

Lang L, Poulsen A, Stulz R, 1995. Asset sales, firm performance, and the agency costs of managerial discretion[J]. Journal of Financial Economics, 37(1): 3-37.

Lee D, Madhavan R, 2010. Divestiture and firm performance: a meta-analysis[J]. Journal of Management, 36(6): 1345-1371.

Leland H E, 1994. Corporate debt value, bond covenants, and optimal capital structure[J]. Journal of Finance, 49(4): 1213-1252.

Leland H E, 1998. Agency costs, risk measurement, and capital structure[J]. Journal of Finance, 53(4): 1213-1243.

Lev B, 1974. On the association between operating leverage and risk[J]. Journal of Financial and Quantitative Analysis, 9(4): 627-641.

Lev B, Sougiannis T, 1996. The capitalization, amortization, and value-relevance of R&D[J]. Journal of Accounting and Economics, 21(1): 107-138.

Levine O, 2017. Acquiring growth[J]. Journal of Financial Economics, 126(2): 300-319.

Lewellen J, 1999. The time-series relations among expected return, risk, and book-to-market[J]. Journal of Financial Economics, 54(1): 5-43.

Lewellen W G, Loderer C, Martin K, 1987. Executive compensation and executive incentive problems: an empirical analysis[J]. Journal of Accounting and Economics, 9(3): 287-310.

Lewis C W, Rogalski R J, Seward J K, 2003. Industry conditions, growth opportunities and market reactions to convertible debt financing decisions[J]. Journal of Banking & Finance, 27(1): 153-181.

Li D, 2011. Financial constraints, R&D investment, and stock returns[J]. Review of Financial Studies, 24(9): 2974-3007.

Li X, Brooks C, Miffre J, 2009. The value premium and time-varying volatility[J]. Journal of Business Finance & Accounting, 36(9-10): 1252-1272.

Lin J C, Wang Y, 2016. The R&D premium and takeover risk[J]. Accounting Review, 91(3): 955-971.

Lindenberg E B, Ross R C, 1981. Tobin' s Q ratio and industrial organization[J]. Journal of Business, 54(1): 1-32.

Ling C F, Koo S G M, 2012a. On value premium, part Ⅰ: the existence[J]. Journal of Mathematical Finance, 1: 109-119.

Ling C F, Koo S G M, 2012b. On value premium, part Ⅱ: the explanations[J]. Journal of Mathematical Finance, 2: 66-74.

Lintner J, 1965. The valuation of risk assets and the selection of risky investments in stock portfolios and capital budgets[J]. Review of Economics and Statistics, 47(1): 13-37.

Liu H, Li Q, Zeng Y, 2018. Firm valuation over lifecycle: a perspective on growth options[J]. Asia-Pacific Journal of Financial Studies, 47(5): 720-743.

Livdan D, Sapriza H, Zhang L, 2009. Financially constrained stock returns[J]. Journal of Finance, 64(4): 1827-1862.

Livnat J, Zarowin P, 1990. The incremental information content of cash-flow components[J]. Journal of Accounting and Economics, 13(1): 25-46.

Loderer C, Stulz R, Waelchli U, 2016. Firm rigidities and the decline in growth opportunities[J]. Management Science, 63(9): 3000-3021.

Loughran T I M, Vijh A M, 1997. Do long-term shareholders benefit from corporate acquisitions?[J]. Journal of Finance, 52(5): 1765-1790.

Lubatkin M H, Simsek Z, Yan L, et al., 2006. Ambidexterity and performance in small-to medium-sized firms: the pivotal role of top management team behavioral integration[J]. Journal of Management, 32(5): 646-672.

Lucas R E, 1978. Asset prices in an exchange economy[J]. Econometrica: Journal of the Econometric Society, 46(6): 1429-1445.

Lyandres E, Sun L, Zhang L, 2008. The new issues puzzle: testing the investment-based explanation[J]. Review of Financial Studies, 21(6): 2825-2855.

MacKay P, 2003. Real flexibility and financial structure: an empirical analysis[J]. Review of Financial Studies, 16(4): 1131-1165.

MacKinlay A C, 1995. Multifactor models do not explain deviations from the CAPM[J]. Journal of Financial Economics, 38(1): 3-28.

Maksimovic V, Phillips G, 2001. The market for corporate assets: who engages in mergers and asset sales and are there efficiency gains?[J]. Journal of Finance, 56(6): 2019-2065.

Mandelker G N, Rhee S G, 1984. The impact of the degrees of operating and financial leverage on systematic risk of common stock[J]. Journal of Financial and Quantitative Analysis, 19(19): 45-57.

Marfè R, 2016. Labor rigidity and the dynamics of the value premium[R]. RePEc Working Paper, https://www.carloalberto.org/wp-content/uploads/2018/11/no. 460. pdf.

Markowitz H, 1952. Portfolio selection[J]. Journal of Finance, 7(1): 77-91.

Mauer D C, Ott S H, 2000. Agency Costs, Underinvestment, and Optimal Capital Structure: the Effect of Growth Options to Expand[M]//Brennan M J, Trigeorgis L. Project Flexibility, Agency, and Competition. New York: Oxford University Press: 151-180.

Mauer D C, Sarkar S, 2005. Real options, agency conflicts, and optimal capital structure[J]. Journal of Banking & Finance, 29: 1405-1428.

McDaniel W, 1984. Operating leverage and operating risk[J]. Journal of Business Finance & Accounting, 11(1): 113-125.

Mello A S, Parsons J E, 1992. Measuring the agency cost of debt[J]. Journal of Finance, 47(5): 1887-1904.

Merton R C, 1969. Lifetime portfolio selection under uncertainty: the continuous-time case[J]. Review of Economics and Statistics, 51(3): 247-257.

Merton R C, 1971. Optimum consumption and portfolio rules in a continuous-time model[J]. Journal of Economic Theory, 3(4): 373-413.

Merton R C, 1973a. An intertemporal capital asset pricing model[J]. Econometrica: Journal of the Econometric Society, 41(5): 867-887.

Merton R C, 1973b. Theory of rational option pricing[J]. Bell Journal of Economics and Management Science, 4(1): 141-183.

Merton R C, 1976. Option pricing when underlying stock returns are discontinuous[J]. Journal of Financial Economics, 3(1): 125-144.

Miller E M, 1977. Risk, uncertainty, and divergence of opinion[J]. Journal of Finance, 32(4): 1151-1168.

Miller M H, Scholes M, 1972. Rates of Return in Relation to Risk: a Reexamination of Some Recent Findings[M]//Jensen M C.

Studies in the Theory of Capital Markets. New York: Praeger Publishers Inc.

Mitchell G R, Hamilton W F, 1988. Managing R&D as a strategic option[J]. Research-Technology Management, 31 (3) : 15-22.

Modigliani F, Miller M H, 1958. The cost of capital, corporation finance and the theory of investment[J]. American Economic Review, 48 (3) : 261-297.

Morck R, Nakamura M, 1999. Banks and corporate control in Japan[J]. The Journal of Finance, 54 (1) : 319-339.

Morellec E, 2001. Asset liquidity, capital structure, and secured debt[J]. Journal of Financial Economics, 61 (2) : 173-206.

Morellec E, Zhdanov A, 2005. The dynamics of mergers and acquisitions[J]. Journal of Financial Economics, 77 (3) : 649-672.

Morellec E, Zhdanov A, 2008. Financing and takeovers[J]. Journal of Financial Economics, 87 (3) : 556-581.

Moschieri C, Mair J, 2008. Research on corporate divestitures: a synthesis[J]. Journal of Management & Organization, 14 (4) : 399-422.

Mossin J, 1966. Equilibrium in a capital asset market[J]. Econometrica, 34 (4) : 768-783.

Mueller D C, 1972. A life cycle theory of the firm[J]. Journal of Industrial Economics, 20 (3) : 199-219.

Mulherin J H, Boone A L, 2000. Comparing acquisitions and divestitures[J]. Journal of Corporate Finance, 6 (2) : 117-139.

Myers S C, 1977. Determinants of corporate borrowing[J]. Journal of Financial Economics, 5 (2) : 147-175.

Myers S C, Turnbull S M, 1977. Capital budgeting and the capital asset pricing model: good news and bad news[J]. Journal of Finance, 32 (2) : 321-333.

Newton D P, Pearson A W, 1994. Application of option pricing theory to R&D[J]. R&D Management, 24 (1) : 83-89.

Nguyen P, 2016. The role of the seller' s stock performance in the market reaction to divestiture announcements[J]. Journal of Economics and Finance, 40 (1) : 19-40.

Novy-Marx R, 2011. Operating leverage[J]. Review of Finance, 15 (1) : 103-134.

Novy-Marx R, 2013. The other side of value: the gross profitability premium[J]. Journal of Financial Economics, 108 (1) : 1-28.

O' Brien T J, Vanderheiden P A, 1987. Empirical measurement of operating leverage for growing firms[J]. Financial Management, 16 (2) : 45-53.

Obreja I, 2013. Book-to-market equity, financial leverage, and the cross-section of stock returns[J]. Review of Financial Studies, 26 (5) : 1146-1189.

Olson P D, Terpstra D E, 1992. Organizational structural changes: life-cycle stage influences and managers' and interventionists' challenges[J]. Journal of Organizational Change Management, 5 (4) : 27-40.

Opler T, Pinkowitz L, Stulz R, et al., 1999. The determinants and implications of corporate cash holdings[J]. Journal of Financial Economics, 52 (1) : 3-46.

Ozdagli A K, 2012. Financial leverage, corporate investment, and stock returns[J]. Review of Financial Studies, 25 (4) : 1033-1069.

Palacios M, 2013. Labor intensity, risk and return[R]. SSRN Working Paper, https://papers.ssrn.com/sol3/papers.cfm?abstract_id =2024365.

Palazzo B, 2012. Cash holdings, risk, and expected returns[J]. Journal of Financial Economics, 104 (1) : 162-185.

Pástor L, Taylor L A, Veronesi P, 2009. Entrepreneurial learning, the IPO decision, and the post-IPO drop in firm profitability[J]. Review of Financial Studies, 22 (8) : 3005-3046.

Pástor L, Veronesi P, 2003. Stock valuation and learning about profitability[J]. Journal of Finance, 58 (5) : 1749-1789.

Pástor L, Veronesi P, 2006. Was there a Nasdaq bubble in the late 1990s?[J]. Journal of Financial Economics, 81 (1) : 61-100.

Pätäri E, Leivo T, 2017. A closer look at value premium: literature review and synthesis[J]. Journal of Economic Surveys, 31 (1) :

79-168.

Peng M W, Heath P S, 1996. The growth of the firm in planned economies in transition: institutions, organizations, and strategic choice[J]. Academy of Management Review, 21(21): 492-528.

Penrose E, Penrose E T, 2009. The theory of the growth of the firm[M]. Oxford, U. K. : Oxford university press.

Perfect S B, Wiles K W, 1994. Alternative constructions of Tobin's q: an empirical comparison[J]. Journal of Empirical Finance, 1(3): 313-341.

Peters R H, Taylor L A, 2017. Intangible capital and the investment-q relation[J]. Journal of Financial Economics, 123(2): 251-272.

Petersen M A, 2009. Estimating standard errors in finance panel data sets: comparing approaches[J]. Review of Financial Studies, 22(1): 435-480.

Petmezas D, 2009. What drives acquisitions? market valuations and bidder performance[J]. Journal of Multinational Financial Management, 19(1): 54-74.

Phillips G M, Zhdanov A, 2013. R&D and the incentives from merger and acquisition activity[J]. Review of Financial Studies, 26(1): 34-78.

Piotroski J, So E, 2012. Identifying expectation errors in value/glamour strategies: a fundamental analysis approach[J]. Review of Financial Studies, 25(9): 2841-2875.

Pontuch P, 2011. Labor intensity and expected stock returns[R]. SSRN Working Paper, https://papers. ssrn. com/sol3/papers. cfm?abstract_id=1967489.

Purnanandam A, Rajan U, 2016. Growth option exercise and capital structure[J]. Review of Finance, 22(1): 177-206.

Rajan R G, Zingales L, 1995. What do we know about capital structure? some evidence from international data[J]. Journal of Finance, 50(5): 1421-1460.

Rau P R, Vermaelen T, 1998. Glamour, value and the post-acquisition performance of acquiring firms[J]. Journal of Financial Economics, 49(2): 223-253.

Reily F K, Brown K C, 2003. Investment Analysis and Portfolio Management[M]. Mason: Thonson South-Western.

Reinartz S J, Schmid T, 2016. Production flexibility, product markets, and capital structure decisions[J]. Review of Financial Studies, 29(6): 1501-1548.

Reinganum M R, 1981. Misspecification of capital asset pricing: empirical anomalies based on earnings' yields and market values[J]. Journal of Financial Economics, 9(1): 19-46.

Resutek R, 2016. The relation between R&D, earnings growth, operating leverage, and stock returns[R]. University of Georgia Working Paper, http://www.business.utah.edu/sites/default/files/rjr_0915.pdf.

Rhodes-Kropf M, Robinson D T, 2008. The market for mergers and the boundaries of the firm[J]. Journal of Finance, 63(3): 1169-1211.

Roll R, 1986. The hubris hypothesis of corporate takeovers[J]. Journal of Business, 59(2): 197-216.

Roll R, Schwartz E, Subrahmanyam A, 2009. Options trading activity and firm valuation[J]. Journal of Financial Economics, 94(3): 345-360.

Rosenberg B, Reid K, Lanstein R, 1985. Persuasive evidence of market inefficiency[J]. Journal of Portfolio Management, 11(3): 9-16.

Ross S A, 1976. The arbitrage theory of capital asset pricing[J]. Journal of Economic Theory, 13(3): 341-360.

Sánchez J M, Yurdagül E, 2013. Why are US firms holding so much cash? an exploration of cross-sectional variation[J]. Federal

Reserve Bank of St Louis Review, 95 (4) : 293-325.

Saravia J A, Garcia C, Almonacid P M, 2016. The determinants of systematic risk: a firm lifecycle perspective[R]. Documentos De Trabajo Cief. Working Paper, https://papers.ssrn.com/sol3/papers.cfm?abstract_id=2905762.

Sarkar S, 2014. Product-market flexibility and capital structure[J]. Quarterly Review of Economics and Finance, 54 (1) : 111-122.

Sarkar S, 2020. The relationship between operating leverage and financial leverage[J]. Accounting & Finance, 60: 805-826.

Schlingemann E P, Stulz R M, Walkling R A, 2002. Divestitures and the liquidity of the market for corporate assets[J]. Journal of Financial Economics, 64 (1) : 117-144.

Serfling M, 2016. Firing costs and capital structure decisions[J]. Journal of Finance, 71 (5) : 2239-2286.

Seru A, 2014. Firm boundaries matter: Evidence from conglomerates and R&D activity[J]. Journal of Financial Economics, 111 (2) : 381-405.

Sevilir M, Tian X, 2012. Acquiring innovation[C]. Chicago: American Finance Association Annual Meeting.

Sharpe W F, 1964. Capital asset prices: a theory of market equilibrium under conditions of risk[J]. Journal of Finance, 19 (3) : 425-442.

Sheard P, 1989. The main bank system and corporate monitoring and control in Japan[J]. Journal of Economic Behavior and Organization, 11 (3) : 399-422.

Shefrin H, Statman M, 1994. Behavioral capital asset pricing theory[J]. Journal of Financial and Quantitative Analysis, 29 (3) : 323-349.

Shepherd J, 2018. Consolidation and innovation in the pharmaceutical industry: the role of mergers and acquisitions in the current innovation ecosystem[J]. Journal of Health Care Law & Policy, 21: 1-28.

Shin G H, 2008. The profitability of asset sales as an explanation of asset divestitures[J]. Pacific-Basin Finance Journal, 16 (5) : 555-571.

Shin H H, Stulz R, 2000. Firm value, risk, and growth opportunities[R]. NBER Working Paper, https://www.nber. org/papers/w7808.

Simeth M, Cincera M, 2016, Corporate science, innovation, and firm value[J]. Management Science, 62 (7) : 1970-1981.

Simintzi E, Vig V, Volpin P, 2015. Labor protection and leverage[J]. Review of Financial Studies, 28 (2) : 561-591.

Simutin M, 2010. Excess cash and stock returns[J]. Financial Management, 39 (3) : 1197-1222.

Skinner D J, 1993. The investment opportunity set and accounting procedure choice: preliminary evidence[J]. Journal of Accounting and Economics, 16 (4) : 407-445.

Sloan R G, 1996. Do stock prices fully reflect information in accruals and cash flows about future earnings?[J]. Accounting Review, 71 (3) : 289-315.

Smith C W, Warner J B, 1979. On financial contracting: an analysis of bond covenants[J]. Journal of Financial Economics, 7 (2) : 117-161.

Smith C W, Watts R L, 1992. The investment opportunity set and corporate financing, dividend and compensation policies[J]. Journal of Financial Economics, 32 (3) : 263-292.

Soongswang A, 2014. The long-term success of mergers and acquisitions[J]. IUP Journal of Business Strategy, 11 (4) : 42-59.

Stattman D, 1980. Book values and stock returns[J]. The Chicago MBA: The Journal of Selected Papers, (4) : 25-45.

Stickney C P, Brown P R, 1999. Financial Reporting and Statement Analysis: a Strategic Perspective[M]. New York: Dryden Press.

Stiglitz J E, 1969. A re-examination of the Modigliani-Miller theorem[J]. American Economic Review, 59 (5) : 784-883.

Stowe J D, Xing X J, 2011. R2: Does it matter for firm valuation?[J]. Financial Review, 46 (2) : 233-250.

Sudarsanam S, Mahate A A, 2003. Glamour acquirers, method of payment and post-acquisition performance: the UK evidence[J]. Journal of Business Finance & Accounting, 30(1-2): 299-341.

Sundaresan S, Wang N, Yang J Q, 2015. Dynamic investment, capital structure and debt overhang[J]. Review of Corporate Finance Studies, 4(1): 1-42.

Sylvain S, 2014. Does human capital risk explain the value premium puzzle?[R]. SSRN Working Paper, https://papers.ssrn.com/sol3/papers.cfm?abstract_id=2400593.

Taussig R D, 2017. Stickiness of employee expenses and implications for stock returns[J]. Eurasian Economic Review, 7(2): 297-309.

Taussig R D, Akron S, 2017. Returns to scale, operating leverage, and expected stock returns[J]. Eurasian Business Review, 7(1): 141-155.

Thomsen S, 2013. Corporate governance and the financial crisis[J]. In: Pinedo M., Walter I. (eds) Global Asset Management. London: Palgrave Macmillan, 235-246.

Titman S, Tsyplakov S, 2007. A dynamic model of optimal capital structure[J]. Review of Finance, 11(3): 401-451.

Titman S, Wei K C, Xie F, 2004. Capital investments and stock returns[J]. Journal of Financial and Quantitative Analysis, 39(4): 677-700.

Travlos N G, 1987. Corporate takeover bids, methods of payment, and bidding firms' stock returns[J]. Journal of Finance, 42(4): 943-963.

Trigerois L, Lambertides N, 2014. The role of growth options in explaining stock returns[J]. Journal of Financial and Quantitative Analysis, 49(3): 749-771.

Tsai W, 2001. Knowledge transfer in intraorganizational networks: effects of network position and absorptive capacity on business unit innovation and performance[J]. Academy of Management Journal, 44(5): 996-1004.

Tserlukevich Y, 2008. Can real options explain financing behavior?[J]. Journal of Financial Economics, 89(2): 232-252.

Tversky A, Kahneman D, 1992. Advances in prospect theory: cumulative representation of uncertainty[J]. Journal of Risk and uncertainty, 5(4): 297-323.

Van Horne J C, 1977. Financial management and policy[M]. New Jersey: Prentice-Hall.

Vladimirov V, 2015. Financing bidders in takeover contests[J]. Journal of Financial Economics, 117(3): 534-557.

Wang C W, Chiu W C, King T H D, 2020. Debt maturity and the cost of bank loans[J]. Journal of Banking and Finance, 112: 105235.

Warusawitharana M, 2008. Corporate asset purchases and sales: theory and evidence[J]. Journal of Financial Economics, 87(2): 471-497.

Watanabe A, Xu Y, Yao T, et al., 2013. The asset growth effect: insights from international equity markets[J]. Journal of Financial Economics, 108(2): 529-563.

Welch I, 2008. The consensus estimates for the equity premium by academic financial economists in December 2007[R]. SSRN Working Paper, , https://papers.ssrn.com/sol3/papers.cfm?abstract_id=1084918.

Whited T M, Wu G, 2006. Financial constraints risk[J]. Review of Financial Studies, 19(2): 531-559.

Wong K, 2009. The effects of abandonment options on operating leverage and investment timing[J]. International Review of Economics and Finance, 18(18): 162-171.

Woo W T, 2016. The necessary demand-side supplement to China's supply-side structural reform: termination of the soft budget constraint[R]. SSRN Working Paper, https://papers.ssrn.com/sol3/papers.cfm?abstract_id=2798763.

Xin K R, Pearce J L, 1996. Guanxi: connections as substitutes for formal institutional support[J]. Academy of Management Review, 39(6): 1641-1658.

Xing Y, 2008. Interpreting the value effect through the Q-theory: an empirical investigation[J]. Review of Financial Studies, 21(4): 1767-1795.

Yao T, Yu T, Zhang T, Chen S, 2011. Asset growth and stock returns: evidence from Asian financial markets[J]. Pacific-Basin Finance Journal, 19(1): 115-139.

Yasuda T, 2005. Firm growth, size, age and behavior in Japanese manufacturing[J]. Small Business Economics, 24(1): 1-15.

Yermack D, 1995. Do corporations award CEO stock options effectively?[J]. Journal of Financial Economics, 39(2-3): 237-269.

Zahher A, Bell G, 2005. Benefiting from network position: firm capabilities, structural holes, and performance[J]. Strategic Management Journal, 26(9): 809-825.

Zeidler F, Mietzner M, Schiereck D, 2012. Risk dynamics surrounding the issuance of convertible bonds[J]. Journal of Corporate Finance, 18(2): 273-290.

Zhang L, 2005. The value premium[J]. Journal of Finance, 60(1): 67-103.

Zhao X, 2009. Technological innovation and acquisitions[J]. Management Science, 55(7): 1170-1183.